高等学校金融学系列教材

21世纪 FINANCE

现代公司金融学

（第三版）

XIANDAI GONGSI JINRONGXUE

主　编　马亚明
副主编　郗文泽

中国金融出版社

责任编辑：张菊香
责任校对：刘　明
责任印制：陈晓川

图书在版编目（CIP）数据

现代公司金融学/马亚明主编．—3版．—北京：中国金融出版社，2021.7
21世纪高等学校金融学系列教材
ISBN 978－7－5220－1227－8

Ⅰ.①现…　Ⅱ.①马…　Ⅲ.①公司—金融学—高等学校—教材　Ⅳ.①F276.6

中国版本图书馆CIP数据核字（2021）第125129号

现代公司金融学（第三版）
XIANDAI GONGSI JINRONGXUE（DI－SAN BAN）
出版
发行　中国金融出版社
社址　北京市丰台区益泽路2号
市场开发部　（010）66024766，63805472，63439533（传真）
网上书店　www.cfph.cn
　　（010）66024766，63372837（传真）
读者服务部　（010）66070833，62568380
邮编　100071
经销　新华书店
印刷　北京市松源印刷有限公司
尺寸　185毫米×260毫米
印张　23.75
字数　526千
版次　2009年6月第1版　2016年8月第2版　2021年8月第3版
印次　2021年8月第1次印刷
定价　59.00元
ISBN 978－7－5220－1227－8
如出现印装错误本社负责调换　联系电话（010）63263947

21世纪高等学校金融学系列教材
编审委员会

主编简介

马亚明，1973 年 10 月出生，湖北赤壁人，经济学博士，教授，博士生导师。现任天津财经大学研究生院院长、学科建设办公室主任，曾任天津财经大学金融学院党委书记、院长，兼任中国金融学年会理事、天津市金融学会副会长、天津市经济学会副会长、天津市第五届应用经济学学科组评议成员，入选天津市“131”创新型人才第一层次、天津市宣传文化“五个一批”人才、天津市高等学校“学科领军人才”培养计划。1995 年、1998 年在华中师范大学数学系分别获得理学学士学位和硕士学位，2001 年在南开大学国际经济研究所获得经济学博士学位，2004 年赴香港参加国内企业金融高级研修班，2008 年赴美国加州州立大学富勒顿分校做高级访问学者。主要研究方向为资本市场与公司金融、货币金融理论与政策等。出版专著和教材 5 部，参编著作 8 部，在 *International Review of Economics and Finance*、*Economic Modelling*、《世界经济》、《国际金融研究》等国内外核心期刊公开发表论文 60 余篇，主持完成国家社会科学基金重点项目、国家社会科学基金一般项目、天津社会科学基金项目、天津市政府重点咨询课题等各类项目 10 余项，获天津市社科优秀成果二等奖 2 项，获天津市级教学成果一等奖、二等奖各 1 项，作为团队带头人，获批天津市科研创新团队和市级教学团队，作为专业负责人，金融学获批国家一流专业建设点。

第三版前言

本书是在《现代公司金融学（第二版）》（中国金融出版社 2016 年 8 月出版）基础上修订而成的。经历了 2015 年创业板泡沫破灭后的中国资本市场从 2016 年起开始转向价值投资，市场更注重上市公司的经营业绩与质量、发展潜力与资产质量，核心资产成为市场持续增持的标的，2018 年的资管新规和 P2P 借贷平台集中爆雷，2019 年科创板开板和注册制试点、A 股上市公司的加速退市、可转换债券大幅扩容等，为公司金融的教学提供了丰富的实践素材。

为突出公司金融理论与实践的结合，培养学生分析、解决实际问题的能力，本书进行了较大规模的修改，主要体现在以下几个方面：（1）进一步完善了全书框架与结构；（2）在企业融资方式中加入了科创板的内容；（3）详细修订了第 10 章第 3 节经济利润法评估模型；（4）为专注于本科生的教学，删除了第 14 章公司金融前沿理论专题；（5）完善和更新了部分案例与每章的习题，使本书更便于教学；（6）修订了第二版中的错误与遗漏。

本书由马亚明教授担任主编，郗文泽担任副主编。各章修订工作具体分工如下：第 1 章、第 2 章，由马亚明、王丽华编写；第 3 章、第 4 章，由马亚明、樊春欣编写；第 5 章、第 6 章，由郗文泽、杜寒玉编写；第 7 章、第 8 章，由郗文泽、杜寒玉编写；第 9 章、第 10 章，由马亚明、赵辉编写；第 11 章、第 12 章，由马亚明、李威勇编写；第 13 章，由马亚明、崔楠编写。

在本书的修订过程中，我们希望在保持公司金融知识体系完整性的同时，力求与时俱进、吐故纳新，但尽管如此，本书离读者的要求，也离我自己的愿望还有很大的距离，恳请读者批评指正。

编者

2021 年 6 月

第二版前言

本书是在《现代公司金融学》（中国金融出版社 2009 年 6 月出版）基础上修订而成的。公司金融与资本市场紧密相关，尽管经历了 2015 年的“股灾”，但不可否认，2009 年以来我国资本市场获得了长足的发展，创业板的推出、新三板的设立、融资融券业务的开展及股票发行注册制的渐近，为公司金融的教学提供了丰富的实践素材。

本书的修订在总结近年来国内外公司金融理论和实践发展的基础上，结合我国投融资政策的变化，针对本科生和金融专业硕士的培养要求，进行了较大规模的修改。主要体现在以下几个方面：（1）每章增加了知识结构图；（2）增加了第 6 章（企业不同生命周期融资方式与选择）和第 10 章（公司价值评估）两章全新的内容；（3）更新了部分案例，使案例更加具有时效性；（4）完善和更新了每章的习题，使本书更便于教学；（5）吸收了公司金融理论与实务的一些新知识点，如在投资决策分析方法中增加了修正的内部收益率法、在企业融资方式中加入了新三板的内容等。

本书由马亚明教授担任主编，郗文泽担任副主编。各章修订工作具体分工如下：第 1 章、第 2 章，由马亚明、王若涵编写；第 3 章、第 4 章，由马亚明、宋羚娜编写；第 5 章、第 6 章，由郗文泽、延诗苑编写；第 7 章、第 8 章，由郗文泽、徐洋编写；第 9 章、第 10 章，由李春霞、王玥编写；第 11 章、第 12 章，由张伟、胡春阳编写；第 13 章、第 14 章，由张伟、王经纬编写。

在本书的修订过程中，我们希望在保持公司金融知识体系完整性的同时，力求与时俱进、吐故纳新，但尽管如此，本书还可能存在一些疏漏和不足，恳请读者批评指正。

编者

2016 年 5 月

第一版前言

我国以往的金融教学侧重于对宏观金融问题的研究和讲授，而微观金融教学则十分薄弱。现代西方发达国家对金融理论的研究侧重于微观层面，由托宾和马科维茨创建的现代投资组合理论、资产定价理论等成为现代西方金融学主流。相应地，发达国家金融学高等教育也是以教授微观金融理论和业务为主的商学院模式下的金融学专业。近年来，随着改革开放的深入，我国金融业也发生了深刻的变化，资本市场及各种投资主体的发展、加入世界贸易组织之后金融业对外开放所带来的国际竞争压力、金融国际化过程中面临的越来越复杂的经营环境等，都迫使人们重视微观金融问题，对熟悉微观金融理论和业务的人才需求迅速增加。与此同时，一批具有国外教育背景或具有良好数理分析基础的人员充实到金融学专业师资队伍中，大大提高了各高校开设微观金融课程的能力。在这种背景下，国内各高校金融学专业在保持宏观金融研究与教学优势的同时，开始注重微观金融的教学和研究，相继开设了一批微观金融、金融技术和现代金融实务方面的课程，如“公司金融”、“衍生金融工具”、“金融工程”和“投资组合理论与实务”等。但与国外著名大学相比，我国目前的金融学科在微观类课程方面差距较大。加强微观类课程的建设可以使学生所学能够更接近于现实和服务于社会，提高适应性和就业能力，同时，对于宏观金融研究的深化和提高对金融问题的总体把握亦有重要意义。

公司金融是“公司”（Corporate）与“金融”（Finance）的结合，它以企业为核心，金融市场为平台，研究作为经济法人的公司在从事与公司经营管理相关的金融活动中的一些规律性的问题。公司金融的基本内容包括投资决策、融资决策、股利政策决策、并购重组决策等，公司通过这些活动来实现其价值最大化的目标。公司金融是现代微观金融学的核心课程之一，目前我国的财经类院校、理工类大学、综合性大学的金融学专业基本都开设了“公司金融”（或称之为“公司理财”）这门课程，教材的内容以公司财务为主，但事实上，“公司金融”与“公司财务”有很大的区别。例如，公司股利决策虽然是公司金融和公司财务都涉及的内容，但公司金融侧重于从融资角度来分析公司股利决策，而公司财务则侧重于从分配角度来分析公司股利决策。为适应金融学课程体系改革和公司金融实践活动的需要，很有必要编写一本真正意义上的公司金融教材。

与国内现有的公司金融或公司理财教材相比，本教材将公司置于宏观金融环境中考虑，侧重于金融方面的内容，如金融市场、金融中介等，删掉了传统教材中的一些传统内容，如财务报表分析、财务比率分析、营运资金的管理等，同时添加了一些更能突出公司金融活动的内容，如从法与金融的角度考虑公司治理，结合金融市场来考虑企业的并购重组。而且，本书在第12章①中加入了公司金融的一些前沿问题的介绍，一方面使部分读者能顺利地从本科生的学习过渡到研究生阶段，另一方面也培养本科生进行科学研究的基础能力，为他们撰写本科毕业论文打下一定的基础。在内容上，本教材尽量与西方发达国家的公司金融教材接轨，在考虑教材难易程度的基础上，尽可能用一些简单的数理模型来描述公司金融的一些基本理论，使读者能了解公司金融建模的一些基本方法和思维模式。本书整体来说有如下几个特点：

1. 新颖性、前沿性。本教材在介绍相关理论时，注重介绍相关理论的最新发展，使读者可以了解新的解释和理论，同时在传统公司金融教材的基础上，增添了一些新的内容，如公司治理、并购重组、私募股权基金等。

2. 实用性。内容上注重经济学、金融学理论与实践的结合，在范围上尽可能涵盖公司金融活动的全过程，包括融资、金融投资以及保证融资正常循环的实物资产投资决策等。在涉及主要理论的章节，以我国上市公司为案例，使读者可以结合案例的相关背景，进一步将所学知识融会贯通。

3. 规范性。对公司金融中的一些核心内容，如MM定理、经营杠杆等，尽可能用比较简洁、规范的数理语言进行推导和论证，使读者能知其然，更知其所以然，进而能了解公司金融这门课程的逻辑思维。

4. 突出重点，体例清晰。每一章都匹配学习目的和本章小结，使读者能充分了解公司金融理论的重点和难点。

本书在编写过程中，参考了国内外专家学者相关的研究成果，得到了天津财经大学副校长高正平教授的大力支持和帮助，在此表示衷心的感谢。本书由天津财经大学金融系马亚明制定写作大纲、组织编写和总纂定稿。具体编写分工如下：第1章、第7章、第8章由马亚明编写，第2章由柴正猛、马亚明编写，第3章、第4章由张元萍、周远编写，第5章由刘敬编写，第6章由李虹、黄树青编写，第9章由黄树青、马亚明编写，第10章由安合祥编写，第11章由温博慧编写，第12章由田存志编写。本教材主要是为金融系的高年级本科生设计的，也可以作为管理类与经济类专业硕士研究生、MBA，以及准备对公司金融作深入探究的读者的基础教材或参考书。第12章是针对研究生设计的，本书作为本科生教材时，教师可以省略这一章。

限于作者的水平和时间，本书结构和内容方面难免存在不足之处，恳请读者批评指正。

马亚明

2008年7月于天津财经大学

---

① 第二版修订时改为第14章，第三版修订时已删除。

高等学校金融学系列教材

金融工程子系列

目　录

第 1 章

公司金融导论

本章知识结构

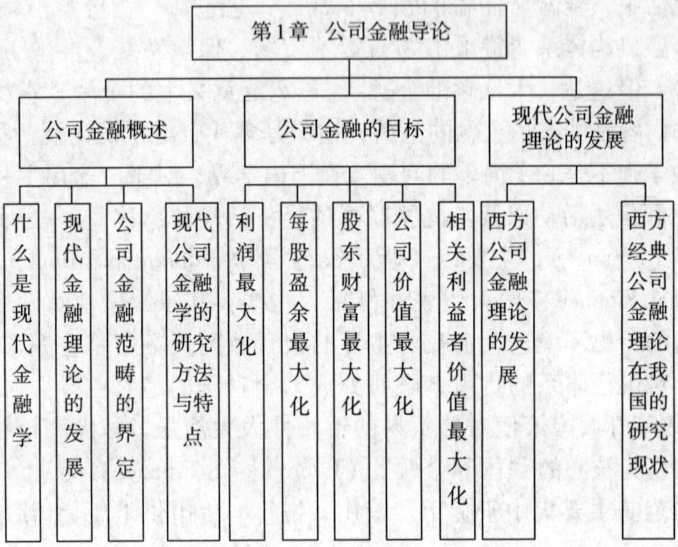

本章学习目的

1. 了解现代金融学的内涵和现代金融理论的发展；
2. 掌握公司金融的范畴；
3. 了解现代公司金融学的研究方法与特点；
4. 理解公司金融的目标；
5. 了解公司金融理论在西方的发展及在我国的研究现状。

第1节　公司金融概述

一、什么是现代金融学

金融在经济发展中扮演着越来越重要的角色。世界银行在2001年出版的《金融与增长》报告中指出，“经济增长和消除贫困取决于一国金融体系的有效运行”。邓小平同志在1991年1月视察上海时也指出，“金融很重要，是现代经济的核心。金融搞活了，一着棋活，全盘皆活”。无论对研究者还是实践者，金融领域都是值得冒险的乐园。金融这一术语，也已经成为一个重要的日常词汇，如银行、信托、货币、利率、汇率、股票、债券、信用卡、权证、股指期货、股市泡沫等。每天的新闻报道也充斥着各种各样的金融事件，如人民币升值、人民币贬值、央行加息、提高银行存款准备金率、通货膨胀、股票价格波动、股权分置改革、沪港通、深港通、熔断机制、注册制等。事实上，在人们的经济生活中，金融所涵盖的领域非常广，它包括与物价紧密联系的货币流通、银行与非银行金融机构体系、货币市场与资本市场、保险系统、金融工具与支付系统，以及国际金融等。但这是“大众化的金融”，是宽泛意义上的金融，它将与货币（Money）有关的全部内容都纳入了金融的范畴，这不是现代金融学的内涵。如果要从学科的高度来定义金融学则不是一个简单的问题。在国内学界，对于“金融”一词的代表性定义为“货币流通和信用活动以及与之相联系的经济活动的总称”。一般而言，国内学界理解“金融学”（Finance），主要以“货币银行学”（Money and Banking）和“国际金融”（International Finance）两大代表性科目为主线。其原因大致有两个：一是在视资本、证券为异类的历史环境下，由政府主导的银行业间接融资是金融实践的中心内容。与此相适应，针对银行体系的货币金融研究成为金融学的绝对主导。二是发端于20世纪80年代初的改革开放国策使对外贸易的重要性大大加强，国内高校相应大面积开设以国际收支和贸易为核心的“国际金融”（International Finance）专业。在这种情况下，国内金融研究的范畴主要集中于货币、信用、银行、货币供求、货币政策、国际收支、汇率等专题。

但国内高等院校的金融专业学生常常会惊讶地发现，自己手中的金融学教材与国际上普遍采用的金融学教材在内容上存在较多差异；而国内的金融学教授在国际学术交流中也往往和国外同行缺少共同的研究兴趣和学术语言。那么国际上金融学的情况又如何呢?

我们不妨以国内学者经常引用的《新帕尔格雷夫经济学大辞典》为例，斯蒂芬·A. 罗斯（Stephen A. Ross）在其所撰的“金融学”（Finance）这一条目中明确写道，金融学以其不同的中心点和方法论而成为经济学的一个分支，其中心点是资本市场的运营、资本资产的供给和定价，其方法论是使用相近的替代物给金融契约和工具定价。罗斯概括了“Finance”的四大课题：“有效率的市场”、“收益和风险”、“期权定价理论”和“公司金融”。而默顿（Merton）则在其备受好评的《金融学》一书中指出，金融学是研究人们在不确定的环境中如何进行资源跨期配置的学科。韦氏（Webster）词典则将“To Finance”定义为“筹集或提供资本”（to raise or provide funds or capital for）。因此，国外金融学的研究主要包括四个层面：一是公司金融与公司治理；二是投资者行为；三是金融资产的价格行为和金融市场的微观结构设计；四是商业银行、投资银行及投资基金等金融中介机构的运作。

由此可见，国际通行的金融学继承了新古典经济学的精神，其核心是从微观角度研究不确定条件下，能够实现资本最优配置的金融资产均衡价格。而国内金融研究的热点问题，如商业银行改革、金融宏观调控、中央银行与货币政策、通货膨胀、利率市场化、金融风险及其防范、通货紧缩等事实上是主流宏观经济学的货币演绎，在国际上均被归入宏观经济学的研究领域，所谓的国际金融学其实也只是开放环境下的宏观经济学（Open Macroeconomics）。总体观之，国内所理解的“金融学”，大体属于西方学界宏观经济学、货币经济学和国际经济学领域的研究活动，而西方学界所指的“Finance”，就其核心研究对象而言更侧重微观金融领域。

基于微观经济分析的西方金融学已经成为当今最激动人心的经济学分支之一。这不仅是因为其短短几十年的发展造就了多位诺贝尔经济学奖获得者，更是因为其精深的模型和思想已经直接或间接地应用于金融市场运作和投资实践。诺贝尔经济学奖获得者默顿（Merton）曾这样说过：“优美的科学不一定实用，实用的科学也未必给人以美感，而现代金融学却兼备了优美和实用。”确实，这个高度复杂的分析领域，包含了概率论和随机过程等抽象数学最完美的应用；同时，出自“象牙塔”里金融学家之手的许多模型，已经或正在实际的金融市场中大放异彩。

二、现代金融理论的发展

“优美”又“实用”的现代金融理论至今只有半个多世纪的发展历史。20 世纪 50 年代以前，金融研究只不过是经济学中非常不起眼的一个领域。但进入 50 年代后，以数学为基本分析工具，论证严格的现代金融理论开始出现，并以极其迅猛的速度发展。

（一）现代金融理论的开创者——马科维茨

1952 年，马科维茨在《金融学杂志》上发表了《投资组合选择》一文，这篇仅有 14 页的论文既是现代资产组合理论的发端，同时也标志着现代金融理论的诞生。在该文中，马科维茨在投资者效用最大化的基础上，将复杂的投资决策问题简化为一个风险（方差）和收益（均值）的二维选择问题（均值—方差模型），即投资者在相同的期望收益条件下，选择风险最小的证券组合；或者在相同的投资风险下，选择预期收益率最大的证券组合。进而以此为基础，证明了证券组合的风险分散效应：随着证券组合中包含的证券数目的增加，单个证券的风险对证券组合的风险的影响越来越小，证券之间的相互作用成为证券组合风险的主要来源；给定证券组合，证券之间的相关程度越小，证券组合的风险分散效应就越大。

（二）MM 定理：金融学发展史上的里程碑

库恩（Kuhn）认为，成熟的科学必须确立一种“范式”（Paradigm）。从这一角度来看，金融学真正发展成为一门成熟的学科是在1958年。在该年6月的《美国经济评论》上，米勒（Miller）和莫迪格里亚尼（Modigliani）提出了著名的MM定理，即企业的市场价值与资本结构无关。他们的证明极为简洁，如果在完全市场中的两家公司拥有相同的现金流入，但却拥有不同的资本结构，那么这两家公司的价值应该相同。否则的话，投资者可以在卖出价值较高公司证券的同时买入价值较低公司的证券，通过套利（Arbitrage）轻松获取收益，直至两个公司的价值相等。MM定理被誉为金融学发展史上的一座里程碑，但其重要性并不在于定理本身，而在于其首次将无套利作为金融学的分析"范式"，即在一个无摩擦的金融市场上不存在零投资、零风险但却能获取正收益的机会，换言之，金融市场不存在"免费的午餐"。

（三）CAPM和APT：资产定价理论的革命

20世纪60年代，以马科维茨的均值—方差模型为基础，夏普（Sharpe，1964）、林特纳（Linter，1965）、莫辛（Mossion，1966）各自独立地提出了著名的资本资产定价模型（Capital Asset Pricing Model，CAPM），即在资本市场均衡时，任何证券或证券组合的收益与风险满足下面的线性关系：

$$r - r_f = \beta(r_M - r_f)$$

式中：r是证券或证券组合的期望收益率；r_f是无风险收益率；r_M是市场组合的预期收益率；β是证券或证券组合的系统风险测度。CAPM被认为是现代金融市场价格理论的脊梁，被广泛应用于测定投资组合绩效、证券估价以及资本成本的计算中。夏普因在这个领域中的先驱性成就而获得1990年诺贝尔经济学奖。

CAPM模型在考虑决定资产收益率的因素时，只分析了一个因素即市场组合的影响，而且CAPM模型要求的假设太强。有鉴于此，罗斯（Ross，1976）突破性地发展了资本资产定价模型，提出了套利定价理论（Arbitrage Pricing Theory，APT）。APT建立在"一价法则"基础之上，其理论要点是证券的收益率与一组影响它的要素线性相关，即

$$R_i = a_i + b_{i1}F_1 + b_{i2}F_2 + \cdots + b_{ij}F_j + \varepsilon_i$$

式中：R_i为第i种证券的收益率；F_j为第j个影响证券收益率的要素；b_{ij}为证券i的收益率对要素j的敏感程度；ε_i为随机误差项。

（四）B－S期权定价公式："华尔街的第二次革命"

MM定理的证明运用了静态的套利分析，而布莱克（Black）和舒尔斯（Scholes）则通过动态的套利策略证明了著名的B－S期权定价公式，从而对标的资产的价格服从正态分布的期权进行定价。期权定价理论的提出早于期权市场的建立，这是经济学产生以来唯一一次理论领先于经济事实的发现，是"华尔街的第二次革命"。

（五）有效市场假说：现代金融理论的基石

有效市场假说是现代西方金融理论的核心思想之一。萨缪尔森曾指出，如果金融经济学是社会科学王冠上的宝石，那么有效市场假说必定构成这颗宝石一半的刻面。1965年，法码（Fama）在一篇题为《股市价格行为》的论文中首次提出有效市场假说，该假说认为，相关的信息如果不被扭曲，而且在证券价格中得到充分反映，市场就是有效的。有效市场假说一个最主要的推论就是，任何企图战胜市场的行为都是徒劳的。

但随着金融产品的多元化和金融系统的复杂化，这些理论在解释现实问题时的局限性日益显现。从20世纪80年代开始，金融学家进行了广泛的新探索，这一探索分两条线索展开：一方面，在过去的金融理论模型中嵌入制度等因素，着重研究金融契约的性质和边界、金融契约选择与产品设计、金融契约的治理与金融系统演化、法律和习俗等制度因素对金融活动的影响等。另一方面，一些金融学家基于卡尼曼（Kahneman）等人发展的非线性效用理论，开始引入心理学关于人的行为的一些观点来解释金融产品交易的异常现象，如有限套利、噪声交易、从众心理、泡沫等，这些理论形成了现代金融理论中的行为学派，又称为“行为金融”。

三、公司金融范畴的界定

公司金融是现代微观金融学的重要组成部分，它由“公司”（Corporate）与“金融”（Finance）两个内涵丰富的词组成，对应的英文即“Corporate Finance”。过去，国内有很多学者将“Corporatc Financc”译作“公司财务”或“公司理财”，但朱武祥等[①]认为，这很容易使人误解其研究对象为会计事项，今后应予以修正。笔者也赞同这一观点。事实上，在后面的章节，我们将看到公司金融主要研究公司的金融活动，它与公司财务有很大的区别。目前，我国学术界对公司金融这一概念的定义主要有以下几种观点[②]。

第一种观点：将公司金融定义为“与公司制企业有关的一切金融活动”。这种观点是对公司金融做简单的字面理解，并将其重点放在金融上。但如前文所述，金融这一范畴在现代社会中涉及的内容相当广泛，大到国家的金融制度和金融政策，小到个人、企业等微观主体与金融机构之间的各种业务往来，这些金融活动都直接或间接地与企业有关，如果将这些金融活动都纳入公司金融的定义范围，显然过于宽泛，难以在内涵和外延上将公司金融与一般的金融加以区分，更难以反映公司金融的本质特征。

第二种观点：将公司金融定义为公司制企业的内部资金管理，认为因公司内部的资金分配与调度而成立的“企业银行”“财务公司”就是公司金融的全部意义所在。这种观点强调的是公司金融的“公司资金管理”属性，其最大缺陷是对公司金融定义的范围过窄。其一是这种观点只包含公司内部的资金管理，忽视了公司与公司外部的资金联系；其二是“企业银行”和“财务公司”目前只在极少数大型集团公司设立，一般的公司尤其是中小公司并不设立这样的机构，如此定义公司金融显然过于狭窄。

第三种观点：将公司金融定义为企业的资金筹集和资金运用，认为“公司金融”是指企业在生产、经营过程中主动进行的资金筹集和资金运用行为。这种观点把公司金融的范围定义为企业资金的筹集和运用两个方面。这种定义的合理之处是强调公司金融的资金筹集功能，并且突出了公司金融与其他金融范畴的区别。企业筹集资金是满足自身生产、经营活动的需要，而银行等一般金融机构筹集资金主要是充当信用中介。但是，这种定义把企业的资金运用包含在公司金融中让人难以理解。除购买股票、债券等金融

---

① 朱武祥，蒋殿春，张新．中国公司金融学［M］．上海：上海三联书店，2005.

② 张合金，等．公司金融［M］．成都：西南财经大学出版社，2007.

投资外，企业的资金运用主要包括两个方面：一是固定资产投资，如购买机器设备、购买建筑材料、进行建筑安装等；二是用于生产经营过程中流动资金的支出，如购买原材料、支付职工工资等，把这些资金运用包含在公司金融中，难以体现公司金融与企业一般经营行为的区别。此外，这种观点忽视了公司金融研究的主体是公司，而对公司本身进行研究的公司理论（如公司治理结构等）是公司金融学的基础。

综合上述观点，笔者认为，公司金融是以公司为核心，金融市场和金融中介为依托，价值管理和风险管理为主线，实现公司价值最大化为目标，研究作为经济法人的公司在生产经营与资本经营两个层次的金融活动的一门交叉性学科，涉及经济学、金融学、货币银行学、国际金融学、投资学、计量经济学、信息经济学、会计学、投资项目分析、金融工程学、公司治理、企业价值评估、公司并购重组等多门课程的内容。

目前，我国的财经类院校、理工类大学、综合性大学的金融学专业基本都开设了"公司金融"（或称之为"公司理财"）这门课程，教材的内容却以公司财务为主，但事实上，"公司金融"与"公司财务"有很大的区别。公司财务属于管理学科，在内容上更注重应用和实务操作；而公司金融属于经济学科，在内容上更注重经济学、金融学理论与实践的结合。两者有一些共同的内容，如投资、筹资、资本结构、股利政策、跨国公司财务等，但研究视角不同。如公司股利政策是两者都涉及的内容，但公司金融侧重于从融资角度来分析公司股利决策，而公司财务侧重于从分配角度来分析公司股利决策。此外，公司金融还增加了公司治理、公司价值评估、企业并购重组、公司养老金管理等公司财务并不重视的领域，却省略了财务报表分析、营运资金管理等公司财务中的核心内容。

专栏1－1

国外大学金融学专业的课程设置

国外金融学专业主要集中在商学院或管理学院，侧重于微观金融，金融市场、投资学、公司金融、证券分析与资产组合管理、公司财务管理、国际金融、期货与期权、房地产金融等是其本科阶段核心课程。除此之外，各商学院还分别开设了一些专业性和实用性都非常强的课程，如沃顿商学院的基金投资、风险资本与私人权益、固定收益证券、行为金融学、财务监察等，纽约大学商学院的债务工具、投资银行、风险管理与保险、行为金融学等。研究生层次的金融学教育则更加体现专业性和务实性。公司金融、财务分析、固定收益证券、衍生工具、资本市场与投资组合分析、国际金融（包括国际货币和欧洲货币市场的定价、远期交易在套期保值上的应用、国际货币市场上的短期收益和市场效率、国外货币期权、国际资本资产定价、外国债券的定价、货币互换、欧洲货币银团贷款、外国货币融资和风险头寸管理）、风险资本等公开课程充分体现了这一特色。与本科层次的区别则主要表现在课程内容的深入和严谨上。博士课程理论性更加突出，通常要求学习经济系的微观经济学、宏观经济学和计量经济学。耶鲁大学管理学院的博士生要求在前两年学习16门课程，包括两门核心课（微观经济学、决策模型）、一门连续两个学期的社会科学课程（如经济学、心理学）、一门连续两个学期的实证方法课程、五门学科深入课程（Depth

Course）、两门学科拓宽课程（Breadth Course）及选修课程。金融经济学的五门深入课程是：金融经济学Ⅰ、金融经济学Ⅱ、公司金融与市场微观结构、会计学与金融经济学的实证研讨及随机过程（Stochastic Processes）。

国外部分大学本科金融学专业主要课程设置概览

学校		主要课程												
		货币银行(经济)学	国际金融	金融市场	统计学	投资学	公司金融	博弈论	证券分析与组合管理	风险资本与私人权益	中、高级会计	公司财务管理	房地产金融	期货与期权
商学院或管理学院	宾州大学沃顿商学院	★	★			★	★		★	★			★	★
	波士顿大学		★	★					★			★		★
	纽约大学		★			★	★					★	★	★
	马里兰大学		★			★					★	★		★
	加拿大多伦多大学			★		★	★		★		★			
	新加坡国立大学	★		★	★	★		★			★	★		

注：课程中省略了一些公共基础课，如宏观经济学、微观经济学、计量经济学、国际经济学、经济史等。

四、现代公司金融学的研究方法与特点

公司金融是一门交叉性学科，因而其研究方法也是综合性的。除采用演绎法和规范研究的方法外，公司金融学科的本身特点决定了其主要的研究方法还包括：一是案例分析的实证方法。公司金融在注重基本理论的同时，还强调学科的实践性，因为只有从公司金融活动的实际出发，才能把握理论的适用性和国内外公司金融活动的现状，并对实际工作起指导作用。因此，公司金融涉及较多密切联系实际的案例分析，特别是一些上市公司的投融资、并购重组等。二是采用计量经济学、数理统计学、投资学等的方法及数学建模，对一些理论进行实证检验和严密的数理论证，对公司的金融活动进行定量分析，如企业价值分析、风险与收益的计量与分析、投资收益与资本成本的分析等。

公司金融的核心问题是公司价值的创造，围绕这一核心问题，公司金融体现出以下特点：

1. 以资本成本（Cost of Capital）理论为基础。公司金融中的基本假设是，投资者向企业融资，他们期望有一定的投资回报，这种回报就成了公司的融资成本。公司价值是用资本成本折现的一系列的现金流所得的现值之和。其中，现金流的产生主要由生产流程决定，不在金融学的研究范畴；而资本成本直接影响公司价值，对它的研究形成公司股东价值最大化前提下公司金融学的基础内容，这包括，如何投资（项目价值决策），

如何融通资金（资本结构决策），为投资人提供多少回报（股利政策决策）。

对于以上决策，莫迪格里亚尼和米勒（1958）在完美市场的假设下指出，公司价值与公司金融政策（资本结构和股利政策）无关。理论界其后不断对MM定理的假设进行修正，形成了早期具有代表性的有关公司破产成本、交易成本的信号理论，和随后重视公司制度安排和行为研究的代理理论。这个以资本成本为基础的研究体系完整地反映在西方的公司金融学教科书的结构安排中。

2. 重视现金流。现金流量是按照收付实现制来确定现金收入、现金支出的。采用现金流有利于考虑资金的时间价值，使投资决策更科学合理。资金具有时间价值，投资项目在不同时点收入或支出的现金价值不同。因此，在评估公司价值或评估投资项目时，应根据未来的现金流量，并结合资金时间价值来确定，而不是根据会计利润来确定。这是因为：一方面会计利润按照权责发生制计算收入和成本，没有考虑资金收付的时间；另一方面，会计上对同一种业务的处理可能存在多种方法，如存货计价、固定资产折旧以及费用摊配等，都没有一个统一的方法，而使用不同会计方法处理同一业务，其会计收益结果亦不相同。因此，会计利润的计算比现金流量的计算具有更大的主观性和随意性。值得注意的是，在评估投资项目时，往往是根据预期的现金流进行估算，但项目未来实际的现金流与预期现金流可能有偏差，从而导致了风险的存在。在实际中，一般应按风险调整贴现率或按风险调整现金流量，并用盈亏平衡分析法、敏感性分析法等对投资项目的风险进行分析。

3. 从法律的角度研究公司金融是一个新的方向。如何从法律和经济意义上定义公司，直接影响公司金融的三个主要领域（资本结构、公司治理和公司价值评估）进行研究的方式以及得出的政策含义。更有趣的是，过去，公司的资产密集而且边界非常稳定，我们完全可以忽略公司金融决策（融资决策和治理决策）对公司性质和存在的影响，所以过去研究者往往给定公司的存在，而被动地讨论金融问题，公司金融被视同为财务管理。而现在，在人力资本密集型的公司中，融资决策和治理决策可以轻易地改变公司的边界，决定公司的存续。随着公司形式的变迁，对公司本身的研究将和公司金融的研究密不可分。可以预计，公司理论的基本问题将逐渐转向公司金融问题，法律研究和金融研究在这一领域将日益融合。

第2节　公司金融的目标

公司金融的整体目标包括利润最大化、每股盈余最大化、股东财富最大化、公司价值最大化、相关利益者价值最大化几种观点。上述几种观点都有其优点与不足，但随着现代经济的发展，公司金融的目标已由利润最大化逐步过渡到了已被广泛接受的公司价值最大化的观点。

一、利润最大化

利润最大化的观点认为，利润代表了公司新创造的财富，利润越多则说明公司的财富增加得越多，越接近公司的目标。但是，这种观点没有考虑利润的取得时间和货币的时间价值、所获利润和投入资本额的关系，以及获取利润和所承担风险间的大小关系。如果不考虑货币的时间价值，会导致公司的管理者采取短期行为，为了短期利益而损害长期利益。同时不考虑利润和投入资本的关系，也会使决策者优先选择高投入的项目，而不利于高效率项目的选择，导致公司通过不断地增加投入来增加产出，而不是以提高效率、运用先进的技术和提高经营管理水平来增加产出；不考虑风险，会使决策者优先选择高风险、高收益的项目，一旦不利的事实出现，公司将陷入困境，甚至可能破产。①

利润最大化的发展初期是在19世纪初，那时企业的特征是私人筹资、私人财产和独资形式，通过利润的最大化可以满足投资主体的要求。然而现代企业的主要特征是所有权和经营权分离，企业由股东投资，由职业经理人来经营管理。此外，债权人、消费者、员工以及政府和社会等，都是企业的利益相关者。

二、每股盈余最大化

每股盈余（EPS）又称调整后的每股收益，即

每股盈余＝（公司净利润－优先股股利）÷（已发行的股份总数－优先股股数）

每股盈余最大化观点认为，应当把公司的利润和股东投入的资本联系起来考察，用每股盈余（或权益资本净利率）来概括公司的财务目标，这样可以避免利润最大化目标的缺点。这种观点的问题在于，没有考虑每股盈余取得的时间性和货币的时间价值，也没有考虑每股盈余所承担的风险。

三、股东财富最大化

股东财富最大化是指，由于企业主要由股东出资形成，股东创办企业的目的是扩大财富，他们是企业的所有者，因此，企业的发展应该追求股东财富最大化。在股份制经济条件下，股东财富由其所拥有的股票数量和股票市场价格两方面决定，在股票数量一定的前提下，当股票价格达到最高时，则股东财富也达到最大，所以股东财富最大化又可以表现为股票价格最大化。

股东财富最大化与利润最大目标相比，有着积极的方面：一是利用股票市价来计量，具有可计量性，便于期末对管理者的业绩考核；二是考虑了资金的时间价值和风险因素；三是能够在一定程度上克服企业在追求利润上的短期行为，因为股票价格在某种程度上反映了企业未来现金流量的现值。

同时，追求财富最大化也存在一些缺陷：一是股东财富最大化只有在上市公司才可以有比较清晰的价值反映，对非上市公司很难适用；二是它要求金融市场是有效的。由于股票的分散和信息的不对称，管理层为实现自身利益的最大化，有可能以损失股东的利益为代价作出逆向选择，因此，股东财富最大化目标也受到了理论界的质疑。不过该目标至今依然被主流金融学所认同。

---

① 李光洲．公司金融理论与实务［M］．上海：立信会计出版社，2005.

四、公司价值最大化

现代公司是通过一系列契约关系，将不同生产要素和利益集团组织在一起，进行生产经营活动的一种企业组织形式，是一个契约关系的集合。在这一契约关系集合中，企业的所有者（股东）、债权人、经理、职工、供应商、客户以及政府、社会等不同利益集团通过一系列契约联系在一起。[①] 每一利益集团由于向公司提供的生产要素和服务不同，在公司中拥有不同的利益，一家公司的运行结果要同时满足不同利益集团的利益要求，公司金融的目标应该是一个能够满足构成公司的各利益集团利益的多重目标。因此，关于公司的金融目标有多种观点，如利润最大化目标、股东财富最大化目标、相关利益者价值最大化目标、社会利益或政治利益最大化目标等。但是，由于公司股东的投资收益是在扣除工人工资、原材料费用、经营管理费用、债务利息、政府税收及其他种种需要扣除的项目后的剩余收益，因此他们是公司经营风险和财务风险的主要承担者。其他利益集团的利益分配在契约关系中有相对明确的规定，与权益资本投入者——股东相比，他们的利益有更多的保障。因此，与其他利益集团相比，股东对公司的经营决策有更大的发言权。公司在根据契约约束满足其他利益集团应得利益的前提下，所追求的就应是公司资本投入者的利益，即股东财富的最大化。只有这样，公司才能不断地吸收新的资本投入，实现资源的有效配置，才能不断地创造出新的财富。因此可以说，公司金融的目标是，在满足其他利益集团依据契约规定的利益请求和履行其社会责任的基础上，追求股东权益价值的最大化。

公司价值通常包括债权价值和股权价值，显然，公司的价值不等于股东权益价值。但在完全竞争的市场条件下，股东权益价值的最大化和公司市场价值的最大化的假定可以看作是等价的，实际上两个目标是一致的。[②] 公司通过正常的生产经营，使公司总价值达到最大，进而实现股东财富的最大化。因而，公司金融的目标也可以认为是公司价值的最大化。公司价值最大化不仅可以实现与股东利益的一致，而且可以兼顾与公司有利害关系的各种集团的利益。

1. 公司价值最大化的目标是和债权人的利益相一致的。对于一个公司来说，其债权人主要有商业信用提供者、债券持有人、商业银行以及其他非银行金融机构。这些债权人取得固定收益，在企业进行破产清算时有权优先分得公司财产，而企业的所有者——股东，只有剩余财产索取权。因而，如果公司金融活动以公司价值最大化为目标，那么公司债权人的利益也能得到满足。

2. 公司价值最大化的目标兼顾了雇员的利益。公司雇员的目标是获得货币或非货币的最大收益。在公司收益一定的情况下，雇员与股东的收益是此消彼长的。雇员的合理利益只能通过与所有者之间的讨价还价来取得。但只要股东的财富能达到最大，那么雇员将有获得更多收益的可能，所以公司价值最大化也就兼顾了双方的利益。

---

① 刘力．公司财务［M］．北京：北京大学出版社，2007：5.

② 张玉明．财务金融学［M］．上海：复旦大学出版社，2005：17.

3. 公司价值最大化的目标在一定程度上兼顾了管理层的利益，有助于约束管理者的行为。现代公司的所有权和经营权是高度分离的。具体管理和组织公司的是职业经理（管理者）。而管理者存在道德风险和逆向选择行为，具有追求自身效用最大化的倾向，股东可以通过设计对管理者的适当激励手段从而控制其行为，以防止管理层与股东的利益背道而驰。例如，发给管理层“业绩股”便是股东制约管理者的一种有效手段。所谓业绩股，是指以公司业绩为基础，给予经营管理人员一定的股份，这样既刺激管理层始终以公司价值最大化为经营管理的目标，又缓解了公司出资者与受托管理者之间的矛盾，同时有利于吸引和留住高水平的经营管理人才。

4. 有利于实现社会财富最大化。社会财富最大化的实现条件是社会资源的合理配置。社会资源的合理配置，就是把资源配置到生产效率最高的经济单位，其衡量标准就是经济单位的财富最大化。把资源配置到为社会创造最大财富的投资项目上，社会利益就会得到实现。因此，公司价值最大化的目标也能使社会财富最大化。

所谓“公司价值”是指公司全部资产的市场价值。决定公司价值或股东财富的，不是公司的会计利润，而是公司经营活动产生的净现金流入量和相关风险的大小。现金流量的计算不仅考虑了公司利润的高低，而且进一步考虑了公司可以支配和使用的资金的多少以及获取这些资金的时间。因为只有这种资金才能用于投资和发展，才能用于现金股利的分配，从而增加公司的价值和股东的财富。而利润如不能转化为真正的现金流量，则不具备上述能力。从现金流量的角度分析，公司的价值[①]由下式决定：

$$V = \sum_{t=1}^{n} \frac{CF_t}{(1+R)^t}$$

式中：V 为公司的价值；CF_t 为公司在第 t 期预期得到的现金净流入量；R 为对公司各期所得到的净现金流入量的贴现率；t 为各期现金流入的时间；n 为产生现金流量的总的期数。由上式可知，公司的价值与各期的现金净流入量正相关，与贴现率负相关。贴现率 R 的大小反映了公司风险程度的高低，风险高，贴现率大，风险低，贴现率小。一般来讲，收益与风险是正相关的，收益越高，风险越大。收益的增加是以风险的提高为代价的。因此，公司价值最大化目标就是要综合考虑风险与收益两个因素的影响，使它们达到一个好的均衡，从而使公司的价值达到最大。

不难看出，将公司金融的目标假定为公司价值最大化有几点值得注意：（1）企业价值基于未来的现金流量，内涵非常明确，而不是模糊的会计利润或收入，利润难以真实反映公司的真实价值创造；（2）公司价值明确地取决于未来现金流量的时间，利润的计量往往不考虑取得的时间和货币的时间价值；（3）公司价值的计量过程必须考虑风险差异，而利润的计量没有考虑风险与收益的关系。这些也正是我们为什么不将公司利润最大化作为公司金融的目标。

公司价值最大化目标为公司的各类金融决策提供了依据，公司股利政策的制定、融资方式的选择、投资项目的选择等具体的决策行为都依赖于公司金融目标。在公司价值

---

① 第10章将详细讨论公司价值的计算。

最大化这一单一目标体系下，任何公司的金融决策，只要能提高或至少保持股东财富，就被视为好的决策，所有降低公司价值的决策均被视为坏的决策。

五、相关利益者价值最大化

相关利益者价值最大化的观点认为，企业的本质是利益相关者的契约集合体，利益相关者是所有在公司真正拥有某种形式的投资并处于风险之中的人，包括股东、经营者、员工、债权人、顾客、供应商、竞争者以及国家等。契约的不完备性，使得利益相关者共同拥有企业的剩余索取权和剩余控制权，进而共同拥有企业的所有权。对所有权的拥有是利益相关者参与公司治理的基础，也是利益相关者权益得到应有保护的理论依据。

在利益相关者框架下，企业是一个多边利益相关者的结合体，它不只是由单纯的股东或单一的利益相关者构成，而是由所有的利益相关者通过契约关系组成。也就是说，企业是使许多冲突目标在合约关系中实现均衡的结合点。对众多利益相关者专用性资源进行组合，其目的是获取单个组织生产所无法达到的合作盈余和组织租金。各产权主体在合作过程中，由于向企业提供了专用性资源并承担着企业的经营风险，因此都有权获得相对独立于其他利益相关者的自身利益。但是相关利益者之间的目标很多时候是冲突的，选择该目标无法消除和解决这些冲突，因而在现实中操作的难度很大。

第3节　现代公司金融理论的发展

一、西方公司金融理论的发展

20世纪初，公司金融理论开始作为一个相对独立的研究和学科领域在西方国家，主要是在美国出现。当时，美国正处于第一次企业合并浪潮时期，公司金融所探讨和研究的主要内容集中在公司的设立与合并以及如何在资本市场上筹措资金等方面。此时，公司金融学是描述性、法律性的学科，重点研究企业的筹资问题和生存问题。但默顿·米勒（Merton H. Miller）认为，真正意义上的现代公司金融理论始于20世纪50年代。这一时期随着第三次科技革命的兴起和发展，公司金融开始对风险和回报率的关系以及资本结构等重大问题进行研究，取得了一些重大成果，研究方法也从定性向定量转化。现代公司金融理论所取得的研究成果除了第1节中介绍的一些现代金融理论，如投资组合理论、资本资产定价理论、期权定价理论、有效市场假说等，其他可以归纳为以下几个方面。

（一）资本结构理论

资本结构理论是公司金融领域中的核心内容之一。西方资本结构理论包括早期的资本结构理论、以MM理论为代表的现代资本结构理论以及在对其修正、批判基础上发展起来的新资本结构理论。1958年，莫迪格里亚尼和米勒在他们的一篇论文①中提出，在

① Franco Modigliani and Merton H. Miller, "The Cost of Capital, Corporation Finance and the Theory of Investment", *American Economic Review*, June 1958, pp. 261 – 297.

完善和有效率的金融市场上，企业价值与其资本结构无关。1963年，他们又在另一篇论文[①]中讨论了公司所得税对公司资本结构和公司价值的影响。这些内容（MM理论）构成了现代西方资本结构理论的基础。此后，以MM理论为基础，逐步放松假设条件，又形成了“权衡理论”“代理成本理论”“融资优序理论”“信号理论”等资本结构理论。

（二）股利政策理论

股利政策理论研究的基本问题是：股利政策与公司价值是相关的吗？更具体地说，股利支付水平会影响公司股票价格吗？现代股利政策理论以1961年米勒和莫迪格里亚尼提出的MM股利无关论为发端[②]。MM股利无关论尽管具有完美的逻辑结构，但由于其假设前提过于严格和理想化，其结论与经济现实之间存在明显的冲突，因此不断有经济学家提出新的股利理论对股利政策进行解释，如“在手之鸟”理论、“税差理论”、“代理成本理论”、“信号理论”等。

（三）代理理论

代理理论最早由詹森（Jensen）和麦克林（Meckling）于1976年提出，他们认为公司是一种契约关系的法律主体，这种契约关系，在一定程度上体现为一系列的委托代理关系。企业股东作为企业所有者，委托企业的经营者代为经营管理企业，从而形成了股东与经营者之间的委托代理关系；债权人将资金投入后，在很大程度上就失去了对资金运用的控制权，而是由企业股东及其代理人——企业的经营者决定资金的使用，从而形成了债权人与企业股东之间的委托代理关系。由于委托人与代理人的利益不一致，代理人为了追求自身利益的最大化，可能会偏离甚至危害委托人的利益。为了避免出现这种问题，减少损失，委托人要对代理人进行必要的监督和约束，或设计合适的激励机制，从而形成了代理理论。代理理论在股利政策、20世纪80年代公司控制权之争方面具有很强的解释力，在股票期权激励方面也具有极强的解释力。代理成本对几乎所有的公司金融决策都会产生影响。

（四）信号理论

信号理论最早由罗斯（Ross）于1977年提出。信号理论的基本观点是：公司的内幕人（如高级职员、董事）比外部投资者了解更多的有关公司经营状况、发展前景等的信息。由于存在这种信息不对称，投资者很难客观地区分公司的优劣。罗斯认为，业绩良好公司的经理希望能向投资者证明，由于拥有良好的发展前景，其公司价值应当得到更高的评价。但是，业绩良好公司的经理必须考虑如何向投资者传递信息又不会被业绩欠佳公司所仿效，他们采用某种成本较高但又能够支付的信号传递方式，迫使业绩欠佳公司由于代价过高放弃仿效。比如，分派大比例现金股利就可能是一种有效的信号方式。当投资者理解这种动因后，他们就认定能支付高额股利的公司价值更高，而认定那些支付较少股利或根本不支付股利的公司价值相对较低。由此，产生了分离均衡，即投

---

① Franco Modigliani and Merton H. Miller, “Taxes and the Cost of Capital: A Correction”, *American Economic Review*, June 1963, pp. 433 –443.

② Merton H. Miller and Franco Modigliani, “Dividend Policy, Growth, and the Valuation of Shares”, *Journal of Business*, October 1961, pp. 411 –433.

资者能够区分业绩好坏程度不同的公司，并能在经济上给予合理的评价。在信息不对称的市场环境下，信号是否有用必须符合两项检验。其一，信号对采用的公司来说代价昂贵，如果不是为向投资者传递信息，公司不会采用这种信号。也就是说，信号本身应当被视为一种净现值为负的策略（俗称“烧钱”）。其二，信号对业绩欠佳公司比对业绩良好公司成本更高，如果能对弱小公司具有排斥作用就更为理想。

信号理论不仅直观而且很有吸引力，但在实践检验中并不成功。事实上，运用该理论所预测的结果与公司实际情况恰好相反。比如，信号理论认为，那些盈利能力强、发展前景好的公司通常支付较高的股利，其债务权益比也较高。但在实践中，迅速成长中的技术型公司根本不派发股利。

（五）金融中介理论

1977 年，利兰（Leland）和派尔（Pyle）发表文章，较早描述了金融中介的信息优势（通过银行等金融中介而不是直接通过资本市场筹资的信息优势）。公司宣布发行证券（特别是普通股）会对股东收益产生负面影响，即资本市场筹资的成本很高，且具有破坏性。1987 年，詹姆斯（James）作出了一项重要贡献，他指出如公司宣布获得商业银行贷款，其股东就会获得相应的收益。与通过银行或其他金融中介筹集资金相比，从资本市场筹集公司日常经营资金的成本要高得多，而且经济上也很浪费。除非大规模筹资，商业银行似乎比资本市场更具竞争优势。银行能低成本积聚资金，提供贷款和广泛的金融服务，更为重要的是，通过与公司管理层建立经常性联系，银行经理能够成为公司的真正内幕人，能够评估并满足成长型公司的资金需要，又不会向竞争者泄露敏感的信息，也无须解决资本市场上公司发行证券所产生的信息不对称问题。

（六）现代公司控制理论

现代公司控制理论的代表人物是布拉德利（Bradlley）。20 世纪 80 年代，伴随着并购潮，在学术界，现代公司控制理论产生和发展起来。1980 年，布拉德利发表了一篇有关现代公司控制的重要文献，研究了目标公司被宣布收购后股价的变动情况。他指出，一旦收购要约发出后，目标公司的股价大约立刻上涨 30%，然后维持在该水平，直至收购结束或被取消。布拉德利对其研究的结果作出了合理的解释：投标公司管理层发动要约收购，主要目的是获得目标公司资产的控制权和管理权，因为目标公司的管理目前未达到最优化，一旦收购成功，收购方将对目标公司实施有效的经营战略，并且通过有效的经营管理来获取利润。该理论含义深刻，一方面对自由并购的资本市场的经济优势进行了论述，另一方面，对并购市场的行为提供了合理的解释（竞争对手的管理层奋力争夺目标公司资产控制权）。由更胜任的人员接替效率低下的管理人员，公司资源的控制权自然转交给那些能够对其进行更充分有效利用的人。并购尤其是并购中的财务配合问题是公司金融的内容，从公司金融的角度，并购是一项复杂的投资决策，同时伴随着复杂的融资决策。

（七）行为公司金融理论

自 20 世纪 90 年代以来，随着行为经济学，尤其是行为金融学的发展，人们逐渐开始从新的角度研究公司金融领域中的传统问题，并取得了新的成果。在行为金融的框架下，人们突破了经典经济学和金融学关于理性人假说的局限，从新的视角来研究公司金融问题。行为公司金融理论认为：一方面，企业经理人的决策受其心理因素的影响，企业投融资活动会偏离企业价值最大化的目标；另一方面，投资者的决策也受心理因素的影响，无法对企业的价值作出准确的评估。

首先，经典公司金融学理论认为通过适当的合约安排和激励手段，可以克服代理成本问题，构建合理的公司治理结构，从而使经理人的决策符合股东利益。而行为公司金融理论认为，经理人不是完全理性的，即使其本人完全具有与股东一致的目标，他的决策仍然有可能损害股东利益。例如，在公司股利政策方面，行为公司金融理论认为公司分红不像传统理论认为的那样，是对公司未来盈利能力的信号。相反，分红常常反映了公司的历史业绩，而这与经理人的过度自信相关。

其次，经典金融学理论假设金融市场是有效的，投资者能正确判断公司行为对公司价值的影响，市场上的正确价格信号又能帮助经理人作出正确的决策。而行为公司金融理论认为，由于投资者的判断受心理因素影响，市场价格并不一定反映公司真实价值。最直接的例子是公司的融资行为。如果公司股价偏离公司真实价值，经理人便可以既不按优序融资理论，先使用留存收益，后发债，最后募股，也不按权衡理论，权衡负债对公司价值的正面和负面影响，而只需要在股价高估时募股，股价低估时发债就可以了。这种行为被称为市场时机选择。

总之，行为公司金融理论从经理人和投资者的“非理性”行为出发来研究和解释公司金融中存在的问题，为我们进一步解释和研究公司金融中的问题提供了新的视角和范式。行为公司金融主要研究成果可以归纳如下。

（1）投资者的非理性导致股票价格短期明显偏离公司真实价值（高估或低估）。在股票市场投资者非理性情形下，股东价值最大化并不等同于公司短期股票价格最大化。此时，理性的管理者面临两难抉择：迎合股票市场投资者及分析家的非理性评价，偏好配置资本有助于公司股票价格短期表现，但将损害公司长期健康发展和真实价值；如果不迎合，尽管有助于公司长期健康发展和资本真实增值，但对公司股票价格短期表现将产生负面影响。代理问题比较严重时，非理性的管理者可以利用股票市场投资者及分析家的非理性，谋求自身利益最大化，从事迎合股票市场短期积极评价，但有损公司长期健康发展和真实价值的资本配置行为，包括投资净现值为负的项目，或短期行为。

（2）公司管理者非理性往往体现在过度乐观和自信，对资本配置行为及绩效的影响比较复杂。乐观和自信导致过度的兼并收购和过高的并购价格；乐观和自信的投资行为有增加公司价值的一面，但在产品市场竞争和资本市场不完美的条件下，与理性的融资行为整合，很可能增加公司财务危机的可能性，从而破坏公司长期健康发展和资本增值。

（3）公司管理者过度乐观和自信的资本配置行为，以及公司治理问题严重的管理者短期化的资本配置行为更容易增加公司的经营和财务风险，而投资者的非理性使公司股票价格可能严重背离公司内在价值。因此，公司管理者与投资者行为都非理性时，可能加速和加剧股市泡沫的形成和破灭。

二、西方经典公司金融理论在我国的研究现状

目前，西方经典的公司金融理论在我国的研究现状体现在以下几个方面。

（一）公司融资行为研究

这方面的研究成果较多，主要包括资本成本分析、融资偏好分析、资本结构的决定、资本结构与公司绩效的关系等方面。在资本成本分析的研究中，主要采用经典公司金融理论中的资本资产定价法、莫迪格里亚尼和米勒的平均资本成本法等来计算我国上市公司的资本成本。在融资顺序和资本结构的研究中，多以实证研究为主，而且大多依据西方经典的公司金融模型来探讨可能的经济影响变量，进而确立要进行计量检验的模型，在有关实证结果的分析中，重点也是判断我国上市公司的金融决策行为是否符合经典公司金融理论的结论。主要的研究结论有：我国上市公司的资本成本呈下降态势；上市公司存在强烈的股权融资偏好；关于资本结构的影响因素方面，除了资本成本、行业因素以外，还包括企业规模、盈利水平、企业成长性等方面的因素。但是在上述研究中往往忽视了对企业经济性质和外部经济环境的制度约束，没有控制外部因素的影响，这很有可能影响研究结论的准确性。

（二）公司投资政策研究

这方面的研究主要包括企业并购的绩效和动机研究、公司投资的“融资约束模型”现象的研究，而对实际的研发投资、库存投资等实物投资范畴研究得较少。在并购绩效方面的研究主要包括两种方法：一种是考察并购行为的市场反应；另一种是比较并购前后企业经营业绩的变化，但是实证研究结果对并购双方的总体并购绩效是否得到改善并无统一的结论。有关并购动机的研究结论认为，西方经典公司金融理论中的协同效应、多元化效应并不能解释我国上市公司的并购行为。在投资的“融资约束”研究方面，主要应用了法扎里、哈勃德和皮特森（Fazzari，Habbard，Petersen）① 的“融资约束模型”来对我国上市公司的投融资行为进行检验，初步的结论是大公司的投资对现金流量的敏感性要高于小公司。

（三）公司股利政策研究

这方面的研究主要包括三个方面：目前我国上市公司的股利分配现状；公司股利政策的影响因素；股利是否具有信号传递效应，以及什么样的信号效应。此类研究主要从以下三方面进行考察：企业特征、持久盈利和代理问题与股利政策之间的关系，总的研究结论认为代理问题和公司治理结构是影响上市公司股利政策的重要因素。

目前海内外学者基于中国资本市场的公司金融研究在数量和质量上都已经取得了较大的发展，但是以往的对中国上市公司的金融研究存在着不少缺陷。在理论研究上，没有结合中国转轨经济背景建立一个统一的理论分析框架，并且在研究上存在两个重大的缺陷：一是缺乏对中国上市公司治理结构的全面和深层次的理解，特别是对上市公司有

---

① Fazzari, S., Hubbard, R., Petersen, B., “Financing constraints and corporate investment”, *Brookings Papers on Economic Activity* 1, 1988, 141 - 195.

关利益各方的决策影响力和利益配置情况分析不清，不了解背景的复杂性，而是简单照搬西方的公司金融理论；二是国外经典的公司金融理论隐含的前提是有效资本市场，而我国的资本市场目前还不具备弱式有效性，股价操纵和投资者的短视使得股票价格严重背离了上市公司的基本面价值。以上原因，致使我国目前的公司金融研究要么不能解释实际情况，要么解释得非常牵强、片面。

本章小结

1. 国际通行的金融学继承了新古典经济学的精神，其核心是从微观角度研究不确定条件下，能够实现资本最优配置的金融资产均衡价格。

2. 公司金融是以公司为核心，金融市场和金融中介为依托，价值管理和风险管理为主线，实现公司价值最大化为目标，研究作为经济法人的公司在生产经营与资本经营两个层次的金融活动的一门交叉性学科。

3. 公司金融的目标是，在满足其他利益集团依据契约规定的利益请求和履行其社会责任的基础上，追求股东财富的最大化。在完全竞争的市场条件下，股东财富的最大化和公司价值的最大化的假定可以看作是等价的，实际上两个目标是一致的。

4. 现代公司金融理论包括资产组合理论、资本资产定价理论、期权定价理论、有效市场假说理论、资本结构理论、股利政策理论、代理理论、信号理论、行为公司金融理论等。

5. 西方经典的公司金融理论在我国的研究现状体现在以下几个方面：公司融资行为研究、公司投资政策研究、公司股利政策研究。

本章思考练习题

一、选择题

1. 目前已被广泛接受的观点是，公司金融的目标为（　　）。

A. 利润最大化　　B. 公司价值最大化

C. 相关者利益价值最大化　　D. 社会利益或政治利益最大化

2. 国外金融学的研究内容主要包括（　　）。

A. 公司金融与公司治理　　B. 投资者行为

C. 国际金融　　D. 金融市场的微观结构设计

3. 现代金融理论的基石是（　　）。

A. MM 理论　　B. 资本资产定价模型

C. 有效市场假说　　D. B－S 定价模型

4. 下列关于公司金融的说法正确的是（　　）。

A. 公司金融是现代宏观金融学的重要组成部分

B. 公司金融研究的主体是公司

C. 公司金融就是企业的财务管理

D. 公司金融的核心问题是价值创造

5. 影响公司价值的两个最基本的因素是（　　）。

A. 时间与利润　　B. 利润与成本

C. 风险与收益　　D. 风险与贴现率

二、思考题

1. 国际通行的金融学研究的内容与我国有什么不同？
2. 现代公司金融学有什么特点？
3. 如何理解MM定理是现代金融学发展的一座里程碑？
4. 为什么说公司金融的目标是公司价值最大化？
5. 西方经典的公司金融理论在我国的研究现状体现在哪几个方面？

第2章

公司与金融

本章知识结构

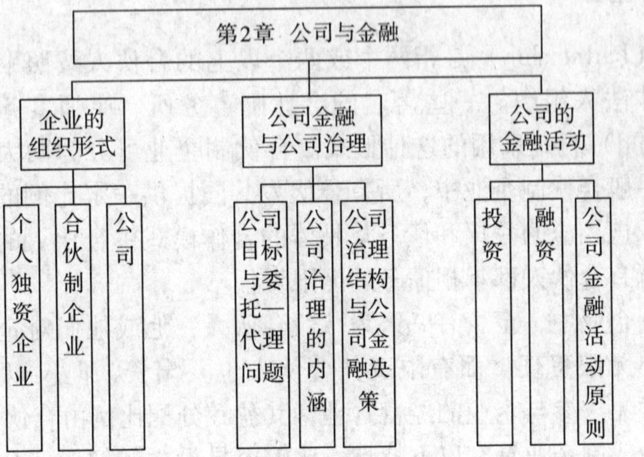

本章学习目的

1. 了解企业的各种组织形式，掌握公司的概念和内涵；
2. 掌握公司目标以及公司治理结构的内涵；
3. 了解公司金融活动应遵循的原则。

第1节 企业的组织形式

公司金融的研究对象是公司，因此，对公司的理解是学习和研究公司金融的起点。但是，不同学科对公司的理解是不同的。在公司金融中，公司是作为企业的一种组织形式而存在，因此在对公司进行界定前，我们有必要先了解企业的组织形式。企业的组织形式多种多样，其中最常见的有个人独资企业、合伙制企业和公司等三种组织形式，其中公司制企业是公司金融的研究对象。

一、个人独资企业

个人独资企业（Sole Proprietorship）又称个体业主制企业，是指一个人出资并独立经营，个人拥有全部利润的同时又承担无限责任的企业，它是最早、最简单的企业形式。我国《个人独资企业法》规定，个人独资企业是指“由一个自然人投资，财产为投资人个人所有，投资人以其个人财产对企业债务承担无限责任的经营实体”。个人独资企业的优点是成本很低，设立相对简单，投资者可以获取全部利润，企业利润视同个人所得，只缴纳个人所得税，避免了公司制企业所有者进行利润分配时需要缴纳公司所得税和个人所得税的双重纳税负担。但其缺点也很突出，如规模较小、难以进行大规模的投资活动；所有者要承担无限责任，即当企业的资产不足以偿还债务时，所有者还要以个人其他财产来偿付企业债权人的债务；存续时间有限（通常依附于业主的寿命）等。

二、合伙制企业

合伙制企业（Partnership）是指两个或两个以上的合伙人按照书面协议共同出资经营、共同拥有的非法人组织。一些著名的会计师事务所、律师事务所、私募股权基金（Private Equity Fund）就是采用的这种形式。合伙制企业可分为两大类：一般合伙制和有限合伙制。在一般合伙制企业中，所有合伙人共同提供一定比例的工作和资金，并分享相应的利润，承担相应的亏损和债务。具体的合作模式由合伙人的协议来规定。在一般合伙制当中，所有合伙人都承担债务的无限责任。

在有限合伙制企业中，至少有一人为一般合伙人，他或他们对企业经营决策拥有充分权利，同时承担无限责任。而有限责任合伙人也要出资，但仅以出资额为限承担责任，同时他们通常无权参与企业的经营管理，其盈亏分配比例由合伙协议规定。

一般而言，合伙制企业具有以下特点：比较容易设立和解散；合伙人投入的资金由合伙人统一管理和使用；合伙人可以推举负责人，由全体合伙人承担民事责任。同时与独资企业类似，企业的利润等同于所有者的个人所得，因此不必双重纳税。缺点是：（1）一般合伙人要承担无限责任；（2）合伙制企业是依据合伙人之间的合约或协议建立的，每当一个合伙人退出或死亡，或一个新的合伙人被接纳，都必须重新建立合伙企业，这就限制了它的发展能力。此外，合伙制企业筹集资金能力虽然优于个人独资企业，但仍然受到一定程度的限制，一般合伙人的所有权也难以转让。这是一种资合兼人合的经济组织。

总体来看，个人独资企业和合伙制企业都受到无限责任、企业寿命和筹资能力的困扰，因此，很难筹措到足够的资金从事大规模的项目投资。

专栏 2－1

美国私募股权投资基金的运作模式[①]

在美国，私募股权基金往往由基金管理人按一定的比例出资，成为拥有绝对控制权的普通合伙人（General Partner，GP）。私募股权基金的控制权在 GP 手里，他们负责寻找投资机会并做投资决定，他们的收益最高，每年要提取全部基金的 2% 作为管理费，如果达到了最低预期资本收益率，他们还要提取全部利润的 20%，这部分钱叫作附带收益（Carried Interest，即资本增值部分的提成），私募股权基金的成败取决于 GP 的管理能力。

GP 出资后，私募股权基金剩余部分由投资人出，这些投资人一般是金融机构、养老基金和富有个人等，他们叫有限合伙人（Limited Partner，LP）。LP 和 GP 共同组成的私募股权基金是一个有限合伙制企业。

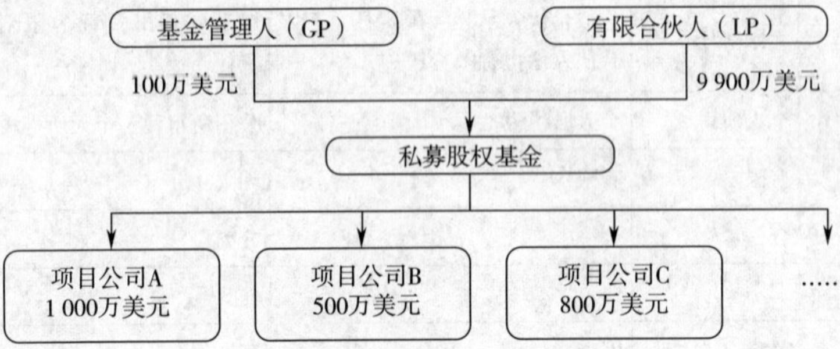

美国私募股权基金运作模式

三、公司

公司（Corporation）是最重要的企业组织形式，它是依据一国公司法组建并登记的以盈利为目的的企业法人。公司的产权分属于股东，股东有权分享公司的盈利，并以出资额为限对公司债务承担有限责任。股东一般不能退股，而只能转让其所持股份。因此，公司是一种资合组织，可以脱离其所有者而具有独立的生命。

在公司当中，主要由三类利益者组成：股东（所有者）、董事会成员和公司的高层管理者。一般来说，股东拥有公司，控制公司发展方向；股东选举董事会成员；董事会成员任命高层管理人员，总经理是公司的行政首脑。这样，便形成了公司的所有权与经营权的分离状态。

同合伙制企业相比，公司制企业的突出优点是股东一般只对企业债务承担有限责任，即只在其出资范围内对公司债务负责。一旦公司破产，债权人只能对公司的破产资产要求赔偿，而无权起诉股东或者要求股东以股本以外的财产来抵债。这样就使得公司成为筹集大量资本的较好组织形式。公司的另一个优点是具有独立生命，除非破产或歇

① 我们将在第 8 章中详细介绍私募股权基金，这里只是介绍它常见的一种组织形式。

业，它的生命是“永远延续”的。公司一旦建立，其业务不会因股东死亡或股权转让而终止。公司制可以增加企业价值，这是因为：(1) 公司的股东只承担有限债务责任，降低了投资风险。在固定条件下，风险低，价格就高。(2) 企业的价值依赖于增长机会，依赖于吸收资本的能力，公司比非公司制企业吸收资本的能力强。(3) 资产的价值还依赖于其流通性，公司的资产比个人独资、合伙制企业的资产具有更强的流动性，譬如，股份公司的股票可以自由转让，流动性强。

企业不同组织形式的比较见表2-1。

表2-1　企业不同组织形式的比较

组织形式	个人独资制	合伙制	公司制
法律地位	自然人企业	自然人企业	法人企业
承担责任	无限责任	一般合伙人承担无限责任，有限合伙人承担有限责任	股东以其出资额为限对公司承担有限责任
税收缴纳	个人所得税	个人所得税	公司所得税、个人所得税
存续时间	有限	有限	无限
所有权与经营权	合一	合一	分离
融资能力	弱	弱	强
所有权转移	困难	困难	容易
代表企业	—	普华永道会计师事务所	微软、中国联通

公司制企业的缺点主要有以下几个。

(1) 公司的设立程序复杂，不像个人独资企业那样可以随时建立和歇业，也不像合伙制企业那样仅仅由合伙协议决定，公司在成立条件、设立程序等方面均有严格要求。因而，公司的组建不像以上两种企业组织形式那样方便灵活。

(2) 由于所有权与经营权相分离，公司的经营者往往不是公司的所有者，两者的目标不一致，因此产生了委托人（出资人）和代理人（经营者）之间复杂的委托—代理关系。

(3) 作为法人，公司必须缴纳公司所得税，而股东也要为股利缴纳个人所得税，因此有双重税负。

(4) 大多数国家对公司制企业的注册资本额通常有最低限要求。

公司制企业又分为有限责任公司和股份有限公司。有限责任公司（Liability Limited Company）又称有限公司，是指一般由两个或两个①以上股东共同出资，每个股东以其认缴的出资额对公司承担有限责任，公司以其全部资产对其债务承担责任的公司。股份有限公司（Stock Limited Company）又称股份公司，是指注册资本由等额股份构成，并通过发行股票筹集资本，股东以其所认购的股份对公司承担有限责任，公司以其全部资产

① 《中华人民共和国公司法》(2018年修订) 对一人有限责任公司的具体规定见专栏2-2。

对公司债务承担责任的公司。有限责任公司和股份有限公司的主要区别是：有限责任公司股本不必分成等额股份；股东人数较少；不能公开发行股票募集资本；公司股份不能随意转让，不必公开财务状况。而股份公司的资本划为等额股份；股东人数只有下限而无上限；可以通过公开发行股票募集资本；股票可以自由转让，上市公司必须公开财务状况等（见表2－2）。

表2－2 有限责任公司与股份有限公司的异同

比较项目		有限责任公司	股份有限公司
共同点	法律地位	独立的法人组织	
	股东责任	股东以其出资为限对公司债务承担责任	
	治理结构	所有权与经营权分离，设立股东会、董事会、监事会等公司管理机构	
不同点	股票发行	不公开发行	公开发行
	股票转让	不能随意转让	在证券市场上自由转让
	股东人数	较少	较多
	经营管理	股东通常直接参与公司经营管理	股东一般通过董事会对公司进行间接控制
	股份	不必分为等额股份	分为等额股份
	经济地位	重要的资本联合形式	现代企业组织形式的典型

专栏2－2

我国《公司法》对一人有限责任公司的特别规定

本法（《中华人民共和国公司法（2018）》）所称一人有限责任公司，是指只有一个自然人股东或者一个法人股东的有限责任公司。

第五十八条　一个自然人只能投资设立一个一人有限责任公司。该一人有限责任公司不能投资设立新的一人有限责任公司。

第五十九条　一人有限责任公司应当在公司登记中注明自然人独资或者法人独资，并在公司营业执照中载明。

第六十条　一人有限责任公司章程由股东制定。

第六十一条　一人有限责任公司不设股东会。股东作出本法第三十七条第一款所列决定时，应当采用书面形式，并由股东签名后置备于公司。

第六十二条　一人有限责任公司应当在每一会计年度终了时编制财务会计报告，并经会计师事务所审计。

第六十三条　一人有限责任公司的股东不能证明公司财产独立于股东自己的财产的，应当对公司债务承担连带责任。

第2节 公司金融与公司治理

一、公司目标与委托—代理问题

在第1节我们曾提到，公司制有利于增加企业的价值，是企业价值创造的最佳平台。但这并不意味着公司金融的目标（公司价值最大化或股东财富最大化）会自然实现。这是因为在公司这种现代企业制度下，普遍存在两种主要的代理关系：股东与管理层、股东与债权人之间的代理关系。下面分别就这两种关系进行论述。

（一）股东与管理层

所有权与经营权的分离是所有现代公司的基本特征。股东将企业委托给管理层经营，股东是委托人，管理层是代理人。从历史经验看，现代企业的财产关系之所以采取委托—代理方式，是因为通过这种方式可以获得经济学中所说的“分工效果”和“规模经济”。但这种经济效益是以代理人忠实地服务于委托人为前提的。而现实情况往往是，委托人和代理人的行为目标可能不一致，股东的目标是使自身价值最大化，然而管理层的目标可能是希望得到优厚的报酬、滋润的假期、豪华的办公环境等，而且管理层作为“经济人”还存在所谓的“机会主义倾向”，在代理过程中常常会产生“道德风险”。这种“道德风险”主要体现在管理层通过以下各种形式直接或间接地损害股东的利益。

1. 直接损害。为了保住自己的职位，管理层往往会采取损害股东利益的行动。例如，管理层投资那些自己较为熟悉但行业处于萎缩状态或者技术过时的项目；当本企业绩效落后于行业发展速度时，操纵会计报表以保住自己的职位；当企业业绩高于行业发展速度时，又过于规避风险，以避免企业绩效滑落；受到敌意收购的威胁时，管理层会采取“金色降落伞”“毒丸计划”等反并购措施，这些措施有利于管理层保住自己的职位、降低资本市场的约束作用，却大大损害了股东权益。

2. 自利行为。管理层可能利用自己对企业的直接控制权，采取自利行为。例如，将产品或资产以低价的方式卖给自己拥有的企业，或以高价的方式收购自己拥有企业的股权；由公司支付成本购买高档消费服务供自己享用，如豪华办公室、高尔夫俱乐部的会员证、过度的娱乐活动和高额的招待开支。

3. 偷懒。管理层们并不完全将其工作时间和精力致力于股东价值最大化和建立健全企业的内部控制、提高企业的管理水平、寻找更低成本的供应商等方面，而是将大量的时间用于并不增加企业价值的活动，如利用企业的影响，出席各类满足个人荣耀的研讨会、政治活动等。

4. 建立企业帝国。为了满足个人的权利欲望，管理层往往会进行大量无效的企业多元化投资，寻求建立庞大的企业帝国。有些管理层还会进行满足个人爱好的投资，比如喜爱篮球运动的石油大亨购买篮球俱乐部的股权以供自己娱乐和享受。

（二）股东与债权人

股东（通过管理层）与债权人存在另一种代理关系，债权人将资金借给公司，委托股东使用，目标是到期获得本金和利息；公司通过借入的资金扩大经营，最大限度地获得利润。股东和债权人的目标显然是不一致的，而其利益冲突的根源，在于这两个群体对现金流量要求权有本质的差异。如果公司有足够的收益，则债权人通过对现金流量的第一要求权，可以取得固定数额的收入。股东对偿还债务之后的剩余现金流量拥有要求权。但是，如果公司的现金流量不足以偿还其债务时，公司有权宣布破产。可以看出，当公司经营成功时，债权人不能分享大部分的收益，但当公司经营失败时，他们却要承担大部分的成本。

债权人同意将资金贷给公司一般会考虑公司现有资产的流动性、公司现存的资本结构、预期的业绩和风险等因素，这些决定了贷款的利息。合约一旦签订，债权人就失去了对资金的控制权。公司的股东可能为了自身的利益，通过管理层的经营活动，损害债权人的利益，以下是三种常见的做法。

1. 股东不经债权人同意发行新债，企业财务风险增加导致旧债的价值下跌，从而使债权人遭受损失。原因在于：发行新债后，公司的负债比例增加，破产的可能性就加大了，如果公司破产，旧债权人和新债权人一起分享破产企业财产，旧债权人自然就会遭受损失。

2. 股东不经债权人同意，决定投资于比债权人预期风险要高的项目。风险的加大导致旧债价值降低。高风险的投资如果获得成功，所获得的高额利润将归属于股东，债权人只获得固定收益；如果项目失败，债权人将和股东一起分担损失，即使债权人在企业破产时对资产有优先分配权，但由于资不抵债，债权人还是会受到损失。企业债务比率越高，股东进行高风险经营的冲动就越强烈。

3. 向股东派发与当期利润不相符的红利，使公司现金、资产价值下降，损害债权人的利益。

债权人为了防止自己的利益遭到侵害，往往会采取一些法律或是其他手段以维护其权益。

1. 借款合同中加入限制性条款，如规定资金的用途、规定不得发行新债或限制发行新债的数额、对资产的处置及分红设定一些限制等。

2. 发现公司有损害债权人利益的行为时，拒绝进一步的合作，不再提供新的资金或是提前收回借款等。

二、公司治理的内涵

为了解决现代公司中广泛存在的委托—代理问题，就必须设计一套相应的制度安排，防止代理人损害投资者的利益，提高企业的经营绩效。这种制度安排就是公司治理。公司治理的目的就是要通过公司剩余索取权与控制权的安排，来解决公司财产因所有权与控制权分离产生的委托—代理问题，即代理人追求自身利益而损害委托人利益的行为，尽可能降低代理成本和风险，实现股东价值以及各方面利益的最大化。

目前对公司治理概念的界定存在较大的分歧。一种观点认为公司治理的中心在于确保股东的利益，确保资本供给者可以得到其应得到的投资回报；另一种则认为应把股东利益置于与其他利益相关者（如借款人、国家、董事会、经理、员工等）相同的位置上，因此，公司治理研究的是包括股东在内的利益相关者之间的关系以及规定他们之间关系的制度安排。

本教材认为，公司治理指的是在注重股东利益的前提下，恰当地关注包括股东在内的各方的关系。公司治理必须以股东利益为主导，解决好股东、债权人、董事会、经理及其他利益相关者之间相互作用产生的诸多问题，可以用图2-1表示。在这里，股东比债权人、董事会、经营班子、国家及其他利益相关者要高一层次，占有主导地位。而其中的其他利益相关者可以是员工、所在的社区、消费者、供应商、零售商等。但这些利益相关者的行为都影响着企业目标的实现，股东价值最大化目标的实现需要协调公司与他们的一系列关系，因此，公司治理应涵盖对管理层及其他员工的激励，以及对高层管理者的制约等。

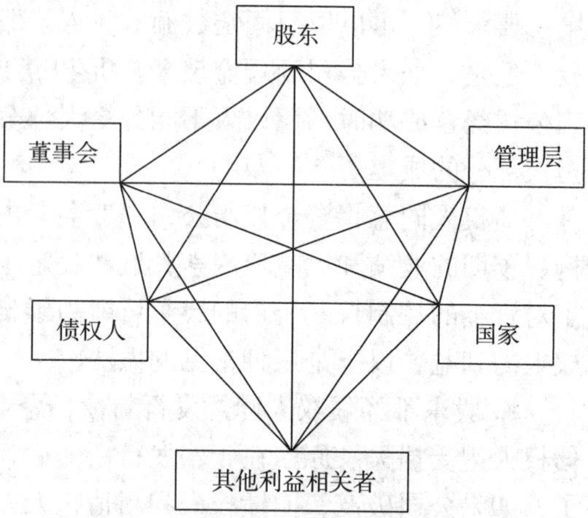

图2-1 公司治理示意图

从公司治理的演化过程看，公司治理要解决的主要问题是对代理人的激励和约束。激励的目的是使代理人积极为投资者的利益努力工作，使代理人有职、有权、有利。约束的目的是使代理人不至于为了自身利益而损害投资者的利益，要使代理人的职位、权力、利益时刻受到监控和威胁。两者之间的制衡成为公司治理有效与否的关键。失去制衡的公司治理只会有两种结果：或者代理人成为傀儡；或者内部人失控。两者都不利于公司的发展。

现代公司治理反映的是一种市场自我组织的治理机制，即以利益关系为纽带，以分权、受托、代理、诚信责任、价值实现为内容的机制。所以，自觉地完善公司治理，这是企业能够长期持续获得竞争优势的组织保证。为此，要改善公司的股权结构，建立职业经理人的信托责任；健全董事会制度，包括明确董事会的职责，强化董事的诚信与勤勉义务，确保董事会对经理层的有效监督；建立和完善独立董事会制度；强化审计委员会（监事会）的权威性和作用，明确审计委员会（监事会）的职权和责任，增加熟悉财务的委员会成员，责成审计委员会（监事会）统筹外部审计和内部审计（财务控制）；建立和完善公司绩效评价和高级管理人员的激励机制；切实提高透明度，确保信息披露的真实性和准确性等。同时政府要充分发挥在完善公司治理中的独特作用，如加强法制建设和证券市场监管，完善信息披露制度和会计标准，规范上市公司再融资行为，等等。

三、公司治理结构与公司金融决策

公司金融决策主要包括融资决策、投资决策和股利分配决策，公司金融的各项决策是公司在其治理结构下实现价值最大化目标的手段，因而，公司治理结构会影响公司的金融决策，从而影响公司的价值，这正是近年来，公司金融将对公司本身的研究作为一个重要研究方向，法律研究和金融研究在这一领域日益融合的一个重要原因。

(一) 公司治理结构与融资决策

在公司发展的漫长过程中，各国由于受不同的政治、经济、法律政策、历史文化等因素的长期影响，形成了因国而异的公司治理模式，不同的公司治理模式有着不同的财务特征，公司融资方式也因之而异。若从公司治理的股权结构及监控机制来看，大体可分为美英式的公司治理和德日式的公司治理。美英式的公司治理的基本特征是股权相当分散、股票流动大、持股比例很少的众多小股东通过市场机制来行使自己的权利和实现利益最大化。这种通过外部市场对公司进行控制的治理模式能够优化资源配置，使股东受益，有利于经济的发展。因此，这种模式下的公司融资方式主要以直接金融为主，间接金融为辅。而德日式的公司治理的基本特征是股权集中、股票具有相当的稳定性。公司股份主要集中在银行手中，银行具有放款人和股份持有人的双重身份，通过"用手投票"对公司经营者起着重要的控制和监督作用，使企业的经营者能够关注企业的长远发展。因此，这种模式下的公司融资方式主要依靠间接融资。

(二) 公司治理结构与投资决策

公司的投资取向、投资规模、投资决策的程序和方法也无时无刻不受公司治理结构的影响和约束。在以美、英为代表的外部监控模式下，公司的投资决策按投资的重大程度与否，由股东大会、董事会、财务经理，按照不同的表决制度分别作出。由于美、英的公司治理主要是通过外部市场来进行，股票市场上股票价格的变化是股东评价经营者经营能力的主要依据，也是经理市场评价人力资本价值的重要依据，因此管理者的投资取向受到来自资本市场的压力很大。为了避免出现股票价格的下跌和由此引发的公司被购并、自身价值的贬值，公司管理者更倾向于选择短期内风险大、收益高的投资机会，在投资决策时不够注重企业长期的发展。在以德、日为代表的内部监控公司治理结构模式下，公司的投资项目决策主要由包括银行、法人股东在内的企业负责人和公司经理在"经理俱乐部"会议上作出。法人持股和银行的作用，且来自外部市场的压力较小，使得管理者的投资取向更倾向于考虑公司的长远利益和发展，但这也在一定程度上妨碍了公司的创新，这就是为什么美国近年来在高新技术产业上的发展远远快于德、日。

(三) 公司治理结构与股利分配决策

公司治理结构对股利政策的影响体现在不同的公司治理结构逻辑下利润分配的内容，制定利润分配政策的基本原则是不同的。在以美、英为代表的公司治理结构逻辑下，公司利润分配的理念表现为以股东的利益为主导，以满足股东的最大利益要求为基础，体现了一种"股东至上"主义。因此其利润分配制度的构成具有以下几个特点：第一，注重股东利益的股利分配。第二，建立了高额的经理报酬制度和与劳动绩效相连的奖金分配制度，且不同工作、不同级别的工资水平相差很大。在以德、日为代表的公司治理结构逻辑下，公司利润分配的理念表现为以追求多元化的相关利益主体的利益为主导，体现了共同参与的"多边治理"主义。与此理念相适应的利润分配制度的构成具有以下几个特点：第一，重视职工利益的工龄序列工资制度、普惠的奖金分配制度和较高水平的津贴福利分配制度。第二，不太重视对经营者激励较低的经理报酬制度。第三，不重视股东利益限制分红的股利分配制度。这些制度的建立无疑具有激励员工的作用。美、英公司传统的激励分配制度，更多的是以通过把经理和员工的利益与股东的利益捆绑起来，从而最大地满足股东的利益为出发点的，而在德、日公司则是以更多地满足职工和经理、股东等比较广泛的相关利益者的利益为出发点的。因此这两种分配制度的理念实际上是两种不同的治理逻辑的具体体现。

专栏2－3

世界主要公司治理结构模式

公司治理结构自20世纪90年代在西方发达国家兴起以来，主要被概括为两种模式：美英模式和大陆模式。前者以美、英为代表，后者以德、日为代表。由于社会、文化、传统等方面的差异较大，也有人把大陆模式细分为德国模式和日本模式。美、英、德、日四个国家亦被视为公司治理结构的代表性国家。近几年来，随着东亚公司治理结构的发展和相关理论的兴起，家族模式，或称香港（东南亚）模式也开始被国际上广为关注。

美英模式的最大特点是股东高度分散，并且流动性强。公司治理结构依赖于企业运作的高度透明和相应完善的立法及执法机制。一般认为，美国的财务会计和审计是最发达的，美国对上市公司信息披露的要求也是最严格的。由于股权分散，股东在公司决策中所能发挥的作用十分有限，不足以对公司管理产生压力，加之有一个庞大、发达的资本市场可以依托，美英模式中的持股人——无论是机构持股人还是个人持股者——通常不直接干预公司运营，而更关心股票市场的涨落，通过股票买卖的形式来“参与”公司重大问题决策，也被称为“用脚投票”。持股的短期性质使股票交易活跃，公司接管或兼并事件频繁发生，市场上股票价格对公司管理者形成间接约束。对公司管理者的选择、监控和激励主要依赖于外部市场，特别是资本市场。在运行机制上，主要是以首席执行官（CEO）为首的行政决策系统指挥管理公司，很多公司的董事长兼任公司CEO。美英模式的公司治理更为关心短期收益，把股东财富最大化视为公司经营的最高目标，注重分工和制衡，收入中红利的比例较大，使资金重新回到市场，而不是留在企业组织内部。管理人员的选择本身也是市场行为，流动性较大。

大陆模式的最大特点是股东相对集中、稳定。德国多为大银行直接持股，银行与企业的存贷关系使银行成为一个重要的利益相关者。银行控制的方式是向监事会派出代表。德国的公司实行双重委员会制度，设监事会和管理委员会，监事会由股东代表、雇员代表和独立董事共同组成，管理委员会的委员称为执行董事，负责公司具体运营。日本则是公司法人间相互持股，董事会成员主要来自公司内部，决策与执行都由内部人员承担。外部的监督与约束主要来自两个方面：持股法人和主银行。一个企业集团内部公司相互持股，总裁会就成为大股东会。主银行虽不直接持股，但对公司有实际的控制权。日本略有不同的是公司董事长多为退休总裁或外部知名人士，对公司决策过程影响不大。大陆模式的公司治理，更着眼于公司的长远利益，综合考虑各方利益相关者，强调协调、合作，经理人员多为大股东选派，其变动更多地受该大股东的影响，而不是市场，相对稳定。

家族模式与大陆模式有相近之处，突出特点是稳定和个人（或家族）控股。以香港为例，除汇丰银行以外，在香港联交所上市的大多数公司（不包括H股），从第一次公开发行起，大股东就一直保持控股权。内部人管理和经理人员高比例持股，使得公司利益和个人利益趋于同步，实现双重激励，是公司的主要控制方式和行为特征。

无论是哪一种模式，公司董事会（在德国为管理委员会）的功能都是基本一致的：（1）选择和监控公司经理人员；（2）审批公司财务预算、发展战略、资本项下活动和股权变更；（3）承担公司的社会责任和保护利益相关者的权益。

美英模式在强化信息披露的透明度，解决分散化的投资者控制公司的问题方面做得更好，但不利于建立长期稳定的合作关系；大陆模式则在减少大部分股东的信息不对称，保持利益相关各方关系的长期稳定方面具有优势，通常能提高交易的有效性，但在解决代理问题时显得乏力；家族模式由于内部交易成本降低，又拥有双重激励，可以最大限度地提高内部管理效率，实现资源最优配置，但同时存在忽视中小股东利益，以及家族的继承方式使得董事会在选择接班的代理人时缺少有效的市场机制约束等不利方面。

总的来说，三种模式各有所长，都是一种有效的制度安排，不存在孰优孰劣的问题。而且，近年来全球公司治理结构出现了趋同的势头，特别是在经济合作与发展组织（OECD）制定并发布了公司治理结构原则以后，在公司治理的基本原则、要求和框架方面，国际上达成了一些基本共识。然而我们知道，世界上不存在唯一最佳的公司治理结构模式，基于经济、社会和文化等方面的差异以及历史传统和发展水平的不同，这些基本共识在各个国家、各种文化环境中贯彻时会有各自不同的表现形式。以上三种模式即是一种概括。对上述三种模式进行一些简单的了解和比较，有助于我们对公司治理结构的全面认识，有助于选择或构造更为合理适用的中国公司治理结构。

第3节 公司的金融活动

公司金融的核心问题是公司的价值创造，因为任何一个公司的生存与发展都依赖于该公司能否创造价值。公司金融活动主要分为投资和融资活动。公司的融资活动是要取得公司内部或外部尽可能便宜的资金来源，而投资活动是要把所取得的资金向能创造尽可能多价值的方向投入。

一、投资

（一）投资的概念

投资是指各种经济主体（个人、企业和机构等）对目前闲置资金进行运作的经济行为，其资金来源于延期消费或筹措所得及暂时闲置部分，用来购置实体资产或金融资产及取得某些权利，为了能在未来获得与风险成正比例的预期收益或资本的升值，及达到保持现有财富价值的目的。

对投资定义的理解，我们应该从以下几方面来深入认识：

1. 投资是现在支出一定价值的经济活动，它具有时间性，即投资的价值或将牺牲的消费是现时的，而获得的价值或消费的增加是将来的，就是说投资必须经历一定的时间间隔，这个过程越长，未来值将越不稳定，风险越大。所以从静态来讲，投资仅仅是现时垫付定量的资金，从动态角度看，投资则是为了获得未来增加值报酬所采取的经济行为。

2. 投资概念作为一种专业术语与日常生活所用的投资概念有很大区别。在日常生活中人们对“投资”一词的使用较为宽泛和模糊，如人们常讲的“感情投资”、“健康投资”和“教育投资”等。虽然这种宽泛的投资概念同样具有时间性，并且也期望未来的报酬，有高度的不确定性，但它与专业术语中的投资概念有明显区别，主要在于它的未来值不是用货币来计量的，这种不可计量性决定了它们不可能成为投资学研究的对象范畴。

3. 从经济学角度看，投资是资本的形成及动态化。投资是一种流量的变量，它所对应的存量的变量就是资本。所以社会的投资总量越大，全社会的资本总额就越大。

4. 投资的目的是获取未来各种形式的报酬。投资报酬具有多种表现形式，它可以是市场价格的变动所引起的资本利得，也可以是资本本身的增值，或是各种财富的保值及其各种相应的权利等。但投资报酬是有风险的，这种风险主要来自其未来各种报酬的不确定性，投资的总量越大，投资的时间越长，这种投资的风险也就越大。

（二）投资分类

投资活动按不同的投资主体、目的、形式和管理过程等分为许多种类。下面对常用的几种投资概念的类型加以说明：

1. 广义投资和狭义投资。这是根据投资概念范畴不同来划分的。广义投资是指为了获取未来报酬或权利而垫付一定资本的所有经济行为，无论是投资于实物资产还是购买有价证券等。而狭义投资主要是指购买金融资产的投资行为。

2. 实业投资和金融投资。这是按投资对象存在形式的不同来划分的。实业投资是投资人购买有形资产或无形资产等的投资行为。这种投资大多是为了满足从事具体生产经营活动的要求，所以有时也称其为生产性投资。金融投资是投资人将资金投资于各类金融资产的投资行为。金融资产种类繁多，对于投资人来讲是一种虚拟资本，并不具有实体资产形态，而且也不增加投资人的生产经营资金，故属于非生产性投资。当然非生产性投资还包括各种社会福利、教育和服务等方面的投资。

3. 直接投资和间接投资。这是按投资人能否直接控制其投资资金的运用来划分的。直接投资是指把资金直接投放于生产经营性资产，以便获得利润的投资，如购置设备、新建工厂等。间接投资主要是指投资人购买金融资产的投资行为，其特点是在资本市场上投资人可以灵活地购入各种有价证券和期货期权等，并能随时进行调整和转移，有利于避免各类风险，但投资人一般不能直接干预和有效控制其投放资金的运用状况。

4. 长期投资和短期投资。这是按投资期限或投资回收期长短来划分的。简单地讲，长期投资是指投资期在一年以上的各类投资事项，如对企业厂房资产和设备等的投资，及对长期金融资产的投资等。长期投资耗资多，回收期长，短期变现能力较差，故风险较高，但其长期的盈利能力强。短期投资是指预期在一年内收回的各种投资业务，如企业的各种流动资产及各类短期证券等。短期投资周转快，流动性较好，风险也较低，从长远来讲，其盈利能力低于长期投资。

5. 对内投资和对外投资。这是按投资方向的不同来划分的。对内投资是指将资金投放到企业内部或投放到总公司下属的子公司等的投资行为。内部投资能加强投资人自身的经营实力，属于直接投资，所以也便于投资人的有效控制。对外投资是指投资人将资金投放于其他企业或购买各类金融资产。一般地讲，对外投资的盈利能力应大于对内投资，投资人才有理由进行对外投资，但大部分对外投资不受投资人直接控制，不确定性较大，故其投资风险较高。

6. 独立投资和互斥投资。这是按投资事项之间的相互关系来划分的。独立投资也称为非相关性投资，即它的投资行为不会受到其他投资项目的显著影响，不论它们是否实施或改变。互斥投资也称为相关性投资，它是指如果采纳或放弃了某一投资项目，就会显著地影响其他投资事项的决策。另外还存在一种互补投资，这是指必须同时进行并要相互配套的投资业务。一般地讲，独立投资的风险和收益是自身的，而互斥投资的风险和收益会受到相关投资项目的影响，互补投资的风险和收益状况主要取决于配套项目之间能否有效地配合和补充。

（三）投资与投机

通常所讲的投机概念是指某些资金操作者在商业或金融交易业务中，并不是以获取长远资本收益为目的，而是以获取短期差价为目的，甘冒特殊的交易风险以图获取短期差额利润的行为。投机的显著特征是期望通过市场价格波动来获利，这在商品、证券、外汇或期货等交易中都普遍存在，除了那些正常经营业务必须要持有外汇和商品之外，市场上其他的交易行为都具有一定的投机性目的存在。

然而，根据经济学关于人的基本经济行为假设的合理延伸，从广义上理解，可以认为投资人的所有经济行为可能均带有一定的投机性目的。因为盈利是投资的根本动因，如能在不受外界约束的前提下，在最短的时间内，运用最省力的手段，去获得最大限度财富的收益，这可能是所有投资者的美好愿望。成功的投机必然也是一项成功的投资，只是在一定程度上投机要比投资承担更大的风险。所以我们也应该澄清一些人对所谓投机的错误理解和所给出的不科学的概念。

所以投机是市场经济的常态，是理性的经济人寻求其利益最大化的行为过程，并在不同的制度背景和组织环境下具有不同的表现形式。投资和投机两者的界限是很难划清的，有人试图从投资的动机、投资的期限或风险的大小等来进行划分，可以讲，最终都是徒劳无功的。上述所讲的这些条件在许多情况下都可以相互转化。以购买证券为例，本来准备长期投资的，但由于行情的急剧变化而马上脱手；相反，本来准备转手谋利，但可能行情不利或预期公司有更大的盈利水平而长期持有等。但如果我们把投资与投机对立起来加以考虑时，可能就蕴含了一种价值判断的观念，如认为投资是“好的”或认为投机是“不好的”等。事实上两者的区别是人为的，在很大程度上它们是不确定的和模糊的。

但在证券投资中人们可能依然会根据一定的判断标准将投资与投机相区分。如一般来讲，投机承受的风险要比投资大，所以投机也称为高风险投资。又如投机者热衷于交易的快速周转，不愿长期持有某种证券，而真正的投资者却相反，所以证券业会以换手率的高低来判断市场的投机强度。另外从入市的动机也可以将两者加以区分。然而我们可以看出，上述各项划分标准的设立都取决于人们的主观判断，必然具有一定的随意性。但我们应该深刻认识的是，如社会上存在大量的过分和极度的投机，会引起泡沫经济现象的发生，并对社会经济的发展造成极大的伤害。投机者一旦被非理性的狂热的投机动机所支配，就会被各种期望、谣言甚至是恐惧所迷惑，使投机失控最终引起社会的经济动荡。

二、融资

融资即一个企业的资金筹集的行为与过程。也就是公司根据自身的生产经营状况、资金拥有的状况，以及公司未来经营发展的需要，通过科学的预测和决策，采用一定的方式，从一定的渠道向公司的投资者和债权人去筹集资金，组织资金的供应，以保证公司正常生产需要，经营管理活动需要的金融行为。

（一）按资金来源分

企业融资从资金来源可分为内源融资和外源融资。内源融资是企业在不断的经营过程中通过自身的盈利而积累形成的资金，包括盈余公积金、公益金和未分配利润，归企业所有，归企业所支配。内源融资在使用时无须支付利息、股息等成本，因此，它是最安全的资金，且使用简单灵活。一般来说，企业的积累是有限的，因此，其内源融资数量和规模都是比较小的，根本满足不了企业发展的需要。由于内源融资成本低，因此企业在向外部融资之前首先考虑到的是内源融资。外源融资是指企业自身以外的所有融资方式，如银行信贷融资、股票融资、债券融资、租赁融资等。外源融资的特点是渠道多，规模大，能最大限度地满足企业生产发展的需要。外源融资的方式也十分灵活，是企业获得资金的重要渠道。

从国外企业的发展看，发达国家的大型企业，为了更好地参与企业竞争，出于控制成本的考虑，主要以内源融资为主。发展中国家，由于内源融资的资源有限，出于扩大生产规模和占领市场的考虑，更多地使用外源融资的方式。

（二）按有无金融中介分

按有无金融中介来分，融资主要分为直接融资和间接融资，下面对两种融资方式分别加以介绍。

1. 直接融资

（1）直接融资的概念。直接融资指拥有暂时闲置资金的单位与资金短缺需要补充资金的单位，相互之间直接进行协议，或者在金融市场上前者购买后者发行的有价证券，将货币资金提供给所需要补充资金的单位使用，从而完成资金融通的过程。直接融资的基本特点是，拥有暂时闲置资金的单位和需要资金的单位直接进行资金融通，不经过任何中介环节。公司在金融市场上发行股票、债券等进行融资均属于直接融资的范畴，在这个过程中，投资银行、证券交易所等金融机构或组织只是充当代理人的角色。

（2）直接融资的特征

①直接性。在直接融资中，资金的需求者直接从资金的供应者手中获得资金，并在资金的供应者和资金的需求者之间建立直接的债权债务关系。

②分散性。直接融资是在无数个企业相互之间、政府与企业和个人之间、个人与个

人之间，或者企业与个人之间进行的，因此融资活动分散于各种场合，具有一定的分散性。

③信誉上的差异性较大。由于直接融资是在企业和企业之间、个人与个人之间，或者企业与个人之间进行的，而不同的企业或者个人，其信誉好坏有较大的差异，债权人往往难以全面、深入了解债务人的信誉状况，从而带来融资信誉的较大差异和风险性。

④部分不可逆性。例如，在直接融资中，通过发行股票所取得的资金，是不需要返还的，投资者无权中途要求退回股金，而只能到市场上去出售股票，股票只能够在不同的投资者之间互相转让。

⑤相对较强的自主性。在直接融资中，在法律允许的范围内，融资者可以自己决定融资的对象和数量。例如在商业信用中，赊买和赊卖者可以在双方自愿的前提下，决定赊买或者赊卖的品种、数量和对象；在股票融资中，股票投资者可以随时决定买卖股票的品种和数量等。

2. 间接融资

（1）间接融资的概念。资金盈余单位与资金短缺单位之间不发生直接关系，资金盈余单位通过存款，或者购买银行、信托、保险等金融机构发行的有价证券等形式，将其暂时闲置的资金先行提供给这些金融中介机构，然后再由这些金融机构以贷款、贴现等形式，或通过购买需要资金的单位发行的有价证券，把资金提供给资金短缺单位使用，从而实现资金融通的过程。公司向银行借款就属于间接融资的范畴。

其基本特点是资金融通通过金融中介进行，它由金融机构筹集资金和运用资金两个环节构成，资金盈余单位与短缺单位都要与银行发生一笔单独的交易。金融机构不是一般的代理人，而是一个独立的交易主体，资金盈余单位对金融机构的要求权与金融机构对从该单位所获资金的具体运用无关。

（2）间接融资的特征

①间接性。资金需求者和资金初始供应者之间不发生直接借贷关系，资金初始供应者与资金需求者只是与金融中介机构发生融资关系。

②相对集中性。间接融资通过金融中介机构进行。在多数情况下，金融中介一方面面对资金供应者群体，另一方面面对资金需求者群体。金融机构在间接融资中具有融资中心的地位和作用。

③信誉差异较小。间接融资相对集中于金融机构，世界各国对于金融机构的管理一般都较严格，金融机构自身的经营也多受到相应稳健性经营管理原则的约束，加上一些国家还实行了存款保险制度，因此，相对于直接融资来说，间接融资的信誉程度较高。

④全部具有可逆性。通过金融中介的间接融资均属于借贷性融资，到期均必须返还，并支付利息，具有可逆性。

⑤融资主动权主要掌握在金融中介手中。资金的初始供应者虽然有供应资金的主动权，但是这种主动权实际上受到一定限制。因此，间接融资的主动权在很大程度上受金融中介支配。

专栏2-4

融资证券化与资产证券化

一、融资证券化与资产证券化的基本概念

证券化指资金供给者和需求者越来越多地通过证券市场进行投融资的过程。证券化包括融资证券化和资产证券化。融资证券化又称一级证券化，是指在资本市场和货币市场上直接发行证券。资产证券化又称二级证券化，是指将已经存在的信贷资产集中起来重新分割成若干单位的证券，并出售给市场上的投资者，从而使此项资产在原持有者的资产负债表中消失。证券化最初就是融资证券化，随着证券化的不断发展扩大，目前通常所说的证券化事实上指的是资产证券化。资产证券化的工具被称为资产担保证券（Asset-Backed Security，ABS）。ABS是以住房抵押贷款、应收账款等资产为担保的金融产品。这类证券最早的发端是住房抵押担保证券（MBS），后来品种逐步丰富，出现了汽车贷款担保证券、信用卡应收款担保证券等。

资产证券化的本质在于通过其特有的信用增级措施，使得原本信用等级较低的资产照样可以进入高信用等级证券市场，利用该市场信用等级高、债券安全性和流动性高、债券利率低的特点，大幅度降低发行债券筹集资金的成本。

二、资产证券化的主要特点

1. 资产证券化是资产收入导向型融资方式。传统融资方式凭借资金需求者本身的信用水平来融资，而资产证券化凭借原始权益人部分资产的未来收益能力来融资。在资产证券化过程中，ABS的偿付能力与原始权益人的信用水平是分离的，投资者决策主要依据被证券化资产的质量、未来现金流量的可靠性和稳定性，以及交易结构的严谨性和有效性，因此原始权益人的信用水平被置于相对次要的地位。

2. 资产证券化是结构性融资方式。资产证券化通过建立一个严谨、有效的交易结构，实现"破产隔离"，保证一旦原始权益人发生破产，被证券化的资产不被列入破产清算资产；使原始权益人得以用出售资产的方式筹资，而不会增加资产负债表上的负债；确保融资活动能够充分享受政府提供的税收优惠；通过信用增级措施来借用其他机构的信用级别，改善ABS的发行条件。

3. 资产证券化是表外融资方式。被证券化的资产已经以正式出售方式转移给了特定目的公司（Special Purpose Vehicle，SPV），原始权益人已经放弃对这些资产的控制权，原始权益人可以将其从资产负债表中剔除并确认收益或损失，因此各国从法律上都确认了以表外方式处理资产证券化交易的原则。

4. 资产证券化是低成本的融资方式。尽管资产证券化需要支付各种费用，如托管费、服务费、承销费和律师费等，但是由于运用成熟的交易结构和信用增级措施，证券的发行条件得以改善，从而使总的证券化融资成本低于传统的融资方式。

三、资产证券化的作用

1. 信用等级较低的金融机构发行存款和债务凭证的成本高昂，如果能够通过证券化将一部分资产出售，可以降低融资成本。

2. 证券化能够使金融机构减少甚至消除其信用的过分集中，同时继续发展特殊种类的组合证券。

3. 证券化使得金融机构能够更充分地利用现有的能力，实现规模经济。

4. 证券化能够将非流动资产转换成可流通证券，使其资产负债表更具有流动性，从而改善其资金来源。

5. 证券出售后，被证券化的资产就从原始权益人的资产负债表中消失，从而可以提高资本比率。

6. 资产证券化还具有明确的金融创新意义。资产证券化具有信用风险转移、提高流动性和信用创造等创新意义。

三、公司金融活动原则

公司金融活动的原则，是指为确保公司金融目标的实现，公司金融活动应遵循的行为准则。公司金融活动原则包括市场原则、价值和经济效率原则、金融交易原则等。

（一）市场原则

1. 自利行为原则。所谓自利行为原则是指在其他条件相同的情况下，对于财务交易，所有公司均选择利益最大化的行为方式。这个原则可以很好地解释现实社会中的经济行为，大部分商业交易是非人格化的，财务决策者从交易中获得最大利益是其最先考虑的。有时，虽然某些行为违背了自利行为原则，但是，这不影响它在现实经济生活中的有用性，从这个意义上讲，它是人们行为的一个很好的“近似”。

2. 双方交易原则。当我们遵循自利行为原则并根据我们的经济利益作出决策时，交易对象也在按照他们自己的经济利益行动。因此，金融交易要求人们不要仅仅以自我为中心。绝大部分的金融交易是零和博弈，即一个人获利只能建立在另外一个人付出的基础上，我们所遇到的大部分买卖关系的情形也大抵如此。

3. 信号传递原则。信号传递原则是自利行为原则的延伸，由于自利行为，一项资产买卖决策能暗示出这项资产的状况或有关决策者对未来预期及计划的信号。同理，一个公司决定进入一个新的行业反映出管理者对公司实力的信赖和对未来的前景充满信心；当公司宣布发放股利、进行股票分割时，它预示着公司未来收益状况的好坏，人们可以借此解释公司的这种行为。但是值得注意的是，在有些情况下，决策可能被误解从而提供并非它们真正要传递的信息。

4. 行为原则。行为原则是信号原则的直接运用。信号传递原则是指行动传递信息，而行为原则是指如何使用信息。比如，财务经理正面临着一项重大决策，该决策看上去似乎没有唯一的方案。在这种情况下，一个合理的方法是从和你类似的公司中寻找出路，参考它们当前的做法，或者模仿你认为做得好的那些公司的做法。

在现实中，行为原则被典型地运用于两类情况。一是在某些情况下，理论不能为实践提供一个明确的解决方法，如进行资本结构选择时所面临的困惑，即当我们的理解存在局限性时；二是理论尽管能提供明确的解决方法，但是，收集必要信息的成本超过了潜在的利益，即当原则的运用比获得最准确的答案的方法更能节约成本的情况时。比如，股票通常是按照来源于观察到的同类资产近期的购买价格中相对较低的成本进行估计的，对于这种类似情况，公司就是利用行为原则以较低的代价获得正确答案的近似值。

行为原则的运用不易，理智运用此原则的前提是，必须判定什么时候不存在唯一的、明显正确的、最好的方案，或者说，一旦获得了最好的方案，必须判定是否能够找到其他最好的或者一组其他的方案可供遵循。从这个意义上说，行为原则是一个次优原则，它的最好结果就是得出近似的结论，最糟糕的情况是模仿了别人的错误。在许多竞争环境中，行为原则的运用会引发“搭便车”的问题，即一个“领头羊”花费资源得出的最佳行动方案，而另一个“追随者”仅仅通过模仿就可以获得由此带来的好处。

（二）价值和经济效率原则

1. 有价值的创意原则。大多数有价值的创意出现在实物资产市场上，因为实物资产比金融资产更可能具有唯一性。这表现在多方面：拥有生产唯一产品的专有技术的能力增强了实物资产的价值，即使没有专有技术，一些公司在建立信誉品牌上也已经获得成功。它们以它们是唯一能生产特殊种类产品的公司而使消费者信服，这种信服产生了更多的重复购买和相关产品的购买。新创意也可以在改善商业实践或营销方面起到重要作用。

2. 期权原则。期权是指做某种事情的权利，没有任何义务。也就是说，期权持有人能够要求期权出售者履行期权合同上载明的交易，但是期权出售者不能要求所有者去做任何事情。在公司金融中，一个明确的期权合约经常是指按照预先设定价格买卖一项资产的权利。期权原则的一个推论将有助于对以下基本逻辑的理解，即对所有者来说，期权不会产生负价值，因为所有者总是可以决定什么都不做。如果期权交易永远不会产生正价值的话，那么期权可能毫无意义。即便在未来任何时间期权的偿付将会有正价值的机会很小，但这种最小的机会也会给期权一些正价值，且无论这个价值有多小。

3. 净增效益原则。在许多决策中，净增效益表现为净现金流量，净现金流量是指一项决策结果产生的现金流量与没有这项决策所产生的现金流量之差。

在现实经济生活中，当情况变得复杂时，这一原则可能被遗忘，当情况简单时，这一原则也常常被忽略。而当决策者面临沉没成本（Sunk Cost）时，这一原则难以被接受和运用。有些人在决策时不顾净增效益原则，尽管他们知道能将资产变现，转而另行进行投资，但是，他们对沉没成本存在感情依托，继续持有该项资产，其所付出的代价是继续承受机会成本。

（三）金融交易原则

1. 风险收益均衡原则。风险收益均衡原则是指在获得巨大收益的同时，必须承担为此遭受可能出现的巨大损失的风险。风险越大，出现较差结果的可能性也就越大。如果决策者不敢面对风险，就不能期望得到高收益。

2. 资本市场效率原则。资本市场效率是指资本市场上交易频繁的金融资产的市场价格反映了所有可获得的信息，而且面对“新”信息完全能迅速地作出调整。

资本市场的效率取决于新信息反映在金融资产价格上的速度。完全的有效意味着没有信息浪费，而且，组织完美的资本市场使交易成本降低，买卖金融资产往往比买卖实物资产更容易、快捷和便宜。除了提供便宜、方便和高变现能力外，资本市场的市场深度和广度是难以想象的。当发生影响一项金融资产价格的因素时，众多投资者会密切关注，他们可能在几分钟甚至几秒钟内买卖金融资产。这也就是为什么交易成本和操作效率在决定信息效率的程度中起重要作用。交易成本越低，交易活动的障碍越小，市场参与者对新信息的反应就越快和越容易，金融资产的价格调整也就越快。

3. 商业道德原则。在公司所处的环境中，行为准则的高标准要求每个利益关系人比如客户、股东、经营者、债权人、供应商，均必须持诚实、公正的态度。

道德行为有不同的层次。根据最基本的层次，道德行为要求必须完全遵守运用于行为中的一切法规和规定，否则，将会受到严重的惩罚，包括规章制定机构的处罚或法庭判决的监禁和罚款，其财务后果经常远远超过了这些实际的惩罚。

尽管在人们眼中，商业从一开始就存在腐败、不道德和无准则可言，但是，高标准的行为准则对公司的生存和盈利是极为重要的。可以说，行为准则在商业中的地位比在社会其他部门都高。因为，第一，遵守行为准则可以避免罚款和法律费用；第二，有助于与客户建立起忠诚的销售关系；第三，有助于吸引和保持高质量的雇佣关系；第四，有助于公司树立在公众中的形象；第五，一个好的名誉可以增强公司与投资者的关系。

4. 分散化原则。一个明智的投资者不会将其所有的财富都投资在同一个公司或项目上，而所有公司均倒闭的可能性很小，因此投资者不会失去全部投资。这种广泛意义上的分布投资称为分散化，投资者需要进行组合投资来规避风险。

本章小结

1. 企业的组织形式多种多样，其中最常见的有个人独资企业、合伙制企业和公司制企业三种组织形式，其中公司制企业是公司金融的研究对象。公司制企业的突出优点是股东一般只对企业债务承担有限责任，另一个优点是企业具有独立生命，除非破产或歇业，它的生命是“永远延续”的。

2. 为了解决现代公司中广泛存在的委托—代理问题，就必须设计一套相应的制度安排，防止代理人损害投资者的利益，提高企业的经营绩效，这种制度安排就是公司治理。公司治理的目的就是要通过公司剩余索取权与控制权的安排，来解决公司财产因所有权与控制权分离产生的委托—代理问题，即代理人追求自身利益而损害委托人利益的行为，尽可能降低代理成本和风险，实现股东价值以及各方面利益的最大化。

3. 公司金融活动主要分为投资活动和融资活动。投资活动按不同的投资主体、目的、形式和管理过程等分为许多种类。按投资人能否直接控制其投资资金的运用，投资可划分为直接投资和间接投资。融资主要分为直接融资和间接融资，直接融资的基本特点是不需要金融中介结构。

本章思考练习题

一、选择题

1. 按照企业组织形式的不同，可将企业分为（　　）。

A. 公司制企业、合伙制企业、个人独资企业

B. 全民所有制企业、外资企业

C. 集体所有制企业、全民所有制企业

D. 合伙制企业、私营企业

2. 个人独资企业的财产为（　　）所有。

A. 国家　　B. 地方政府　　C. 集体　　D. 投资人

3. 以下（　　）不是公司制企业优于个人独资企业或合伙制企业的方面。

A. 有限责任制　　B. 所有权容易转让　　C. 无限延续　　D. 双重纳税

4. 下列各项中，具有法人地位的企业组织形式是（　　）。

A. 个人独资企业　　B. 合伙制企业　　C. 公司　　D. 三者都是

5. 以下融资方式不属于直接融资的是（　　）。

A. 发行股票　　B. 发行债券　　C. 银行贷款　　D. 预付货款

6. 以下各项不是间接融资特征的是（　　）。

A. 信用差异较小　　B. 相对集中

C. 可逆性　　D. 资金供应者掌握融资主动权

7. 有限责任公司是属于下列组织结构（　　）。

A. 个人独资企业　　B. 合伙制企业　　C. 公司　　D. 以上均对

8. 某企业一方面通过发行债券，另一方面通过向银行申请贷款来解决其扩大生产经营所需的资金。下列说法正确的是（　　）。

A. 前者属于直接融资，后者属于间接融资

B. 前者属于间接融资，后者属于直接融资

C. 两者均属于间接融资

D. 两者均属于直接融资

二、思考题

1. 企业有哪几种组织形式，分述其各自特点。

2. 何谓投资与投机？二者有何联系？

3. 公司治理结构对企业融资决策有何影响？

4. 直接融资有哪些特征？

5. 有限责任公司与股份公司有哪些区别？

6. 公司金融交易的原则有哪些？

第3章

资金的时间价值与证券的价值评估

本章知识结构

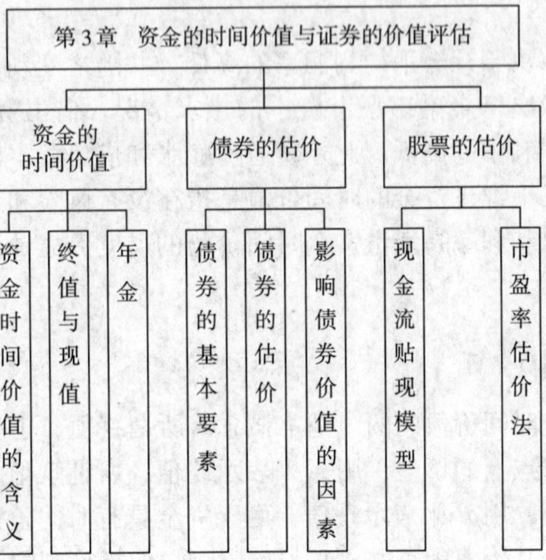

本章学习目的

1. 理解资金时间价值的含义，掌握单利计息、复利计息方式下终值与现值的计算；

2. 掌握普通年金、预付年金、递延年金、永续年金的含义及相关资金时间价值的计算；

3. 理解债券估价基本模型的原理，掌握不同类型债券价值的计算；

4. 理解股利现金流贴现模型的原理，熟悉市盈率估价方法。

第1节　资金的时间价值

资金的时间价值是公司金融的一个基本概念，它揭示了相同数量的货币在不同的时点上具有不同的价值。

一、资金时间价值的含义

资金的时间价值，是指资金在生产和流通过程中随着时间推移而产生的增值。资金的时间价值是市场经济中的普遍现象，资金之所以具有时间价值，概括地讲，是基于以下两个原因：(1) 从社会再生产的过程来讲，对于投资者或生产者，其当前拥有的资金能够立即用于投资并在将来获取利润，而将来可取得的资金则无法用于当前的投资，因此也就无法得到相应的收益。(2) 从流通的角度来讲，对于消费者或出资者，其拥有的资金一旦用于投资，就不能再用于消费。消费的推迟是一种福利损失，资金的时间价值体现了对牺牲现期消费的损失所应作出的必要补偿。

衡量资金时间价值的尺度有两种：其一为绝对尺度，即利息、盈利或收益；其二为相对尺度，即利率、盈利率或收益率。利率和利润率都是表示原投资所能增加的百分数，因此往往用这两个量来作为衡量资金时间价值的相对尺度，并且经常两者不加区分，统称为利率。

利率的高低首先取决于社会平均利润率的高低，并随之变动。在平均利润率不变的情况下，利率的高低取决于金融市场上资本的供求情况。借出资本要承担一定的风险，而风险的大小也会影响利率的高低。此外，通货膨胀和借出资本的期限长短对利率也有直接影响。从一般意义上说，资金的时间价值是指在没有风险和通货膨胀条件下的社会平均利润率。由于利息和利率是衡量资金时间价值的尺度，故计算资金的时间价值即是计算利息的方法。

二、终值与现值

终值与现值是资金时间价值的两个基本概念。所谓终值，也称将来值，是指一定数量的资金在未来某个时点上的价值，用 F 来表示终值；所谓现值，是指一定数量的资金在现在这个时点的价值，用 P 来表示现值。由于资金具有时间价值，因此不同时点上的资金是不能够直接比较其价值大小的，必须首先将它们折算到同一时点上。而要将不同时点上的资金折算到同一时点上，就会涉及利率或者利息的概念。在现实情况中，利息的计算有两种方式，即单利计息和复利计息。

（一）单利计息

在单利计息方式下，只对本金计算利息，而对每期的利息不再计息，从而每期的利息保持固定不变，即通常所说的“利不生利”的计息方法。

1. 单利利息的计算

单利利息的计算公式为

$$I = P \times i \times n \qquad (3-1)$$

式中：I 为利息；P 为本金；i 为年利率；n 为年限。

例 3-1 某人将 1 000 元存入银行，存期 3 年，年利率为 10%，单利计息。那么每年的利息为

$$I = 1\,000 \times 10\% = 100(\text{元})$$

2. 单利终值的计算

单利终值的计算公式为

$$F = P + I = P + P \times i \times n = P(1 + i \times n) \quad (3-2)$$

式中：F 为终值；I 为利息；P 为现值；i 为年利率；n 为年限。

例 3-2 接例 3-1，3 年后该存款人可以从银行取出的资金数量为

$$F = 1\,000 \times (1 + 10\% \times 3) = 1\,300(\text{元})$$

3. 单利现值的计算

由单利终值的计算公式可得单利现值的计算公式为

$$P = \frac{F}{1 + i \times n} \quad (3-3)$$

例 3-3 某人将于 3 年后支付 1 000 元，银行的存款条件为：3 年期定期存款的年利率为 10%，单利计息。该人为了在 3 年后能够足额支付款项，那么现在存入银行的最低数额为

$$P = \frac{1\,000}{1 + 10\% \times 3} = 769.23(\text{元})$$

（二）复利计息

在复利计息方式下，将前一期的本金与利息之和（本利和）作为下一期的本金来计算下一期的利息，也即通常所说的“利滚利”的方法。如无特别说明，本书资金时间价值的计算都将采取复利的计息方式。

复利终值的计算公式为

$$F = P(1 + i)^n \quad (3-4)$$

式中：F 为终值；P 为现值；i 为年利率；n 为年限。

例 3-4 接例 3-1，若按复利计息，则 3 年后的本利和为

$$F = 1\,000 \times (1 + 10\%)^3 = 1\,331(\text{元})$$

与例 3-2 采用单利计息的结果相比，本利和增加了 31 元，这个差额反映的就是利息的资金时间价值。

同样，复利现值的计算公式就是公式（3-4）的逆运算，即

$$P = \frac{F}{(1 + i)^n} \quad (3-5)$$

在式（3-4）中，$(1 + i)^n$ 称为复利终值系数，记作 $(F/P,i,n)$。相应地，在式（3-5）中，$\frac{1}{(1 + i)^n}$ 称为复利现值系数，记作 $(P/F,i,n)$。为方便计算，可通过查找已编制的复利终值系数表和复利现值系数表直接得出结果。

例 3-5 某人拟在 3 年后获得本利和 1 000 元，假设年利率为 10%，复利计息。那么他现在应该存入的数额为

按复利现值公式计算：$P = \frac{1\,000}{(1 + 10\%)^3} = 751.31(\text{元})$

或者查表计算：$P = 1\ 000 \times (P/F, 10\%, 3) = 1\ 000 \times 0.7513 = 751.3$(元)

数值的差异是由复利现值系数表中小数位的省略造成的。

（三）名义利率与实际利率

以上分析我们都假定复利的计息期是一年，但在实际生活中，复利的计算不一定以年为计息周期，有可能是季度、月或日，当利息在一年内复利多次时，给出的年利率叫作名义利率。例如，每月存款月利率为3‰，则名义年利率为3.6%，即$3‰ \times 12 = 3.6\%$。

实际利率又称为有效利率，是把各种不同计息周期的利率换算成以年为计息周期的利率。需要指出的是，在资金的时间价值计算中，所使用的利率都是指实际利率。当然，如果计息期为一年，则名义利率就是实际年利率，因此可以说两者之间的差异主要取决于实际计息期与名义计息期的差异。名义利率与实际利率的换算公式为

$$i = \left(1 + \frac{r}{m}\right)^m - 1 \qquad (3-6)$$

式中：i为实际利率；r为名义利率；m为每年的计息周期数。

例3-6 设年名义利率为12%，每季度复利计息一次，则年实际利率为

$$i = \left(1 + \frac{12\%}{4}\right)^4 - 1 = 12.55\%$$

若每月复利计息一次，则年实际利率为

$$i = \left(1 + \frac{12\%}{12}\right)^{12} - 1 = 12.68\%$$

可以看出，当一年内复利多次时，实际得到的利息要比按名义利率计算的利息高；一年中复利次数越多，实际年利率越大。

特别地，当每年的复利次数趋于无穷大，即每期复利的时间间隔无穷小时，我们称之为连续复利。在连续复利计息的情况下，实际利率的计算公式为

$$i = \lim_{m\to\infty}\left(1 + \frac{r}{m}\right)^m - 1 = e^r - 1 \qquad (3-7)$$

式中：e为常数，其值约为2.718。

由此可得，在连续复利方式下，现在的A_0元在t年以后的价值为

$$A(t) = \lim_{m\to\infty} A_0\left(1 + \frac{r}{m}\right)^{mt} = A_0 e^{rt} \qquad (3-8)$$

三、年金

所谓年金（Annuity）是指一定期限内一系列的等额收支款项，它是一组金额相等、每相邻两笔收支时间间隔都相等的现金流序列，通常用字母A来表示年金。年金按收支时间不同可分为普通年金和预付年金两种基本形式，此外还有递延年金、永续年金等几种特殊的年金。各类年金终值与现值的计算对投资价值的判断具有重要意义。

（一）普通年金的终值与现值

1. 普通年金终值的计算。普通年金，也称后付年金，是指每期期末有等额的收支款

项的年金。普通年金终值是指一定时期内每期现金流的复利终值之和。

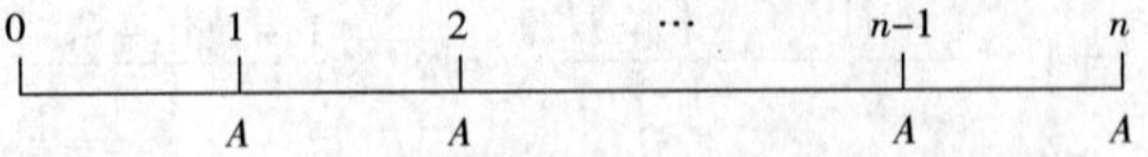

图 3-1　普通年金现金流示意图

从图 3-1 可以看出，普通年金终值的计算就是将各期的现金流复利计算到 n 期末，然后求和。所以

$$F = A(1+i)^{n-1} + A(1+i)^{n-2} + \cdots + A(1+i)^{1} + A(1+i)^{0}$$

$$= A \times \frac{1-(1+i)^{n}}{1-(1+i)} = A \times \frac{(1+i)^{n}-1}{i} \qquad (3-9)$$

式中：F 为普通年金终值；A 为年金；i 为利率；n 为全部年金的期数。

在式（3-9）中，$\frac{(1+i)^{n}-1}{i}$ 称为普通年金终值系数，记作（$F/A,i,n$），此系数可查阅年金终值系数表直接得到，所以

$$F = A(F/A,i,n)$$

例 3-7　某项目在 3 年建设期内每年年末向银行借款 100 万元，借款年利率为 10%，则该项目竣工时应付本息的总额为

$$F = 100 \times \frac{(1+10\%)^{3}-1}{10\%} = 100 \times (F/A,10\%,3)$$

$$= 100 \times 3.3100 = 331(\text{万元})$$

可以看出，该项目在竣工时除了要偿还 300 万元本金外，还要支付 31 万元的利息。

2. 偿债基金。偿债基金是指为使年金终值达到既定金额每期应支付的年金数额。显然，偿债基金是公式（3-9）的逆运算，即

$$A = F \times \frac{i}{(1+i)^{n}-1} \qquad (3-10)$$

式中的 $\frac{i}{(1+i)^{n}-1}$ 是普通年金终值系数的倒数，称为偿债基金系数，记作（$A/F,i,n$），此系数可查阅年金终值系数表再求倒数确定。

例 3-8　某人拟在 5 年后还清 10 000 元债务，从现在起每年年末等额存入银行一笔款项。若银行存款利率为 10%，那么从第一年末开始每年需要存入的金额为

$$A = 10\,000 \times (A/F,10\%,5) = 10\,000 \times \frac{1}{6.1051} = 1\,637.97(\text{元})$$

3. 普通年金现值的计算。普通年金现值是指将各期的现金流贴现计算现值，然后求和。换句话说，普通年金现值就是为在每期期末取得相等金额的款项，现在需要投入的金额。

仍然以图 3-1 来说明普通年金现值的计算

$$P = \frac{A}{1+i} + \frac{A}{(1+i)^{2}} + \cdots + \frac{A}{(1+i)^{n-1}} + \frac{A}{(1+i)^{n}}$$

$$= A \times \frac{\frac{1}{1+i}\left[1-\left(\frac{1}{1+i}\right)^n\right]}{1-\frac{1}{1+i}} = A \times \frac{1-(1+i)^{-n}}{i} \tag{3-11}$$

式中：P 为普通年金现值；A 为年金；i 为利率；n 为全部年金的期数。

在式（3－11）中，$\frac{1-(1+i)^{-n}}{i}$ 称为普通年金现值系数，记作 $(P/A,i,n)$，此系数可查阅年金现值系数表直接得到，所以

$$P = A(P/A,i,n)$$

例3－9 设立一项基金，计划在从现在开始的10年内，每年年末从基金中提取5万元，若已知年利率为10%，则现在应存入基金的数额为

$$P = 5 \times (P/A,10\%,10) = 5 \times 6.1446 = 30.723(\text{万元})$$

4. 资本回收额。资本回收额是指在给定的期限内等额回收初始投入资本额或清偿所欠债务，其中未收回或未清偿的部分要按复利计息构成需回收或清偿的内容。显然，资本回收额的计算是年金现值的逆运算，其计算公式为

$$A = P \times \frac{i}{1-(1+i)^{-n}} \tag{3-12}$$

式中的 $\frac{i}{1-(1+i)^{-n}}$ 是普通年金现值系数的倒数，称为资本回收系数，记作 $(A/P,i,n)$，此系数可查阅年金现值系数表再求倒数确定。

专栏3－1

住房按揭贷款月供的计算

在现实生活中，贷款买房已成为一种常态。一般情况下，购房者在支付首付款之后，都需要向银行贷款。对于个人住房贷款，目前主要有三种贷款方式：住房公积金贷款、住房商业性贷款和住房组合贷款，其中住房商业性贷款就是我们通常所说的按揭贷款。在住房按揭贷款方式下，大多数银行都要求购房者每月偿还一笔固定数额的资金，即通常所说的月供。那么在该种还款方式（等额本息还款）下，购房者的月供是如何计算的，以及购房者在还款期限内的还款流程是怎样的，这就涉及了年金问题。很明显，购房者在还款期内的月供是一种年金，根据普通年金现值的计算公式很容易求得月供的数额。

例如，某购房者向银行贷款30万元，贷款期限10年，银行要求按月等额还款，贷款年利率为6%。在该还款条件下，月利率为0.5%，还款期数是120期，则根据式（3－12）可以求得月供为

$$A = 300\,000 \times \frac{0.5\%}{1-(1+0.5\%)^{-120}} = 3\,330.62(\text{元})$$

借助Excel表格的函数语言，我们可以得到该购房者在整个还款期内的还款流程，也能够很清楚地看到随着还款期的减少，每月月供所包含的本金和利息是如何变化的。

还款流程表

单位：元

还款期数	期初本金余额	每月还款额	利息部分	本金部分	期末本金余额
0	—	—	—	—	300 000
1	300 000	3 330.61506	1 500	1 830.61506	298 169.38494
2	298 169.38494	3 330.61506	1 490.84692	1 839.76813	296 329.61681
3	296 329.61681	3 330.61506	1 481.64808	1 848.96697	294 480.64984
4	294 480.64984	3 330.61506	1 472.40325	1 858.21181	292 622.43803
…	…	…	…	…	…
118	9 892.753175	3 330.61506	49.463 7659	3 281.15129	6 611.601883
119	6 611.601883	3 330.61506	33.058 0094	3 297.55705	3 314.044834
120	3 314.044834	3 330.61506	16.570 2242	3 314.04483	0

以第 2 期（表格中第 4 行）为例来说明表格中的数据如何计算得到：第 2 期的期初本金余额 = 第 1 期的期末本金余额，每月还款额即为月供数额，利息部分 = 第 2 期的期初本金余额 × 月利率（0.5%），本金部分 = 每月还款额 - 利息部分，第 2 期的期末本金余额 = 第 2 期的期初本金余额 - 本金部分。其他各期的数据按此方法依次得到。

从还款流程表中可以很清楚地看出，购房者每月的月供不变，但月供中包含的利息部分随着还款期的减少在逐步下降，而本金部分在逐步增加。换句话说，随着还款期的减少，月供越来越多地体现为本金部分。由于月供不变，因此等额本息还款法适用于收入处于稳定状态的家庭。这种方式的优点在于，购房者还款操作相对简单，等额支付的月供也方便贷款人合理安排每月收支。

（二）预付年金的终值与现值

预付年金，也称先付年金，是指每期期初有等额的收支款项的年金。预付年金与普通年金并无实质性的差别，两者的差异在于收支款项发生的时间不同。

1. 预付年金终值的计算。与普通年金类似，预付年金的终值是将发生在每期期初的现金流复利终值相加。

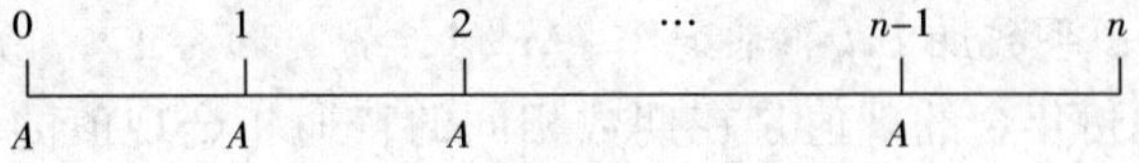

图 3－2　预付年金现金流示意图

从图 3－2 中我们可以得到预付年金终值的计算公式为

$$F = A(1+i)^n + A(1+i)^{n-1} + A(1+i)^{n-2} + \cdots + A(1+i)$$

$$= A\frac{(1+i)\times[1-(1+i)^n]}{1-(1+i)} = A\left[\frac{(1+i)^{n+1}-1}{i}-1\right] \qquad (3-13)$$

式中：F 为预付年金终值；A 为年金；i 为利率；n 为全部年金的期数。

从图 3－1 和图 3－2 中可以看出，期数相同的预付年金与普通年金的付款次数相同，但由于二者的付款时间不同，预付年金终值比普通年金终值多计算一期利息。因此，在普通年金终值的基础上乘上（1 + i）就是预付年金的终值，即

$$F=A\times\frac{(1+i)^{n}-1}{i}\times(1+i)=A\times\frac{(1+i)^{n+1}-(1+i)}{i}$$
$$=A\left[\frac{(1+i)^{n+1}-1}{i}-1\right] \quad (3-14)$$

式（3－13）与式（3－14）的计算结果是一致的，两式中的$\left[\frac{(1+i)^{n+1}-1}{i}-1\right]$称为预付年金终值系数，它是在普通年金终值系数的基础上，期数加1，系数减1，通常记作$[(F/A,i,n+1)-1]$。这样预付年金终值的计算可表述成

$$F=A[(F/A,i,n+1)-1]=A(F/A,i,n)(1+i) \quad (3-15)$$

例3－10 接例3－7，若项目在3年建设期内每年年初向银行借款100万元，借款年利率为10%，则项目竣工时应付本息的总额为

$$F=100\times[(F/A,10\%,3+1)-1]=100\times(4.6410-1)=364.10(\text{万元})$$

本例题的结果就是用例3－7的结果331万元乘以（1＋10%）得来的，这与普通年金与预付年金的关系是一致的。

2. 预付年金现值的计算。预付年金现值是指在一定时期内每期期初等额收支款项的现值之和。从图3－2中可以推导出预付年金现值的计算公式为

$$P=\frac{A}{(1+i)^{0}}+\frac{A}{(1+i)^{1}}+\frac{A}{(1+i)^{2}}+\cdots+\frac{A}{(1+i)^{n-1}}$$
$$=A\times\frac{\frac{1}{(1+i)^{0}}\left[1-\left(\frac{1}{1+i}\right)^{n}\right]}{1-\frac{1}{1+i}}=A\times\frac{1-(1+i)^{-n}}{i}\times(1+i) \quad (3-16)$$
$$=A\left[\frac{1-(1+i)^{-(n-1)}}{i}+1\right]$$

式中：P为预付年金现值；A为年金；i为利率；n为全部年金的期数。

式中的$\left[\frac{1-(1+i)^{-(n-1)}}{i}+1\right]$称为预付年金现值系数，它是在普通年金现值系数的基础上，期数减1，系数加1，通常记作$[(P/A,i,n-1)+1]$。另外，从式（3－16）中可以清楚看到，预付年金的现值是在期数相同的普通年金现值的基础上乘以$(1+i)$得到的。

例3－11 接例3－9，若该项基金计划在从现在开始的10年内，每年年初从基金中提取5万元，则现在应存入基金的数额为

$$P=5\times[(P/A,10\%,10-1)+1]=5\times(5.7590+1)=33.795(\text{万元})$$

或者用例3－9的结果30.723万元乘以（1＋10%）得到，即

$$P=5\times(P/A,10\%,10)\times(1+10\%)=33.795(\text{万元})$$

（三）递延年金

递延年金是指在最初若干时期内没有发生收支款项，在若干期以后每期发生等额的收支款项，它可以看作不是从第一期开始的特殊形式的普通年金。m期以后的n期递延年金可用图3－3表示。

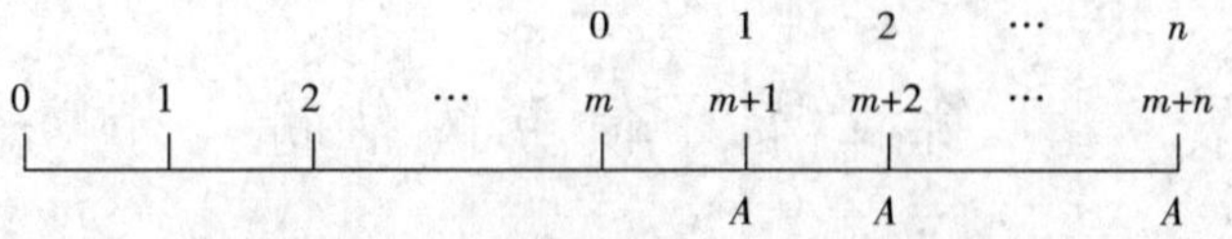

图3-3 递延年金现金流示意图

递延年金终值的计算方法和普通年金类似，这里不再赘述，本书只讨论递延年金现值的计算。如图3-3所示，递延 m 期后的 n 期递延年金与 n 期普通年金相比，两者付款期数相同，但这里按 n 期普通年金计算出来的现值只是 m 期后的 n 期年金现值，还需要再往前贴现 m 期。因此，计算 m 期以后的 n 期递延年金的现值可以分为两步：第一步，把递延年金视为 n 期普通年金，运用普通年金现值公式求出到递延期末即 m 期的现值；第二步，再将第一步的结果视为终值，运用复利现值公式将第一步的结果贴现到期初。即

$$P = A(P/A,i,n)(P/F,i,m) \tag{3-17}$$

此外，也可以首先假设该递延年金在递延期中也进行支付，将其看成是一个较长期的普通年金（$m+n$ 期），先求出 $m+n$ 期的年金现值，然后再扣除实际并未支付的递延期（m 期）的年金现值，也可得到 m 期以后的 n 期递延年金的现值，即

$$P = A[(P/A,i,m+n) - (P/A,i,m)] \tag{3-18}$$

递延年金在现实生活中也经常见到，如项目投产若干年后才产生效益、贷款多少年后开始偿还等。

例3-12 假如银行发放一笔贷款，其还款要求是：前3年不用还本付息，第4年到第10年每年年末偿还本息5 000元，贷款年利率为12%。则该还款方案可以看成是一个递延年金，其现值为

$$\begin{aligned} P &= 5\,000 \times (P/A,12\%,7) \times (P/F,12\%,3) \\ &= 5\,000 \times 4.5638 \times 0.7118 = 16\,242.56(\text{元}) \end{aligned}$$

或者

$$\begin{aligned} P &= 5\,000 \times [(P/A,12\%,10) - (P/A,12\%,3)] \\ &= 5\,000 \times (5.6502 - 2.4018) = 16\,242.56(\text{元}) \end{aligned}$$

（四）永续年金

永续年金是指每期发生的等额收支款项是无期限的，它可以视为一个无期限的普通年金。由于永续年金没有期限，因此它没有终值，或者说永续年金的终值无穷大。而永续年金的现值可以利用普通年金现值的计算公式，求出当期限趋于无穷大时普通年金现值的极限即可，也就是

$$P = \lim_{n\to\infty} A \times \frac{1-(1+i)^{-n}}{i} = \frac{A}{i} \tag{3-19}$$

在实际生活中，永续年金是不存在的，但通常期限很长的年金，在计算时可以视为永续年金来处理。每年支付给优先股股东的股利可以看成是永续年金。

例3-13 学校拟建立一项永久性的奖学金，每年计划颁发10 000元奖学金，若利率为10%，则现在应该存入的数额为

$$P = 10\,000 \div 10\% = 100\,000(\text{元})$$

第2节 债券的估价

证券投资是公司金融活动的一个重要领域，不同的证券在收益性、流动性和风险性方面具有不同的特征。债券作为一种有价证券，是固定收益证券的典型代表，本节将介绍不同类型债券的价值评估方法。

一、债券的基本要素

债券是固定收益证券的主要形式。一般而言，债券代表拥有对未来发生的一系列具有确定数额收入现金流的要求权。债券是发行者依照法定程序发行，并约定在一定期限还本付息的有价证券。债券是反映投资者和发行者之间债权债务关系的法律凭证和契约，其基本要素有以下三个：

1. 票面价值。债券的票面价值简称面值，是指债券发行时所设定的票面金额，它代表着发行者借入并承诺未来在某一特定日期（如到期日），偿付给债券持有人的金额。

2. 票面利率。票面利率也称息票率，是指债券每年支付的利息与债券面值的比例。投资者获得的利息就等于债券面值乘以票面利率。

按照利息支付方式不同，债券可分为附息债券和零息债券。

附息债券是指在债券券面上附有息票的债券。附息债券利息的支付有按年支付、半年支付、按季支付甚至按月支付等多种形式，我们通常所说的标准债券指的就是按年支付利息的附息债券。

零息债券，也称为贴现债券，是指在持有期间不支付利息的债券。零息债券发行时按一定的折扣率，以低于债券面值的价格发行，到期时发行者按面值偿还。实际上，零息债券的利息是在到期日一次性支付的，其数额正好等于面值和债券发行价格的差额。

3. 偿还期限。债券的偿还期限简称为期限，是指偿还本金的日期。在到期日，债券代表的债权债务关系终止，债券的发行者偿还所有的本息。除了永续债券以外，一般的债券都规定有到期日。但对一些特殊类型的债券，如可赎回债券，其发行者在债券发行以后可以改变债券最初的偿还期限。

对于债券投资者而言，其更关注从债券购买日起至债券到期日为止的期限长度，即债券的剩余期限。

二、债券的估价

（一）债券估价的基本模型

债券的估价是指确定债券的内在价值，即在债券有效期内，持有人所获得的现金流的贴现值或资本化值。对于任何有价证券，其内在价值都是指该有价证券在未来有效期内能够产生的现金流的现值。[①] 对于债券而言，其在有效期内能够产生的现金流，一般

① 如无特别说明，本书在计算有价证券的内在价值时都采用复利计息。

包括两个部分：预先规定的按期支付的息票和到期日一次性支付的本金。因此，债券的内在价值可以理解为债券在有效期内支付的利息和偿付本金按照某个利率贴现的现值之和，这个利率也就是投资者要求的必要收益率，即

$$债券价值 = \sum_{t=1}^{n} \frac{每期的利息}{(1+贴现率)^t} + \frac{到期偿付的本金}{(1+贴现率)^n} \tag{3-20}$$

式中的贴现率是按市场利率或投资者要求的必要收益率得到。

（二）零息债券的估价

零息债券在持有期间不支付利息，发行时按一定的折扣率，以低于债券面值的价格发行，到期时发行者按面值偿还。显然，零息债券在有效期内能够产生的现金流就是到期偿付的面值。因此，零息债券的内在价值就是到期日支付的本金的现值，其计算公式为

$$V = \frac{M}{(1+r)^n} = M(P/F,r,n) \tag{3-21}$$

式中：V 为零息债券的内在价值；M 为债券的面值；r 为贴现率或必要收益率；n 为债券的到期期限。

例3-14　假设某2年期面值为1 000元的零息债券，投资者要求的必要收益率为8%，则该债券的内在价值为

$$V = \frac{1\,000}{(1+8\%)^2} = 857.34(元)$$

如果该零息债券的发行价格高于857.34元，投资者将选择不购买。

（三）一次还本付息债券的估价

对于一次还本付息的债券来说，其在有效期内产生的现金流是到期日一次性支付的利息和本金，其内在价值的计算公式为

$$V = \frac{M(1+i)^n}{(1+r)^n} \tag{3-22}$$

式中：V 为债券的内在价值；M 为债券的面值；i 为债券的票面利率；r 为贴现率或必要收益率；n 为债券的到期期限。

例3-15　某债券面值为1 000元，3年到期，到期一次还本付息，年票面利率为10%，投资者要求的必要收益率为12%，则该债券的内在价值为

$$V = \frac{1\,000 \times (1+10\%)^3}{(1+12\%)^3} = 947.38(元)$$

从某种意义上说，零息债券也是一种特殊形式的一次还本付息债券，只不过利息支付是以债券贴现发行、到期按面值偿还的方式，于债券发行时发生，所以可把面值视为零息债券到期的本息和。

（四）每期支付利息、到期一次还本债券的估价

对于按期付息的债券来说，其预期收入现金流有两个来源：到期日前定期支付的息票和到期偿付的票面金额。这里要指出的是，若债券一年付息多次，则年息票率和贴现率要被每年支付利息的次数除，并且时期数要乘以每年支付利息的次数。其内在价值的

计算公式为

$$V = \sum_{t=1}^{mn} \frac{M \times i/m}{(1 + r/m)^t} + \frac{M}{(1 + r/m)^{mn}} \tag{3-23}$$

式中：V 为债券的内在价值；M 为债券的面值；i 为债券的年票面利率；r 为贴现率或必要收益率；n 为债券的到期期限；m 为每年支付利息的次数。

若债券每年支付利息一次，即 $m=1$，则式（3－23）变为

$$V = \sum_{t=1}^{n} \frac{M \times i}{(1 + r)^t} + \frac{M}{(1 + r)^n} \tag{3-24}$$

这就是标准债券的估价公式。

例 3－16 某债券票面金额为 1 000 元，年票面利率为 8%，每年付息一次，5 年后到期一次还本，必要收益率为 10%，则该债券的内在价值为

每年息票 $C = 1\ 000 \times 8\% = 80$（元）

$$V = \frac{80}{1 + 10\%} + \frac{80}{(1 + 10\%)^2} + \frac{80}{(1 + 10\%)^3} + \frac{80}{(1 + 10\%)^4} + \frac{80 + 1\ 000}{(1 + 10\%)^5}$$

$$= \sum_{t=1}^{5} \frac{80}{(1 + 10\%)^t} + \frac{1\ 000}{(1 + 10\%)^5} = 924.18(\text{元})$$

若债券每半年付息一次，则每期息票 $C = 1\ 000 \times 8\%/2 = 40$（元），贴现率为 $10\%/2 = 5\%$，时期数为 $2 \times 5 = 10$ 期，这时该债券的内在价值为

$$V = \sum_{t=1}^{10} \frac{40}{(1 + 5\%)^t} + \frac{1\ 000}{(1 + 5\%)^{10}} = 922.78(\text{元})$$

从例 3－16 中可以看出，当债券每年付息次数增加或期限变长时，债券内在价值的计算很烦琐。事实上，定期付息债券在有效期内产生的现金流除了到期日还本之外，按期支付的利息现金流可以看成是一个年金。因此，可以借助年金现值公式，直接查阅年金现值系数表很容易求得债券的内在价值，即式（3－23）可以改写成

$$V = M \times i/m \times (P/A, r/m, mn) + M \times (P/F, r/m, mn) \tag{3-25}$$

式中：V 为债券的内在价值；M 为债券的面值；i 为债券的年票面利率；r 为贴现率或必要收益率；n 为债券的到期期限；m 为每年支付利息的次数。

例 3－17 接例 3－16，每年付息一次债券的内在价值为

$$V = 80 \times (P/A, 10\%, 5) + 1\ 000 \times (P/F, 10\%, 5)$$
$$= 80 \times 3.7908 + 1\ 000 \times 0.6209 = 924.16(\text{元})$$

每半年付息一次债券的内在价值为

$$V = 40 \times (P/A, 5\%, 10) + 1\ 000 \times (P/F, 5\%, 10)$$
$$= 40 \times 7.7217 + 1\ 000 \times 0.6139 = 922.77(\text{元})$$

实际上，无论是哪种类型的债券，其内在价值指的是债券的理论价格，只要债券发行时的价格高于其理论价格，理性的投资者都将选择不购买。在这里需要指出的是，对于投资者而言，债券的内在价值指的是在从债券购买日起至债券到期日为止这段时间所产生的现金流的现值，它着眼于“未来”二字，已经发生的现金流则不予考虑。

例 3－18 现有一张于 2015 年 1 月 1 日发行的面值为 1 000 元的国债，其票面利率

为8%，每年1月1日计算并支付一次利息，并于5年后的12月31日到期。假设必要收益率为10%，那么在2017年1月2日，该国债在未来能够产生的现金流为2018年1月1日、2019年1月1日支付的息票各80元，以及2019年12月31日支付的最后一期利息和本金，因此这时债券的内在价值为

$$V = 80 \times (P/A,10\%,3) + 1\,000 \times (P/F,10\%,3) = 950.25(\text{元})$$

三、影响债券价值的因素

(一) 投资者要求的必要收益率

投资者要求的必要收益率对债券估价的影响体现在两个方面：一是必要收益率与票面利率的比较；二是必要收益率自身的变动对债券价值的影响。

1. 必要收益率与票面利率。当投资者要求的必要收益率等于债券的票面利率时，债券的价值就等于债券的面值，此时债券的市场价格等于其面值，如果是新债券的发行，则称为平价发行。下面以每年付息一次的债券为例来证明之。

证明：由式（3－24）和等比数列的求和公式，可得

$$V = \sum_{t=1}^{n} \frac{M \times i}{(1+r)^t} + \frac{M}{(1+r)^n} = \frac{M \times i}{r}[1-(1+r)^{-n}] + M \times (1+r)^{-n} \quad (3-26)$$

当必要收益率等于债券的票面利率，即 $r = i$ 时，式（3－26）变为

$$V = M \times [1-(1+r)^{-n}] + M \times (1+r)^{-n} = M$$

所以债券的价值等于债券的面值。

当必要收益率小于债券的票面利率，即 $r < i$ 时，式（3－26）变为

$$V > M \times [1-(1+r)^{-n}] + M \times (1+r)^{-n} = M$$

此时，债券的价值大于债券的面值。

同理，当必要收益率大于债券的票面利率时，债券的价值小于其面值。

2. 必要收益率的变动。当投资者要求的必要收益率上升时，债券的内在价值将下降；当投资者要求的必要收益率下降时，债券的内在价值将上升。这一结论可以直观地从式（3－24）中体现出来，仍然以每年付息一次的债券为例来证明之。

证明：将式（3－26）作适当变形，可得

$$V = M\left[\frac{i}{r} + \frac{r-i}{r(1+r)^n}\right]$$

令 $f(r) = \frac{i}{r} + \frac{r-i}{r(1+r)^n}$，对 r 求导数，有

$$\frac{\mathrm{d}f(r)}{\mathrm{d}r} = -\frac{i}{r^2} + \frac{i+(n+1)ir-nr^2}{r^2(1+r)^{n+1}} = \frac{i+(n+1)ir-nr^2-i(1+r)^{n+1}}{r^2(1+r)^{n+1}}$$

又令 $gr = i+(n+1)ir-nr^2-i(1+r)^{n+1}$，可得

$$\frac{\mathrm{d}g(r)}{\mathrm{d}r} = i(n+1)[1-(1+r)^n] - 2nr < 0$$

因此，$g(r)$ 单调递减，故 $g(r) < g(0) = 0$。由此得到，$\frac{\mathrm{d}f(r)}{\mathrm{d}r} < 0$，亦即 $\frac{\mathrm{d}M}{\mathrm{d}r} < 0$，

说明债券内在价值的变化方向与必要收益率的变化方向相反。

一般情况下，影响投资者要求的必要收益率的最重要因素是市场利率，因此上述结论也可以表述为：当市场利率上升时，债券的价格将下跌；反之，当市场利率下降时，债券的价格将上升。

（二）债券的到期期限

当市场利率发生变化时，债券的到期期限越长，其价值的变化越大。换句话说，长期债券比短期债券承担的利率风险要大。此外，随着债券到期日的临近，债券的价值会逐渐接近其面值。所不同的是，折价发行的债券随着到期日的临近，其价值逐渐提高，最终在到期日等于债券的面值，而溢价发行的债券随着到期日的临近，其价值逐渐降低，在到期日也等于债券的面值。

例 3－19 有 A、B 两种债券，面值均为 1 000 元，票面利率均为 8%，而且都是每年付息一次，到期还本。A 债券 3 年后到期，B 债券 5 年后到期。当市场利率由 12% 下降到 10% 时，两种债券的价值变化为

降息前两种债券的价值分别为

$V_A = 80 \times (P/A,12\%,3) + 1\,000 \times (P/F,12\%,3) = 903.94$（元）

$V_B = 80 \times (P/A,12\%,5) + 1\,000 \times (P/F,12\%,5) = 855.78$（元）

降息后两种债券的价值分别为

$V_A = 80 \times (P/A,10\%,3) + 1\,000 \times (P/F,10\%,3) = 950.25$（元）

$V_B = 80 \times (P/A,10\%,5) + 1\,000 \times (P/F,10\%,5) = 924.16$（元）

A 债券的价值变化为：950.25－903.94＝46.31（元）

B 债券的价值变化为：924.16－855.78＝68.38（元）

可以看出，市场利率降低以后，两种债券的价值都上升了，但是期限较长的 B 债券上升的幅度更大。

第 3 节　股票的估价

股票投资是指购买股份公司发行的股票，并据以获得股息和红利收入的投资。股票投资的收益包括两部分：一是股利收入；二是低价买入高价卖出的资本利得收入。与债券投资相比，股票投资的收益具有不确定性。本节将介绍股票估价的两种方法：现金流贴现模型和市盈率估价法。

一、现金流贴现模型

（一）基本模型

与债券估价的方法类似，现金流贴现模型是运用收入的资本化定价方法来决定股票的内在价值。在此方法下，股票的估价是指确定股票的内在价值，是股票的真实价值，它是股票期望提供的所有未来收益的现值。由于股票没有到期日，因此股票的内在价值也可以理解为股票在一个无限时间范围内所期望提供的未来股利的现值。因此，现金流

贴现模型的计算公式为

$$V = \sum_{t=1}^{\infty} \frac{D_t}{(1+k)^t} \tag{3-27}$$

式中：V 为股票的内在价值；D_t 为第 t 期以现金形式表示的每股股利；k 为贴现率或必要收益率。

股票估价的现金流贴现模型与债券估价的基本模型相比，区别主要体现在两个方面：一是每期的股利现金流 D_t 具有不确定性；二是股票没有到期日。

(二) 零增长股票的估价

所谓零增长股票，是指假定股票未来每期的股利按一个固定数量 D_0 支付，即股利增长率 $g=0$。根据这个假定，可以用 D_0 来替换式（3－27）中的 D_t，即

$$V = \sum_{t=1}^{\infty} \frac{D_0}{(1+k)^t} \tag{3-28}$$

根据无穷递缩等比数列求和公式，式（3－28）变为

$$V = D_0 \times \frac{\frac{1}{1+k}}{1-\frac{1}{1+k}} = \frac{D_0}{k} \tag{3-29}$$

式中：V 为股票的内在价值；D_0 为每期支付的固定数量的每股股利；k 为贴现率或必要收益率。

例 3－20　假定某公司在未来无限时期支付的每股股利为 8 元，必要收益率为 10%，则该公司每股股票的价值为

$$V = \frac{8}{10\%} = 80(\text{元})$$

若当时每股股票价格为 65 元，说明该股票每股被低估 15 元，因此可以购买该公司的股票。

在实际情况中，零增长模型的应用似乎受到相当的限制，毕竟假定对某一种股票永远支付固定的股利是不合理的。但在决定优先股的内在价值时，这种模型相当有用，因为大多数优先股支付的股利是固定的。

(三) 不变增长股票的估价

不变增长股票是指股利永远按不变的增长率 g 增长，因此第 t 期的每股股利为

$$D_t = D_{t-1}(1+g) = D_0(1+g)^t \tag{3-30}$$

用式（3－30）替换式（3－27）中的 D_t，可得不变增长股票的估价公式为

$$V = \sum_{t=1}^{\infty} \frac{D_0(1+g)^t}{(1+k)^t} = D_0 \times \frac{\frac{1+g}{1+k}}{1-\frac{1+g}{1+k}} = D_0 \times \frac{1+g}{k-g} = \frac{D_1}{k-g} \tag{3-31}$$

式中：V 为股票的内在价值；D_0 为现在已支付的每股股利；k 为贴现率或必要收益率；g 为股利增长率。

需要注意的是，在计算不变增长股票的内在价值时，我们假设 $k>g$。

例 3-21 某公司现在支付的每股股利为 1.80 元，预计在未来日子里该公司股票的股利按每年 5% 的速率增长。假定必要收益率是 11%，则该公司股票的内在价值为

$$V=\frac{1.80\times(1+5\%)}{11\%-5\%}=31.5(\text{元})$$

在计算不变增长股票的内在价值时，分子是第一年末的股利，而不是现在支付的股利。

可以看出，零增长模型实际上是不变增长模型的一个特例。假定增长率 $g=0$，股利将永远按固定数量支付，这时不变增长模型就是零增长模型。虽然不变增长的假设比零增长的假设有较小的应用限制，但是在许多情况下仍然被认为是不现实的，毕竟股利永远按不变的增长率增长的假设不太现实。

（四）两阶段增长股票的估价

上述两种类型的股票，一种是股利固定不变，另一种是股利固定增长，但在现实生活中，很多股票的股利一般是在一段时间内高速增长，在另一段时间内正常固定增长或固定不变，这就是两阶段增长模型。两阶段增长股票的内在价值，就是把这两部分股利的现值相加。假设在第 $1\sim n$ 期内股利以较高的增长率 g_1 增长，从第 n 期以后股利以正常的增长率 g 增长，则两阶段增长股票的估价公式为

$$V=\sum_{t=1}^{n}\frac{D_0(1+g_1)^t}{(1+k)^t}+\frac{D_n(1+g)}{k-g}\times\frac{1}{(1+k)^n} \tag{3-32}$$

式中：V 为股票的内在价值；D_0 为现在已支付的每股股利；k 为贴现率或必要收益率；g_1 为第一阶段较高的股利增长率；g 为第二阶段正常的股利增长率。

在式（3-32）中，前半部分就是把第 $1\sim n$ 期股利的现值相加，后半部分可以看成是一个不变增长模型，第 $n+1$ 期的股利对应不变增长模型中的第一期股利，要注意这时候的价值只是计算到第 n 期，还要再往前贴现 n 期到现在时点。

例 3-22 某公司股票现在支付的股利为 1 元，预期前 5 年股利每年增长率为 12%，5 年以后预期每年不变增长率为 6%，投资者要求的必要收益率为 10%，则该公司股票的内在价值为

$$V=\sum_{t=1}^{5}\frac{1\times(1+12\%)^t}{(1+10\%)^t}+\frac{1\times(1+12\%)^5\times(1+6\%)}{10\%-6\%}\times\frac{1}{(1+10\%)^5}$$
$$=5.28+28.99=34.27(\text{元})$$

其中，$1\times(1+12\%)^5\times(1+6\%)=1.87$（元）为第 6 年的股利。

目前许多投资银行广泛使用最早由古拉斯·莫洛多斯基于 1965 年在《普通股定价——原则、目录和应用》一文中提出的三阶段增长模型，该模型将股利增长分成三个不同阶段：在第一阶段，股利的增长率是一个常数 g_a。在第二阶段，股利增长进入一个转折期，股利增长率以线性方式从 g_a 变化到第三阶段的增长率 g_n，若 $g_a>g_n$，转折期是递减增长率；若 $g_a<g_n$，转折期为递增增长率。在第三阶段，股利增长率为常数 g_n，该增长率是公司长期的正常增长率。对于该种类型的股票，可先计算出所有各期的股利，

然后把各期股利的现值相加即为三阶段增长股票的内在价值。计算方法与两阶段模型类似，这里不再赘述。

二、市盈率估价法

市盈率，又称价格收益比或本益比，是每股市价与每股收益之间的比率，其计算公式为

$$市盈率 = \frac{每股市价}{每股收益} \tag{3-33}$$

如果我们能分别估计出股票的市盈率和每股收益，那么就能由式（3－33）估计出股票价格，此方法就称为市盈率估价法。

（一）市盈率的估计方法

1. 简单估计法。这种方法就是将股票各年的市盈率历史数据排成序列，剔除异常数据（过高或过低者），求取算术平均数或是中位数，以此作为对未来市盈率的预测。这一方法适用于市盈率比较稳定的股票。

2. 市场决定法。在公司当年实现的净利润中，有一部分要作为股利派发给股东，剩余的部分作为公司的留存收益，用于公司的再投资。在论述市场决定法之前，首先引进一些符号：

E_t为公司第 t 年实现的净利润（收益）；I_t为公司第 t 年的再投资；D_t为公司第 t 年支付的股利；b 为留存收益比率；r 为再投资利润率；g_E为净利润（收益）增长率；k 为股东要求的预期回报率。

市场决定法在不变增长股票估价模型的基础上，进一步假定：公司每年的留存收益比率 b 为常数；再投资利润率 r 固定不变；股东要求的预期回报率与投资利润率相当。这时，第 t 年的收益等于上一年的收益与再投资所获利润之和，即

$$E_t = E_{t-1} + rI_{t-1} = E_{t-1} + brE_{t-1} = E_{t-1}(1 + br) \tag{3-34}$$

由式（3－34）可以得到收益的增长率为

$$g_E = \frac{E_t - E_{t-1}}{E_{t-1}} = br \tag{3-35}$$

由于 $D_t = (1-b)E_t$，有

$$\frac{D_t - D_{t-1}}{D_{t-1}} = \frac{(1-b)E_t - (1-b)E_{t-1}}{(1-b)E_{t-1}} = \frac{E_t - E_{t-1}}{E_{t-1}} \tag{3-36}$$

由式（3－36）可知，股利增长率与收益的增长率相同，即

$$g = g_E = br$$

因此，不变增长股票的估价公式（3－31）可以变形为

$$V = \frac{D_0(1+g)}{k-g} = \frac{D_0(1+g)}{k-br}$$

假定股票当前的价格 P_0按其内在价值出售，则

$$P_0 = V = \frac{D_0(1+g)}{k-br}$$

在股东要求的预期回报率与投资利润率相当的假设下，即 $k=r$，则

$$P_0 = \frac{D_0(1+g)}{r-br} = \frac{D_0(1+g)}{(1-b)r}$$

所以有

$$r = k = \frac{D_0(1+g)}{(1-b)P_0} = \frac{D_1}{(1-b)P_0} \tag{3-37}$$

因为 $D_1 = (1-b)E_1$，所以由式（3－37）可得

$$r = k = \frac{E_1}{P_0} \tag{3-38}$$

从式（3－38）可以看出，在一定的假设条件之下，市场决定法认为股东要求的预期回报率恰好是市盈率的倒数。因此，我们可以通过对各种股票市场预期回报率的分析来对市盈率进行预测。

专栏3－2

回归分析法估计市盈率

回归分析法是利用回归分析的统计方法，通过考察股票价格、收益增长率、资金的时间价值和股息政策等各种因素变动与市盈率之间的关系，得出能够最好解释市盈率与这些变量间线性关系的方程，进而根据这些变量的给定值对市盈率大小进行预测。

一般认为，市盈率与收益增长率、股息政策和风险等关系最为密切。美国的 Whitebeck 用多重回归分析法发现，在1962年6月8日的美国股票市场中有以下规律：

市盈率 ＝8.2＋1.50×收益增长率＋0.067×股息支付率－0.200×增长率标准差

这个公式描述了在某一时刻，这三个变量对于市盈率影响的估计。其中的系数表示了各变量的权重，正负号表示其对于市盈率影响的方向，而这些方向与我们的常识恰恰是吻合的。增长越快、股息越多、风险越低，则市盈率越大。具体来说，收益增长率增加1%，则市盈率增大1.5个百分点；股息支付率增加1%，则市盈率增大0.067个百分点；而增长率标准差增加1%，将引起市盈率减少0.2个百分点。

只要将收益增长率、股息支付率和风险代入上式，就可以得到任何股票市盈率的理论值。

20世纪60年代以来，在美国的证券界，这样的模型出现了数百个，每一种可能的变量和变量的组合都考虑到了。所有这些模型的一个共同特点是，它们能解释在某一时刻的股价表现，却很少能成功地解释较长时间内市场的复杂变化。导致这种缺陷的原因可能有如下三个：（1）市场偏好的变化。当市场偏好发生变化时，表示各变量权重的那些系数将有所变化。（2）数据值的变化，如收益增长率等随时间的变化。（3）尚有该模型没有捕捉到的其他重要因素。

（二）市盈率估价法的简单运用

假设每股股利在各个时期的增长率相同，同时假设每股收益在各个时期的增长率相同，并且股利支付率为常数，则有

$$D_t = pE_t$$

$$E_t = E_0(1+g_E)^t$$

式中：D_t为第 t 期支付的股利；p 为股利支付率；E_t为第 t 期的每股收益；g_E每股收益的增长率。

根据股利现金流贴现模型，有

$$V_0 = \sum_{t=1}^{\infty}\frac{D_t}{(1+k)^t} = \sum_{t=1}^{\infty}\frac{pE_t}{(1+k)^t} = \sum_{t=1}^{\infty}\frac{pE_0(1+g_E)^t}{(1+k)^t} = pE_0\frac{1+g_E}{k-g_E} \quad (3-39)$$

由式（3－39）可得

$$\frac{V_0}{E_0} = p\frac{1+g_E}{k-g_E} \quad (3-40)$$

式（3－40）中的$\frac{V_0}{E_0}$表示内在价值与收益比，它受公司股利支付率和每股收益预期增长率的影响。将$\frac{V_0}{E_0}$和$\frac{P_0}{E_0}$相比较，可以判断股票是否被错误定价。

例3－23 某公司现在每股收益为1.5元，付息为1元，投资者预期盈利每年以7%增长，应得回报率为15%，现在的市价为20元。则投资者的决策为

$$\frac{V_0}{E_0} = p\frac{1+g_E}{k-g_E} = \frac{1}{1.5}\times\frac{1+7\%}{15\%-7\%} = 8.92(\text{元})$$

而$\frac{P_0}{E_0} = \frac{20}{1.5} = 13.3(\text{元})$

因此，股价被高估，不应购买该股票。

一般情况下，每股收益在各个时期的增长率是不尽相同的，这时候要计算$\frac{V_0}{E_0}$是比较困难的，上面介绍的方法只是一种比较特殊的情况。

本章小结

1. 资金的时间价值，是指资金在生产和流通过程中随着时间推移而产生的增值，其具体表现形式是终值与现值。终值与现值的计算可以在单利计息和复利计息两种方式下进行。

2. 年金是指一定期限内一系列的等额收支款项，它可以分为普通年金、预付年金、递延年金和永续年金等几种类型。

3. 有关资金时间价值的计算公式如下表所示：

名称	已知项	欲求项	系数符号	计算公式
复利终值	P	F	$(F/P,i,n)$	$F = P(1+i)^n$
复利现值	F	P	$(P/F,i,n)$	$P = \frac{F}{(1+i)^n}$
普通年金终值	A	F	$(F/A,i,n)$	$F = A\frac{(1+i)^n-1}{i}$

续表

名称	已知项	欲求项	系数符号	计算公式
偿债基金	F	A	$(A/F,i,n)$	$A=F\frac{i}{(1+i)^n-1}$
普通年金现值	A	P	$(P/A,i,n)$	$P=A\frac{1-(1+i)^{-n}}{i}$
资本回收	P	A	$(A/P,i,n)$	$A=P\frac{i}{1-(1+i)^{-n}}$

4. 债券的估价是指确定债券的内在价值，其基本模型是

$$债券价值=\sum_{t=1}^{n}\frac{每期的利息}{(1+贴现率)^t}+\frac{到期偿付的本金}{(1+贴现率)^n}$$

零息债券、一次还本付息债券和每期支付利息、到期一次还本债券的估价公式都在此基础上作适当变形。

5. 股票的估价有现金流贴现模型和市盈率估价法两种方法。现金流贴现模型的计算公式为

$$V=\sum_{t=1}^{\infty}\frac{D_t}{(1+k)^t}$$

零增长模型、不变增长模型和两阶段增长模型都可在此基础上推导出来。市盈率的估计方法有简单估计法和市场决定法等，而市盈率估价法的核心是将$\frac{V_0}{E_0}$和$\frac{P_0}{E_0}$相比较，寻找出错误定价的股票。

本章思考练习题

一、选择题

1. 某人退休时有现金10万元，拟选择一项回报比较稳定的投资，希望每个季度能收入2 000元补贴生活。那么，该项投资的实际回报率为（　　）。

A. 2%　　B. 8%　　C. 8.24%　　D. 10.04%

2. 软件设计师张先生最近购买了一套总价为50万元人民币的住房。由于他工作刚3年，积蓄不足，因此他按最高限向银行申请了贷款（首付款为20%），20年期，贷款年利率为5.5%。如果采用等额本息还款方式，张先生每月需还款（　　）元。

A. 3 539.44　　B. 2 751.55　　C. 2 539.44　　D. 2 851.55

3. 某公司发行到期一次还本付息债券，票面利率为10%，复利计息，面值1 000元，期限5年。当市场利率为8%时，该债券的内在价值为（　　）元。

A. 1 020.87　　B. 1 000　　C. 1 388.89　　D. 1 096.08

4. 某种股票当前的市场价格是40元，每股股利是2元，预期的股利增长率是5%，则其市场决定的必要收益率是（　　）。

A. 5%　　B. 5.5%　　C. 10%　　D. 10.25%

5. 某公司股票最近每股分红1.2元，投资者对该股票的要求年回报率为12%，如果市场预计其股利每年增长6%，该公司的股利支付率为40%。如果目前股票市价等于其内在价值，则该公司股票的市盈率为（　　）。

A. 7.07　　B. 6.67　　C. 10　　D. 12

6. 普通年金是指（　　）。

A. 每期期末收付的相等金额的款项

B. 每期期初收付的相等金额的款项

C. 每期期末以后某一时间收付的相等金额的款项

D. 无限期支付的相等金额的款项

7. 下列各项中，属于年金形式的项目有（　　）。

A. 零存整取储蓄存款的整取额　　B. 定期定额支付的养老金

C. 年投资回报额　　D. 偿债基金

8. 当到期收益率高于息票利率时，下列表述正确的是（　　）。

A. 债券以平价交易　　B. 债券以折价交易

C. 债券以溢价交易　　D. 债券可能溢价也可能折价交易

9. 一种10年期的债券，票面利率为10%；另一种5年期的债券，票面利率亦为10%。两种债券的其他方面没有区别，则（　　）。

A. 在市场利息率急剧上涨时，前一种债券价格下跌得更多

B. 在市场利息率急剧上涨时，前一种债券价格上涨得更多

C. 在市场利息率急剧下降时，后一种债券价格下跌得更多

D. 在市场利息率急剧下降时，后一种债券价格上涨得更多

10. 某公司今后不增发股票，经营效率和财务政策不变，销售的可持续增长率为10%，2020年支付每股股利是0.5元，2020年末股价是40元，股东预期报酬率是（　　）。

A. 10%　　B. 11.25%　　C. 12.38%　　D. 11.38%

二、计算题

1. 设某酒厂有一批新酿的好酒，如果现在（假定 $t=0$）就售出，总收入为 R_0 元。如果窖藏起来待来日按陈酒价格出售，t 年末总收入为

$$R = R_0 e^{\frac{2}{5}\sqrt{t}}$$

假定银行的年利率为 $r=0.06$，并以连续复利计息，试计算窖藏多少年售出可使总收入的现值最大。

2. 某人购置一处房产，有3种付款方案。

方案一：从现在起，每年初支付17万元，连续支付10年；

方案二：从第四年起，每年末支付25万元，连续支付10次；

方案三：现在一次性付款110万元。

假定市场利率为10%，请计算哪种方案最经济合理。

3. A企业20×2年7月1日购买某公司20×1年1月1日发行的面值为1 000元，票面利率8%，期限5年，每半年付息一次的债券，此时市场利率为10%。若该债券此

时市价为940元，问该债券是否值得购买？

4. 某公司20×7年有关数据如下：实现的税后净利为1 000万元，资产总额为5 000万元，资产负债率为40%，发行在外的普通股股数为500万股，市净率为4（市净率 = 每股市价/每股净资产）。要求：

（1）若该公司所处行业的标准市盈率为12，则该公司目前的股票市价与其价值是否相符？

（2）若该公司采取的是固定股利支付率政策，股利支付率为60%，预计该公司的净利润每年以5%的速度增长，投资者要求的必要收益率为10%，则该公司股票的内在价值是多少？

5. 某投资者持有A公司的股票，他要求的必要收益率为15%。预期A公司未来3年股利将高速增长，增长率为20%。在此以后转为正常的增长，增长率为12%。A公司最近支付的股利是2元，试计算A公司股票的内在价值。

6. 你每年一次领取12个月的工资。今年12月31日，你正好收到50 000元的工资，你决定，下年起每年在某个账户存入2%的工资，该账户每年可以赚取8%的利息。你的工资在整个工作期间以每年4%的速度增长。那么从今天起，在你40年后退休的那一天，你将有多少钱？

7. 某公司在接下来的12个季度内，每季度末支付每股股利1元。之后，季度股利增长率永远为0.5%。股票适当的回报率为10%，按季度计算复利。那么当前股票的价格是多少？

三、思考题

1. 如何理解资金时间价值的概念？
2. 名义利率和实际利率有何联系？
3. 普通年金和预付年金的区别是什么？
4. 年金终值系数和偿债基金系数之间、年金现值系数和资本回收系数之间有何联系？
5. 债券估价的基本模型是什么？
6. 投资者要求的必要收益率如何影响债券的内在价值？
7. 如何理解股利现金流贴现模型？
8. 市盈率的估计方法有哪些？

第4章

收益与风险

本章知识结构

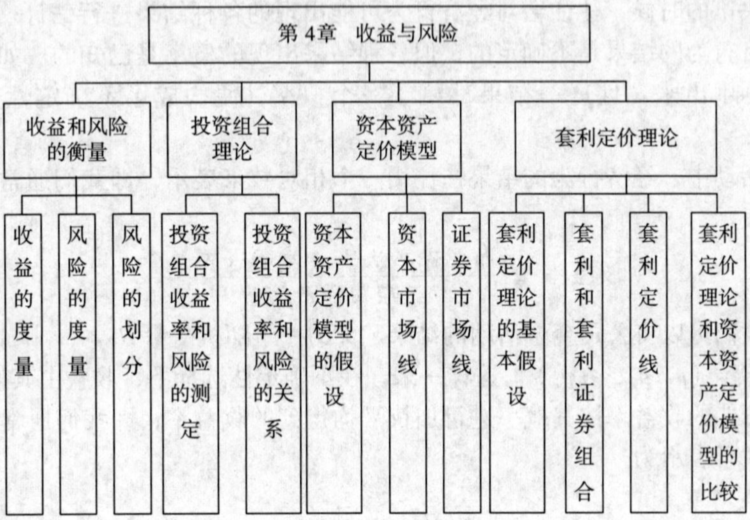

本章学习目的

1. 掌握收益和风险的度量方法，理解系统风险和非系统风险的含义；
2. 掌握投资组合收益率和风险的计算方法，理解可行集和有效集的含义；
3. 理解资本资产定价模型的假设，掌握资本市场线和证券市场线的基本内容；
4. 掌握套利定价理论的假设及基本内容，理解套利定价理论和资本资产定价模型的关系。

现代经济的发展，决定了金融市场对公司金融行为具有重大影响，使公司的理财活动从企业内部扩展到企业外部，将其融入整个金融市场体系中，使复杂、多变的金融市场对公司的生产经营和财务活动产生重大影响。为了在金融市场上正确地处理收益和风险这一对基本矛盾，及时地在收益和风险之间作出权衡，度量收益和风险就成为当务之急。

第1节 收益和风险的衡量

风险存在于一切经济活动中，公司金融活动也不例外。风险来源于不确定性，它表明各种结果发生的可能性。当我们进行决策分析时，经济行为结果的不确定性与决策预期的偏差就构成风险。在公司金融活动中，风险可以理解为实际回报率偏离预期回报率的程度，或者说是特定资产实现收益的不确定性。为了有效地进行风险管理，我们首先需要一个能够客观地度量收益与风险的衡量方法。

一、收益的度量

公司的金融活动往往面临着不确定性，在不确定性选择下，决策的结果有多种。但公司在进行决策的时候，往往会对经济行为可能出现的各种结果进行估计。因此，我们通常假定经济行为的结果是不确定的，但各种结果出现的概率是已知的。如果把所有可能的结果都列示出来，且每一结果都赋予一个概率，便构成了不确定性选择的概率分布。

在金融活动中，经济行为的结果往往用一个相对数来表示，即我们通常所说的收益率，用公式表示为

$$\text{收益率} = \frac{\text{期末资产总量} - \text{期初资产总量}}{\text{期初资产总量}}$$

因此，我们可以将公司金融活动的结果定义为一个随机变量 $R = (r_1, r_2, \cdots, r_n)$，相应的概率为 $P = (p_1, p_2, \cdots, p_n)$。这样一来，在不确定性选择下，收益由其期望值给出，它是把各种可能的收益率按其概率进行加权平均得到的收益率，即我们通常所说的期望收益率。用式子表示为

$$E(R) = \sum_{i=1}^{n} r_i p_i \tag{4-1}$$

式中：$E(R)$ 为期望收益率；r_i为第 i 种情况下的收益率；p_i为第 i 种收益率出现的概率。

在这里我们假定收益的分布是离散性随机变量，即可能出现的各种收益率的结果是有限多个。

例4-1 某公司拟投资于A项目，其未来的收益率及发生的概率如表4-1所示。

表4-1 A项目的收益率及发生的概率

经济情况	发生概率	收益率
繁荣	0.2	40%
一般	0.6	20%
衰退	0.2	-10%

则该公司投资于A项目的期望收益率为

$$E(R)=40\%\times0.2+20\%\times0.6+(-10\%)\times0.2=18\%$$

二、风险的度量

期望收益率表示了收益率的平均值，有时还需要知道各种可能出现的收益率在其期望值周围的变化程度。在概率论中，方差和标准差是用来描述各种结果相对于期望值的离散程度。方差和标准差越大，说明各种可能的结果相对其期望值的离散程度越大，即不确定性越大。因此，人们通常以方差和标准差作为衡量风险的基础。于是，在离散分布下，公司金融活动中的风险可以表示为

$$\sigma^2=\sum_{i=1}^{n}[r_i-E(R)]^2p_i \tag{4-2}$$

式中：σ^2为方差；$E(R)$ 为期望收益率；r_i为第 i 种情况下的收益率；p_i为第 i 种收益率出现的概率。

标准差 σ 是方差的开平方根，用百分数的形式表示，一般情况下，我们用标准差的数值来度量风险。

例 4-2 接例 4-1，公司投资于 A 项目的风险大小为

$$\sigma=\sqrt{(40\%-18\%)^2\times0.2+(20\%-18\%)^2\times0.6+(-10\%-18\%)^2\times0.2}=16\%$$

利用标准差来比较不同投资的风险大小的前提条件是不同投资的期望收益率相同。在实际决策中，常常要比较期望收益率不同的投资项目的风险大小。因此，我们引入变异系数的概念。变异系数，也称为标准离差率，是标准差与期望收益率的比值，即

$$U=\frac{\sigma}{E(R)} \tag{4-3}$$

变异系数反映了不同投资方案或项目间相对风险的大小，或每单位收益面临的风险的大小。变异系数越小，风险越小；反之，则风险越大。

例 4-3 A、B 两投资项目的有关情况见表 4-2。

表 4-2 **A、B 两投资项目的有关情况**

变量	项目 A	项目 B
期望收益率 $E(R)$	8%	16%
标准差 σ	10%	15%

则 A、B 两投资项目的变异系数为

$$U_A=\frac{10\%}{8\%}=1.25$$

$$U_B=\frac{15\%}{16\%}=0.94$$

可以看出，A 项目的风险大于 B 项目的风险。

在实际情况中，很多人认为如果实际收益率高于期望收益率，那就不是风险，而是超额收益了。他们对于风险的考察，只考虑了下行风险。一般情况下，只要收益率的概率分布是对称的，高于或低于均值区域是相差不多的，则标准差的方法是可以使用的。

因此在风险分析中，通常假定收益率的分布呈正态分布，即 $R \sim N(\mu,\sigma^2)$，其中 μ 为收益率的期望值，σ 为收益率的标准差。由概率论的知识可以得到

$$P(\ |R-\mu|<\sigma\ )=2\phi(1)-1=0.6826$$

$$P(\ |R-\mu|<2\sigma\ )=2\phi(2)-1=0.9544$$

$$P(\ |R-\mu|<3\sigma\ )=2\phi(3)-1=0.9974$$

式中：$\phi(x)$ 为标准正态分布的分布函数。

可以看出，收益率落在区间 $[\mu-3\sigma,\mu+3\sigma]$ 的概率接近于1，这就是风险分析中的“3σ”法则。

三、风险的划分

根据不同的标准与目的，可以从不同的角度对风险进行分类。在公司金融学中，常常按风险能否分散化将其划分为系统风险和非系统风险。

（一）系统风险

系统风险是指由于某种全局性的因素而对所有金融活动的收益率都产生作用的风险。这种风险来源于宏观方面的变化，对金融市场总体产生影响。系统风险对所有的投资都产生影响，是无法通过在市场上的分散投资来避免的，所以也称为宏观风险、不可分散风险。

系统风险包括利率风险、通货膨胀风险、汇率风险、政策风险等。

1. 利率风险。利率变动是影响有价证券价格的重要因素。利率变动会使货币市场供应量发生变化，从而带来证券市场供求关系的变化，导致价格波动，形成风险。一般来说，利率下调，资金流入证券市场，引起证券价格上涨；反之则价格下跌。

2. 通货膨胀风险。它也称为购买力风险，是指通货膨胀、货币贬值给公司金融活动带来的实际收益率水平下降的风险。在通货膨胀期间，不论是公司还是个人投资者都会遭受购买力风险。一般来说，在通货膨胀期间，一些收益率预期会上升的投资，其所具有的购买力风险常常会低于那些收益率固定的投资。在通货膨胀条件下，由于货币贬值，投资活动的真实收益率会受到一定程度的影响。

3. 汇率风险。外汇汇率由于受制于各国政府货币政策、财政政策以及国际市场供给与需求平衡等各种因素而频繁变动，因此当公司金融活动投资于外国的有价证券时，就可能要承担货币兑换引起的汇率风险。

4. 政策风险。它是指国家政策变动而给公司金融活动带来的风险。国家一定时期内的财政政策、金融政策、产业政策等都有可能影响金融市场上的投资收益率。

（二）非系统风险

非系统风险，是指由个别公司特殊状况造成的风险，这类风险只与公司本身有关，而与整个市场没有关联。因此可以通过分散投资的方式弱化甚至完全消除这部分风险，所以也称为可分散风险。非系统风险具体包括信用风险、经营风险、偶然事件风险等。

1. 信用风险。信用风险又称违约风险，是指公司在债务到期时无力还本付息而产生的风险。这种风险往往与公司的经营状况有关，一旦公司经营不善导致利润水平下降甚

至亏损时，公司财务发生危机，就有可能出现到期不能履约的情况。因此，信用风险是与公司自身状况联系在一起的。

2. 经营风险。经营风险是指企业经营方面的问题造成盈利水平下降而给投资者带来的风险。在市场竞争中，企业的经营方针、管理水平、市场占有率等无不经受着严峻的考验。或是产品陈旧、质量下降，或是管理混乱、人浮于事，或是市场定位不准、产品积压等，都可能导致盈利水平的下降，而这些问题往往会给投资者带来风险。

3. 偶然事件风险。这种突发性风险是绝大多数投资者事先无法预料的，其剧烈程度和时效性也因事而异。

对系统风险和非系统风险的区分是有重要意义的。一般所说的“高风险、高收益”并不精确，更准确地说应该是：投资活动期望得到补偿的风险不是总风险，而是系统风险，不应期望市场对非系统风险也作出风险补偿。可以看出，对风险的讨论说明了风险与收益之间存在着复杂而又必然的联系。风险与收益是一对基本矛盾，当面对一个投资机会时，每个行为主体都必须在潜在的“投资收益”和相伴而生的“投资风险”之间作出权衡，这就产生了对风险的态度问题。经济行为主体对风险的态度在理论分析和现实生活中具有重要意义，风险态度大致可以分为三类：风险厌恶、风险中性和风险偏好。在金融活动中，一般都假设行为人是风险厌恶型的，即需要承担的风险越大，与此相关的期望收益就越高。这种收益与风险的权衡关系正是本章将要介绍的资本资产定价模型的精髓。

第2节 投资组合理论

投资组合是指两种或者两种以上的资产（证券）构成的集合，其基本模型是由马科维茨提出的。为了使模型简单明了，必须对复杂的市场环境进行提炼，这就是模型的假设。投资组合理论的基本模型关于投资者行为提出了如下几个假设：（1）投资者完全根据一段时期内投资组合的预期收益率和标准差来评价组合的优劣，以作出投资决策；（2）投资者永不满足，因此当面临其他条件相同的两种选择时，投资者会选择具有较高预期收益率的组合；（3）投资者是风险厌恶型的，因此当面临其他条件相同的两种选择时，投资者会选择具有较低风险（较小标准差）的组合。

一、投资组合收益率和风险的测定

（一）投资组合收益率的测定

投资组合的预期收益率是组成该组合的各种证券的预期收益率的加权平均数，权数是投资于各种证券的资产数占总投资额的比例，即

$$E(R_P) = \sum_{i=1}^{n} w_i E(R_i) \tag{4-4}$$

式中：$E(R_P)$ 为投资组合的预期收益率；$E(R_i)$ 为组合中证券 i 的预期收益率；w_i 为期初投资于证券 i 的比例。

当全部资产被投资于不同证券品种时，不同证券上的投资比例之和满足 $\sum_{i=1}^{n} w_i = 1$。

例4-4 一投资组合由3种证券A、B、C构成，预期收益率分别为5%、8%、12%，期初投资金额分别为2 000元、5 000元、3 000元，则该投资组合的预期收益率为

$$E(R_P)=0.2\times5\%+0.5\times8\%+0.3\times12\%=8.6\%$$

（二）投资组合风险的测定

依据风险的测度方法，投资组合的风险由该组合预期收益率的方差或标准差来衡量。需要注意的是，投资组合的风险不能简单地等于单个证券风险以投资比重为权数的加权平均数，因为组合内部不同证券之间的风险可能具有相互抵消的特征。其计算公式为

$$\sigma_P^2=\sum_{i=1}^{n}\sum_{j=1}^{n}w_iw_j\sigma_{ij}=\sum_{i=1}^{n}\sum_{j=1}^{n}w_iw_j\rho_{ij}\sigma_i\sigma_j \tag{4-5}$$

式中：σ_P^2 为投资组合的方差，以衡量风险；σ_{ij} 为组合中某两种证券的协方差；ρ_{ij} 为组合中某两种证券的相关系数；σ_i 为组合中证券 i 的标准差，用来揭示证券 i 的风险。

理解投资组合的风险公式需要注意两个概念：

（1）协方差。协方差 σ_{ij} 反映了证券 i 和证券 j 收益率之间的走向关系，也可记作 $COV(R_i,R_j)$。当两证券的协方差为正值时，则表明证券 i 和证券 j 的收益率变动趋势一致，即一种证券的收益率高于其预期收益率时，另一种证券的收益率也高于其预期收益率；而两证券的协方差为负值时，则两种证券的收益率变动趋势相反。

（2）相关系数。相关系数是协方差的标准化，记作 ρ_{ij}，相关系数与协方差的关系可以用式子表示为

$$\rho_{ij}=\frac{\sigma_{ij}}{\sigma_i\sigma_j}$$

也即
$$\sigma_{ij}=\rho_{ij}\sigma_i\sigma_j$$

特别地
$$\sigma_{ii}=\rho_{ii}\sigma_i\sigma_i=\sigma_i^2$$

两证券的协方差经各自的标准差进行标准化后，所得到的相关系数剔除了有名数的干扰，而且不再像协方差一样数值是无界的，相关系数的取值范围介于-1与+1之间。相关系数的取值与两证券收益率变动之间的关系为：$\rho_{ij}=-1$，表示两证券收益率变动完全负相关；$\rho_{ij}=+1$，表示变动完全正相关；$\rho_{ij}=0$，表示变动完全不相关；$-1<\rho_{ij}<0$，表示变动负相关；$0<\rho_{ij}<1$，表示变动正相关。

将式（4-5）展开有

$$\begin{aligned}\sigma_P^2&=\sum_{i=1}^{n}\sum_{j=1}^{n}w_iw_j\sigma_{ij}=\sum_{i=1}^{n}(w_iw_1\sigma_{i1}+w_iw_2\sigma_{i2}+\cdots+w_iw_n\sigma_{in})\\&=(w_1^2\sigma_1^2+w_1w_2\sigma_{12}+\cdots+w_1w_n\sigma_{1n})\\&\quad+(w_2w_1\sigma_{21}+w_2^2\sigma_2^2+\cdots+w_2w_n\sigma_{2n})+\cdots\\&\quad+(w_nw_1\sigma_{n1}+w_nw_2\sigma_{n2}+\cdots+w_n^2\sigma_n^2)\end{aligned} \tag{4-6}$$

由二次型的知识可得

$$\sigma_P^2 = (w_1, w_2, \cdots, w_n) \begin{bmatrix} \sigma_1^2 & \sigma_{12} & \cdots & \sigma_{1n} \\ \sigma_{21} & \sigma_2^2 & \cdots & \sigma_{2n} \\ \cdots & & \ddots & \\ \cdots & & & \ddots \\ \sigma_{n1} & \sigma_{n2} & \cdots & \sigma_n^2 \end{bmatrix} \begin{pmatrix} w_1 \\ w_2 \\ \vdots \\ \vdots \\ w_n \end{pmatrix} = w' \sum w$$

其中，$\sum$称为方差—协方差矩阵，它是一个对称矩阵，这是因为两证券的协方差不会随组合中两证券顺序的改变而发生变化，即 $\sigma_{ij} = \sigma_{ji}$。

在实际计算中，我们经常遇到包含 2 个或 3 个证券的投资组合，那么一项包含 2 个证券的投资组合的风险为

$$\sigma_P^2 = w_1^2\sigma_1^2 + w_2^2\sigma_2^2 + 2w_1w_2\sigma_{12} \tag{4-7}$$

相应地，包含 3 个证券的投资组合的风险为

$$\sigma_P^2 = w_1^2\sigma_1^2 + w_2^2\sigma_2^2 + w_3^2\sigma_3^2 + 2w_1w_2\sigma_{12} + 2w_1w_3\sigma_{13} + 2w_2w_3\sigma_{23} \tag{4-8}$$

例 4－5 A、B、C 三种证券的方差和相关系数如表 4－3 所示。

表 4－3 A、B、C 三种证券的方差和相关系数

证券	方差	证券的相关系数		
		A	B	C
A	121	1	0.4	0.2
B	841	0.4	1	−1
C	289	0.2	−1	1

计算证券 A、B、C 分别以权重 40%、20% 和 40% 组成的投资组合的标准差。

利用式（4－8）可计算该组合的方差为

$$\begin{aligned} \sigma_P^2 &= \sum_{i=1}^{3}\sum_{j=1}^{3} w_iw_j\sigma_{ij} \\ &= 0.4^2 \times 0.0121 + 0.2^2 \times 0.0841 + 0.4^2 \times 0.0289 \\ &\quad + 2 \times 0.4 \times 0.2 \times 0.4 \times 11\% \times 29\% \\ &\quad + 2 \times 0.4 \times 0.4 \times 0.2 \times 11\% \times 17\% \\ &\quad + 2 \times 0.2 \times 0.4 \times (-1) \times 29\% \times 17\% \\ &= 0.0052744 \end{aligned}$$

所以该组合的标准差为

$$\sigma_P = \sqrt{0.0052744} = 7.26\%$$

从例 4－5 的结果可以看出，投资组合的标准差小于证券 A、B、C 中任意一种的标准差，这表明投资组合可以起到降低风险的作用。

以最简单的投资组合为例，假定该组合只包含两种证券，并且这两种证券的相关系数为－1，则由式（4－7）可知组合的方差为

$$\begin{aligned} \sigma_P^2 &= w_1^2\sigma_1^2 + w_2^2\sigma_2^2 + 2w_1w_2\sigma_{12} = w_1^2\sigma_1^2 + w_2^2\sigma_2^2 + 2w_1w_2\rho_{12}\sigma_1\sigma_2 \\ &= w_1^2\sigma_1^2 + w_2^2\sigma_2^2 - 2w_1w_2\sigma_1\sigma_2 = (w_1\sigma_1 - w_2\sigma_2)^2 \end{aligned}$$

即标准差为

$$\sigma_P = |w_1\sigma_1 - w_2\sigma_2|$$

这样一来，我们可以选择两种证券的适当投资比例，使得该组合的标准差为0。也就是说，当两种证券的收益率完全负相关时，投资者可以通过调整证券组合的结构完全消除风险。

事实上，在一个包含 n 种证券的投资组合里，为了分析的简单起见，我们假定这 n 种证券在组合里的比重是一样的，即有 $w_i = \frac{1}{n}$，$i = 1, 2, \cdots, n$。于是该投资组合的方差为

$$\sigma_P^2 = \sum_{i=1}^{n}\sum_{j=1}^{n}\frac{1}{n}\frac{1}{n}\sigma_{ij} = \frac{1}{n^2}\sum_{i=1}^{n}\sigma_i^2 + \frac{1}{n^2}\sum_{i=1}^{n}\sum_{\substack{j=1\\ j\neq i}}^{n}\sigma_{ij} \qquad (4-9)$$

式（4－9）右端的第一项是 n 种证券方差的和，由于每种证券的方差是有限的数，所以当 n 变得很大时，这一项会趋于零。但右端的第二项不会趋于零，而是趋向协方差的平均值。由于方差—协方差矩阵 Σ 里含有 $n^2 - n$ 个协方差，因此记协方差的平均值为 $\overline{\sigma}_{ij} = \frac{1}{n^2 - n}\sum_{i=1}^{n}\sum_{\substack{j=1\\ j\neq i}}^{n}\sigma_{ij}$，于是右端第二项变为

$$\frac{1}{n^2}\sum_{i=1}^{n}\sum_{\substack{j=1\\ j\neq i}}^{n}\sigma_{ij} = \frac{n^2 - n}{n^2}\overline{\sigma}_{ij}$$

当 n 变得很大时，上式就趋于 $\overline{\sigma}_{ij}$，即协方差的平均值。

可以看出，当一个投资组合里包含多种证券时，个别证券的方差将不起作用。各种证券之间的协方差有正有负，它们会起到互相抵消的作用，但不会完全抵消，因而组合的方差就近似等于平均的协方差（未被抵消的部分）。至于平均的协方差为什么不等于零，是因为各种证券的收益率变动存在某种同向性，这种同向性的风险是所有的证券都同时承受的，这就是本章第1节介绍的系统风险，而可以抵消的风险就是非系统风险。因此，通过扩大投资组合进行风险分散化，可以消除非系统风险，但不能消除系统风险。投资组合的证券多样化与风险分散之间的关系可由图4－1表示。

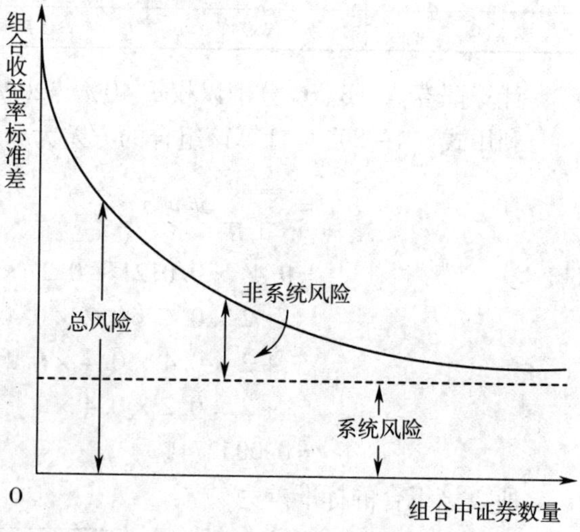

图4－1　系统风险与非系统风险的关系

二、投资组合收益率和风险的关系

投资组合理论假设投资者根据预期收益率和标准差来评价组合的优劣，那么投资者如何在不同的预期收益率和标准差组合之间来进行选择，这就涉及投资组合收益率和风险的关系问题。

(一) 可行集

可行集是指由 n 种证券所构成的所有组合的集合，它包括现实生活中所有可能的组合。也就是说，所有可能的组合将位于可行集的内部或边界上。一般来说，可行集的形状呈伞状，如图 4-2 中由 A、N、B、H 所围成的区域所示。

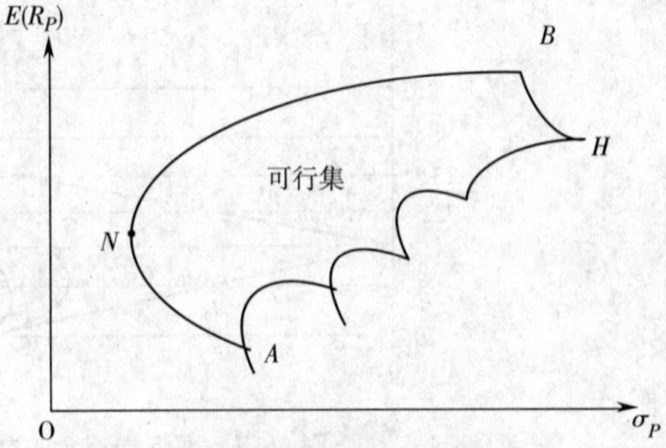

图 4-2 可行集与有效集

(二) 有效集

马科维茨投资组合理论假设投资者是风险厌恶型的，所以在一定的风险水平下，投资者将会选择能够提供最大预期收益率的组合；而同样的预期收益率水平下，他们将会选择风险最小的组合。同时满足这两个条件的投资组合的集合就是有效集，也称有效边界。

有效集是可行集的一个子集，位于可行集的左上方边界上，如图 4-2 中所示，可行集边界上 N、B 两点间的部分为有效集。在图中，对于各种风险水平而言，能提供最大预期收益率的组合集是可行集 N 和 H 之间上方边界上的组合集；而对于各种预期收益率水平而言，能提供最小风险水平的组合集是可行集中介于 A、B 之间的左边界上的组合集，同时满足这两个条件的即为 N、B 两点之间可行集上方边界上的组合集。其中，N 点所代表的组合被称为全局最小方差组合，它是在由 n 种证券组成的所有组合中方差最小的，是承担最低风险的组合。

从图 4-2 中的有效集可以看出，预期收益率低的组合所承担的风险较小，而预期收益率高的组合所承担的风险较大，这就是投资组合中收益和风险的权衡问题。风险厌恶型的投资者会选择风险较小的组合，相应地，得到的预期收益率也较低；而风险偏好型的投资者倾向于选择风险较大的组合，相应要求得到的预期收益率也较高。投资者可根据自己的风险偏好选择不同预期收益率和标准差组合的投资组合。

例 4-6 两种证券的预期收益率和标准差分别为：$E(R_1)=20\%$，$\sigma_1=10\%$，$E(R_2)=25\%$，$\sigma_2=20\%$。表 4-4 是根据投资组合预期收益率和标准差的计算公式按照不同的相关系数和投资比例得到的只包含这两种证券的投资组合 [$E(R_P)$，σ_P] 的不同值。

表 4-4 不同相关系数和投资比例下的证券组合的 [$E(R_P)$，σ_P] 值

(w_1, w_2)	ρ				
	1	0.5	0	-0.5	-1
(1, 0)	(0.20, 0.10)	(0.20, 0.10)	(0.20, 0.10)	(0.20, 0.10)	(0.20, 0.10)
(0.8, 0.2)	(0.21, 012)	(0.21, 0.106)	(0.21, 0.894)	(0.21, 0.0693)	(0.21, 0.040)
(2/3, 1/3)	(0.217, 0.133)	(0.217, 0.115)	(0.217, 0.0943)	(0.217, 0.0667)	(0.217, 0)
(0.5, 0.5)	(0.225, 0.15)	(0.225, 0.132)	(0.225, 0.112)	(0.225, 0.087)	(0.225, 0.05)
(1/3, 2/3)	(0.233, 0.167)	(0.233, 0.153)	(0.233, 0.141)	(0.233, 0.12)	(0.233, 0.10)
(0.2, 0.8)	(0.24, 0.18)	(0.24, 0.17)	(0.24, 0.16)	(0.24, 0.15)	(0.24, 0.14)
(0, 1)	(0.25, 0.20)	(0.25, 0.20)	(0.25, 0.20)	(0.25, 0.20)	(0.25, 0.20)

把这些点绘制在图上，如图4-3所示。

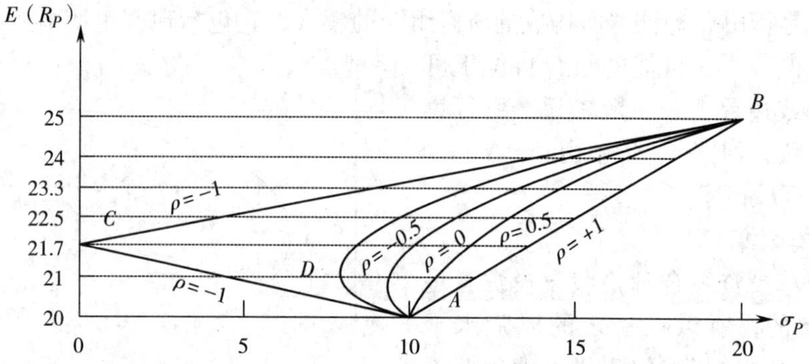

图4-3　双证券组合收益、风险与相关系数的关系

从图4-3中可以看出，当$\rho_{12}=+1$时，表示投资组合预期收益率和风险关系的点会落在直线AB上（具体位置取决于投资比例w_1和w_2）；当$-1<\rho_{12}<+1$时，代表组合预期收益率和风险的所有点的集合是一条向后弯的曲线，ρ_{12}越小，曲线向后弯的程度越大，表明在同等风险水平下收益更大，或者说在同等收益水平下风险更小；$\rho_{12}=-1$时是一条向后弯的折线。具体地说，当$\rho_{12}=-0.5$时，理性的投资者都会选择图中B、D两点间连线上所代表的投资组合，而D点代表的组合就是当$\rho_{12}=-0.5$时的最小方差组合。

（三）无风险资产

上述我们所讨论的是市场中仅存在风险资产可供投资者选择时的收益和风险权衡问题，然而在实际中还存在一种特殊类型的资产——无风险资产。

所谓无风险资产，是指预期收益率确定且方差为零的资产，也就是说无风险资产的收益率在投资期初就是确定的，其收益率$R_F=E(R_F)$，而且没有风险$\sigma_F^2=0$（也即$\sigma_F=0$）。而后者同时意味着无风险资产的收益变动情况与任何风险资产的收益变动无关，即无风险资产的预期收益率与任何风险资产的预期收益率之间的协方差也为零，这是因为$\sigma_{ij}=\rho_{ij}\sigma_i\sigma_j$，如果$i$为无风险资产，则其标准差$\sigma_i=0$，所以$\sigma_{ij}=0$。这种有固定收益但没有风险的资产在现实中通常为政府发行的短期债券或银行短期存款。

专栏4-1

估计和使用无风险收益率

预期收益率可以确定的资产被称为无风险资产（Riskless Asset）。一项无风险的投资必须满足两个条件：（1）不存在违约风险；（2）投资期间没有现金流量。凭着征税与控制货币供给的能力，只有政府才可以发行无违约风险的证券。在持有期间无风险的资产只能是一种完全的价格指数债券，而且只有当这种债券的偿还期等于投资者愿意持有的期限时，它才能对投资者的实际收益率提供担保。尽管如此，一般实践表明短期国库券可以作为无风险资产。它的短期性造成它的价格对利率的波动很敏感，而且几周甚至几个月的通货膨胀率的不确定性与股票市场收益的不确定性相比是可以忽略不计的。

从理论上说，无风险利率是与所分析的现金流量的期限相同的零息票政府债券的利率，即在一个投资项目中的每笔现金流量应该使用不同的无风险利率，比如在第一年使用一年期的零息票利率，第二年使用两年期的零息票利率等。但实际中，预期现金流量常常存在很大的不确定性，这时使用各期不同的无风险利率与使用一个平均的无风险利率相比，对结果的影响差别不大。另外，在对长期投资项目的分析中，用一个长期政府债券利率来表示无风险利率也可以得到与实际价值十分接近的值。

在现实情况下，关于无风险利率的选择与估计还应注意以下问题。

1. 无风险利率必须用与分析现金流量时相同的方法进行定义。如果现金流量使用的是名义货币分析法，则无风险利率就应该使用包括通货膨胀因素在内的名义利率。

2. 在某些政府不发行债券的市场里，有三种估算无风险利率的方法：第一种方法是用其他国家的货币进行分析，典型的是用美元，在美国无风险利率是很容易得到的；第二种方法是使用本国规模最大、安全性最高的企业的本币长期贷款利率减去一个较小的违约溢价得出一个长期无风险利率；第三种方法是从本币的远期合约的定价和外币长期利率中计算得到本币的长期利率，而这只有在本币的远期合约存在的情况下才可以计算。

3. 如果投资分析是以真实的现金流量进行的，无风险利率就必须是真实的无风险利率，即不包括预期通货膨胀率的相应报酬。政府发行的保值公债是最容易获得的真实的无风险利率。但在高通货膨胀率的经济体中，这点是难以做到的。然而正是这些经济体最需要得到真实的无风险利率，这时，可以用经济长期预计增长率来替代。

绝大多数投资者用范围更宽的货币市场工具作为无风险资产。货币市场工具由于偿还期限短，在违约或信用风险方面相当安全，而与利率风险无关。货币市场基金一般持有三种类型的证券：短期国库券、银行可转换存单和商业票据，它们在违约风险方面有细微的差别。例如，银行存单和商业票据的短期收益率总是高于期限相同的国库券。这些热门的短期投资工具的风险与绝大多数其他资产，如长期公司债券、普通股和不动产相比是非常小的，因此，可以把货币市场基金作为大多数投资者最容易接受的无风险资产。

引进无风险资产后，投资者可以构筑无风险资产和风险资产的投资组合。以最简单的情况为例，假定投资组合只由一种风险资产和一定时期内唯一的一种无风险资产构成，则此时组合的预期收益率和标准差分别为

$$E(R_P) = \sum_{i=1}^{2} w_i E(R_i) = w_1 E(R_1) + W_F E(R_F) \tag{4-10}$$

$$\sigma_P = \sqrt{w_1^2\sigma_1^2 + w_F^2\sigma_F^2 + 2w_1 w_F \sigma_{1F}} \tag{4-11}$$

由于无风险资产的方差 $\sigma_F^2 = 0$，而且无风险资产与任何风险资产之间的协方差 $\sigma_{1F} = 0$，因此由式（4－11）可得

$$\sigma_P = \sqrt{w_1^2\sigma_1^2} = w_1\sigma_1 \tag{4-12}$$

即

$$w_1 = \frac{\sigma_P}{\sigma_1} \tag{4-13}$$

同时，一种无风险资产和一种风险资产构成的投资组合中有 $w_1 + w_F = 1$，所以式（4－10）整理后为

$$\begin{aligned} E(R_P) &= \frac{\sigma_P}{\sigma_1}E(R_1) + (1 - \frac{\sigma_P}{\sigma_1})E(R_F) \\ &= R_F + \frac{E(R_1) - E(R_F)}{\sigma_1}\sigma_P \end{aligned} \tag{4-14}$$

由式（4－14）可以看出，由于无风险资产的收益率 R_F 和风险资产的预期收益率 $E(R_1)$、风险 σ_1 已知，因此由一种无风险资产和一种风险资产构成的投资组合的预期收益率 $E(R_P)$ 是组合风险 σ_P 的线性函数，如图4－4所示。

在图4－4中，R_F 点表示将自有资金全部投资于无风险资产，A 点表示将自有资金全部投资于风险资产，那么对于任意一个由无风险资产与风险资产构成的投资组合，表示其相应的预期收益率和标准差的点都落在由 R_F 点出发的射线 R_FA 上。其中，位于 A 点左边的组合表示同时投资于无风险资产和风险资产，即 $0 < w_F < 1$，此时的投资组合也称为放款证券组合；而 A 点右边的组合表示按无风险利率借入资金并与自有资金一起投资于风险资产，即 $w_F < 0$，此时的投资组合也称为借款证券组合。

当允许投资者以无风险利率借入和贷出时，投资者的可行集就变为若干条由代表无风险资产预期收益率的点出发的射线的集合，如图4－5所示，其中最上方的过点 R_F 与原来马科维茨有效集相切的射线 R_FT 及其延长射线 TD 则代表着允许无风险借贷后的新的有效集。

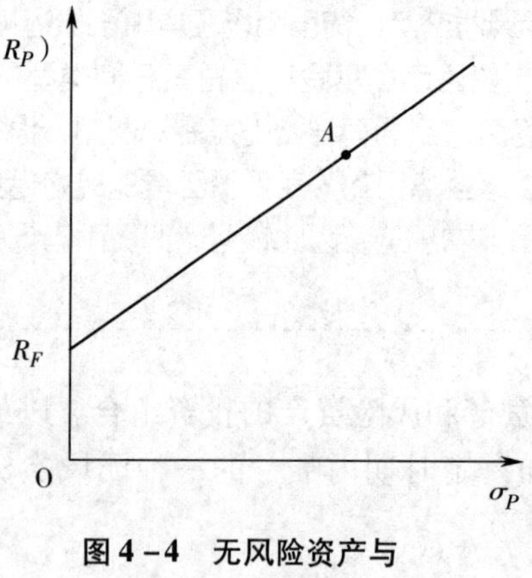

图4－4 无风险资产与风险资产的组合

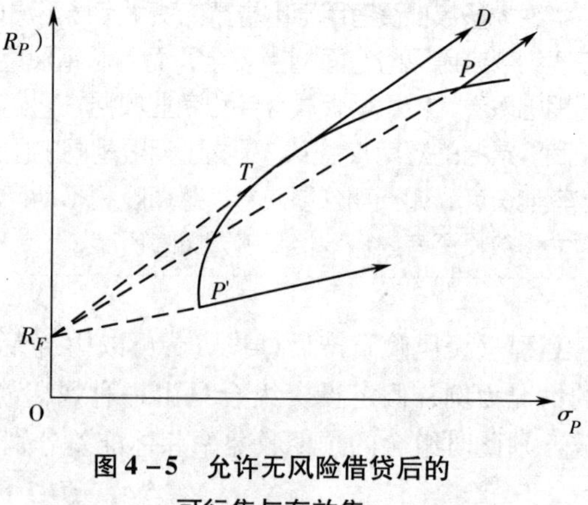

图4－5 允许无风险借贷后的可行集与有效集

第3节 资本资产定价模型

马科维茨的投资组合理论指出了如何建立有效投资组合。从20世纪60年代开始，经济学家们开始研究马科维茨模型如何影响资产的市场定价，从而产生了资本资产定价模型（The Capital Asset Pricing Model，CAPM），该模型由夏普（1964）、林特纳（1965）和莫森（1966）分别独立地导出。资本资产定价模型刻画了均衡状态下资产的预期收益率和风险之间的关系，它为投资实践提供了理论基础。

一、资本资产定价模型的假设

由于实际的经济环境过于复杂，因此我们无法描述所有的影响因素，而只能集中于最重要的因素，因此资本资产定价模型对经济环境作了若干假设。其主要假设包括：

1. 投资者是风险厌恶的，追求单期财富的期望效用最大化，并以各备选投资组合的预期收益率和标准差为基础进行组合选择；

2. 投资者可按相同的无风险利率自由地借入或贷出资金，并且在任何资产上都没有卖空限制；

3. 投资者拥有齐性预期，即对所有资产的收益率、方差和协方差等都有相同的预期；

4. 所有的资产都是无限可分的，拥有充分的流动性；

5. 没有交易成本和税金；

6. 对于所有投资者来说，信息都是免费的并且是立即可得的。

可以看出，资本资产定价模型的假设很苛刻，将现实简化为一个极端的情形：每一个投资者拥有相同的信息，并以同一种方式来分析和处理信息，因此他们对证券的前景具有一致的看法。证券市场是完全的市场，没有任何摩擦阻碍投资。这样，我们通过考察市场上所有投资者的集体行为，可以获得证券收益与风险之间均衡关系的特征。

二、资本市场线

资本市场线是马科维茨的投资组合理论中风险资产的有效集引入无风险资产的结果。引入无风险资产后，有效集变成了过点 R_F 与原来的风险资产有效集相切的射线，切点为 M，如图 4－6 所示。

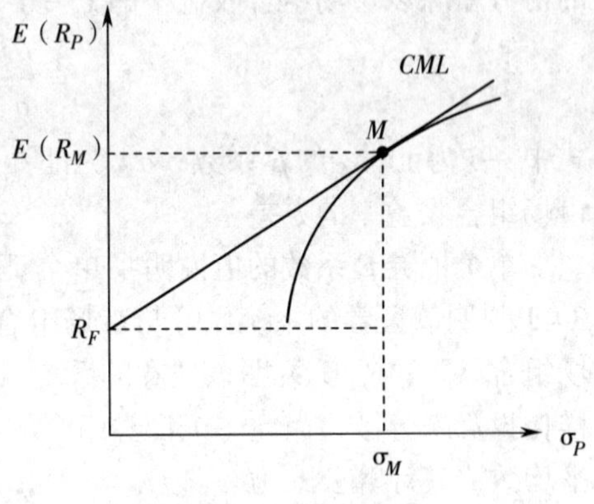

图 4－6　资本市场线

由于所有投资者对证券的收益率、方差和协方差以及无风险利率具有相同的预期，这也意味着由无风险资产和切点组合构成的线性有效集都是相同的。这个线性有效集就是通常所说的资本市场线（CML），也就是连接无风险资产 R_F 和切点组合 M 的射线。其中，切点 M 代表的组合称为市场组合，也称为最优风险组合，它是指由市场上所有风险证券构成的组合，组合中每种风险证券处于供求均衡状态，并且每种证券的投资比例等于该风险证券的市值占所有风险证券总市值的比例。市场组合 M 的意义在于：只要投资者决定投资于风险证券，那么他都会选择市场组合，不论投资者的风险偏好如何；而投资者的风险偏好体现在投资者如何将其全部资金在无风险资产和市场组合 M 之间进行分配。

从资本市场线的定义可以看出，落在资本市场线上的组合都是有效组合，并且存在

一个市场组合。其函数表达式如下

$$E(R_P)=R_F+\frac{E(R_M)-R_F}{\sigma_M}\sigma_P \tag{4-15}$$

式中：$E(R_P)$ 为有效证券组合的预期收益率；$E(R_M)$ 为市场组合的预期收益率；σ_M为市场组合收益率的标准差；σ_P为有效证券组合的标准差。

资本市场线刻画了有效证券组合的预期收益率和标准差的均衡状态的关系。由图4-6可以看出，资本市场线在纵轴上的截距为无风险利率 R_F，斜率为 $\frac{E(R_M)-R_F}{\sigma_M}$，称为有效证券组合的风险市场价格，表示有效组合收益率的标准差每增加一个单位时，需要增加的回报数。

例4-7 市场证券组合的期望收益率为12%，标准差为20%，无风险利率为8%。现有一个充分分散化的证券组合，其标准差为14%。则该组合的预期收益率为

$$E(R_P)=8\%+\frac{12\%-8\%}{20\%}\times 14\%=10.8\%$$

资本市场线可以根据有效组合的不同风险水平决定它的预期回报。

三、证券市场线

资本市场线只适用于描述有效证券组合的预期回报和标准差的均衡状态的关系。对于构成市场组合的单个证券以及其他非有效组合，资本市场线不能体现其预期收益与风险之间的关系，这时需要借助于其他方法。

我们知道，多样化投资可以降低非系统风险，但不能消除系统风险。系统风险的测定通常可以用β系数来表示。单个证券的β系数是用单个证券收益率与市场组合收益率的协方差除以市场组合收益率的方差。用公式表示为

$$\beta_i=\frac{\sigma_{iM}}{\sigma_M^2}=\frac{COV(R_i,R_M)}{\sigma_M^2} \tag{4-16}$$

式中：β_i为证券 i 的β系数；σ_{iM}为证券 i 的收益率与市场组合收益率的协方差；σ_M^2 表示市场组合收益率的方差。

单个证券β系数的值说明了单个证券的系统风险与市场组合系统风险之间的关系。$\beta=1$ 说明该证券的系统风险与市场组合风险一致；$\beta>1$ 说明该证券的系统风险大于市场组合风险；$\beta<1$ 说明该证券的系统风险小于市场组合风险。由于系统风险无法通过多样化投资来分散，因此一个证券组合的β系数就等于该组合中各种证券的β系数的加权平均数，其计算公式为

$$\beta_P=\sum_{i=1}^{n}w_i\beta_i \tag{4-17}$$

证券市场线就是用β值来描述单个证券的风险与其预期收益之间的关系，其基本关系式为

$$E(R_i)=R_F+\frac{E(R_M)-R_F}{\beta_M}\beta_i \tag{4-18}$$

由于

$$\beta_M = \sum_{i=1}^{n} w_i \beta_i = \sum_{i=1}^{n} w_i \frac{COV(R_i, R_M)}{\sigma_M^2}$$

$$= \frac{COV(\sum_{i=1}^{n} w_i R_i, R_M)}{\sigma_M^2} = \frac{COV(R_M, R_M)}{\sigma_M^2} = 1$$

所以式（4－18）可以改写成

$$E(R_i) = R_F + [E(R_M) - R_F]\beta_i \tag{4-19}$$

式（4－19）表示的直线叫作证券市场线（SML），如图4－7所示，它反映了均衡状态下单个证券的预期回报与其相对市场风险β值之间的关系。通常我们称$E(R_i) - R_F$为证券i的风险溢价。将式（4－19）作适当变形，有$E(R_i) - R_F = [E(R_M) - R_F]\beta$，因此，证券市场线也可以理解为描述证券$i$的风险溢价与市场组合风险溢价之间的关系。

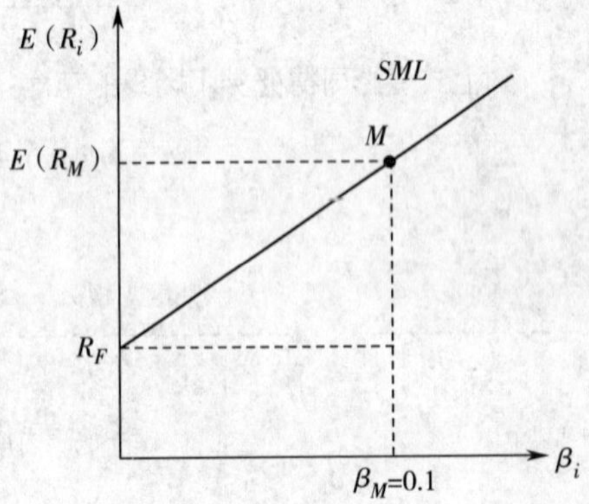

图4－7　证券市场线

例4－8　证券A的β值为0.8，市场组合的预期收益率为15%，无风险利率为5%。则根据证券市场线的方程可得证券A的预期回报为

$$E(R_A) = 5\% + (15\% - 5\%) \times 0.8 = 13\%$$

对于证券市场线与资本市场线，主要有两点区别：

（1）资本市场线用标准差衡量风险，反映有效证券组合的总风险与预期收益率的关系；而证券市场线用β值来衡量风险，反映证券的市场风险与其预期收益率的关系。

（2）对于资本市场线，有效组合落在线上，非有效组合落在线下；对于证券市场线，无论有效组合还是非有效组合或单个证券，它们都落在线上。

专栏4－2

证券市场线的推导

假如按$\{\alpha, 1-\alpha\}$的比例将资金在证券i和市场组合M之间分配，这样形成的组合P的预期收益率和标准差分别为

$$E(R_P) = \alpha E(R_i) + (1-\alpha)E(R_M)$$

$$\sigma_P = [\alpha^2\sigma_i^2 + (1-\alpha)^2\sigma_M^2 + 2\alpha(1-\alpha)\sigma_{iM}]^{\frac{1}{2}}$$

将它们分别对参数α求导，得

$$\frac{dE(R_P)}{d\alpha} = E(R_i) - E(R_M)$$

$$\frac{d\sigma_P}{d\alpha} = \frac{\alpha\sigma_i^2 - (1-\alpha)\sigma_M^2 + (1-2\alpha)\sigma_{iM}}{\sigma_P}$$

在预期收益率—标准差坐标图上，在由证券 i 和市场组合 M 构成的一系列组合所形成的曲线上，P 点的切线斜率为

$$\frac{dE(R_P)}{d\sigma_P}=\frac{dE(R_P)/d\alpha}{d\sigma_P/d\alpha}=\frac{[E(R_i)-E(R_M)]\sigma_P}{\alpha\sigma_i^2-(1-\alpha)\sigma_M^2+(1-2\alpha)\sigma_{iM}}$$

如果 $\alpha=0$，即把所有的资金都投入市场组合 M 中，则此时 P 与市场组合 M 重合，上式变为

$$\frac{dE(R_P)}{d\sigma_P}\Big|_{\alpha=0}=\frac{[E(R_i)-E(R_M)]\sigma_M}{\sigma_{iM}-\sigma_M^2}$$

由于 M 在有效组合的边界上，连接证券 i 和市场组合 M 的曲线不能穿越有效组合边界，因此，曲线上 M 点的切线一定与资本市场线重合，即切线斜率与资本市场线的斜率相等。因此有

$$\frac{[E(R_i)-E(R_M)]\sigma_M}{\sigma_{iM}-\sigma_M^2}=\frac{E(R_M)-R_F}{\sigma_M}$$

对上式变形可得证券市场线的方程：

$$\begin{aligned}E(R_i)&=R_F+\frac{\sigma_{iM}}{\sigma_M^2}[E(R_M)-R_F]\\&=R_F+\beta_{iM}[E(R_M)-R_F]\end{aligned}$$

第4节　套利定价理论

资本资产定价模型对于投资策略的选择具有重要的指导意义，而且其表现形式简洁优美，然而 CAPM 需要一系列严格的假设，在实际应用中存在很多问题。首先，CAPM 要求有一个包含所有风险证券的市场组合，这在实际中难以实现，因为对于规模比较大的金融市场来说，编制全样本指数是非常困难的。其次，证券市场线把系统风险全部集中地表现在一个因素里，这样的分析过于笼统。事实上，影响总体市场环境变化的宏观因素是多方面的，可以集中地表现为一些宏观经济变量的变化，如国民收入、通货膨胀率、利率水平等。这样，分析单个或多个因素对证券或证券组合市场价值的影响，当然是很有实际意义的。

套利定价理论（Arbitrage Pricing Theory，APT）是罗斯于 1976 年提出的另一种线性定价模型，该模型以因素模型为基础，以套利的概念来定义均衡。与资本资产定价模型相比，套利定价理论的假设条件更少，对资产定价过程的描述更接近于投资实践。

一、套利定价理论的基本假设

套利定价理论的前提假设比 CAPM 要宽松很多，其主要假设有：

1. 市场是无摩擦的，并且处于竞争均衡状态。

2. 投资者是非满足的：当投资者发现套利机会时，他们会构造套利组合来增加自己的财富。

3. 所有投资者有相同的预期，证券的收益率可用因素模型来表示

$$R_i=E(R_i)+b_{i1}F_1+b_{i2}F_2+\cdots+b_{ik}F_k+e_i \tag{4-20}$$

式中：R_i为证券 i 的收益率，是一个随机变量；b_{ij}为证券 i 对第 j 个因素的因素敏感度，$j=1, 2, \cdots, k$；F_j为第 j 个因素的数值，是一个随机变量，满足 $E(F_j)=0, j=1, 2, \cdots, k$；$e_i$为随机误差项，满足$E(e_i)=0$，$COV(e_i, F)=0$，$COV(e_i, e_j)=0$，$i \neq j$，即每个证券的随机误差项与因素不相关，任何两个证券的随机误差项不相关。

可以看出，套利定价理论不需要 CAPM 赖以成立的那些有关市场假设的条件，也不需要包含所有风险证券的市场组合，因而从理论上讲，APT 应该有更广泛的应用。

二、套利和套利证券组合

套利是利用同一种资产的不同价格来赚取无风险利润的行为。如果市场上同一种资产或者可以相互复制的两种资产的价格不同，即“一价定律”被违反时，套利机会就出现。套利作为一种广泛使用的投资策略，最具代表性的做法是以较高的价格出售资产并在同时以较低的价格购进相同的资产。

利用同一资产违反一价定律的机会进行的套利，其特征是很清楚的。但是，套利机会并不经常表现为相同资产的不同价格，套利机会也可能包含“相似”的证券或组合，例如受共同因素影响而使价格同步变化的两个证券或组合。

根据因素模型，具有相同因素敏感度的证券或组合，如果忽略非因素风险，它们的变化将是相同的。通过充分的分散化可以将非因素风险降到很小，因此，具有相同的因素敏感度的证券或组合必然要求相同的预期回报率。否则，套利机会就会存在，投资者将利用这些机会进行套利，套利机会最终会消失，市场达到均衡。这就是套利定价理论的基本思想。

根据套利定价理论，投资者将竭力发现构造一个套利组合的可能性，以便在不增加风险的前提下，提高组合的预期收益率。因此，套利组合应满足以下几个条件：

1. 套利组合不需要投资者增加任何额外投资。假设一个套利证券组合由 n 种资产组成，每种资产的权重为 w_i （$i=1, 2, \cdots, n$），那么套利组合的这一条件可表示为

$$\sum_{i=1}^{n} w_i = 0 \tag{4-21}$$

2. 套利组合对任何因素都没有敏感性，即套利组合的因素风险为0。严格来讲，除了因素风险以外，一个套利组合的非因素风险也应该等于0。投资者可以通过持有充分多样化的证券组合而使非因素风险变得很小，以至于可以忽略不计。因为组合对某一因素的敏感度是组合中各个证券因素敏感度的加权平均，因此套利组合的这一条件可表示为

$$\sum_{i=1}^{n} w_i b_{ij} = 0 \qquad j = 1,2,\cdots,k \tag{4-22}$$

3. 投资者构造套利组合的目的是获得无风险收益，因此套利组合应该具有正的收益率，即

$$\sum_{i=1}^{n} w_i E(R_i) > 0 \tag{4-23}$$

例 4－9　假如市场上有三种证券，每个投资者都认为它们满足单因素模型，且具有如表 4－5 所示的预期收益率和因素敏感度。

表 4-5　　三种证券的预期收益率和因素敏感度

证券	$E(R_i)$	b_i
1	15%	0.9
2	21%	3.0
3	12%	1.8

基于以上数据，投资者能否构造套利组合呢？

根据套利组合应满足的三个条件，可得

$$w_1 + w_2 + w_3 = 0$$

$$0.9w_1 + 3.0w_2 + 1.8w_3 = 0$$

$$15\% w_1 + 21\% w_2 + 12\% w_3 > 0$$

满足这三个条件的解有无穷多个，因此我们可以考虑首先给 w_1 随意赋予一个值，如 0.1，这样就可以得出另外两个解：$w_2 = 0.075$，$w_3 = -0.175$。这时，该套利组合获取的无风险收益为

$$15\% \times 0.1 + 21\% \times 0.075 + 12\% \times (-0.175) = 0.975\%$$

假设投资者持有这三种证券的市值分别为 100 万元，那么该套利证券组合的市值为 300 万元。根据上面的计算结果，投资者

卖空证券 3　　$12\% \times (-0.175) \times 300 = -6.3$（万元）

购买证券 1　　$15\% \times 0.1 \times 300 = 4.5$（万元）

购买证券 2　　$21\% \times 0.075 \times 300 = 4.725$（万元）

获利　　$(-6.3) + 4.5 + 4.725 = 300 \times 0.975\% = 2.925$（万元）

由于存在这样的套利机会，根据假设，投资者都是不满足的，每个投资者都会利用这种套利机会进行套利。因此，每个投资者都会购买证券 1 和证券 2，卖空证券 3。所有投资者都采用这样的策略，必然会影响证券的价格，相应地会影响证券的收益率。由于购买的压力增加，证券 1 和证券 2 的价格将上升，从而导致这两个证券的收益率下降；相反，由于卖出压力的增加，证券 3 的价格将下降，使得证券 3 的收益率上升。价格和收益率的调整过程一直持续到所有的套利机会消失为止，市场最终达到均衡状态。从理论上说，只需要有一个投资者构造无穷大的套利头寸来获取无穷大的利润，这种巨大的套利头寸立即就成为推动市场价格变化的力量，迅速地消除掉套利机会。

三、套利定价线

当存在套利机会时，所有投资者都会构造套利头寸来获取无风险收益，其结果是使套利机会消失，市场处于均衡状态。也就是说，所有不需要初始投资、因素风险为 0 的证券组合，其预期收益率必然为 0。因此，不存在套利机会的投资组合满足：

如果

$$\sum_{i=1}^{n} w_i = 0, \sum_{i=1}^{n} w_i b_{ij} = 0 \qquad j = 1,2,\cdots,k$$

则必有

$$\sum_{i=1}^{n} w_i E(R_i) = 0$$

设 $w = (w_1, w_2, \cdots, w_n)^T$，$I = (1, 1, \cdots, 1)^T$，

$R = [E(R_1), E(R_2), \cdots, E(R_n)]^T \alpha_j = (b_{1j}, b_{2j}, \cdots, b_{nj})^T (j = 1, 2, \cdots, k)$，

则有

$$w^T I = 0, w^T \alpha_j = 0, w^T R = 0$$

由线性代数知识可知，存在一组常数 λ_0 和 $\lambda_j (j = 1, 2, \cdots, k)$，使得

$$R = \lambda_0 I + \lambda_1 \alpha_1 + \lambda_2 \alpha_2 + \cdots + \lambda_k \alpha_k$$

即

$$E(R_i) = \lambda_0 + \lambda_1 b_{i1} + \lambda_2 b_{i2} + \cdots + \lambda_k b_{ik} \quad (4-24)$$

这就是由无套利均衡得出的定价关系，称为套利定价线。它表示在均衡状态下预期收益率和因素敏感度的关系。

我们首先考虑一个对所有因素敏感度都等于0的证券组合，那么在无套利均衡的条件下，该组合的预期收益率等于无风险利率。将 $b_{i1} = b_{i2} = \cdots = b_{ik} = 0$ 代入式（4－24），可得 $\lambda_0 = R_F$。因此式(4－24)可写成

$$E(R_i) = R_F + \lambda_1 b_{i1} + \lambda_2 b_{i2} + \cdots + \lambda_k b_{ik} \quad (4-25)$$

至于 λ_j，可以考虑对因素 j 的敏感度为1，对其他因素的敏感度都为0的证券组合 P，因此有

$$\underset{j}{E}(R_P) = R_F + \lambda_j b_{ij} = R_F + \lambda_j$$

令 $\delta_j = \underset{j}{E}(R_P)$，则有

$$\lambda_j = \delta_j - R_F$$

因此，λ_j 是对因素 j 的敏感度为1，对其他因素的敏感度都为0的证券组合的预期超额收益率——预期收益率超过无风险利率的部分，称为因素 j 的风险溢酬。于是式（4－25）可以改写成

$$E(R_i) = R_F + (\delta_1 - R_F) b_{i1} + (\delta_2 - R_F) b_{i2} + \cdots + (\delta_k - R_F) b_{ik} \quad (4-26)$$

图4－8描述的是单因素模型下的套利定价线，其表达式为

$$E(R_i) = R_F + (\delta_1 - R_F) b_i \quad (4-27)$$

对任意证券而言，如果它不落在这条直线上，投资者就有构造套利组合的机会。图中证券 U 在套利定价线上方，表示证券价格被低估，期望收益率比与它具有相同因素敏感度的证券 A 要高，投资者可以通过卖出 A 而买进 U 来构造套利组合。同样，证券 O 在套利定价线下方，表明其价格被高估，投资者也可以卖出证券 O 并买进证券 B 来构造套利组合。这样的套利

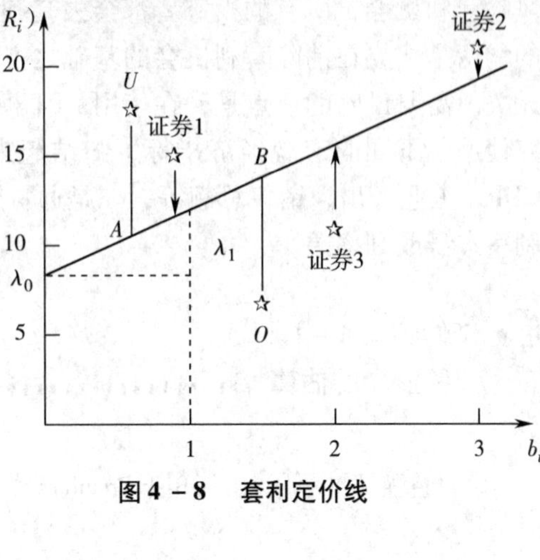

图4－8 套利定价线

组合不需要投资者追加任何投资，同时，证券 U 和证券 A 以及证券 O 和证券 B 都有相同的因素敏感度，这使得构造的套利组合因素敏感度为0，而且套利组合都具有正的预期收益。买入压力将使得证券 U 的价格上升，收益率下降，卖出压力将使得证券 O 的价格下降，收益率上升，最后分别达到 A 点和 B 点，套利机会消失。

例4-10 接例4-9，假设无风险利率为8%，因素组合的期望收益率为12%，则因素的风险溢酬为4%。根据套利定价线的方程，三个证券的均衡收益率分别为

$$E(R_1) = 8\% + 4\% \times 0.9 = 11.6\%$$

$$E(R_2) = 8\% + 4\% \times 3.0 = 20.0\%$$

$$E(R_3) = 8\% + 4\% \times 1.8 = 15.2\%$$

可以看出，套利的结果使证券1、证券2的预期收益率分别从15%、21%降到11.6%、20%，而证券3的预期收益率从12%上升到15.2%。在初始状态，三个证券都不在套利定价线上，投资者的套利行为使三个证券逐渐向套利定价线靠近，当市场达到均衡时，三个证券都回到套利定价线上，如图4-8所示。

四、套利定价理论和资本资产定价模型的比较

与APT不同，CAPM没有假设证券的收益率由因素模型产生，但这并不表明CAPM与经济环境中证券的收益率由因素模型生成这一假设相矛盾。事实上，可能存在一种经济环境，在这个环境中，有关APT的假设成立，证券的收益率由因素模型产生，同时，有关CAPM的假设也成立。通常认为，CAPM是APT的特例，因为CAPM是单因素的，一般所指的APT是多因素的。

前面我们已经比较了APT与CAPM的前提假设条件，然而APT与CAPM最根本的区别在于，APT强调的是无套利均衡原则。CAPM是典型的权衡收益与风险为主导的市场均衡，是许多投资者的行为共同作用的结果；而APT的出发点则是排除无风险的套利机会，理论上只需要有一个投资者构造无穷大的套利头寸就可以使市场重建均衡。正因为如此，APT不需要CAPM赖以成立的那些有关市场假设的条件。

从套利定价理论中可以看出，无套利均衡分析抓住了这样一个关键点：只要出现无风险套利机会，所有的投资者都会去套利，而不管其个人的风险偏好如何。从而，市场的均衡是建立在消除套利机会的基础之上，而均衡所确定的价格也就与个人的风险偏好无关。需要说明的一点是，在使用APT模型时，存在一个对因素的识别问题。不同的研究使用了不同的宏观经济指标，归结起来大体上涉及以下三大类：一是总量指标，如GDP、工业产出、销售总额等；二是通货膨胀率；三是与市场利率有关的参数，可以是利率本身或利率差。

延伸阅读4-1

风险溢酬的估算

风险溢酬又称风险溢价（Risk Premium），在风险—收益模型中是一个重要的输入参数，它是

投资者将资金从无风险资产转移到有风险投资时所要求得到的“额外的报酬”。在进行股权投资时，风险溢酬指的是普通股收益率与政府债券收益率之间的差额，即股权风险溢价。

从理论上说，风险溢酬应该是以下两个变量的函数：

（1）投资者的风险偏好。极度厌恶风险的投资者会比风险中性的投资者要求更大的风险溢酬。

（2）平均风险投资的风险状况。风险溢酬与企业平均风险投资的风险水平呈同方向变化，当后者增大时，风险溢酬也会相应提高。平均风险投资的风险度与企业所处的行业、经济规模以及管理风险的能力密切相关。比如，在规模大且稳定性高的公司进行交易的市场中，风险溢酬比较低。

市场中每个投资者对可接受的风险溢酬有不同的估计，因此在各风险—收益模型中，每个要素所使用的风险溢酬也是单个投资者对每个要素所要求的风险溢酬的加权平均数。其中，权数取决于各个投资者在市场中投入的财富的大小。

同收益率一样，风险溢酬可以从两个方面予以定义：从历史的角度（或称追溯的方法）和从前瞻的角度（或称预见性的方法）。本书在这里只介绍历史性的风险溢酬。

以股权风险溢酬为例，它等于一个特定的计算期内股票的平均收益率和无风险资产平均收益率之差。多数情况下，计算历史风险溢酬的步骤如下：（1）确定一个观察期间；（2）计算这个期间内股票指数和无风险资产平均收益率；（3）计算股票投资和无风险投资收益率之间的差异。

下表列示了美国在 1926—1997 年期间部分年度的股票、债券、国库券的年平均收益情况。

在整个样本期间，股票的平均收益率是 13%，国库券的平均收益率是 3.8%，国债的平均收益率是 5.6%，所以股票对国库券的风险溢酬为 9.2%，对国债的风险溢酬是 7.4%。这些都是算术平均数（Arithmetic Average），即将所有的年收益加总，再除以年份数（这里是 72 年）。

美国股票、债券、国库券的平均收益率和风险溢酬　　单位：%

年份	标准普尔 500 收益率	20 年期国债收益率	1 个月期国库券收益率	相对于国债的风险溢酬	相对于国库券的风险溢酬
1926	11.61	7.77	3.27	3.84	8.34
1927	37.88	8.94	3.13	28.54	34.35
1928	43.61	0.08	3.23	43.53	40.38
…	…	…	…	…	…
…	…	…	…	…	…
…	…	…	…	…	…
1990	-3.17	6.20	7.82	-9.37	-10.99
1991	30.55	19.26	5.60	11.29	24.95
1992	7.67	9.41	3.51	-1.74	4.16
1993	9.99	18.24	2.90	-8.25	7.09
1994	37.43	31.67	5.60	5.76	31.83
1995	1.31	-7.78	3.91	9.09	-2.60
1996	23.07	-0.92	5.20	23.99	17.87
1997	33.37	15.87	5.25	17.50	28.12
1926—1997					
均值	13.0	5.6	3.8	7.4	9.2
标准差	20.3	9.2	3.2	20.2	20.7
1946—1997					
均值	13.7	5.9	4.9	7.8	8.9
标准差	16.5	10.5	3.1	19.2	19.0

除美国外，其他国家和地区很难或无法获得这么长一段时间的可靠的历史数据。即使可以获得，这些历史数据背后隐藏的市场和经济的变化是非常大的，这些变化使得历史数据失去了预测未来风险溢酬的意义，在经济会发生巨大变动的新兴市场上和发展中国家里尤其如此。那么，应该怎样估算它们的风险溢酬呢？理论上，在其他情况不变的前提下，一般认为风险度大于美国的市场应有一个较大的风险溢酬。超过美国平均风险溢酬（大多数美国公司使用5.5%）的部分我们可以根据信用评级机构公布的对各个国家和地区的本币信用评定的等级计算，它等于美国具有类似信用等级的公司债券的收益率减去美国长期国债的收益率。部分国家和地区据此计算的风险溢酬如下表所示。

部分发展中国家和地区的风险溢酬情况

国家/地区	评级	风险溢酬（%）
巴西	BB +	2.0 + 5.5 = 7.5
中国	BBB +	1.5 + 5.5 = 7.0
韩国	AA −	1.0 + 5.5 = 6.5
印度尼西亚	BBB	1.75 + 5.5 = 7.25
印度	BB +	2.0 + 5.5 = 7.5
墨西哥	BBB +	1.5 + 5.5 = 7.0
中国台湾	AA +	0.5 + 5.5 = 6.0
俄罗斯	BB −	2.5 + 5.5 = 8.0

通过前面对美国市场上72年的股票、债券以及国库券的历史数据进行分析，我们可以发现风险资产与无风险资产之间存在巨大的股权风险溢酬。其中最显著的是1954年，股票指数对于20年期国债和1个月期国库券的溢价分别达到了45.44%和51.76%。在1996年和1997年，标准普尔500指数收益率与1个月期国库券的收益率之间的风险溢酬也分别达到了17.87%和28.12%。原因不难找到，从1926年到1997年，股票的收益率增长了1 829.50个百分点，而与此同时国债和国库券仅仅分别增长了39.53个及14.20个百分点。历史上股票投资者财富的增长率与固定收入投资者财富增长比率的这种悬殊差距正是巨大的风险溢酬产生的根本原因。然而现实是，市场上仍然存在着大量的债券投资者，这似乎是一个矛盾。仔细考察以下历史记录，普通股惊人的业绩后面有几点可疑之处：（1）股票的收益率变化非常之大，以至于使用72年的数据也难以准确计算股权风险溢酬。（2）股权溢价一直随时间的变化而改变，将过去的数字简单平均并不能成为预计未来风险溢酬的一个良好的指示器。（3）使用美国1926—1997年间的数据很可能产生的是一个过于乐观的估计。在这段时期内，对于世界范围内的金融市场状况来说，美国市场的表现不具有代表性。就是美国市场本身，过去的经验也可能对其未来产生过于乐观的估计。（4）对于考察的时间间隔来说，在一个月或一年的短时期内，股票的收益是高度敏感的，波动性非常大。但如果我们采用10年甚至20年作为一个考察期，股票对于债券的风险就大大降低了。（5）金本位制的终结使预期通货膨胀成为一种重要的、长远的通货膨胀风险。这种风险给长期债券带来的风险的影响远远大于它给普通股带来的影响，相应地，债券要求收益率的变化会大于股票要求收益率的变化。

因此，历史数据对未来风险溢酬起到了一种指示器的作用，但它绝不是什么确定性的结论。用过去的平均数来估计未来的风险溢酬是非常危险的，有可能完全被误导。为此，估计风险溢酬还必须同时兼顾使用其他信息和方法。

本章小结

1. 在不确定性选择下，收益由期望值来衡量，风险用方差或标准差来衡量。

2. 风险可以划分为系统风险和非系统风险，系统风险是不可分散风险，通常用 β 系数来测定，而非系统风险可以通过分散化投资来消除。

3. 投资者根据投资组合的预期收益率和标准差来评价组合的优劣，投资组合预期收益率的计算公式为：$E(R_P)=\sum_{i=1}^{n}w_iE(R_i)$，标准差的计算公式为：$\sigma_P=\sqrt{\sum_{i=1}^{n}\sum_{j=1}^{n}w_iw_j\sigma_{ij}}=\sqrt{\sum_{i=1}^{n}\sum_{j=1}^{n}w_iw_j\rho_{ij}\sigma_i\sigma_j}$。

4. 可行集是指由 n 种证券所构成的所有组合的集合，有效集位于可行集的左上方边界上。引入无风险资产后，有效集变成了过点 R_F 与原来的风险资产有效集相切的射线。

5. 资本资产定价模型（CAPM）有一系列严格的假设条件，资本市场线的方程为：$E(R_P)=R_F+\frac{E(R_M)-R_F}{\sigma_M}\sigma_P$，它刻画了有效证券组合的预期收益率和标准差的均衡状态的关系；证券市场线的方程为：$E(R_i)=R_F+[E(R_M)-R_F]\beta_i$，它反映了均衡状态下证券的预期回报与其相对市场风险 β 值之间的关系。

6. 套利定价理论（APT）的前提假设比 CAPM 宽松很多，它以因素模型为基础，以套利的概念来定义均衡。套利定价线的方程为：$E(R_i)=\lambda_0+\lambda_1b_i$，它表示在均衡状态下预期收益率和因素敏感度的关系。

本章思考练习题

一、选择题

1. 两只股票构成的资产组合，它们之间的相关系数以（　　）为最好。

A. +1.00　　B. +0.50　　C. 0　　D. -1.00

2. 已知某风险组合的预期收益率和标准差分别为 15%和 20%，无风险收益率为 8%，假设某投资者可以按无风险利率取得资金，将其自有资金 200 万元和借入的 50 万元均投资于风险组合，则该投资者的总预期收益率和总标准差分别为（　　）。

A. 16.75%和 25%　　B. 13.65%和 16.24%

C. 16.75%和 12.5%　　D. 13.65%和 25%

3. 某股票最近每股派发现金股利 0.5 元，并且预计保持每年 6%的增长率。经过计算得到该股票的 β 值为 1.1，并且知道目前的无风险收益率为 4%，股票市场的总体收益率为 9%。那么，该股票的理论价格为（　　）元。

A. 7.65　　B. 12.04　　C. 7.35　　D. 15.14

4. 利用标准差比较不同投资项目风险大小的前提条件是（　　）。

A. 项目所属的行业相同　　B. 项目的预期报酬相同

C. 项目的置信区间相同　　D. 项目的置信概率相同

5. 根据马科维茨的投资组合理论，下表列示的资产组合中不会落在有效边界上的是（　　）。

资产组合	预期收益率（%）	标准差（%）
W	9	21
X	5	7
Y	15	36
Z	12	15

A. 组合 W　　B. 组合 X　　C. 组合 Y　　D. 组合 Z

6. 如果组合中包括了全部股票，则投资者（　　）。

A. 只承担市场风险　　B. 只承担非系统风险

C. 只承担特有风险　　D. 不承担系统风险

7. 按照资本资产定价原理的说法，可以推出（　　）。

A. 若投资组合的 β 值等于 1，表明该资产没有市场风险

B. 某资产的 β 系数小于零，说明该资产风险小于市场平均风险

C. 在证券的市场组合中，所有证券的 β 系数加权平均数等于 1

D. 某资产的 β 系数大于零，说明该资产风险大于市场平均风险

8. 某股票的标准差为 25%，市场组合收益率的标准差为 10%，该股票收益率与市场组合收益率间的相关系数为 0.8，则该股票的 β 值等于（　　）。

A. 0.8　　B. 1.25　　C. 1.1　　D. 2

9. 下列对 β 系数的影响因素表示正确的有（　　）。

A. 该股票与整个股票市场的相关系数越大，β 系数越大。

B. 自身的标准差越大，β 系数越大。

C. 市场的标准差越大，β 系数越大。

D. 无风险利率越大，β 系数越大。

二、计算题

1. 假如证券组合由两个证券组成，它们的标准差和权重分别为 20%、25% 和 0.35、0.65。这两个证券可能有不同的相关系数。什么情况下这个证券组合的标准差最大？何时最小？

2. 假设市场组合由两个证券组成，它们的期望收益率分别为 8% 和 13%，标准差分别为 12% 和 20%，在市场组合中的权重分别是 0.4 和 0.6，两个证券收益率的相关系数为 0.3，无风险利率为 5%。某投资组合落在资本市场线上，其预期收益率为 10%，求该组合的标准差。

3. 假设资本资产定价模型成立，表中的数字是相互关联的。求出表中“—”位置的数字。

证券名称	预期收益率	标准差	与市场组合的相关系数	β 值
无风险资产	—	—	—	—
市场组合 M	—	0.1	—	—

续表

证券名称	预期收益率	标准差	与市场组合的相关系数	β值
股票A	0.22	—	0.65	1.3
股票B	0.16	0.15	—	0.9
股票C	0.31	—	0.2	—

4. 某公司持有A、B、C三种股票构成的证券组合，它们目前的市价分别为20元/股、6元/股和4元/股，它们的β系数分别为2.1、1.0和0.5，它们在证券组合中所占的比例分别为50%、40%和10%，上年的股利分别为2元/股、1元/股和0.5元/股，预期持有股票B、C每年可分别获得稳定的股利，持有股票A每年获得的股利逐年增长率为5%。若目前的市场收益率为14%，无风险收益率为10%，计算：

(1) 若投资总额为30万元，该投资组合的风险收益额是多少？

(2) 判断该公司是否应继续持有A、B、C三种股票。

5. 证券的收益由单因素模型产生。现有：

证券	因素敏感度	比例	预期回报
A	2.0	0.2	20%
B	3.5	0.4	10%
C	0.5	0.4	5%

构成一个证券组合。由增加A的资金0.20构造一个套利证券组合，该套利组合的预期回报是多少？

6. 假设一个三因素模型适于描述股票的收益。关于三因素的信息如下表所示：

因素	β	预期值	实际值
国民生产总值	0.000586	5 396	5 436
通货膨胀	−1.40	3.1%	3.8%
利率	−0.70	9.5%	10.3%

(1) 股票系统风险的收益是多少？

(2) 假设有关公司未预期的坏消息的宣布将导致股票价格下跌2.6%。如果股票的期望收益率是9.5%，那么股票的总收益是多少？

三、思考题

1. 说明系统风险和非系统风险的联系和区别。
2. 什么是可行集和有效集？引入无风险资产后，有效集有何变化？
3. 资本资产定价模型的基本假设有哪些？
4. 资本市场线和证券市场线有何区别？
5. 套利证券组合需满足的条件有哪些？
6. 资本资产定价模型和套利定价理论有何区别和联系？
7. 无套利均衡的思想在资产定价中有何作用？

第5章

投资决策分析与资本预算

本章知识结构

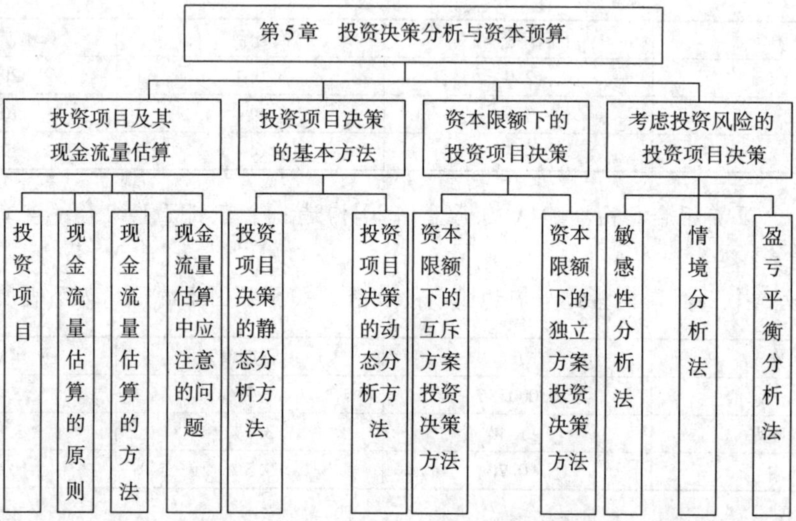

本章学习目的

1. 熟练掌握投资评价的静态分析指标和动态分析指标的计算方法及评价方法；
2. 理解独立项目和互斥项目的含义，掌握资本限额下进行投资决策的各种方法；
3. 正确理解投资决策中的现金流量的含义，明确现金流量的构成，掌握现金流量的估算方法；
4. 掌握敏感性分析法和盈亏平衡分析法，了解情境分析法。

投资决策是一个公司实现发展目标首先要解决好的关键问题之一，为此公司必须对若干个拟投资的项目或方案进行必要的分析，以便作出正确的投资决策。在进行投资决策时，必然涉及以下问题：

第一，运用哪些指标对一个投资项目进行分析？

第二，在拟进行投资的各个项目或方案中，如何选择一个最佳的项目或方案？

第三，如何对一个项目的现金流量进行估计才能对项目进行正确评价？

第四，如果项目存在风险怎样对项目进行正确评价？

本章将对以上问题逐一解答。

第 1 节　投资项目及其现金流量估算

一、投资项目

（一）投资项目的概念

在通常的资本预算中，都是针对特定的一个或一组项目来分析的。狭义的投资项目一般都具有较大的前期成本；特定的时间段产生现金流量；项目结束时，项目资产产生期末残值。广义的投资项目不仅包括这些内容，而且包括所有关于优化公司资源配置的决策。

（二）投资项目的分类

1. 独立项目和互斥项目。这是两种最常见的项目类型。独立项目是指经济上互不相关的项目，即接受或拒绝某一项目，并不影响其他项目的取舍。例如，企业准备建造仓库、投资新的生产流水线、修建行政办公楼等，各个项目是相互独立的。在资金不受限制的决策中，所有满足企业最低投资标准的独立项目都可以采纳；而在受资金限制的决策中，独立项目在通过是否采纳的决策后还需要进行项目排序。互斥项目是指互不相容、相互间构成竞争的项目。在一组互斥项目中，采纳一个项目就意味着要放弃该组中其他项目。这种接受一个最佳项目就自然否决其他项目的决策称为择优决策。

2. 常规现金流量项目与非常规现金流量项目。常规现金流量项目是由在最初的现金流出后一系列现金流入的方式所构成。通常的投资项目都属于常规现金流量项目。非常规现金流量项目是指在最初投资后并不都是净现金流入的方式，例如一些大型工程项目的初始投资额很大，并在随后的每年末都有净现金流入，而这类项目在中期往往需要大量投资，在项目剩余年限内继续获得净现金流入。因此该类项目经历了净现金流量由负变正再由正转负的过程。由于非常规现金流量项目的评价有一定难度，一般主要讨论常规现金流量项目。

二、现金流量估算的原则

现金流量是指与投资决策有关的在未来不同时点发生的现金流入与现金流出的数量。净现金流量就是现金流入量与现金流出量之间的差额。估算投资项目的现金流量是资本预算决策的重点和难点，在估算现金流量时，通常应坚持以下三个原则。

（一）实际现金流量原则

实际现金流量原则是指计量投资项目的成本和收益时，采用现金流量而不是会计收益。因为在会计收益的计算中包含了一些非现金因素，如折旧费及无形资产摊销在会计上作为一种费用抵减了当前的收益，但这种费用并没有发生实际的现金支出，只是账面记录而已，因此在现金流量分析中，折旧应加回到收益中。如果将折旧作为现金支出，就会出现固定资产投资支出的重复计算，一次是在期初购买固定资产时，一次是在每期计提折旧计入成本时。

实际现金流量原则的另一个含义是项目未来的现金流量必须用预计未来的价格和成本来计算，而不是现在的价格和成本计算，如在通货膨胀时期应注意调整通货膨胀对现金流量的影响。

（二）增量现金流量原则

预期现金流量要建立在增量或边际的概念基础上，只有增量现金流量才是与项目相关的现金流量。所谓增量现金流量，是根据“有无”（With – Versus – Without）的原则，确认有这项投资与没有这项投资现金流量之间的差额。判断增量现金流量，决策者会面临以下四个问题。

1. 附加效应。在估算项目现金流量时，要以投资对公司所有经营活动产生的整体效果为基础进行分析，而不是孤立地考察某一项目。例如，某公司决定开发触摸屏手机，预计该触摸屏手机上市后销售收入为 2 000 万元，但会冲击原来的按键式手机，使其销售收入减少 400 万元。因此，在投资分析时，触摸屏手机增量现金流入量应为 1 600 万元，而不是 2 000 万元。

需要注意的是，这种销售损失必须是由该公司生产触摸屏手机引起的。如果由于其他竞争对手生产和销售这种触摸屏手机而挤占了该公司按键式手机的市场份额，不应从该公司生产和销售触摸屏手机的现金流量中扣除，因为无论公司是否生产和销售触摸屏手机，这些损失都会发生，它们属于与项目决策无关的成本。

与此相反，某些新项目可能有助于其他项目的发展。例如，某航空公司准备开辟 A、B 两城市之间的航线，假设 A、B 城市之间的航线开通后，能使该公司在 B、C 城市之间航线的运输量增加，从而使这条航线效益增加，这种增加的效益，对 A、B 航线的投资来说是一种间接效益，在评价 A、B 航线投资收益（计算 A、B 航线现金流入量）时，就应考虑这种附加效应。

2. 沉没成本。沉没成本是指过去已经发生，无法由现在或将来的任何决策所能改变的成本。在投资决策中，沉没成本属于决策无关成本。例如，某投资项目前期工程投资 50 万元，要使工程全部完工，需追加 50 万元。如果工程完工后的收益现值为 60 万元，则应追加投资，完成这一项目。因为公司面临的不是投资 100 万元收回 60 万元的问题，而是投资 50 万元收回 60 万元。此时，工程前期发生的 50 万元投资属于决策无关的沉没成本。如果决策者将沉没成本纳入投资成本总额中，则会使一个有利的项目变得无利可图，从而造成决策失误。一般来说，大多数沉没成本是与研究开发及投资决策前开展市场调查有关的成本。

3. 机会成本。机会成本是指在投资决策中，从多种方案中选取最优方案而放弃次优方案所丧失的收益。例如，某投资项目需在公司所有的一块土地上建设厂房，目前土地的市场价格为10万元。如果将这块土地用于项目投资，公司将损失土地出售收入。这部分丧失的收入即为投资的机会成本，虽然机会成本的产生并未发生现金实体的交割或转让行为，但作为一种潜在的成本，必须加以认真对待，以便为既定资源寻求最佳使用途径。

机会成本与投资选择的多样性和资源的稀缺性相联系，当存在多种投资机会，而可供使用的资源又有限的时候，机会成本就一定存在。当考虑机会成本时，往往会使某些看上去有利可图的投资实际上无利可图甚至亏本。

4. 制造费用。在确定项目现金流量时，对于制造费用，要作进一步分析，只有那些确因项目投资而引起的费用（如增加的管理人员费用、租金和动力支出等），才能计入投资的现金流量；与公司投资进行与否无关的费用，则不应计入投资现金流量中。

（三）税后原则

如果公司须向政府纳税，在评价投资项目时所使用的现金流量应当是税后现金流量，因为只有税后现金流量才与投资者的利益相关。

三、现金流量估算的方法

投资项目现金流量一般包括初始现金流量、经营现金流量和终结现金流量三部分。

（一）初始现金流量

初始现金流量是项目建设过程中发生的现金流量或项目投资总额。主要包括以下四项：

1. 项目总投资。项目总投资主要有：（1）形成固定资产的支出，如项目投资时直接形成固定资产的建设投资，如建筑工程费、设备购置费、安装工程费以及建设期利息[1]等。（2）形成无形资产的费用，如技术转让费或技术使用费、商标权和商誉等。（3）形成其他资产的费用，如生产准备费、开办费、培训费、样品样机购置费等。[2]

2. 营运资本。营运资本是指项目投产前投放于流动资产，用于周转使用的资本，其计算公式为

$$\text{本年营运资本增加额} = \text{本年营运资本需用额} - \text{上年营运资本总额} \qquad (5-1)$$

其中

$$\text{本年营运资本需用额} = \text{本年流动资产需用额} - \text{本年流动负债筹资额}$$

3. 原有固定资产的变价收入。原有固定资产的变价收入是指固定资产重置、旧设备出售时的现金净流量。

4. 所得税效应。所得税效应是指固定资产重置时变价收入的税负损益。按规定，出售资产（如旧设备）时，如果出售价高于原价或账面净值，出售时产生的收益应缴纳所

[1] 建设期利息是指举债筹资时在建设期内发生并按规定在投产后计入固定资产原值的利息，即资本化利息。

[2] 需要说明的是，对于土地使用权，按规定，在尚未开发或建造自用项目前，土地使用权作为无形资产核算，房地产开发公司开发商品房时，将其账面价值转入开发成本；公司建造自用项目时将其账面价值转入在建工程成本。为了与以后折旧和摊销相协调，在项目投资估算时通常将土地使用权直接列入固定资产其他费用中。

得税，多缴的所得税构成现金流出量；如果出售价低于原价或账面净值，出售时发生的损失可以抵减当年所得税支出，少缴的所得税构成现金流入量。诸如此类由投资引起的税负变化，应在计算项目现金流量时加以考虑。

（二）经营现金流量

经营现金流量是指项目建成后，生产经营过程中发生的现金流量，这种现金流量一般是按年计算的。主要包括：（1）增量税后现金流入量，指投资项目投产后增加的税后现金收入（或成本费用节约额）；（2）增量税后现金流出量，指与投资项目有关的以现金支付的各种税后成本费用（不包括固定资产折旧以及无形资产摊销费等，也称经营付现成本）以及各种税金支出。

经营现金流量的确认可根据利润表等有关资料分析得出。假设不考虑无形资产，其基本计算公式为

$$\text{现金净流量} = \text{销售收入} - \text{经营付现成本} - \text{所得税} \tag{5-2}$$

式（5－2）中的销售收入是指收到现金的收入，所得税在某种程度上依赖于折旧的增量变动。为反映折旧变化对现金流量的影响，式（5－2）可变为

$$\begin{matrix}\text{现金}\\\text{净流量}\end{matrix} = \left(\begin{matrix}\text{销售}\\\text{收入}\end{matrix} - \begin{matrix}\text{经营}\\\text{付现成本}\end{matrix}\right) \times \left(1 - \begin{matrix}\text{所得税}\\\text{税率}\end{matrix}\right) + \text{折旧} \times \begin{matrix}\text{所得税}\\\text{税率}\end{matrix} \tag{5-3}$$

式（5－3）中，经营付现成本一般是指会计上的总成本减去固定资产折旧费、无形资产摊销费等不支付现金的费用后的余额。（折旧×所得税税率）称作税负节约，指折旧计入成本，冲减利润而少缴的所得税税额，这部分少缴的所得税形成投资项目的现金流入量。

如果项目的资本全部来自股权资本，则经营现金流量可按式（5－4）计算

$$\text{现金净流量} = \text{净收益} + \text{折旧} \tag{5-4}$$

在按式（5－4）估计经营现金流量时，如果项目在经营期内追加营运资本和固定资产投资，其增量投资额应从当年现金流量中扣除。因此，可将式（5－2）改写成为

$$\begin{matrix}\text{现金}\\\text{净流量}\end{matrix} = \begin{matrix}\text{销售}\\\text{收入}\end{matrix} - \begin{matrix}\text{经营}\\\text{付现成本}\end{matrix} - \text{所得税} - \begin{matrix}\text{营运资本}\\\text{追加支出}\end{matrix} - \begin{matrix}\text{资本}\\\text{支出}\end{matrix} \tag{5-5}$$

例5－1 某项目投资后第一年的会计利润和现金流量如表5－1所示。求其经营净现金流量。

表5－1　投资项目的会计利润与现金流量　　单位：元

项目	会计收益	现金流量
销售收入	100 000	100 000
经营付现成本	－50 000	－50 000
折旧费	－20 000	0
税前收益或现金流量	30 000	50 000
所得税（25%）	－7 500	－7 500
税后收益或现金流量	22 500	42 500

解：根据表5－1中的资料，可分别按式（5－3）和式（5－4）计算如下：

经营净现金流量 = (100 000 − 50 000) × (1 − 25%) + 20 000 × 25% = 42 500(元)

经营净现金流量 = 22 500 + 20 000 = 42 500(元)

（三）终结现金流量

终结现金流量是指项目经济寿命终了时发生的现金流量，主要包括两部分：经营现金流量和非经营现金流量。此处的经营现金流量与前述经营现金流量计算方式一样，非经营现金流量主要指以下两部分：

1. 固定资产残值变价收入以及出售时的税负损益。固定资产出售时税负损益的确定方法与初始投资时出售旧设备发生的税负损益相同。如果预计固定资产报废时残值收入大于税负规定的数额，就应上缴所得税，形成一项现金流出量；反之，则可抵减所得税，形成现金流入量。

2. 垫支营运资本的收回。这部分资本不受税收因素的影响，税法把它视为资本的内部转移，如同把存货和应收账款换成现金一样，因此，收回的营运资本仅仅是现金流量的增加。

四、现金流量估算中应注意的问题

（一）折旧模式的影响

在不考虑所得税的情况下，折旧额变化对现金流量没有影响。因为不论公司采取什么样的折旧方式，所改变的只是会计收益的大小，不会改变实际现金流量的发生模式。也就是说，折旧额增加（减少）与收益减少（增加）的数额是相等的，因此折旧变化不影响投资价值。但引入所得税后，折旧抵税作用直接影响投资现金流量的大小。

估计项目现金流量的目的是计算项目现金流量的现值，由于不同折旧模式下的各年折旧额不同，各年税负节约不同，因此，在折现率一定的情况下，不同折旧模式下的税负节约现值也不同。但这种影响并不反映投资项目内在的经济效益，只是方法不同而已。

（二）利息费用的影响

在投资项目评估中，利息费用对投资项目的影响主要有两种分析模式：一种是将这些影响因素视作费用支出，从现金流量中扣除；另一种是将筹资影响归入现金流量的资本成本（折现率）中。在实务中广泛采用的是后一种方法，因为在给定资本结构的情况下，可随时根据不同的负债水平和风险情况调整项目的折现率。这里的折现率一般是指为项目提供资本的投资者要求的收益率，如果不考虑所得税和筹资费，项目投资者要求的收益率就是项目的资本成本。如果从项目的现金流量中扣除利息费用，然后再按此折现率进行折现，就等于双重计算筹资费用。

从表5－2中可知，与筹资决策相关的现金流量的净现值为零，因此，即使不考虑项目筹资现金流量（仅考虑投资现金流量），仍然可以得出相同的净现值。如果从项目未来的1 100元现金流量中减去60元的利息费，再将其差额以6%的资本成本进行折现，就会出现重复计算问题。

表 5-2　　与投资和筹资有关的现金流量　　单位：元

现金流量	初始现金流量	终结现金流量	净现值（P/F，6%，1）
与投资相关的现金流量	-1 000	+1 100	+38
与筹资相关的现金流量	+1 000	-1 060	0
现金流量合计	0	+40	+38

因此，在项目评估中，一般是将债务筹资的调整反映在折现率中，而不涉及现金流量，即在项目现金流量估算时不包括与项目举债筹资有关的现金流量（借入时的现金流入量、支出利息时的现金流出量），项目的筹资成本在项目的加权平均资本成本中考虑。

（三）通货膨胀的影响

通货膨胀是影响当今经济社会的一个非常重要的因素。在投资项目评估中，通货膨胀可能同时影响项目的现金流量和投资必要收益率（折现率），从而使项目的净现值保持不变。估计通货膨胀对项目的影响应遵循一致性的原则，即如果预测的现金流量序列包括了通货膨胀的影响，则折现率也应包括这一因素的影响；反之亦然。但是，在计算通货膨胀变化对各种现金流量，如销售价格、原材料成本、工资费用的影响时，应注意不同现金流量受通货膨胀的影响程度是不同的，不能简单地用一个统一的通货膨胀率来修正所有的现金流量。

由于折旧费的计提基础是原始成本，折旧额并不随通货膨胀的变化而变化，这会导致纳税额增长速度高于通货膨胀增长速度，从而降低投资项目的实际收益率，影响投资决策的正确性。

第 2 节　投资项目决策的基本方法

一、投资项目决策的静态分析方法

所谓静态分析方法是指在不考虑资金时间价值的情况下对投资项目进行评估的方法，包括静态投资回收期法、简单收益率法等。

（一）静态投资回收期法

静态投资回收期是指以项目各年的净收益收回全部投资所需要的时间。它是反映项目真实偿债能力的重要指标，一般是越短越好。计算方法为

$$\sum_{t=0}^{P_t}(CI-CO)_t=0 \qquad (5-6)$$

式中：P_t为静态投资回收期；CI 为现金流入量；CO 为现金流出量；t 为计算期；$(CI-CO)_t$为第 t 年的净现金流量。

静态投资回收期可根据财务现金流量表（全部投资所得税前）累计净现金流量栏中的数据计算求得，计算公式为

$$P_t=(\text{累计净现金流量出现正值年份}-1)+\frac{\text{上年累计净现金流量的绝对值}}{\text{当年净现金流量}} \qquad (5-7)$$

当投资为一次性投入，并且年净收益相等时，投资回收期的计算公式为

$$P_t = \frac{I}{R} \tag{5-8}$$

式中：I 为总投资；R 为年净收益。

根据静态投资回收期对投资项目进行分析与评估时，应将求出的投资回收期（P_t）与行业的基准投资回收期（P_c）相比较，当 $P_t \leqslant P_c$ 时，在财务上才可以考虑接受该项目。

例 5－2　某工程项目的现金流量如表 5－3 所示，若基准投资期为 6 年，试用静态投资回收期法对该投资项目进行评估。

表 5－3　**项目的投资和净收益**　单位：万元

年限	投资	净收益
0	－15 000	
1		1 800
2		2 880
3		3 600
4		3 600
5		3 600

解：根据表 5－3，可以计算出该项目各年的净现金流量及累计净现金流量，如表 5－4所示。

表 5－4　**项目各年净现金流量及累计净现金流量**　单位：万元

年限	净现金流量	累计净现金流量
0	－15 000	－15 000
1	1 800	－13 200
2	2 880	－10 320
3	3 600	－6 720
4	3 600	－3 120
5	3 600	480

根据表 5－4 的计算结果，计算静态投资回收期为

$$P_t = (5-1) + \frac{3\ 120}{3\ 600} = 4.87(\text{年})$$

（二）简单收益率法

简单收益率是投资利润率、投资利税率、资本金利润率三个分析指标的统称。

1. 投资利润率。投资利润率是指项目达到设计生产能力后的一个正常生产年份的年利润总额占项目总投资的比率。它是反映项目单位投资盈利能力的指标。若生产期内各年的利润总额变化幅度较大，应计算生产期年平均利润总额与总投资的比率。其计算公式如下：

投资利润率 = 年利润总额或年平均利润总额 / 总投资 × 100%　　(5 - 9)

式中：年利润总额 = 年销售收入 - 年总成本费用 - 年销售税金及附加；

总投资 = 建设投资 + 建设期利息 + 流动资金。

当投资利润率大于或等于行业平均投资利润率（或基准投资利润率）时，才可以考虑接受该项目。

2. 投资利税率。投资利税率是指项目达到设计生产能力后的一个正常生产年份的年利税总额占项目总投资的比率。它是反映项目单位投资盈利能力和对财政所作贡献的指标。若生产期内各年的利税总额变化幅度较大，应计算生产期年平均利税总额与总投资的比率。其计算公式如下：

投资利税率 = 年利税总额或年平均利税总额 / 总投资 × 100%　　(5 - 10)

式中：年利税总额 = 年销售收入 - 年总成本费用。

当投资利税率大于或等于行业平均投资利税率（或基准投资利税率）时，才可以考虑接受该项目。

3. 资本金利润率。资本金利润率是指项目达到设计生产能力后的一个正常生产年份的年税后利润或年平均所得税后利润与资本金的比率。计算公式为

资本金利润率 = 年税后利润或年平均税后利润 / 资本金 × 100%　　(5 - 11)

式中：资本金是指项目的全部注册资本。

当资本金利润率大于或等于行业平均资本金利润率（或基准资本金利润率）时，才可以考虑接受该项目。

例 5 - 3　某工程项目总投资支出为 150 000 万元，从投产后第二年起达到设计生产能力，每年可实现利润总额 23 480 万元，销售税金 8 520 万元，年所得税税率为 25%，全部注册资本为 38 000 万元。计算各项投资收益率指标。若行业基准投资收益率分别为：投资利润率 15%、投资利税率 20%、资本金利润率 35%，评价该投资项目是否可以接受？

解：投资利润率 = 23 480/150 000 × 100% = 15.65%

投资利税率 = （23 480 + 8 520）/150 000 × 100% = 21.33%

资本金利润率 = 23 480 × （1 - 25%）/38 000 × 100% = 46.34%

计算结果表明该项目的投资收益率指标均高于行业基准投资收益率，故可以接受该项目。

二、投资项目决策的动态分析方法

所谓动态分析方法是指考虑资金时间价值的投资项目评价方法，包括动态投资回收期法、净现值法、净现值指数法、内部收益率法和修正内部收益率法。

（一）动态投资回收期法

动态投资回收期是按现值法计算的回收期，可用式（5 - 12）求得

$$\sum_{t=0}^{P_t'} (CI - CO)_t (1 + i_c)^{-t} = 0 \qquad (5-12)$$

式中：P'_t 为以年表示的动态投资回收期；CI 为现金流入量；CO 为现金流出量；$(CI-CO)_t$ 为第 t 年的净现金流量；t 为计算期；i_c 为基准收益率或设定的折现率。

动态投资回收期也可直接从财务现金流量表中净现金流量现值累计计算求得，其计算公式为

$$P'_t=(\text{净现金流量现值累计值开始出现正值年}-1)+\frac{\text{上年累计净现金流量现值的绝对值}}{\text{当年净现金流量现值}} \tag{5-13}$$

计算得出的项目动态投资回收期与项目的寿命 n 进行比较：当 $P'_t\leqslant n$ 时，可以考虑接受该项目；当 $P'_t>n$ 时，不考虑接受该项目。

例 5－4　某项目的现金流量如表 5－5 所示，试计算该项目的动态投资回收期（$i_c=10\%$）。

表 5－5　某项目的现金流量　单位：万元

年限	0	1	2	3～10
净现金流量	－100	－150	30	80

解：根据表 5－5 的资料，计算表如表 5－6 所示。

表 5－6　动态投资回收期计算表　单位：万元

年限	净现金流量	净现金流量现值（$i_c=10\%$）	净现金流量现值累计
0	－100	－100.00	－100.00
1	－150	－136.36	－236.36
2	30	24.79	－211.57
3	80	6 011	－151.47
4	80	54.64	－96.82
5	80	49.67	－47.15
6	80	45.16	－1.99
7	80	41.05	39.06
8	80	37.32	76.38
9	80	33.93	110.31
10	80	30.84	141.15

根据表 5－6 的计算结果，计算动态投资回收期为

$$P'_t=(7-1)+\frac{1.99}{41.05}=6.05(\text{年})$$

与静态投资回收期相比，动态投资回收期的优点是考虑了资金的时间价值，能真正反映资金的回收时间；缺点是计算比较麻烦。

（二）净现值法

净现值（NPV）是指投资项目按基准收益率或设定的折现率将各年的净现金流量折

现到投资起点的现值之和。其表达式为

$$NPV = \sum_{t=0}^{n} (CI - CO)_t (1 + i_c)^{-t} \qquad (5-14)$$

式中：NPV 为净现值；CI 为现金流入量；CO 为现金流出量；$(CI - CO)_t$ 为第 t 年的净现金流量；n 为项目计算期；i_c 为行业的基准折现率。

利用该指标进行投资决策的标准是：当 $NPV \geqslant 0$ 时，可以考虑接受该项目；当 $NPV < 0$ 时，放弃该项目。

例 5－5 某投资项目的预期现金流量如表 5－7 所示。假设基准收益率为 10%，计算该项目的净现值。

表 5－7　某项目的预期现金流量　单位：万元

项目	年限				
	0	1	2	3	4
投资	10 000				
收入		2 200	3 500	4 900	4 900
支出		200	500	900	900
净现金流量	－10 000	2 000	3 000	4 000	4 000

$$\text{解：} NPV = -10\ 000 + \frac{2\ 000}{(1 + 10\%)} + \frac{3\ 000}{(1 + 10\%)^2} + \frac{4\ 000}{(1 + 10\%)^3} + \frac{4\ 000}{(1 + 10\%)^4}$$

$$= 35(\text{万元})$$

由于 $NPV > 0$，故该项目在经济上是可以考虑接受的。

利用净现值指标也可以在多个相互排斥的方案中进行选择，在其他条件相同的情况下，选择净现值大的方案，或按净现值大小对各个项目进行排序分析。

例 5－6 某企业有 100 万元拟进行投资，现有 A、B、C、D 四个互斥的投资项目，寿命期均为 5 年，各年预计的净现金流量如表 5－8 所示。设基准收益率为 10%，利用净现值法对投资项目进行选择。

表 5－8　项目 A、B、C、D 每年的净现金流量　单位：万元

年限	A	B	C	D
0	－100	－100	－100	－100
1	50	20	10	50
2	30	30	20	30
3	10	50	30	20
4	120	60	20	60
5	90	0	400	0
合计	200	60	380	60

解：项目 A、B、C、D 每年的净现金流量现值计算如下：

$$NPV_A = -100 + \frac{50}{(1+10\%)} + \frac{30}{(1+10\%)^2} + \frac{10}{(1+10\%)^3} + \frac{120}{(1+10\%)^4} + \frac{90}{(1+10\%)^5} = 115.60(\text{万元})$$

$$NPV_B = -100 + \frac{20}{(1+10\%)} + \frac{30}{(1+10\%)^2} + \frac{50}{(1+10\%)^3} + \frac{60}{(1+10\%)^4} + 0 = 21.52(\text{万元})$$

$$NPV_C = -100 + \frac{10}{(1+10\%)} + \frac{20}{(1+10\%)^2} + \frac{30}{(1+10\%)^3} + \frac{20}{(1+10\%)^4} + \frac{400}{(1+10\%)^5} = 210.19(\text{万元})$$

$$NPV_D = -100 + \frac{50}{(1+10\%)} + \frac{30}{(1+10\%)^2} + \frac{20}{(1+10\%)^3} + \frac{60}{(1+10\%)^4} + 0 = 26.25(\text{万元})$$

计算结果表明，四个投资项目的净现值均大于零，说明这四个项目都是可以接受的。由于四个项目是互斥项目，因而应选择净现值最大的 C 项目。

净现值法在投资决策分析中是一种合理而且运用广泛的评价方法，其优点在于它考虑了资金的时间价值，即投资中的融资成本，并全面考察了项目在整个寿命期内的经济状况；直接以货币额表示项目净收益，经济意义明确直观。其缺点在于必须事先确定一个较符合实际的基准收益率。而恰当的基准收益率的确定是比较困难的。解决的办法有两种：一是根据资金成本来确定；二是根据企业要求的最低资金利润率来确定。

（三）净现值指数法

项目净现值指数法（NPVR）又称净现值比法，是指利用项目净现值与全部投资现值之比计算的净现值指数来评价项目优劣的方法。净现值指数说明项目单位投资现值所能实现的净现值大小，它是对净现值指标的一种补充。因为净现值只能衡量项目收益现值的大小，而不能反映出为获得这些收益所需要支出的投资成本，因此，只有在投资额相同的情况下，才能作为选择最优投资项目的评价方法。对获得相同净现值而投资额不同的投资项目应采用净现值指数进行评价。净现值指数的计算公式为

$$NPVR = \frac{\sum_{t=0}^{n}(CI_t - CO_t)(1+i_c)^{-t}}{\sum_{t=0}^{n} I_t(1+i_c)^{-t}} \tag{5-15}$$

式中：$NPVR$ 为净现值指数；CI_t为第 t 年的现金流入量；CO_t为第 t 年的现金流出量；n 为项目计算期；I_t 为第 t 年的投资额；i_c为行业的基准折现率。

利用净现值指数评价单个投资项目时，要求净现值指数大于零；对多个投资项目进行选择时，选择净现值指数大的项目。

例 5－7　某公司有两个投资项目可供选择：第一个项目的净现值为 1 500 万元，其总投资现值为 8 200 万元；第二个项目的净现值为 1 050 万元，其总投资现值为 5 100 万

元。试选择最佳投资项目。

解：根据以上资料，计算净现值指数为

第一个项目：$NPVR=\frac{1\ 500}{8\ 200}\times 100\%=18.3\%$

第二个项目：$NPVR=\frac{1\ 050}{5\ 100}\times 100\%=20.6\%$

计算结果说明，虽然第一个项目的净现值大于第二个项目，但由于第二个项目的总投资现值小于第一个项目，因此第二个项目的净现值指数大于第一个项目，应选择第二个项目。

（四）内部收益率法

内部收益率（IRR）是指项目在计算期内各年净现金流量现值累计等于零时的折现率。它反映项目以每年的净收益归还投资（或贷款）后所能获得的最大投资收益率，即项目内部潜在的最大盈利能力。其计算公式为

$$\sum (CI-CO)_t(1+IRR)^{-t}=0 \tag{5-16}$$

式中：CI 为现金流入量；CO 为现金流出量；$(CI-CO)_t$ 为第 t 年的净现金流量；n 为项目计算期。

利用内部收益率法进行项目评价的判别标准是：$IRR\geqslant i_c$，项目在经济效果上是可以接受的；$IRR<i_c$，拒绝该项目。

根据式（5－16）求解内部收益率比较困难，可采用试错法和图解法。

1. 试错法。所谓试错法是指将不同的折现率代入式（5－16）不断试算，以求得 IRR 近似值的方法，其具体计算步骤如下：

第一步，计算各年的净现金流量。

第二步，确定两个试算的折现率 i_1 和 i_2（$i_1<i_2$），i_1 是使 $NPV_1>0$ 且与零比较接近的折现率；i_2 是使 $NPV_2<0$ 且与零比较接近的折现率。试算折现率时可以先按实际贷款利率或基准收益率进行折现。

第三步，运用插补公式求得内部收益率的近似值。

$$IRR=i_1+(i_2-i_1)\frac{NPV_1}{NPV_1+|NPV_2|} \tag{5-17}$$

式中：i_1 为当净现值为接近于零的正值时的折现率；i_2 为当净现值为接近于零的负值时的折现率；NPV_1 为采用低折现率 i_1 时的净现值；NPV_2 为采用高折现率 i_2 时的净现值。

用试错法计算内部收益率时，i_1 与 i_2 之间的差值最小应为 1%～2%，最大不超过 5%，否则因折现率与净现值之间不成线性关系，就会使用此式求得的 IRR 不切实际。

例 5－8 某拟建项目，第 1 年初投资 3 000 万元，第 2 年初投资 6 000 万元，第 3 年初投资 4 500 万元，从第 3 年起连续 8 年每年可获净收入 4 350 万元。若期末残值忽略不计，基准收益率为 18%，试计算内部收益率并评价该项目是否可行。

解：首先以 18% 为折现率计算净现值，净现值为 1 422 万元，是正值，因此应提高折现率进一步试算。假设将折现率提高为 20% 试算，净现值为 466 万元，还是正值；再

将折现率提高为25%，其净现值为-1 412万元。此时就可以将20%作为i_1，25%作为i_2，利用插补公式计算IRR的近似值为

$$IRR = 20\% + (25\% - 20\%) \times \frac{466}{466 + 1\,412} = 21.24\%$$

计算结果表明，该项目的内部收益率大于基准收益率，所以该项目是可行的。

2. 图解法。根据定义可采用图解法得出内部收益率。由图5-1进行分析，以横轴表示折现率，纵轴表示净现值。先在横坐标上标出两个折现率i_1和i_2，然后通过这两点画出垂直于横轴的两条直线，两条直线的长度分别等于相应折现率的净现值，然后再连接这两条直线的端点画出一条直线AB，AB与横轴相交的一点表示净现值为零的折现率，即为内部收益率。

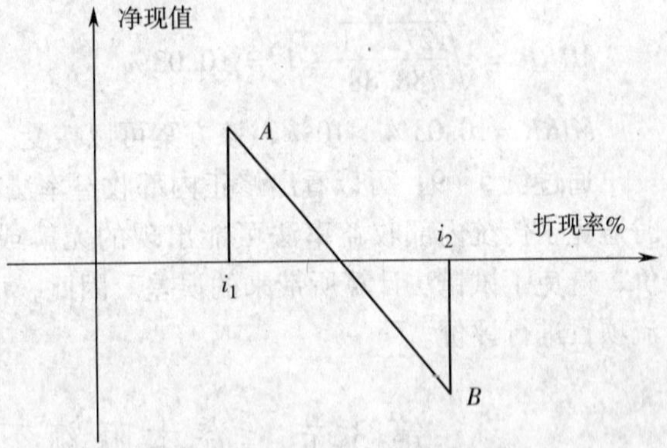

图5-1 内部收益率图解

(五) 修正内部收益率法

传统的内部收益率法在非常规现金流项目评估过程中会出现无解或者多解的情况，使项目评估难以得到正确的结论。如果采用修正内部收益率法（MIRR）来进行分析，既可以避免无解或者多解的情况，又能使计算过程简单化。

修正内部收益率的具体求法是：以基准收益率为折现率，将所有的净现金流出折成现值（初始投资值），同时将所有的净现金流入折成项目经济寿命期期末的终值（最终收益值），而能使最终收益值折现后与初始投资值相等时的折现率，即为修正内部收益率。

设某项目第t年的净收益为NB_t，第t年的净投资为I_t，基准收益率为i_0。则

所有净收益的终值（最终收益值）$TV = \sum_{t=0}^{n} NB_t (1 + i_0)^{n-t}$

所有净投资的现值（初始投资值）$PV = \sum_{t=0}^{n} I_t (1 + i_0)^{-t}$

如果所有净投资的现值PV按照某一收益率进行投资到项目寿命期末，正好等于所有净收益按基准收益率计算的终值，则该收益率就是修正内部收益率，即$PV(1 + MIRR)^n = TV$，则修正内部收益率的计算公式为

$$MIRR = \sqrt[n]{\frac{TV}{PV}} - 1 \tag{5-18}$$

例5-9 某项目现金流量如表5-9所示，基准收益率为10%，用修正内部收益率法评价该项目是否可行。

表5-9 某项目现金流量 单位：万元

年限	0	1	2	3	4	5
净现金流量	190	100	-500	-500	200	600

解：该项目属于非常规现金流项目，其内部收益率方程的解有两个，一个为10.2%，另一个为47.3%，所以单纯根据内部收益率的传统计算方法是不能对该项目进行评价的，但可以用修正内部收益率来进行计算。计算如下：

$$TV = 190 \times (1+10\%)^5 + 100 \times (1+10\%)^4 + 200 \times (1+10\%)^1 + 600 = 1\,272.41(\text{万元})$$

$$PV = 500 \times (1+10\%)^{-2} + 500 \times (1+10\%)^{-3} = 788.88(\text{万元})$$

$$MIRR = \sqrt[5]{\frac{1272.41}{788.88}} - 1 = 10.03\%$$

$MIRR = 10.03\% > 10\%$，该方案可以接受。

通过例5－9，可以看出修正内部收益率法有以下几个优点：一是计算过程简单，同时避免了传统内部收益率法可能出现的无解或者多解的问题；二是利用该方法进行评价，避免了试错法计算所带来的误差。因此，可以使用修正内部收益率法对非常规现金流项目进行评价。

第3节　资本限额下的投资项目决策

在没有资金约束的条件下进行投资决策是非常简单的，只要项目有正的净现值或内部收益率大于基准收益率就可以接受。然而，在资金有限的情况下，如果有若干个项目（或方案）可供选择而只能从中选择一个或几个项目，就必须采用一定的方法从备选项目（或方案）中选优。根据方案类型的不同，应选择不同的投资决策方法。

一、资本限额下的互斥方案投资决策方法

所谓互斥方案，是指作为决策对象的各个方案之间是相互排斥的，选定了某个方案也就意味着排除了接受其他方案的机会，各个方案之间不存在相容的可能性。亦即，在对多个方案进行选择时，最多只能选取其中的一个。

在互斥方案中进行投资决策可以利用各种经济评价指标（静态评价指标、动态评价指标）进行比较，一般有两类方法：

一类是顺序比较法，即将各个方案的同一指标数值按大小顺序进行排列比较，然后根据该项指标的经济特性，选取最有利的极端值，如净现值最大、费用现值最小、内部收益率最高者作为最优方案。

另一类是差额比较法，是将各个互斥方案的投资额按照从小到大的顺序排列，从投资最小的方案开始，求出它与紧随其后的投资较大的方案的净现金流量之差，即差额净现金流量。根据差额净现金流量，利用某项指标的计算公式求出相应的指标值，这个指标称作差额指标，然后将该差额指标同相应的检验标准进行比较，根据检验结果选择较优方案，再用这个较优方案同下一个投资规模更大的方案进行同样的比较。如此两两方案进行比选，逐个淘汰，最后余下的方案即为最优方案。

在全部经济评价指标中，净现值和内部收益率是对资本限额下的互斥方案进行投资决策最为常用的两个指标，下面就分别对它们进行介绍。

（一）净现值排序法

按此方法进行投资决策，只要将个方案的净现值按大小顺序排列，选择其中最大的方案即可。

例 5－10　某工程项目有四种备选方案，各方案的现金流量如表 5－10 所示，方案寿命期均为 10 年。如果项目的基准收益率为 10%，试选择最佳投资方案。

表 5－10　　**某工程项目四个备选方案的现金流量表**　　单位：万元

方案	A	B	C	D
初始投资	1 700	2 600	3 000	3 300
年净现金流量	440	490	660	680

解：各方案的净现值计算如下：

$$NPV_A = -1\ 700 + \sum_{t=1}^{10} \frac{440}{(1+10\%)^t} = 1\ 003.61(\text{万元})$$

$$NPV_B = -2\ 600 + \sum_{t=1}^{10} \frac{490}{(1+10\%)^t} = 410.84(\text{万元})$$

$$NPV_C = -3\ 000 + \sum_{t=1}^{10} \frac{660}{(1+10\%)^t} = 1\ 055.41(\text{万元})$$

$$NPV_D = -3\ 300 + \sum_{t=1}^{10} \frac{680}{(1+10\%)^t} = 878.31(\text{万元})$$

计算结果表明，$NPV_C > NPV_A > NPV_D > NPV_B$，按净现值最大原则，显然 C 是最佳方案。

（二）差额投资内部收益率法

差额投资内部收益率是两个方案各年净现金流量差额的现值之和等于零时的折现率。其表达式为

$$\sum_{t=0}^{n} [(CI-CO)_2 - (CI-CO)_1]_t (1+\Delta IRR)^{-t} = 0 \qquad (5-19)$$

计算结果可与基准收益率进行对比，若 $\Delta IRR \geqslant i_c$，以投资额大的方案为优；若 $\Delta IRR < i_c$，以投资额小的方案为优。

多个方案进行比较时，首先计算每个方案的内部收益率，与基准收益率进行比较，淘汰小于基准收益率的方案；然后在剩余的方案中，按投资额大小由小到大排序，再依次就相邻方案两两计算差额投资内部收益率，从中选出最优方案。

例 5－11　利用例 5－10 资料，用差额投资内部收益率法进行方案选择。

解：（1）各方案的内部收益率计算如下：

由 $-1\ 700 + \sum_{t=1}^{10} \frac{440}{(1+IRR_A)^t} = 0$，解得 $IRR_A = 22.5\%$

由 $-2\ 600 + \sum_{t=1}^{10} \frac{490}{(1+IRR_B)^t} = 0$，解得 $IRR_B = 13.6\%$

由 $-3\ 000+\sum_{t=1}^{10}\frac{660}{(1+IRR_C)^t}=0$，解得 $IRR_C=17.7\%$

由 $-3\ 300+\sum_{t=1}^{10}\frac{680}{(1+IRR_D)^t}=0$，解得 $IRR_D=15.9\%$

四个方案的内部收益率均大于基准收益率。

（2）计算差额投资内部收益率

①A 方案与 B 方案比较：

因为 B 方案的增量投资 900 万元（2 600 万元 - 1 700 万元）远远大于 B 方案 10 年间增量收益的总和 500 万元（50 万元 ×10），也就是说 B 方案在 10 年内增加的收益还不足以抵补增加的投资，因此 B 方案被淘汰。

②A 方案与 C 方案比较：

由 $-(3\ 000-1\ 700)+\sum_{t=1}^{10}\frac{(660-440)}{(1+\Delta IRR_{A-C})^t}=0$，解得 $\Delta IRR_{A-C}=10.9\%$。

由于 $\Delta IRR_{A-C}>10\%$，因此 C 方案是可以接受的。

③C 方案与 D 方案比较：

由于 D 方案的投资增量 300 万元（3 300 万元 - 3 000 万元）大于收益增量 200 万元（20 万元 ×10），即 D 方案在 10 年内增加的收益还不足以抵补增加的投资，因此 D 方案被淘汰。

通过以上两两方案的比较，最后认定 C 方案是最优方案。

二、资本限额下的独立方案投资决策方法

独立方案是指项目的采纳与否只受自身条件的制约（如自身经济效果），方案之间不具有相关性，任何一个方案的采纳与否都不影响其他方案的选择，亦即，独立方案不局限于只选其一，可以同时选取多个方案。一般有两种方法。

（一）净现值指数排序法

在资本限额下对独立方案进行选择时可以根据各个项目净现值指数的大小进行从大到小的排序，并依此顺序从净现值指数最大的方案开始选取，直至所选的所有方案投资总额最大限度地等于或接近等于投资限额为止，这样选择出来的方案就是对有限资本进行最佳利用的方案组合。

例 5 - 12 某地区有九个可供选择的独立项目，各项目的初始投资及各年的净收入如表 5 - 11 所示，资本预算 2 000 万元。试按净现值指数排序法对这些项目进行选择（$i_c=12\%$）。

表 5 - 11　　各项目的初始投资及各年的净收入　　单位：万元

项目	初始投资	第 1 ~ 10 年净收入
A	-100	23
B	-130	26
C	-250	49

续表

项目	初始投资	第1~10年净收入
D	-300	58
E	-400	72
F	-550	78
G	-600	101
H	-690	123
I	-720	157

解：由表5-11所给的各项目的净现金流量，计算各项目净现值及净现值指数，见表5-12。

表5-12　各项目净现值及净现值指数

项目	净现值（NPV）（万元）	净现值指数（NPVR,%）	按NPVR排序
A	29.96	29.96	1
B	16.91	13.00	3
C	26.86	10.74	4
D	27.71	9.24	5
E	6.82	1.70	6
F	-109.28	-19.87	9
G	-29.33	-4.89	8
H	4.98	0.72	7
I	167.09	23.21	2

根据表5-12中净现值指数大小的顺序，计算各项目的累计投资额，见表5-13。

表5-13　各项目的累计投资额

项目	净现值指数（%）	投资额（万元）	累计投资额（万元）
A	29.96	100	100
I	23.21	720	820
B	13.00	130	950
C	10.74	250	1 200
D	9.24	300	1 500
E	1.70	400	1 900
H	0.72	690	2 590
G	-4.89	600	（应淘汰）
F	-109.28	550	（应淘汰）

根据表5-13的结果首先淘汰净现值指数小于零的G、F项目。按照净现值指数由大到小的顺序选择并且满足资金约束条件的项目有：

（1）“A+I+B+C+D+E”项目组合，资金总额为1 900万元，净现值总额为275.35万元，则平均净现值指数为

$$NPVR_{(1)} = \frac{275.35}{1\ 900} \times 100\% = 14.49\%$$

（2）“A + I + B + C + H”项目组合，资金总额为1 890万元，净现值总额为245.8万元，则平均净现值指数为

$$NPVR_{(2)} = \frac{245.8}{1\ 890} \times 100\% = 13.01\%$$

（3）“A + I + B + C + D”项目组合，资金总额为1 500万元，净现值总额为268.53万元，则平均净现值指数为

$$NPVR_{(3)} = \frac{268.53}{1\ 500} \times 100\% = 17.90\%$$

由以上计算可知，“A + I + B + C + D + E”“A + I + B + C + H”“A + I + B + C + D”三个项目组合所用资金总额均未超出资本限额。其中，“A + I + B + C + D + E”项目组合的净现值最大，所以应选择“A + I + B + C + D + E”项目组合。

利用净现值指数进行项目排队，择优选择，对于解决资金限额条件下项目决策问题简单易算，方便有效。但是，从例5 - 12中也可以看出，“A + I + B + C + D”的平均净现值指数最大，如果单纯按净现值指数法就会导致错误的决策。为什么在这里净现值指数法会使我们误入歧途呢？关键在于，“A + I + B + C + D”的投资额只有1 500万元。如果接受了“A + I + B + C + D”项目组合，那么剩余的500万元就留在银行了，无法保证现有资金的充分利用。因此，在利用净现值指数法对有资金约束条件的项目进行决策时，既要有原则性又要不失灵活性，以在一定限额内的投资获得最大收益为基本的指导思想。当然，尽管净现值指数法并不完美，但其对处理资本配置时的排序问题却大有帮助。

（二）互斥方案组合法

这种方法是将各个独立的备选方案进行组合，形成一系列可能的方案组合，它们彼此之间是相互排斥的，然后在这些组合中选取在资本限额下净现值最大的方案组合。其步骤为：

第一步，对于m个独立方案，列出全部相互排斥的方案组合，共2^m个；

第二步，计算各组合方案的投资额和净现值；

第三步，淘汰投资额超过投资限额的组合方案，并在保留下来的组合方案中选出净现值最大的方案组合，即为最优方案组合。

例5 - 13 某公司现有资金1 000万元，有三个独立的投资方案A、B、C，各方案现金流量如表5 - 14所示。试用互斥方案组合法作出方案选择（$i_c = 10\%$）。

表5 - 14　　投资方案A、B、C的现金流量表　　单位：万元

方案	投资	年净收入
	第0年	第1～10年
A	500	90
B	600	115
C	400	75

解：用互斥方案组合法选择方案步骤如下：

（1）将全部方案组合（共8个）列在表5－15中，见表中第1列。

表5－15　　A、B、C互斥组合方案及其指标

组合方案序号	A　B　C	第0年投资额	第1～10年净收益	净现值
1	0　0　0	0	0	0
2	1　0　0	－500	90	53.01
3	0　1　0	－600	115	106.63
4	0　0　1	－400	75	60.85
5	1　1　0	－1 100	205	不可行
6	1　0　1	－900	165	113.86
7	0　1　1	－1 000	190	167.47
8	1　1　1	－1 500	280	不可行

（2）计算各组合方案的投资额和净现值，见表5－15中第3、4、5列。

（3）根据以上计算结果可以看出，第5个方案组合和第8个方案组合超过了投资限额，所以应淘汰。在保留下来的组合方案中，第7个方案组合净现值最大，即B、C为最优方案。

第4节　考虑投资风险的投资项目决策

一、敏感性分析法

敏感性分析法（Sensitivity Analysis）是指从众多不确定性因素中找出对投资项目经济效益指标有重要影响的敏感性因素，并分析、测算其对项目经济效益指标的影响程度和敏感性程度，进而判断项目承受风险能力的一种不确定性分析方法。敏感性分析的目的是考察与投资项目有关的一个或多个主要因素发生变化时对该项目投资价值指标的影响程度。

敏感性分析的步骤如下：

第一，确定敏感性分析的对象。敏感性分析是为了测算相关因素变动对所考察的价值指标影响的敏感程度。敏感性分析的对象是具体的技术方案及其反映的经济效益。因此，技术方案的某些经济效益评价指标，如息税前利润、投资回收期、投资收益率、净现值和内部收益率等，都可以作为敏感性分析指标。

第二，计算该技术方案的目标值。一般将在正常状态下的经济效益评价指标数值作为目标值。

第三，选取不确定因素。在进行敏感性分析时，并不需要对所有的不确定因素都考虑和计算，而应视方案的具体情况选取几个变化可能性较大，并对经济效益目标值影响作用较大的因素。例如，产品售价变动、产量规模变动、投资额变化等，或是建设期缩短、达产期延长等，这些都会对方案的经济效益大小产生影响。

第四，分析不确定性因素对分析对象的影响程度。不确定性因素对分析对象的影响程度本质上是经济学上讲的弹性，即这些不确定性因素变化1%，那么分析对象会向那个方向变化百分之几。我们用敏感性系数来表示不确定性因素对分析对象的影响程度，敏感性系数的计算公式为

$$敏感性系数 = \frac{目标值变化百分比}{参数量变化百分比} \tag{5-20}$$

第五，确定敏感性因素。若进行单因素敏感性分析时，则要在固定其他因素的条件下，变动其中一个不确定因素；然后，再变动另一个因素（仍然保持其他因素不变），以此求出某个不确定因素本身对方案效益指标目标值的影响程度。不确定性因素对分析对象的影响程度越大则风险越大，这是我们需要控制好的因素。对价值指标影响大的不确定因素称为敏感性因素。

根据不确定性因素每次变动数目的多少，敏感性分析法可以分为单因素敏感性分析法和多因素敏感性分析法。

单因素敏感性分析法是每次只变动一个因素而其他因素保持不变时所做的敏感性分析法。我们以例题的形式具体说明。

例5-14 假设一个投资方案A，有关的基本数据如表5-16所示，折现率$i=20\%$，试分析该方案内部报酬率对单位售价、销售量、产品变动成本、设备投资等几个因素的敏感性。假定各因素的变动幅度分别为-30%、-20%、-10%、+10%、+20%、+30%。

表5-16　投资方案A的基本数据　单位：元

原始投资额		5 000 000
厂房设备（寿命期10年，无残值）		5 000 000
年净现金流量的计算		
销售收入（1 000 000件，每件售价5元）		5 000 000
销售成本		
单位变动成本2.5元	2 500 000	
年固定成本	500 000	3 000 000
销售毛利		2 000 000
销售与管理费用		
变动成本：销售收入×2%	100 000	
固定成本	100 000	200 000
税前利润		1 800 000
所得税		900 000
税后利润（所得税税率50%）		900 000
包括在固定成本中的按直线法计提的折旧		500 000
净现金流量		1 400 000

首先，计算各不确定因素单独变化后项目的内部报酬率，并列出敏感性分析表。为求得不确定因素变化后的项目内部报酬率，必须按变动后的现金流量表，采用现值法，重新计算内部报酬率。表5-17显示单位售价变动引起的内部报酬率的变动情况。可以看出，当单位售价变动范围在-30%~+30%时，内部报酬率变动范围为5.55%~41.36%，即单位售价变动越大，内部报酬率的变动也大，内部报酬率和单位售价呈同方向变动。其他因素变动对内部报酬率的敏感性分析与单位售价的方法一样，在此不一一举例。

表5-17　　单位售价变动的敏感性分析

因素变动幅度（%）	-30	-20	-10	0	+10	+20	+30
单位售价（千元）	3.5	4	4.5	5	5.5	6	6.5
销售收入（千元）	3 500	4 000	4 500	5 000	5 500	6 000	6 500
销售成本（千元）	3 000	3 000	3 000	3 000	3 000	3 000	3 000
销售毛利（千元）	500	1 000	1 500	2 000	2 500	3 000	3 500
销售和管理变动成本（千元）	70	80	90	100	110	120	130
销售和固定变动成本（千元）	100	100	100	100	100	100	100
税前利润（千元）	330	820	1310	1 800	2 290	2 780	3 270
税后利润（千元）	165	410	655	900	1 145	1 390	1 635
折旧（千元）	500	500	500	500	500	500	500
净现金流量（千元）	665	910	1 155	1 400	1 645	1 890	2 135
投资总额（千元）	5 000	5 000	5 000	5 000	5 000	5 000	5 000
内部报酬率（%）	5.55	12.69	19.07	24.99	30.63	36.06	41.36

其次，根据各因素不同百分比变动下的内部报酬率，可以制作内部报酬率敏感性分析表（如表5-18所示）和内部报酬率敏感性分析图（如图5-2所示）。根据内部报酬率敏感性分析表和分析图，求出内部报酬率达到临界点时，某种因素允许变化的最大幅度，即极限变化。变化幅度超过此极限，项目在经济上不可行。

表5-18　　内部报酬率敏感性分析　　单位：%

因素变动幅度	-30	-20	-10	0	+10	+20	+30
单位售价变动	5.55	12.69	19.07	24.99	30.63	36.06	41.36
销售量变动	16.14	19.19	22.13	24.99	27.78	30.51	33.20
产品变动成本变动	33.53	30.74	27.90	24.99	22.01	18.94	15.75
设备投资变动	38.45	32.98	28.60	24.99	21.96	19.36	17.09

单因素敏感性分析在计算特定不确定因素对项目经济效益的影响时，须假定其他因素不变，实际上这种假定很难成立。可能会有两个或两个以上的不确定因素在同时变动，此时单因素敏感性分析就很难准确反映项目承担风险的状况，因此必须进行多因素

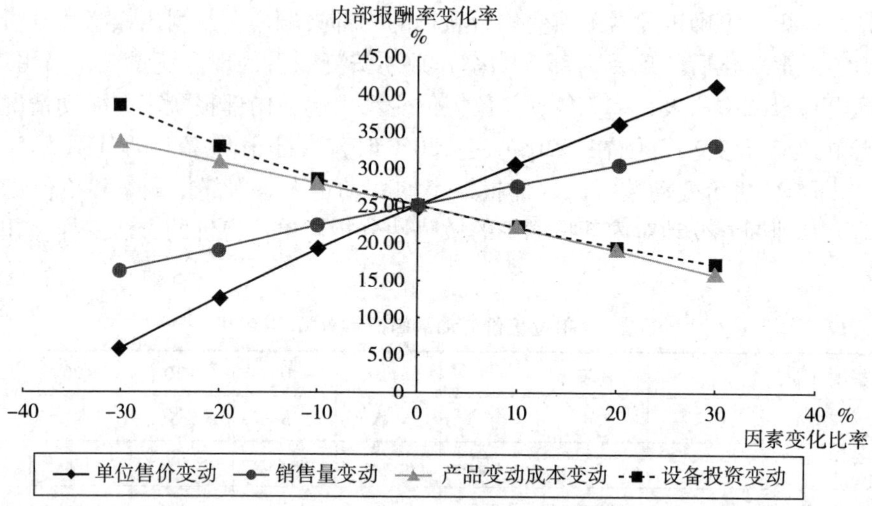

图5-2 敏感性分析

敏感性分析。

多因素敏感性分析法是指在假定其他不确定性因素不变条件下，计算分析两种或两种以上不确定性因素同时发生变动，对项目经济效益值的影响程度，确定敏感性因素及其极限值。多因素敏感性分析一般是在单因素敏感性分析的基础上进行，且分析的基本原理与单因素敏感性分析大体相同，但需要注意的是，多因素敏感性分析须进一步假定同时变动的几个因素都是相互独立的，且各因素发生变化的概率相同。

二、情境分析法

情境分析（Scenario Analysis）是指在描述项目未来情境概况的基础上，分析每一种情境下项目投资的运用情况。对情境概况的分析可以基于宏观经济因素，如总体经济增长率、利率、通货膨胀、经济周期等；中观产业及其结构因素，如产业的市场结构与竞争结构、行业周期等；以及微观公司因素，如公司的竞争能力、盈利能力、资本运营政策等。

进行情境分析，首先要选择情境概况分析所需的因素，通常是基于公司经营业务的类型选择影响项目未来成功的最大不确定性因素。其次，估计每种情境（一般可将情境分为最坏情境、基础情境、最好情境）下，项目分析因素所需变量，如销售收入、增长率等数据。最后，估算每种情境下，项目的净现值和内部收益率，然后基于所有情境下的项目净现值分析，进行项目决策。

例5-15 设某公司一投资项目的初始投资额为300万元，寿命5年，按直线法折旧，项目结束时设备无残值，公司的所得税税率为25%，项目的必要报酬率为12%。分析人员不仅估计了正常生产经营情况下销售单价、销售量、单位变动成本的数据，而且提供了上述变量在乐观和悲观状况下的预测值，根据这些变量的预测值，可以计算出项目处于不同情境下的年净现金流量及其净现值，如表5-19所示。

表 5 - 19　　某项目在不同情境下的净现值

情境	悲观估计	正常估计	乐观估计
销售量（件）	50 000	80 000	100 000
产品单价（元）	70	80	90
变动成本（元）	65	60	55
固定成本（元/年）	110 000	100 000	90 000
年净现金流量（元）	255 000	1 275 000	2 707 500
净现值（元）	-2 080 776	1 596 120	6 759 996

注：①年净现金流量 =（单价 × 销售量 - 总成本 - 折旧）×（1 - 所得税税率）+ 折旧；

②净现值 = 年净现金流量 × $PVIFA_{12\%,5}$ - 3 000 000。

从表 5 - 19 中可以看出，如果最悲观的情境出现，这一投资项目将出现巨额的损失。

情境分析的优点在于：全面考察了各个经济解释变量的变动对项目造成的综合影响，将项目分析对象在此经济状态下的具体表现直观地表达出来。局限性是：大多数情境分析假设未来的情况是可以被清楚地描绘，但是，在公司金融实践中，未来其实是模糊的、不确定的。

三、盈亏平衡分析法

盈亏平衡分析法（Break - Even Analysis）又称保本点分析法，是指根据投资项目在正常情况下产品的年产销量、成本费用、销售价格和销售税金等内容来计算和分析产量、成本和利润这三者之间的关系，从中找出联系并确定该投资项目的盈亏平衡点（Break - Even Point）的一种分析方法。在盈亏平衡点上，投资项目净利润为零，没有盈利，但是也不亏损。我们可以通过盈亏平衡分析来估测投资项目对市场需求变动这种风险的适应能力。

（一）盈亏平衡方程式

由于收入 = 单价 × 销售量，且成本 = 固定成本 + 变动成本，因此利润可表示为：利润 = 收入 - 成本 = 单价 × 销售量 -（固定成本 + 单位变动成本 × 销售量），这一利润表达式也就是盈亏平衡方程式，利用它可以估测投资项目在正常生产销售情况下的利润。

如果把上述利润表达式变形，可以得到计算销售量、单价、单位变动成本和固定成本的方程式。即

$$销售量 = \frac{固定成本 + 利润}{单价 - 单位变动成本}$$

$$单价 = \frac{固定成本 + 利润}{销售量} + 单位变动成本$$

$$单位变动成本 = 单价 - \frac{固定成本 + 利润}{销售量}$$

$$固定成本 = 单价 \times 销售量 - 单位变动成本 \times 销售量 - 利润$$

（二）会计盈亏平衡分析

会计盈亏平衡，又称会计保本点，是指项目净利润为零时的销售额水平，即处于这一水平时销售额等于总成本。如果项目的成本可以分为固定成本和变动成本，并且单位边际贡献等于单位销售价格减去单位变动成本，那么会计保本点计算公式为

$$会计保本点 = \frac{固定成本 + 折旧}{单位销售价格 - 单位变动成本} \quad (5-21)$$

这一数值将会随着每年固定成本和单位边际贡献的变动而变动。

（三）财务盈亏平衡分析

财务盈亏平衡，又称财务保本点，其关注的是使净现值为零时的销售量。首先估算达到净现值为零时所需的年现金流量，然后推算出产生这些现金流量所必需的收入水平，最后计算出产生这些收入所需的销售量。

一般来说，财务盈亏平衡是一个较高的最低收益率。因为为了达到这一平衡，公司必须利用一部分收益来偿付项目投资本身的最低收益率。结果，财务盈亏平衡将高于（按销售量或销售额价值计算）会计盈亏平衡。

（四）现金盈亏平衡分析

现金盈亏平衡，又称现金保本点，其关注的是使经营现金流量等于零时的销售量。一个投资项目在净利润为零时，正好达到会计意义上的保本点，但此时该项目仍然具有正的现金流量。一个正好达到经营现金流量为零的现金保本点是该项目正好可以回收其固定经营成本的销售量。结果，现金盈亏平衡将低于（按销售量或销售额价值计算）会计盈亏平衡。

（五）盈亏平衡分析综合举例

例5－16 W公司是一家帆船公司，正在考虑是否开发新的帆船。预计新帆船的销售价格约为40万元，变动成本约为20万元，固定成本每年500万元。项目总投资约为3 500万元，这笔投资将在5年的设备年限内以直线法折旧完毕，没有残值，对营运资本也没有影响。公司对新项目所要求的必要报酬率为20%。同时根据市场调查和历史经验，W公司预计5年的总销售量为425艘，即平均每年85艘。

（1）不考虑税，W公司是否应该进行这个项目？

在不考虑税的情况下，每年85艘帆船的经营现金流量是

经营现金流量＝销量×（单位价格－单位变动成本）－固定成本

＝息税前盈余＋折旧－税

＝85×（40－20）－500＝1 200（万元）

在20%的必要报酬率下，5年的年金现值系数为2.9906，因此，净现值为

净现值＝－3 500＋1 200×2.9906＝88.72（万元）

如果没有其他补充信息，W公司应该接受该项目。

（2）W公司每年必须卖出多少艘新帆船，才能达到会计意义上的保本点？如果W公司达到了会计保本点，则该项目的年现金流量是多少？而此时该项投资的内部报酬率是多少？

W 公司每艘新帆船的收益为 20 万元（售价 - 变动成本），每年的折旧额为 700 万元（3 500 万元/5），固定成本每年 500 万元，因此固定成本加上折旧等于 1 200 万元。

所以，会计保本点为

$$会计保本点 = \frac{固定成本 + 折旧}{单位销售价格 - 单位变动成本} = \frac{1\ 200}{20} = 60(艘)$$

也就是说，如果 W 公司每年恰好卖出 60 艘新帆船，则净利润正好等于零，因此，此时的经营现金流量为 700 万元［60×（40 - 20） - 500 = 700（万元）］，等于折旧，此时的内部报酬率为零。

（3）W 公司的现金保本点、财务保本点各是多少？

对于 W 公司的新帆船项目而言，经营现金流量和销售量之间的一般关系为

经营现金流量 = 销售量 ×（单位价格 - 单位变动成本） - 固定成本
= 销售量 ×（40 - 20） - 500
= - 500 + 20 × 销售量

即经营现金流量与销售量之间存在线性关系，取销售量不同数值，可以得到经营现金流量与销售量的关系，如表 5 - 20 和图 5 - 3 所示。

表 5 - 20　经营现金流量与销售量的关系

销售量 Q（艘）	经营现金流量 OCF（万元）
0	- 500
15	- 200
25	0
30	100
50	500
60	700
75	1 000
85	1 200

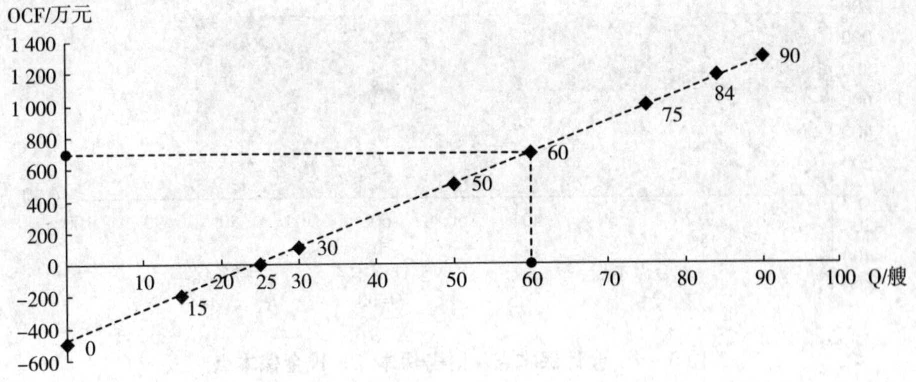

图 5 - 3　经营现金流量 OCF 与销售量 Q 的关系

从图 5 - 3 可以看出，假定经营现金流量等于折旧的情况下，就是对应的会计意义上的保本点，为此将 700 万元的折旧代入一般式中的经营现金流量，可得

$$销售量 = \frac{500 + 700}{20} = 60(艘)$$

与前面所得到的答案一致。

①会计保本点，是净利润等于零时的销售量，销售量为 60 艘。

②财务保本点，是净现值等于零时的销售量，即净现值为 0。

对财务经理而言，财务保本点才是最有意义的数值。要确定财务保本点，首先要确定经营现金流量为多少时，才能使得投资的净现值为0，然后根据这个经营现金流量求出销售量。

W 公司的初始投资是3 500 万元，要求的必要报酬率是20%，项目期限是5 年，当经营现金流量的现值等于3 500 万元时，这个项目的净现值为0，假定每一年的经营现金流量都一样，因此可将其视为普通年金，必要报酬率为20% 的5 年的年金现值系数为2. 9906，这样经营现金流量可以由下式来确定

3 500 = 经营现金流量 ×2. 9906

经营现金流量 =3 500/2. 9906 =1 170（万元）

因此，W 公司每年需要1 170 万元的经营现金流量才能达到财务保本点。

将经营现金流量代入下式，可得

$$\text{销售量}=\frac{\text{固定成本}+\text{经营现金流量}}{\text{单位销售价格}-\text{单位变动成本}}=\frac{500+1\ 170}{20}=83.5(\text{艘})$$

因此，W 公司每年需卖出84 艘新帆船才能达到财务保本点。

③现金保本点，是经营现金流量等于零时的销售量，因此令经营现金流量等于0，即经营现金流量 = -500 +20 × 销售量 =0，解得销售量为25 艘。

会计保本点、财务保本点、现金保本点的关系如图5 -4 所示。

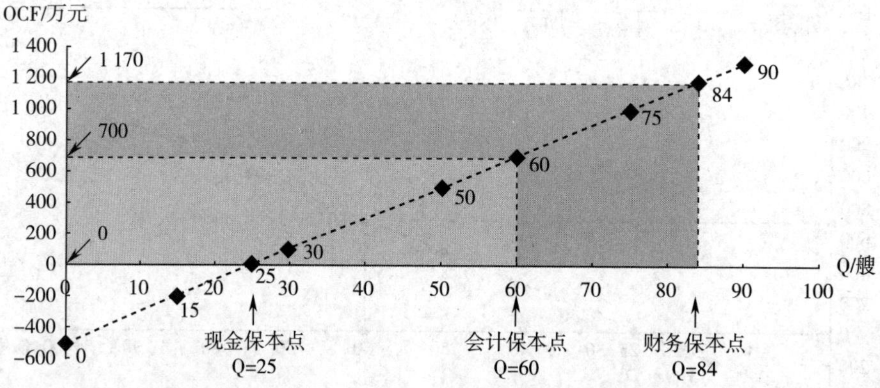

图5 -4 会计保本点、财务保本点、现金保本点

本章小结

1. 现金流量是指与投资决策有关的在未来不同时点发生的现金流入与现金流出的数量。净现金流量就是现金流入量与现金流出量之间的差额。估算投资项目的现金流量是资本预算决策的重点和难点，在估算现金流量时，通常应坚持实际现金流量原则、增量现金流量原则、税后原则。

2. 投资项目现金流量一般包括初始现金流量、经营现金流量和终结现金流量三部分。初始现金流量是项目建设过程中发生的现金流量或项目投资总额。经营现金流量是

指项目建成后，生产经营过程中发生的现金流量，这种现金流量一般是按年计算的。终结现金流量是指项目经济寿命终了时发生的现金流量，主要包括两部分：经营现金流量和非经营现金流量。

3. 投资项目决策的分析方法包括静态分析方法和动态分析方法两种。静态分析方法是指在不考虑资金时间价值的情况下对投资项目进行评估的方法，包括静态投资回收期法、简单收益率法等；动态分析方法是指考虑资金时间价值的投资项目评价方法，包括动态投资回收期法、净现值法、净现值指数法、内部收益率法、修正内部收益率法等。

4. 资本限额下的互斥方案的投资决策方法可以分为两类：一类是顺序比较法，即将各个方案的同一指标数值按大小顺序进行排列比较，然后根据该项指标的经济特性，选取最有利的极端值，如净现值最大、费用现值最小、内部收益率最高者作为最优方案。另一类是差额比较法，是将各个互斥方案的投资额按照从小到大的顺序排列，从投资最小的方案开始，求出它与紧随其后的投资较大的方案的净现金流量之差，即差额净现金流量。根据差额净现金流量，利用某项指标的计算公式求出相应的指标值，这个指标称作差额指标，然后将该差额指标同相应的检验标准进行比较，根据检验结果选择较优方案，再用这个较优方案同下一个投资规模更大的方案进行同样的比较。如此两两方案进行比选，逐个淘汰，最后余下的方案即为最优方案。

在全部经济评价指标中，净现值和内部收益率是对资本限额下的互斥方案进行投资决策最为常用的两个指标。

5. 资本限额下的独立方案的投资决策方法包括净现值指数排序法和互斥方案组合法。净现值指数排序法是根据各个项目净现值指数的大小进行从大到小的排序，并依此顺序从净现值指数最大的方案开始选取，直至所选的所有方案投资总额最大限度地等于或接近等于投资限额为止，这样选择出来的方案就是对有限资本进行最佳利用的方案组合；互斥方案组合法是将各个独立的备选方案进行组合，形成一系列可能的方案组合，它们彼此之间是相互排斥的，然后在这些组合中选取在资本限额下净现值最大的方案组合。

6. 敏感性分析法（Sensitivity Analysis）是指从众多不确定性因素中找出对投资项目经济效益指标有重要影响的敏感性因素，并分析、测算其对项目经济效益指标的影响程度和敏感性程度，进而判断项目承受风险能力的一种不确定性分析方法。敏感性分析的目的是考察与投资项目有关的一个或多个主要因素发生变化时对该项目投资价值指标的影响程度。

7. 盈亏平衡分析法（Break - Even Analysis）又称保本点分析法，是指根据投资项目在正常情况下产品的年产销量、成本费用、销售价格和销售税金等内容来计算和分析产量、成本和利润这三者之间的关系，从中找出联系并确定该投资项目的盈亏平衡点（Break - Even Point）的一种分析方法。

8. 会计保本点，是净利润等于零时的销售量。财务保本点，是净现值等于零时的销售量。现金保本点，是经营现金流量等于零时的销售量。

本章思考练习题

一、选择题

1. 某投资项目建设期为2年，第5年的累计净现金流量为－100万元，第6年的累计净现金流量为100万元，则不包括建设期的静态投资回收期为（　　）年。

A. 5　　B. 5.5　　C. 3.5　　D. 6

2. 下列指标中属于项目决策动态分析指标的是（　　）。

A. 净现值指数　　B. 内部收益率　　C. 修正内部收益率

D. 投资利润率　　E. 投资回收期

3. 下列因素中影响内部报酬率的是（　　）。

A. 银行存款利率　B. 初始投资金额　　C. 企业最低投资报酬率

D. 净现值　　E. 投资项目有效年限

4. 某固定资产项目需要一次投入价款50万元，可使用10年，无残值。假定采用直线法折旧，投入使用每年的销售收入为20万元，同时每年经营成本（含折旧费用）为15万元，则第三年净现金流量为（　　）。

A. 15万元　　B. 20万元　　C. 10万元　　D. 5万元

5. 某项目现金流量表如下：

年限	1	2	3	4	5	6
净现金流量	－100	－200	50	150	150	150
累计净现金流量	－100	－300	－250	－100	50	200

则该项目的投资回收期为（　　）年。

A. 4.67　　B. 3　　C. 2.25　　D. 2

6. 下列关于情境分析法叙述正确的是（　　）。

A. 情境分析法只根据公司面临的外部环境进行分析

B. 情境分析法推断环境可能对公司产生的风险与潜在损失，是一种识别风险的方法

C. 情境分析法不必分析公司外部环境和内部环境之间的联系

D. 情境分析法不必考虑环境变化对公司生产经营产生的影响

7. 年末ABC公司正在考虑卖掉现有的一台闲置设备。该设备于8年前以40 000元购入，税法规定的折旧年限为10年，按直线折旧法折旧，预计残值率为10%，已提折旧28 800元。目前可以按10 000元价格卖出，假设所得税税率为30%，卖出现有设备对本期现金流量的影响是（　　）。

A. 减少360元　　B. 减少1 200元　　C. 增加9 640元　　D. 增加10 360元

8. 传统的内部收益率法在非常规现金流项目评估过程中会出现无解或者多解的情况，使项目评估难以得到正确的结论，可以采用（　　）来避免无解或者多解的情况。

A. 内部收益率法　　B. 修正内部收益率法

C. 试错法　　D. 图解法

9. 下列说法中（　　）是错误的。

A. 内部收益率法假定现金流会重新投资在项目的内部收益率上

B. 内部收益率法假定现金流会重新投资在公司的加权平均资本成本上

C. 净现值法包含了资金的时间价值

D. 非常规现金流的项目会带来多重内部收益率

10. 下列关于NPV和IRR的说法错误的一项是（　　）。

A. 当NPV是负值时，IRR也可能为正值

B. NPV法不受多重IRR问题的影响

C. 当IRR等于资本成本时，NPV为零

D. 当IRR小于资本成本时，NPV为正值

11. 以净现值计算的盈亏平衡点出现在（　　）。

A. 总收入线与总成本线的交点

B. 现金流入现值线与现金流出现值线的交点

C. 总现金流入线与总现金流出线的交点

D. 以上都不对

12. 以会计利润计算的盈亏平衡点出现在（　　）。

A. 总收入线与总成本线的交点

B. 现金流入现值线与现金流出现值线的交点

C. 总现金流入线与总现金流出线的交点

D. 以上都不对

13. 企业有时候会使用会计利润来计算盈亏平衡销售量。一般来说，使用净现值计算的盈亏平衡销售量（　　）。

A. 高于会计利润计算的盈亏平衡销售量

B. 低于会计利润计算的盈亏平衡销售量

C. 等于会计利润计算的盈亏平衡销售量

D. 以上都不对

14. 敏感性分析的不足之处在于（　　）。

A. 计算方法复杂　　B. 可能造成企业过于轻率地决定执行项目

C. 成本高昂　　D. 忽略了变量之间可能相互影响的事实

二、计算题

1. 某项目投资110万元，在投产后的10年中每年可获净利15万元，10年后残值为10万元，用直线法计提折旧，企业要求的最低投资收益率为12%。要求：

（1）计算该项目的静态投资回收期、投资利润率（设 $P_c=5$ 年，投资利润率最低为10%）；

（2）计算该项目的净现值、内部收益率；

（3）对该项目进行评价。

2. 某公司有八个独立投资方案可供选择，各方案的投资现值、净现值如下表所示。

若可利用的资金限额为240万元，应选择哪些方案？

（单位：万元）

方案	A	B	C	D	E	F	G	H
投资现值	50	60	70	80	90	100	110	120
净现值	-5	30	56	72	63	60	44	-15

3. 某项目现金流量表如下表所示，基准收益率为8%，用修正内部收益率法评价该项目是否可行？

（单位：万元）

年限	0	1	2	3	4	5
净现金流量	150	100	-300	-250	100	200

4. 某公司正在考虑购买一个价值925 000元的新设备。这个设备将在5年内按照直线折旧法无残值折旧。在5年末的时候，该设备的市场价值为90 000元。新设备可以每年节省税前360 000元的成本。而且，该设备可以一次性节省125 000元的运营成本。如果所得税税率为35%，计算该项目的IRR。

三、思考题

1. 现金流量的估算原则有哪些？
2. 现金流量的估算方法有哪些？
3. 如何估算现金流入量和现金流出量？
4. 什么是沉没成本？在估算现金流量时对于沉没成本应如何处理？
5. 什么是机会成本？在估算现金流量时对于机会成本应如何处理？
6. 投资项目决策的分析方法有哪些？如何进行评价？
7. 在资本预算约束条件下，对互斥方案如何进行投资决策？
8. 在资本预算约束条件下，对独立方案如何进行投资决策？
9. 会计保本点、财务保本点、现金保本点的区别与联系是什么？

第 6 章

企业不同生命周期融资方式与选择

本章知识结构

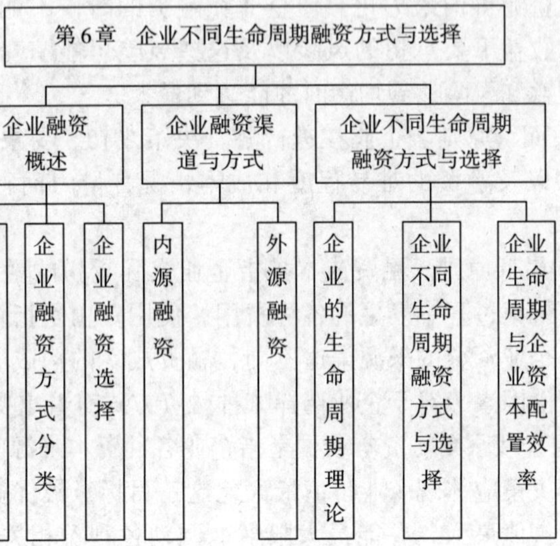

本章学习目的

1. 了解企业融资的概念、原则、分类；
2. 掌握内源融资的内涵及其优缺点；
3. 熟悉直接融资和间接融资的主要方式；
4. 熟悉企业不同生命周期的融资方式与选择；
5. 了解企业生命周期与企业资本配置效率。

第1节 企业融资概述

一、企业融资

企业融资是指以企业为主体融通资金，使企业及其内部各环节之间资金供求由不平衡到平衡的运动过程。在金融市场上，融资的主体是企业。

（一）企业融资的目的

融资是企业筹集资金的行为和过程，也是公司根据自身的生产经营状况、资金拥有状况以及未来经营发展的需要，通过科学的预测和决策，采用一定的渠道向公司的投资者和债权人去筹集资金、组织资金的供应，以保证公司正常生产需要、经营管理活动需要的理财行为。

（二）企业融资的原则

1. 收益与风险相匹配原则。企业融资的目的一般是将所融资金投入企业运营，最终获取经济效益，实现企业价值最大化。但企业在融资的时候不能只考虑最后的总收益，还要考虑在既定的总收益下要承担的风险以及这些风险可能演变的损失企业能否承受。企业的价值只有在收益和风险达到均衡时才能达到最大。

2. 融资规模量力而行原则。企业在进行融资决策之初，要根据企业对资金的需要、企业自身的实际条件以及融资的难易程度和成本情况，量力而行合理地确定企业融资规模。

3. 控制融资成本最低原则。融资成本是指企业实际承担的融资代价（或费用）。融资费用是企业在资金筹集过程中发生的各种费用；使用费用是指企业因使用资金而向其提供者支付的报酬。企业资金的来源渠道不同，融资成本的构成不同。企业融资成本是企业融资效率的决定性因素，对于企业选择哪种融资方式有着重要意义。

4. 遵循资本结构合理原则。资本结构是指企业各种资本来源的构成及比例关系。企业融资时，资本结构决策应体现企业价值最大化这一目标。最优资本结构是指能使企业资本成本最低且企业价值最大，并能最大限度地调动各利益相关者积极性的资本结构。企业取得最佳资本结构的最终目的是提高资本运营效果，而衡量企业资本结构是否达到最佳的主要标准应该是企业资本的总成本是否最小，企业价值是否最大。

5. 测算融资期限适宜原则。从资金用途来看，如果融资是用于企业流动资产，由于流动资产具有周期短、易于变现、经营中所需补充数额较小及占用时间短等特点，企业宜选择各种短期融资方式，如商业信用、短期贷款等；如果融资是用于长期投资或购置固定资产，这类用途要求资金数额大、占用时间长，因而适宜选择各种长期融资方式，如长期贷款、企业内部积累、租赁融资、发行债券、股票等。

6. 保持企业有控制权原则。企业控制权是指相关主体对企业施以不同程度的影响力。在现代市场经济条件下，企业融资行为所导致的企业不同的融资结构与控制权之间存在着紧密联系。管理者在进行融资的时候要掌握各种融资方式的特点，精确计算各种融资方式融资量对企业控制权可能产生的影响，保持对企业的控制权。

7. 选择最适合的融资方式原则。企业在融资时有不同融资方式可供选择，每种融资方式由于特点不同给企业带来的影响也不同，而且这种影响也会反映到企业竞争力上。一般而言，企业通过融资，能够增强企业的支付能力和发展后劲，从而增强与竞争对手竞争的能力；能够提高企业信誉，扩大企业产品的市场份额；能够增大企业规模和获利能力，充分利用规模经济优势，从而提高企业在市场上的竞争力，加快企业的发展。但是，企业竞争力的提高程度因企业融资方式、融资收益的不同而有很大差异。例如，通常初次发行普通股并上市流通融资，不仅会给企业带来巨额的资金，还会大大提高企业的知名度和商誉，使企业的竞争力获得极大提高。

8. 把握最佳融资机会原则。融资机会是指由有利于企业融资的一系列因素所构成的融资环境和时机。企业选择融资机会的过程，就是企业寻求与企业内部条件相适应的外部环境的过程。从企业内部来讲，过早融资会造成资金闲置，而如果过晚融资又会造成投资机会的丧失。从企业外部来讲，由于经济形势瞬息万变，这些变化又将直接影响企业融资的难度和成本。因此，企业若能抓住企业内外部变化提供的有利时机进行融资，就会比较容易地获得资金成本较低的资金。

综上所述，企业必须善于分析内外环境的现状和未来发展趋势对融资渠道和方式的影响，从长远和全局的视角来选择融资渠道和融资方式。此外，对于企业而言，尽管有不同的融资渠道和方式可供选择，但最佳的往往只有一种，这就要求企业管理者必须选择最佳的融资机会。

二、企业融资方式分类

（一）按资金来源分类

按照资金来源，企业融资可分为内源融资与外源融资。

内源融资是指企业从自身内部获得资金。外源融资是指企业从外部取得股权或债务资金。这里的外部或内部，是以企业本身这个抽象的法人实体为界限的。凡是来自企业自身的资金，归为内源融资，反之归为外源融资。

1. 内源融资一般包括折旧、留存收益、摊销等。内源融资具有内生性、成本低、具有产权控制权、有利于企业降低财务风险、融资规模有限等特点。

2. 外源融资又可分为直接融资和间接融资。直接融资主要包括国内上市、海外上市、发行债券、私募股权融资等方式，其具有分散性、信誉差异较大、部分不具有可逆性、相对较强的自主性等特点。间接融资主要是指民间借贷、银行贷款、金融租赁等方式，间接融资方式借贷主体相对较集中，由金融中介掌握融资主动权。

（二）按融资渠道和方式分类

按照企业与投资者关系的不同，企业融资方式可分为债权融资、股权融资、契约性融资、政策性融资和信托融资等。

1. 债权融资，是基于企业与投资者之间的债权关系而发生的融资行为，主要包括商业银行贷款、企业债券、民间借贷、信用担保等。

2. 股权融资，是基于企业与投资者之间的股东关系而发生的融资行为，包括上市融资和引进创业投资两大类，其中上市融资包括国内主板、中小板和创业板以及香港证券市场、美国的纽约证券交易所和纳斯达克证券交易市场等。

3. 契约性融资，是基于企业与投资者之间的契约关系而产生的融资行为，包括租赁融资和合同能源管理。

4. 政策性融资，是基于政府的政策扶植而发生的融资行为，主要来源于国家开发银行、中国农业发展银行以及中国进出口银行等。

5. 信托融资，是集合政府、银行以及担保等各方力量，以信托为平台，采用信托贷款筹集资金的融资方式。

（三）按融资用途分类

按照融资用途，企业融资可分为流动资金贷款、固定资产贷款。

1. 流动资金贷款可按贷款期限不同分为短期、中期、长期贷款；可按贷款额度的大小分为小额、大额贷款；可按流动资金用途分为生产、原材料、销售、运输、仓储等流动资金贷款。

2. 固定资产贷款可按贷款用途分为设备购置贷款、项目发展贷款、土地资源贷款等；可按贷款来源不同分为国家支持贷款、商业银行贷款等。

三、企业融资选择

企业融资选择是指企业在融资过程中，以口头的或文字的、明示的或默示的、复杂的或简单的、自愿的或强制的、正式的或非正式的等多种形式，对其融资结构的安排。企业融资活动的质量影响着企业的经济效益，是企业经营能力的重要体现。企业融资过程是融资结构的选择过程，也是企业剩余索取权和剩余控制权如何分配的治理机制的制度安排过程。不同的融资选择对企业相关主体的行为和利益会产生不同的影响，涉及企业控制权在不同利益相关者之间的分配，所以，企业融资选择实质体现为不同的治理机制。

企业治理机制是企业所有者对经营者的监督和制衡机制，其实质是解决因所有权与控制权分离而产生的代理问题。企业融资选择与治理机制的理论研究，是在关于融资结构与企业价值关系的 MM 最优融资结构理论框架基础上展开的。基于代理成本和控制权的融资选择理论研究发现，企业融资结构的选择在其治理机制方面具有特殊的功能，进而对企业价值产生影响。其最大贡献是，具体描述了企业价值最大化的形成和决策过程，从而揭示了企业治理机制在融资结构和企业价值之间的作用。

企业资金紧缺是生产经营中最主要和最难解决的问题，企业应从自身实际出发，基于企业融资目标，适应金融市场和金融产品规则，合理规划、动态调整企业价值的相关指标，合理运用各种融资方式，以达到提高企业融资效益之目的。在市场经济条件下，企业有多种融资方式可选择，企业应基于自身效益和安全目标，在融资操作和融资后管理上，合理掌握融资方式、融资规模、成本控制、资产结构、期限搭配等原则，选择最佳的融资方式或进行理想的融资方式组合，防范企业债务风险，获得最佳融资效益。

第 2 节　企业融资渠道与方式

一、内源融资

内源融资是指企业利用其自身的资源和市场，通过组织生产、销售等过程获得利润并进行资本积累和利用的融资活动。内源融资过程是将本企业的留存收益及折旧等内部积累转化为投资的过程，其实质是通过减少企业的非投资性现金流出挖掘内部资金潜力，提高内部资金使用效率。

（一）内源融资方式

企业内源融资方式主要有两种：一是将企业的固定资产折旧和无形资产摊销转化为重置投资；二是将企业的留存收益转化为新增投资。

1. 折旧。折旧是指在固定资产使用寿命内，按照确定的方法对应计折旧额进行系统分摊。固定资产在使用过程中，逐渐损耗而转移到新产品去的那部分价值，应当在固定资产的有效使用年限内按照折旧损耗程度进行补偿，形成折旧费用，以货币形式提取并积累起来，计入各期成本。

计算折旧的方法多种多样，采用不同的方法，可能出现计算的某一会计期间的折旧费是不相等的，从而就会影响该会计期间的产品成本，同时还会影响固定资产的账面净值，因此必须根据具体情况慎重地选择应用折旧方法。企业可通过采用缩短折旧时间、加速折旧等方式进行固定资产折旧和无形资产摊销，以增强企业内源融资能力。

从折旧来看，它与企业固定资产规模之间存在比较稳定的数量关系，并且，从保证企业简单再生产和持续经营的角度来看，折旧通常应全额留在企业中作为维持企业既有生产规模的投资资金来源。因此，折旧在企业内部的循环关系相对比较简单。

2. 摊销。摊销是指对除固定资产之外，其他可以长期使用的经营性资产按照其使用年限每年分摊购置成本的会计处理方法，与固定资产折旧类似。摊销费用计入管理费用中减少当期利润，但对经营性现金流没有影响。

按照《企业会计准则》要求，企业应当对持有的寿命有限的无形资产计提摊销，包括专利权、非专利技术、商标权、著作权、土地使用权等。与固定资产折旧类似，会计计提的无形资产摊销直接计入当期损益，而无须以货币资金进行支付，尽管不会直接增加企业的资金流入，却相当于增加了企业的资金来源。摊销期限一般不超过 10 年，与折旧一样，可以选择直线法和加速法来摊销无形资产。

从融资的角度，企业计提摊销是企业资金运用的一种转化形式，可视作企业内部的资金来源。该筹资额取决于企业自身无形资产规模的大小、摊销的计提方法、摊销期限以及无形资产的残值情况。

3. 留存收益。留存收益是企业在经营过程中所创造的，由于企业经营发展的需要或由于法定要求等，没有分配给所有者而留存在企业的盈利。留存收益是企业历年实现的利润，包括企业的盈余公积和未分配利润两个部分。其中，盈余公积金是指企业按照规定从净利润中提取的积累资金，包括法定公积金、任意公积金。未分配利润是指企业实现的净利润经过弥补亏损、提取盈余公积金和向投资者分配利润后留存在企业的、历年结存的利润。二者均是企业所有者权益的组成部分。因此，企业可以通过减少利润分配甚至不进行利润分配来保留更多的留存收益，以满足企业未来发展的资金需求。

与折旧相比，留存收益主要用于企业扩大再生产，与企业规模扩张和经营发展具有更加直接的关系。从留存收益的数量来看，它受到多种因素的影响，具有相当大的不确定性。因此，留存收益往往成为企业内源融资决策的一个重点。

留存收益受到供给和需求的直接影响。从供给角度看，留存收益的数量直接受制于企业实现利润的多少。一般来说，当年实现利润总额即为留存收益的上限，而零则为留存收益的下限。通常，实际的留存收益水平是介于上限和下限之间的。从需求的角度看，留存收益会受到企业未来投资需求、其他筹资渠道的通畅程度以及企业财务杠杆调整的影响。企业未来投资需求越大，其他筹资越是难以实现（或成本越高），企业就越是倾向于将收益留在企业内部。企业财务杠杆也会对留存收益产生影响。通常，在外部股权融资一定的条件下，未来投资如果使用较低的财务杠杆，则对留存收益有较大需求，反之则需求较小。

（二）内源融资特点

相对于外源融资，内源融资不具备交易性特征，具有内生性、自主性、低成本和小规模等特点。正是由于不具备交易特征，企业在对内源融资的利用上具有较大自主决策权，但在享受低成本、低风险的同时，又受制于企业自身规模、盈利有限所导致的内源融资的有限性。内源融资一般具有以下特点：

1. 内生性。内源融资是企业原始资本积累和剩余价值的资本化过程，不需要其他金融中介，因而具有内生性。内源融资取得的资金是企业产权所有者的自有资本，是企业承担民事责任和自主经营、自负盈亏的基础，也是企业进行外源融资的保证，因为投资者将根据企业的内源融资能力，来衡量对企业投资的风险，进而影响企业进行外源融资时的融资规模和资本成本。

2. 自主性。内源融资来源于自有资金，企业在使用时具有很大的自主性，基本不受外界的制约和影响。

3. 融资成本较低。相对于外源融资，内源融资不需要支付利息或股利，不会减少企业的现金流量，也不需支付任何融资费用，因而融资成本相对较低。

4. 产权控制权。企业权益资本的多少及分散程度对企业剩余控制权和剩余索取权的分配有决定性作用。内源融资具有产权的控制性特征，通过内源融资方式融资，既可以避免因向银行贷款或向债权人发行债券而使债权人对企业进行相机控制，又可避免因对外股权融资而使原股东对企业控制权稀释，增加原股东的剩余索取权，使原股东享有更多的实际利益。

5. 财务风险较低。财务风险是指企业举债而给企业财务成果带来的不确定性。企业进行内源融资，不存在偿付风险，不会产生到期还本付息或支付股利的压力。企业内源融资取得的资金在资本结构中所占比例越大，企业的财务风险越小。

6. 可使股东获得税收上的利益。在西方发达国家，资本利得税率相对较低，如果将盈余全部分给股东，股东收到股利往往要缴纳较高的个人所得税，因此，股东往往愿意将收益留存在企业，而通过股票价格的上涨获得资本利得。相应地，有些国家的法律会限制企业过度地保留盈余，以防止税收流失。所以，留存收益也会受到一定的限制。在我国，目前只对现金股利征收个人所得税，因此，留存收益高，股价上涨，资本利得实际上具有合理避税的作用。

当然，内源融资也存在一些缺点，这主要表现在以下几个方面：

1. 留存收益的数量常常会受到某些股东的限制。有些股东依靠股利维持生活，希望多发股利；有些股东对风险反感，而且认为风险将随时间的推移而增多，宁愿目前收到较多的股利，而不愿意等到将来再收到不确定的较多股利或以较高的价格出售股票。所以，有些企业的股东总是要求股利支付比率维持在一定的水平，以消除风险。

2. 留存收益过多，股利支付过少，可能会影响到今后的外源融资。过多地利用内源融资，限制现金股利的发放，对于企业今后的外源融资——包括债务资本和权益资本都有不利影响。原因在于，股利支付率较高的企业的普通股要比股利支付率较低的企业的股票容易出售。同样，考虑购买优先股和债券的投资者也会对企业历史上的股利支付情况进行分析。一般投资者都会认为，如果一个企业能较多地向普通股股东支付股利，那么也会准时为优先股股东支付股息，并及时支付债券的利息和本金。因此，较少地支付股利，虽然有利于内源融资，但不利于说明企业具有较高的盈利水平和较好的财务状况，不利于外源融资。此外留存收益过多，股利支付过少，可能不利于股票价格的上涨，影响公司在证券市场上的形象。

3. 融资规模小。内源融资受企业盈利能力及积累的影响，融资规模受到较大的制约，不可能进行大规模的融资。

二、外源融资

外源融资又可分为直接融资和间接融资。直接融资主要包括发行债券、国内上市、海外上市、私募股权融资、民间借贷等方式，其具有分散性、信誉差异较大、部分不具有可逆性、相对较强的自主性等特点。间接融资主要是指银行贷款、金融租赁等方式，间接融资方式借贷主体相对较集中、信誉差异较小、全部具有可逆性、由金融中介掌握融资主动权。

（一）直接融资方式

1. 企业债券。企业债券是企业在向社会筹措资金时，向投资者发行，承诺按既定利率支付利息并按约定条件偿还本金的债权债务凭证。《公司法》规定，股份有限公司、国有独资公司和两个以上的国有企业或两个以上的国有独资主体投资设立的有限责任公司，为了筹集生产经营资金，可以发行公司债券。从法律角度看，企业债券概念比公司债券概念的外延要大得多。以发债主体来确定债券性质的逻辑来看，公司债券和企业债券本质上属于同一类，其区别主要在于发行监管部门的不同：企业债券的发行由国家发展改革委管理，上市公司发行公司债券由中国证监会管理。

企业债券融资的特点是资金期限较长、资金使用自由、购买债券的投资者无权干涉企业的经营决策、现有股东对公司的所有权不变、债券利息税前支付并计入成本。目前，我国企业发行债券融资主要通过三个渠道。

（1）国家发展改革委审核的企业债券，期限主要是中长期品种。以往企业债券的发行主体主要是中央政府部门所属机构、国有独资企业或国有控股公司。为解决中小企业融资难题，国家发展改革委推出了企业债券的创新产品——中小企业集合债，它是中小企业参与债券市场的最主要产品，其实质是通过牵头人组织，以多个企业所构成的集合为发债主体，发债企业各自确定债券发行额度、分别负债，采用统一的债券名称，统收统付，以发行额度向投资人发行的约定到期还本付息的一种企业债券形式。这种“捆绑”的方式，不仅解决了中小企业由于资信评级低、融资成本高等很难进行发债融资的难题，开创了中小企业新的融资模式和中长期融资工具，同时也解决了企业多年来短贷长用的问题，降低了融资成本，鼓励中小企业从资金上作长期发展规划。

（2）中国证监会审核的公司债券，期限以中长期品种为主。

（3）中国人民银行负责审核的企业债务融资工具，包括短期融资券、中期票据、中小企业集合票据、超短期融资券、定向工具等。

2. 短期融资券。短期融资券是指具有法人资格的非金融企业在银行间债券市场发行和交易的、约定在1年内还本付息的债务融资工具，是企业筹措短期（1年以内）资金的直接融资方式。

中国人民银行于2005年5月9日公布实施《短期融资券管理办法》，支持企业在银行间债券市场发行和交易短期融资券。短期融资券的发行期限不超过365天，适合企业短期资金需求；短期融资券的发行审核方式为注册制，依据《银行间非金融企业债务融资工具注册规则》在中国银行间交易商协会注册；短期融资券的发行利率实行市场化定价方式确定，募集资金主要用于企业生产经营活动；短期融资券主要是信用发行，可采取担保增信。

3. 上市融资。上市融资是公司在证券市场上通过公开发行股权性有价证券获得资金的融资方式。股份有限公司通过发行股票募集公司的股本，或是在公司营运过程中通过发行股票扩大公司的股本。股份公司在股票市场上筹集的资金是长期稳定、属公司自有的资本。上市融资既包括首次公开发行股票并上市，也包括公司股份上市后通过证券市场进行再融资。

上市融资是一种直接融资，即企业通过在证券市场上直接发行证券，投资者以所持现金或资产进行认购，而无须经过银行等金融中介；上市融资主要通过权益性融资的形式体现，因此具有股权融资的特点，如本金一般无须偿还，财务风险较小；股权融资可能引起公司控制权的变动等。

首次公开发行股票并上市（首次公开上市）是指符合条件的股份有限公司按照法定程序向社会公开发行股票募集资金，并经证券交易所批准后，股份在交易所挂牌交易的法律行为。首次公开上市实际上包含着“发行”和“上市”两层含义。股票的发行和上市是两种不同的行为，股票发行在前，上市在后，只有股票发行后才能上市，但是股票发行并不一定就能够上市。股票上市是联系股票发行市场和交易市场的桥梁。股票上市是指股票发行人已经发行的股票依照法定条件和程序，在证券交易所公开挂牌交易的法律行为。所以，公开发行股票的公司不一定是上市公司，只有其申请上市并且被批准、其股票能够在公开市场买卖后才能成为上市公司。

目前，可供境内企业上市的境内证券交易所包括上海证券交易所和深圳证券交易所，境外上市主要是纽约证券交易所、纳斯达克证券交易所、伦敦证券交易所、法兰克福证券交易所、巴黎证券交易所、比利时证券交易所、新加坡证券交易所和香港证券交易所等。

就境内企业上市而言，主要有以下几种融资渠道。

（1）主板上市。按照目前我国的法律法规，企业发行股票上市要符合《证券法》以及中国证监会颁布的《首次公开发行股票并上市管理办法》《证券发行与承销管理办法》《上市公司章程指引》等规范性法律文件以及《股票发行审核标准备忘录》等工作文件中对于首次公开发行股票的要求。法律法规对发行主体的资格、发行人的财务状况、公众持股数量、发行人历史记录等作出了硬性要求，同时还从发行人同业竞争性、发行人独立性、发行人公司治理结构、发行人筹集资金运用等方面对企业主板上市融资作出了相关要求。符合要求的公司，按照主板市场首次公开上市程序，即设立股票公司与改制、聘请中介机构、上市辅导，向证监会提交申报材料、核准发行、股票发行、挂牌上市，最终实现主板上市融资。

（2）中小企业板上市。中小企业板是指在深圳证券交易所市场主板内设立的、为规模较小的中小企业上市交易的独立板块，是在现行法律不变、发行上市标准不变的前提下，运行独立、监察独立、代码独立、指数独立的板块。设立中小企业板块是中国资本市场特有的为适应广大中小企业上市融资，解决中小企业发展资金“瓶颈”的特殊产物。设立的宗旨是为主业突出、具有成长性和科技含量的中小企业提供直接融资。中小企业板与主板发行股票上市融资的流程基本相同，一般要经过设立股份公司与改制、保荐机构进行上市辅导、发行申报与审核、股票发行与挂牌上市等阶段。

（3）创业板上市。创业板全称“创业板市场”，是地位仅次于主板市场的二板证券市场，以纳斯达克（NASDAQ）市场为代表，在中国特指深圳创业板。在上市门槛、监管制度、信息披露、交易者条件、投资风险等方面与主板市场有较大区别。其目的主要是扶持中小企业，尤其是高成长性企业、创新型企业，特别是高科技公司管理并进行资本市场运作，为自主创新国家战略提供融资平台，完善多层次资本市场体系建设。创业板市场是不同于主板市场的独特的资本市场，全球有 40 多个创业板市场，情况不尽相同。一般来说，创业板市场更关注公司是否具有发展前景，而不是其历史业绩；创业板上市融资的门槛相对主板市场要低；同时创业板市场具有高风险、高收益性。

（4）科创板上市。科创板（Sci - Tech innovation board，STAR Market）由国家主席习近平于 2018 年 11 月 5 日在首届中国国际进口博览会开幕式上宣布设立，是独立于现有主板市场的新设板块，并在该板块内进行注册制试点。2019 年 3 月 1 日，证监会发布《科创板首次公开发行股票注册管理办法（试行）》和《科创板上市公司持续监管办法（试行）》；同时，上海证券交易所发布了《上海证券交易所科创板股票发行上市审核规则》。

科创板是科技创新板的简称，是在上海证券交易所设立的股票板块。科创板定位于符合国家战略、具有核心技术、行业领先、有良好发展前景和市场认可度的企业。科创板在多项制度上做了创新，如发行采用注册制，即证监会只负责审查发行人提交的资料是否符合信息披露义务，而具体上市公司的价值由投资人自行去做判断；允许尚未盈利企业上市，不以持续盈利为唯一指标，以市值为基础，采用多样化的上市标准；允许注册在中国境外而主要经营活动在中国境内的但对技术具有领先优势的红筹企业上市；允许同股不同权[①]架构企业上市；优先向公募产品、社保基金、养老金、企业年金基金和保险资金等机构投资者配售；交易涨跌幅限制扩大到20%；触及退市标准的科创板上市公司直接退市，且一经退市再无上市机会。

根据《上海证券交易所科创板股票上市规则》规定的上市条件，发行人申请股票首次发行上市的，应当至少符合下列上市标准中的一项，发行人的招股说明书和保荐人的上市保荐书应当明确说明所选择的具体上市标准：

①预计市值不低于人民币10亿元，最近两年净利润均为正且累计净利润不低于人民币5 000万元，或者预计市值不低于人民币10亿元，最近一年净利润为正且营业收入不低于人民币1亿元。

②预计市值不低于人民币15亿元，最近一年营业收入不低于人民币2亿元，且最近三年研发投入合计占最近三年营业收入的比例不低于15%。

③预计市值不低于人民币20亿元，最近一年营业收入不低于人民币3亿元，且最近三年经营活动产生的现金流量净额累计不低于人民币1亿元。

④预计市值不低于人民币30亿元，且最近一年营业收入不低于人民币3亿元。

⑤预计市值不低于人民币40亿元，主要业务或产品需经国家有关部门批准，市场空间大，目前已取得阶段性成果，并获得知名投资机构一定金额的投资。医药行业企业需取得至少一项一类新药二期临床试验批件，其他符合科创板定位的企业需具备明显的技术优势并满足相应条件。

科创板企业退市可分为四种情形：①重大违法强制退市；②交易类强制退市；③财务类强制退市；④规范类强制退市。退市类型与之前A股退市政策类型基本一致，但具体内容有较大差别：交易类强制退市指标上，科创板首次引入市值标准，对于连续20个交易日市值低于3亿元的上市公司进行强制退市。财务类强制退市指标上，科创板退市标准充分突出主营业务的重要性，明确规定对明显丧失主营业务经营能力的企业进行强制退市，如主营业务停滞或规模极低、营业收入或利润主要来源于不具备商业实质的关联交易等；连续两年扣非净利润为负，且营业收入低于1亿元的上市公司将被强制退市。采用扣非净利润和营业收入双重指标，避免了上市公司通过售卖资产提高非经常性收益的方式规避退市。

---

① 不同权是指表决权差异，发行人可以发行有特别表决权的股份。

专栏6－1

中国的多层次资本市场

一、多层次资本市场体系

多层次资本市场体系是对现代资本市场复杂形态的一种表述，是资本市场有机联系的各要素总和，具有丰富的内涵。从交易场所来看，多层次资本市场可以分为交易所市场和场外市场；根据发行和资金募集方式，可以分为公募市场和私募市场；根据交易品种，可以分为以股票债券为主的基础产品市场和期货及衍生品市场；同一个市场内部也包含不同的层次。

同时，多层次资本市场的各个层次并不是简单平行、彼此隔离的，而是既相互区分、又相互交错并不断演进的结构。资本市场的多层次特性还体现在投资者结构、中介机构和监管体系的多层次，交易定价、交割清算方式的多样性，它们与多层次市场共同构成一个有机平衡的金融生态系统。

二、中国的多层次资本市场

我国资本市场从20世纪90年代发展至今，最初设立沪、深交易所时，只有为大中型企业服务的主板市场，2003年提出建立多层次资本市场，2004年增设中小板，2009年进一步增设创业板，2012年成立全国中小企业股份转让系统，初步形成了由主板（含中小板）、创业板、新三板和区域性股权市场构成的多层次资本市场体系，如下图所示。

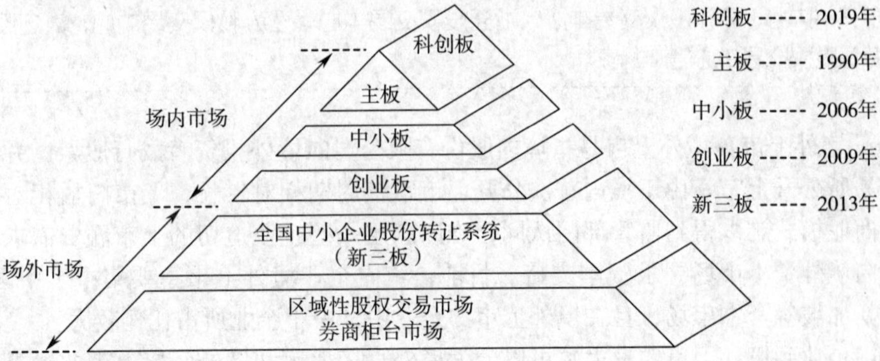

（一）主板市场是上市标准高、信息披露规范、透明度强和监管体制完善的全国性大市场，上市的企业多为市场占有率高、规模较大、基础较好、高收益、低风险的知名优秀企业。科创板是在上海证券交易所设立的股票板块。

（二）中小板主要服务于即将或已进入成熟期、盈利能力强但规模较主板小的中小企业。

（三）创业板是以自主创新企业及其他成长型创业企业为服务对象，这些企业的成长性特点突出，开始具备一定的规模和盈利能力，在技术创新、经营模式创新等方面非常活跃。主要为“两高”“六新”企业，即高科技、高成长性、新经济、新服务、新农业、新能源、新材料、新商业模式企业。

（四）全国中小企业股份转让系统（俗称“新三板”）。全国中小企业股份转让系统，是经国务院批准设立的全国性证券交易场所，全国中小企业股份转让系统有限责任公司为其运营管理机构，其业务范围是为非上市股份公司的股份公开转让、融资、并购等相关业务提供服务，为市场参与者提供信息、技术服务。

新三板是多层次资本市场体系的重要组成部分，是这个金字塔体系的基础层次，主要服务创新创业型中小企业，主要具备以下功能：（1）价格发现功能。场外市场通过做市商等交易制度为挂牌公司实现连续的价格曲线，使得挂牌公司价值得以充分反映。（2）股份转让功能。挂牌公司股份可在全国性场外市场公开转让，获得流动性溢价。（3）定向融资功能。挂牌公司可在全国性场外市场通过定向发行股票、债券、可转债、中小企业私募债等多种金融工具进行融资，拓宽融资渠道，改善融资环境。（4）规范治理功能。挂牌公司在申请挂牌时须经主办券商、会计师事务所、律师事务所等专业中介机构辅导规范，并接受主办券商的持续督导和证监会及全国中小企业股份转让系统的监管，履行信息披露义务，因此公司治理和运营将得到有效规范。（5）并购重组功能。挂牌公司可借助全国性场外市场通过兼并收购、资产重组等手段加速发展壮大。（6）直接转板功能。在全国中小企业股份转让系统挂牌的公司，达到股票上市条件的，可以直接向证券交易所申请上市交易。

（五）区域性股权交易市场。区域性股权交易市场是为特定区域内的企业提供股权、债券的转让和融资服务的私募市场，一般以省级为单位，由省级人民政府监管。区域性股权交易市场是我国多层次资本市场的重要组成部分，亦是中国多层次资本市场建设中必不可少的部分。对于促进企业特别是中小微企业股权交易和融资，鼓励科技创新和激活民间资本，加强对实体经济薄弱环节的支持，具有积极作用。

目前，全国建成并初具规模的区域性股权交易市场有青海股权交易中心、天津股权交易所、齐鲁股权托管交易中心 、上海股权托管交易中心、武汉股权托管交易中心、重庆股份转让系统、前海股权交易中心、广州股权交易中心、浙江股权交易中心、江苏股权交易中心、大连股权交易中心、海峡股权交易中心等十几家。

（5）境外上市。境外上市是指境内股份有限公司向境外投资者发行股票，并在境外证券交易所公开上市。由于境内首次公开上市审核周期相对较长、上市门槛相对较高以及部分商业模式难以得到监管部门认同，难以满足一些企业迫切的上市融资需求，不少企业转向境外资本市场寻求资本支持。目前，境内企业境外上市主要集中于中国香港、美国、新加坡等资本市场，且在境外上市的企业中，中小企业所占比例较大。

境内企业到境外上市融资大致可以分为境外直接上市和境外间接上市两大类。①境外直接上市。境内股份有限公司作为境内法人直接申请到境外证券交易所发行供境外投资者买卖的股票并上市交易。②境外间接上市。境内企业不直接在境外发行股票挂牌上市，而是在境外注册公司，境外公司以收购、股权置换等方式取得境内资产的控制权，然后以境外公司的名义到中国境外交易所上市。境内企业在境外间接上市主要有两种形式：一种是买壳上市（反向收购上市），是指非上市公司（买壳公司）股东通过收购一些业绩较差、筹资能力弱化的上市公司（壳公司）的股份控制壳公司，然后利用上市公司反向收购非上市公司的资产和权益，实现间接上市的目的。另一种是造壳上市，是指境内之外的法人公司或其他股权关联公司，直接或间接享有境内股东的权益（股权或产权），并在中国境外（主要为中国香港、美国、英国、新加坡等）直接上市的方式。

4. 股权类投资基金融资。股权类投资基金即投资于企业股权的投资基金。根据所投资企业的成长阶段不同，股权类投资基金又可分为风险投资基金、私募股权投资基金与产业投资基金。

(1) 风险投资基金。风险投资是指向具有高增长潜力的未上市创业企业进行股权投资，并通过提供创业管理服务参与被投资企业的创建过程，以期在被投资企业相对成熟后，即通过股权转让实现高资本增值收益的资本运营方式。因此，风险投资基金就是向具有高增长潜力的未上市创业企业进行股权投资，待企业成熟后通过股权转让的方式实现退出并获利的投资基金。

风险投资与银行信贷和证券投资不同。风险投资主要是以股权投资方式获取创业企业股权，积极参与企业经营管理，并以资本增值为目的，是一种无担保权益、高风险、高收益性投资；风险投资大多投向新兴的、具有高成长性的中小型高科技企业，属于长期投资。

(2) 私募股权投资基金。私募股权投资基金是指专门投资于已经形成一定规模并产生稳定现金流的成熟企业的投资基金。所谓“成熟企业”通常包括处于扩张期、成熟期和重整期的大中型非上市企业。对此类企业进行投资的基金主要包括投资于扩张期企业的直接投资基金、参与管理层收购在内的并购投资基金、投资过渡期企业或者上市前企业的过桥基金、上市后企业的私募股权投资基金等。

私募股权投资基金除了具有非证券类投资基金的一般特征，如集合投资、专家理财、组合投资、利益共享、风险共担之外，还具有流动性低、非公开性、特定投资者、专业性强等特点。

(3) 产业投资基金。产业投资基金一般是指向具有高增长潜力的未上市企业进行股权或准股权投资，并参与被投资企业的经营管理，以期在所投资企业发育成熟后通过股权转让实现资本增值，在国外通常称为风险投资基金和私募股权投资基金。根据目标企业所处阶段不同，可以将产业基金分为种子期或早期基金、成长期基金、重组基金等。产业基金涉及多个当事人，具体包括基金股东、基金管理人、基金托管人以及会计师事务所、律师事务所等中介服务机构，其中基金管理人是负责基金的具体投资操作和日常管理的机构。

产业投资基金一般投资于某一特定产业，对该产业链条的上下游企业进行股权投资。产业投资基金管理人通常具有某一特定产业的专业知识和投资经验，可以利用自身良好的信誉和关系网络吸引优秀的管理人才，参与被投资企业的公司治理，建立健全完善的公司治理机制。产业投资基金对被投资企业的投入体现在两个方面：一方面是资金的投入，为被投资企业提供长期股本支持；另一方面是非资金的投入，为被投资企业在管理、资本市场运作、品牌培育及产品创新等多个领域提供增值服务。

5. 产权交易市场。产权交易市场是指供产权交易双方进行产权交易的场所。狭义的产权交易市场是指在社会主义市场经济条件下，各类企业作为独立的产权主体从事以产权有偿转让为内容的交易场所，包括现在的产权交易所（中心）、资产调剂市场、承包市场或租赁市场等。这种定义的产权交易市场包括有形场所、市场运行规则、市场服务等内容。广义的产权交易市场是指交换产权的场所、领域和交换关系的总和。它也是经过体制改革和经济发展过程中的围绕产权这一特殊商品的交易行为而形成的特殊的经济关系。

产权交易市场的覆盖面广阔，交易内容和交易活动丰富。在产权交易市场上，可以进行多种形式的产权交易，如承包、租赁、参股、拍卖、兼并、收购、分股买卖等；产权交易的偿付方式也是多种多样，如现金支付、分期支付、资产抵押、证券抵押、承担债务等；产权交易的方式，即产权交易双方成交财产或财产权利的方法，在产权转让中根据产权标的的具体情况和意向受让方的情况，经交易所与产权出让方协商后，由交易所作为产权交易的组织人确定采用的产权交易的方式，主要有协议转让、拍卖转让、招标转让、变更、转移财产占有主体等方式。

6. 新三板。“老三板”市场全称是“代办股份转让系统”，前身是建立于20世纪90年代初的“非上市法人股转让系统”，该系统运行并不成功，1999年被关闭。为妥善解决原系统挂牌公司流通股的转让问题，2001年6月12日，经中国证监会批准，中国证券业协会发布《证券公司代办股份转让服务业务试点办法》，代办股份转让工作正式启动。随后，为解决退市公司股份转让问题，2002年8月29日起退市公司也纳入股份转让试点范围。这就是所谓的“老三板”市场。作为中国多层次资本市场体系的一部分，三板市场一方面为退市后的上市公司股份提供继续流通的场所，另一方面也解决了原系统历史遗留的数家公司法人股的流通问题。

“新三板”市场特指中关村科技园区非上市股份有限公司进入代办股份系统进行转让试点，因为挂牌企业均为高科技企业而不同于原转让系统内的退市企业及原STAQ、NET系统挂牌公司，因此被形象地称为“新三板”。2006年1月23日，中关村非上市股份公司股份报价转让系统（“新三板”）试点推出。2012年8月3日，试点扩大至上海张江、武汉东湖、天津滨海高新区。2013年6月29日，明确全国股份转让系统扩大至全国。

2013年12月14日，国务院《关于全国中小企业股份转让系统有关问题的决定》（国发〔2013〕49号），明确全国股份转让系统是经国务院批准，依据证券法设立的全国性证券交易场所，主要为创新型、创业型、成长型中小微企业发展服务。境内符合条件的股份公司均可通过主办券商申请在全国股份转让系统挂牌，公开转让股份，进行股权融资、债权融资、资产重组等。申请挂牌的公司应当业务明确、产权清晰、依法规范经营、公司治理健全，可以尚未盈利，但须履行信息披露义务，所披露的信息应当真实、准确、完整。2014年5月19日，全国股份转让系统新交易结算系统切换上线。2014年8月25日，做市商制度正式上线实施。新三板自2013年底确定扩容，直至2015年获得了快速的发展，挂牌企业不断增多，整个市场高速发展。2015年股市大幅下跌之后，新三板市场交易量及再融资金额不断降低，2018年1月，新三板交易制度由之前的做市商及协议转让变更为原采取协议转让方式的股票盘中交易方式统一调整为集合竞价，但该交易制度的变更未能转变新三板低迷的形势。

专栏6-2

新三板与创业板、主板、中小板挂牌条件对比

下表列示了新三板与创业板、主板、中小板挂牌条件对比，从对比中可以看出，全国中小企业股份转让系统（新三板）挂牌条件非常宽松，没有财务和规模条件，要求具有持续经营能力而非盈利能力。但新三板要求主办券商推荐和终身督导制，相比主板的两年和创业板的三年，主办券商能够长期对新三板公司进行监督，促进挂牌企业提高公司治理和规范运行。

新三板与主板、中小板、创业板挂牌条件对比

项目	新三板	创业板	主板、中小板
主体资格	证监会核准的非上市公众公司	依法设立且合法存续的股份有限公司	依法设立且合法存续的股份有限公司
股东数要求	可超过 200 人	不少于 200 人	不少于 200 人
股本要求	无限制	发行后股本总额不少于人民币 3 000万元	发行前股本总额不少于人民币 3 000 万元；发行后股本总额不少于人民币 5 000 万元
经营年限	存续满 2 年	持续经营时间在 3 年以上	持续经营时间在 3 年以上
盈利要求	具有持续经营能力	最近两年连续盈利，最近 2 年净利润累计不少于 1 000 万元且持续增长； 或最近 1 年盈利，且净利润不少于 500 万元，最近 1 年营业收入不少于 5 000 万元，最近 2 年营业收入增长率均不低于 30%	最近 3 个会计年度净利润均为正且累计超过人民币 3 000 万元；最近 3 个会计年度经营活动产生的现金流量净额累计超过人民币5 000 万元；或者最近 3 个会计年度营业收入累计超过人民币 3 亿元
资产要求	无限制	最近一期末净资产不少于 2 000 万元，且不存在未弥补亏损	最近一期末无形资产（扣除土地使用权、水面养殖权和采矿权等后）占净资产的比例不高于 20%
备案或审核	备案制：中国证券业协会对推荐挂牌备案文件无异议的，自受理之日起 50 个工作日内向推荐主办券商出具备案确认函	审核制：设创业板发行审核委员会，加大行业专家委员的比例审核制。 证监会发审委审核	审核制：设主板发行审核委员会，25 人审核制。 证监会发审委审核
股份转让	投资者买卖挂牌公司股份，须委托主办券商办理	通过交易平台办理	通过交易平台办理
其他条件	主券商推荐并持续督导	持续督导期为上市当年剩余时间及其后 3 个会计年度	持续督导期为上市当年剩余时间及其后 2 个会计年度

7. 民间借贷。民间借贷是指公民之间、公民与法人之间、公民与其他组织之间的借贷。只要双方当事人意见表示真实即可认定有效，因借贷产生的抵押相应有效，但利率不得超过人民银行规定的相关利率。民间借贷是民间资本的一种投资渠道，是民间金融的一种形式，是一种直接融资渠道。

民间借贷融资的特点是手续简便灵活、效率高、成本偏高；借贷种类和用途呈多样化，融资主体多元化；民间借贷由“地下”“浮出水面”，逐步呈现出专业化趋势，成为金融机构融资的补充。目前，适合我国中小企业的民间融资主要有以下方式：

（1）低利率互助型借贷，即民间常见的“帮困济贫”，主要是城乡居民、个体私营企业主之间用自有闲置资金进行无偿或有偿相互借贷的行为。

（2）企业集资型借贷。企业集资型借贷主要分为企业集资和社会集资。企业集资，主要是指企业向股东、职工借债或以入股的方式筹措资金，以满足生产经营的需要。社会集资，主要是指一些规模较大的民营企业由于暂时资金周转困难，面向社会进行季节性集资。

（3）发放高息型借贷。此种借贷的融资主体主要是个体及民营中小企业，以关系和信誉为基础，筹措资金多用于生产资金的周转。这种以信用交易为特征、利率水平较高的借贷是民间借贷的最主要方式，借贷利率根据借款的主体、借款的用途、借款的时间长短、借款的急缓程度而定，大部分在商业银行同期利率四倍以内，月利率从8‰到30‰。

（二）间接融资方式

间接融资是指企业借助银行等金融机构而融通资金的筹资活动。间接融资的基本特点是：资金融通是通过金融中介进行的，资金盈余单位对金融机构的要求权与金融机构对从该单位所获资金的具体运用无关。

1. 商业银行贷款。商业银行贷款是企业通过抵押、质押、担保和信用贷款等方式获取所需资金的重要渠道。商业银行贷款一般分为流动资金贷款、固定资产贷款、企业并购贷款、票据融资、贸易融资、银行授信等方式。

（1）流动资金贷款。流动资金贷款是指为满足企业在生产经营过程中临时性的资金需求，保证生产经营活动的正常进行而发放的贷款。按贷款期限可以分为1年期以内的短期流动资金贷款和1～3年的中期流动资金贷款。流动资金贷款主要有以下四种方式：①流动资金循环贷款，是指银行为满足企业生产经营过程中短期资金需求，保证生产经营活动正常进行而设计的一种贷款。②流动资金整贷零偿贷款，是指银行对企业发放的，在合同规定的有效期内允许企业一次提取，但可根据企业实际经营情况分期偿还的一种贷款。③法人账户透支，是指银行根据客户申请核定账户投资额度允许其在结算账户存款不足以支付时，在核定的投资额度内直接透支取得信贷资金一种方式。④中期流动资金贷款，是指银行对借款人发放的，期限超过一年的流动资金贷款，主要用于企业正常生产经营活动中经常性的资金占用，弥补企业经常性或存量生产经营所需流动资金的不足。

（2）固定资产贷款。固定资产贷款是指银行为解决企业固定资产投资活动的资金需求而发放的，主要用于固定资产项目的建设、购置、改造及其相应配套设施建设的中长期本外币贷款。

固定资产贷款根据项目运作方式和还款来源不同分为项目融资和一般固定资产贷款。①项目融资指银行以针对融资项目专门成立的项目法人为借款人，以项目自身现金流和收益为主要还款来源，以项目资产为保障提供的融资。②一般固定资产贷款指银行以既有法人为借款人，以借款人全部现金流和收益为还款来源提供的融资固定资产贷款，可满足借款人因技术改造、基本建设、房地产开发、科技开发等固定资产投资项目时，资金不足的融资需求。

（3）企业并购贷款。企业并购贷款是指商业银行向并购方企业提供的用于收购被并购企业股权或资产而支付对价款的贷款。并购贷款适用于优势企业通过受让股权、认购新增股权或收购资产、承接债务等方式实现合并，或实际控制已设立并持续经营的目标企业的经营行为。企业并购贷款分为企业并购项目贷款和企业收购项目贷款。

（4）票据融资。票据融资又称融资性票据，是指票据持有人在资金不足时，将商业票据转让给银行，银行按票面金额扣除贴现利息后将余额支付给收款人的一项银行授信业务，是企业为加快资金周转促进商品交易而向银行提出的金融需求。票据一经贴现便归贴现银行所有，贴现银行到期可凭票据直接向承兑银行收取票款。在我国，商业票据主要有银行承兑汇票和商业承兑汇票。①银行承兑汇票是由在承兑银行开立存款账户的存款人出票，向开户银行申请并经银行审查同意承兑的，保证在指定日期无条件支付确定的金额给收款人或持票人的票据。②商业承兑汇票是指由出票人签发的，委托付款人在指定日期无条件支付确定的金额给收款人或持票人的票据，即由银行以外的付款人承兑的票据。

（5）国内贸易融资。国内贸易融资主要有国内信用证、国内保理、商业发票贴现、应收账款融资等方式。①国内信用证，是指开证银行依照申请人（购货方）的申请向受益人（销货方）开出的有一定金额、在一定期限内凭信用证规定的单据支付款项的书面承诺。②国内保理，又称为应收账款融资，是指应收账款在通过银行的审核后，卖方将其现在或将来的基于卖方和买方（债务人）订立的货物销售转让给银行，由银行为卖方提供贸易融资、销售分户账户管理、应收账款的催收与坏账担保服务。国内保理可分为买断型保理业务和回购型保理业务。保理业务银行的审核点主要是对债务人的还款能力进行审核。③商业发票贴现，是指银行与卖方之间存在一种契约，根据该契约，卖方将现在或将来的基于买方（债务人）订立的货物购销合同所产生的应收账款转让给银行，由银行为卖方提供贸易融资、销售分户账管理、应收账款的催收等综合性金融服务。④应收账款融资，是指企业以自己的应收账款作抵押向银行申请贷款，银行的贷款一般为应收账款面值的50%~90%，企业将应收账款抵押给银行后一般不通知相关的客户。应收账款融资可以满足借款人因应收账款占用造成短期流动资金不足的融资需求，优化客户财务报表，适用于中小企业临时资金短缺，或企业现金流缺乏的情况。

（6）国际贸易融资。国际贸易融资主要有国际信用证、光票托收、国际结算工具融资、打包贷款、福费廷、国际保理、银行保函、备用信用证等方式。①国际信用证，是指开证银行应申请人的要求并按其指示向第三方开立的载有一定金额的，在一定期限内凭符合规定的单据付款的书面保证文件。信用证是国际贸易中最主要、最常用的支付方式。②光票托收，是指债权人仅向托收银行提交汇票、本票、支票等金融单据，委托其代为收款。③国际结算工具融资主要包括进口押汇和出口押汇、进口代收和出口托收、出口贴现、汇入汇款和汇出汇款、授信开证、提货担保等方式。④打包贷款，是指银行应信用证受益人（出口商）申请向其发放的用于信用证项下货物采购、生产和装运的专项贷款。打包贷款是一种装船前短期融资，使出口商在自有资金不足的情况下仍可办理采购、备料、加工，顺利开展贸易。⑤福费廷，是指银行无追索权地买入因商品、服务或资产交易产生的未到期债权。通常该债权已由金融机构承兑/承付/保付。福费廷是改善出口商现金流和财务报表的无追索权融资方式。包买商从出口商那里无追索地购买已经承兑的，并通常由进口商所在地银行担保的远期汇票或本票的业务就叫包买票据，音译为福费廷。⑥国际保理，又称承购应收账款，是指在以商业信用出口货物时（如以D/A作为付款方式）出口商交货后把应收账款的发票和装运单据转让给保理商，即可取得应收取的大部分货款，日后一旦发生进口商不付或逾期付款，则由保理商承担付款责任。⑦银行保函，是指银行应申请人要求向受益人开具的书面信用担保凭证，是保证在申请人或被担保人未履行与受益人签订的合同项下的责任和义务时，由担保人代其履行一定金额、一定时限范围内的某种支付或经济赔偿责任义务的书面承诺。⑧备用信用证，又称为担保信用证，是指以贷款融资或担保债务偿还为目的所开立的信用证，是汇集融资、担保、支付及相关服务等多功用的金融工具。备用信用证是一种特殊形式的信用证，是开证银行对受益人承担一项义务的凭证，开证行保证在开证申请人未能履行其应履行的义务时，受益人只要凭借备用信用证的规定向开证行开具汇票，并随附开证申请人未履行义务的声明或证明文件，即可得到开证行的偿付。

（7）银行授信。授信是指银行向客户直接提供资金支持，或对客户在有关经济活动中的信用向第三方作出保证的行为，包括贷款、贸易融资、票据融资、融资租赁、拆借、透支、各项垫款等表内业务，以及票据承兑和贴现、开出信用证、保函、保理、开立信用证、备用信用证、信用证保兑、债券发行担保、借款担保、有追索权的资产销售、未使用的不可撤销的贷款承诺等表外业务。

授信不等同于贷款。授信是一种风险控制的总概念。贷款是银行或其他信用机构向借款人所做的借款，须在一定期限内归还，并支付利息。客户对银行的需求不仅包括贷款，还有票据、信用证等。授信包括了银行的表内、表外业务，开信用证也要授信。

2. 政策性银行贷款。政策性银行主要指由政府创立或担保，以贯彻国家产业政策和区域发展政策为目的、具有特殊的融资原则，不以盈利为目的的金融机构。许多国家，包括美国、加拿大等都设有政策性银行，一般设有为促进产业发展和基础设施建设的发展银行，为促进本国企业进行国际贸易的进出口银行和鼓励农业发展的政策性银行。

政策性银行与商业银行和其他非银行金融机构相比，有共性的一面，如要对贷款进行严格审查，贷款要还本付息、周转使用等。但作为政策性金融机构，也具有自有的特性。一是政策性银行的资本多由政府财政拨付。二是政策性银行经营时主要考虑国家的整体利益、社会效益，不以自身盈利为目标。但政策性银行的资金并不是财政资金，因此政策性银行也必须考虑盈亏，坚持银行管理的基本原则，力争保本微利。三是政策性银行有其特定的资金来源，主要依靠发行金融债券或向中央银行举债，一般不面向公众吸收存款。四是政策性银行有特定的业务领域，不与商业银行竞争。

目前，我国主要有国家开发银行、中国进出口银行、中国农业发展银行三家政策性银行，均直属国务院领导，其金融业务受中国人民银行的指导和监督。

3. 国际金融机构贷款。国际金融机构贷款是指国际金融机构作为贷款人向借款人以贷款协议方式提供的优惠性国际贷款。国际金融机构贷款的贷款人不仅限于全球性国际金融机构，如国际复兴开发银行、国际开发协会、国际金融公司（世界银行集团），而且包括区域性国际金融机构，如亚洲开发银行、泛美开发银行、非洲开发银行、欧洲投资银行、国际投资银行等。国际金融机构贷款是一种具有非商业性质的优惠性贷款。

4. 小额贷款公司贷款。小额贷款公司是指自然人、企业法人与其他社会组织投资设立，不吸收公众存款，经营小额贷款业务的有限责任公司或股份有限公司。小额贷款公司是企业法人，有独立的法人财产，享有法人财产权，以全部财产对其债务承担民事责任。小额贷款公司股东依法享有资产收益、参与重大决策和选择管理者等权利，以其认缴的出资额或认购的股份为限对公司承担责任。小额贷款公司贷款程序简捷，贷款范围较广，营销模式灵活，贷款质量高，社会风险小。

小额贷款公司的主要资金来源为股东缴纳的资本金、捐赠资金，以及来自不超过两家银行业金融机构的融入资金。小额贷款公司按照市场化原则进行经营，贷款利率上限放开，但不得高于人民银行利率的 4 倍，下限为人民银行公布的贷款基准利率的 0.9 倍，具体浮动幅度按照市场原则自主确定。

5. 典当融资。根据 2005 年 4 月 1 日商务部、公安部共同颁布实施的《典当管理办法》，典当是指当户将其动产、财产权利作为当物质押或者将其房地产作为当物抵押给典当行，交付一定比例费用，取得当金，并在约定期限内支付当金利息、偿还当金、赎回当物的行为。

企业的典当融资，是指企业在解决短期资金需求中，利用典当行救急的特点，以质押或抵押的方式，从典当行获得资金的一种快速、便捷的融资方式。典当行作为国家特许经营质押放款和抵押放款业务的特殊融资机构，与主流融资渠道的银行相比，其市场定位在于针对中小企业和个人，解决其短期资金需求，发挥辅助补充作用。

典当融资作为一种特殊的融资方式，具有手续简便快捷、信贷门槛低、贷款用途不受限制、当期灵活、抵押或质押范围广泛等特点；同时典当融资也存在融资成本较高、期限较短、融资金额较少的局限性。

6. 商业信用融资。商业信用是指在市场交易活动中，买卖双方以供求关系和诚信为基础，以商品（或服务）为标的，以货币为计量单位，以约定偿还期限和金额为条件，向对方授予的信用，反映企业之间的债权债务关系。商业信用融资是指企业在销售商品、提供服务的经营过程中，以商品形式提供的借贷活动，是经济活动中一种最普遍的债权债务关系。

商业信用融资以融资方承担债务换取的标的物不同划分为两大类：一是买方为融资方，以债易物，即以承认对卖方负债为条件，先提货后付款。在这种方式下，买方并没有融入现金，而是以融物代替融资。二是卖方为融资方，以债易币，即以承认对买方负债 + 保证按期供货 + 价格折扣为条件，先收款后付货。在这种方式下，卖方提前实收了现金。

商业信用融资的优点来源于商业信用固有的优势，即筹资简便易得、操作灵活快捷、限制条件少、筹资成本低、无须担保。同时，商业信用融资因其先天局限性，融资能力有限，即融资期限较短、数额较小、适用范围有限、有时成本较高。

7. 企业信托产品融资。信托是指委托人基于对受托人的信任，将自有财产委托给受托人，由受托人按委托人的意愿，以受托人的名义，为受益人的利益或者特殊目的，对信托财产进行管理或处分的行为。

企业信托融资主要产品有：（1）基础设施建设项目信托，是指委托人将自己合法拥有的财产委托给信托公司，由信托公司按委托人的意愿或按双方约定，为受益人利益进行基础设施建设和经营方面的投资。（2）房地产信托，是指房地产信托机构受委托人的委托，为受益人的利益代为管理、营运或处理委托人托管的房地产及相关资财的一种信托行为，房地产信托主要用于房地产开发项目，为委托人获取一定的收益，包括不动产信托和房地产信托。（3）银行资产信托，是指商业银行将存量或新增贷款替换成“信托+理财”模式的产品。发行该类产品，是将募集到的资金通过信托的方式，专用于替换商业银行的存量贷款或向企业新发放贷款。（4）管理层收购信托，是指目标公司的管理层通过借贷方式所融资本购买本公司的股份或股权，从而改变公司的所有者结构、控制权结构和资产结构，进而达到重组公司的目的，并获得预期收益的一种收购行为。

8. 融资租赁。（1）传统租赁是一种实物借贷行为，即出租人独立将租赁财产交付承租人使用并向承租人收取租金的业务。租赁的交易标的物（资产或场地）为出租人独立拥有物权的“自由物件出租”，租赁是包含“一个标的物、一个租赁合同、两方当事人（承租人、出租人）”的交易。（2）融资租赁是融资取代融物的金融创新形式，是指出租人根据承租人对租赁物和供货人的选择或认可，将其从供货人处取得的租赁物按融资租赁合同的约定出租给承租人占有、使用，向承租人收取租金，最短租赁期限为一年的交易活动。（3）金融租赁。如果是金融机构作为出租人，或者租赁的实质是抵押贷款，或者出租人在购买出租设备时又引入其他金融机构资金，由于这些融资租赁的金融色彩更加浓厚，从出租人的角度可以称这些租赁为金融租赁。

第3节　企业不同生命周期融资方式与选择

一、企业的生命周期理论

企业成长理论认为，企业既是一个社会经济组织，同时也是一个生命有机体。企业像生命有机体一样，有一个从生到死、由盛转衰的过程。企业所呈现的生命周期现象是企业的基本活动规律之一。为了描述企业的生命过程及其形态变化，有关学者试图用企业生命周期模型来描述企业生命过程的一般规律。

（一）伊查克·爱迪思企业生命周期

美国管理学家伊查克·爱迪思（Ichark Adizes）把市场经济中企业的生命周期分为两大阶段：成长阶段和老化阶段，各个具体阶段为孕育期、婴儿期、学步期、青春期、盛年期、稳定期、贵族期、官僚化早期、官僚期和死亡期，如图6-1所示。

这个模型是伊查克·爱迪思管理理论的基础，它形象地描述了企业整个生命周期的形态变化，是企业生命周期理论的奠基石。许多关于企业生命周期的思想和模型都将此作为

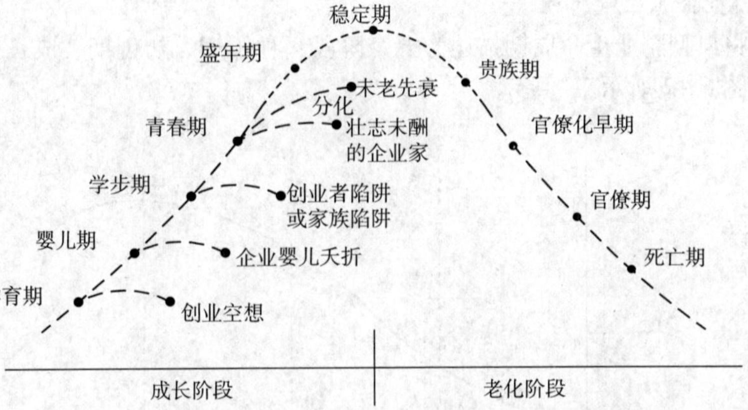

资料来源：[美] 伊查克·爱迪思. 企业生命周期 [M]. 北京：中国社会科学出版社，1997：237.

图 6－1　企业生命周期模型

衍生母体而进一步发展和改进，力求承袭其思想精髓而略做形式上更为准确扼要的变化。

（二）丘吉尔和刘易斯企业生命周期

丘吉尔和刘易斯把企业的生命周期分为五个阶段，即创业、生存、成功、扩张和成熟。与其他生命周期模型不同的是，丘吉尔和刘易斯模型仅把企业的生命周期划分为不断成长发展的五阶段，没有衰落、死亡阶段。他们认为，企业的衰落或死亡在生命周期的任何阶段都可能发生，而并不仅仅是在成熟期之后，企业也会在某个阶段长久停留，还会倒退到以前的阶段。例如，我国民营企业的生存压力很大，淘汰率也相当高，企业的衰落或死亡在生命周期的任何阶段都可能发生，而并不仅仅是成熟期之后。

在企业成长的每个阶段，企业都会面临不同的挑战和问题，这些问题的解决是企业顺利进入下一阶段的前提。创业阶段的主要目标是把企业建立起来，面临的关键问题是如何获取顾客并提供好的产品或服务来维持生存。生存阶段企业关注的焦点是如何保持现金收支平衡，产生足够的现金流量来支持企业成长。成功阶段需要考虑如何保持盈利来支持企业发展。扩张阶段主要面临的问题是管理成长并处理复杂的商业环境。成熟阶段面临的主要挑战是如何通过快速增长来巩固和控制企业利润，以及如何保持企业的竞争力。

显然，企业生命周期各阶段均有资金需求问题。资金对企业的重要性随企业生命周期的演进而变化：在创业和生存阶段，企业需要投入初始固定资产和市场开拓的资金，资金对企业极为重要；在成功阶段，企业获得了利润和盈余，资金相对充足，其依赖性有所下降；在扩张阶段，企业要进行大规模的资本支出，仅靠利润盈余不能满足资本支出增加的需要，对资金的依赖性迅速上升；在成熟阶段，企业市场相对稳定，利润率高，企业对资金的依赖性又有所下降。可见，企业融资问题是和企业的生命周期紧密相连的，企业融资的规律是存在于企业生命周期的动态发展之中，不同的发展阶段亦有不同的融资特点。①

① 梁琦，于津平，吴崇. 民营企业生命周期融资规律探析 [J]. 南京社会科学，2005（5）.

（三）典型企业生命周期

一般可将典型企业生命周期描述为五个阶段：种子期、初创期、成长期、成熟期和衰退期，如图6－2所示。

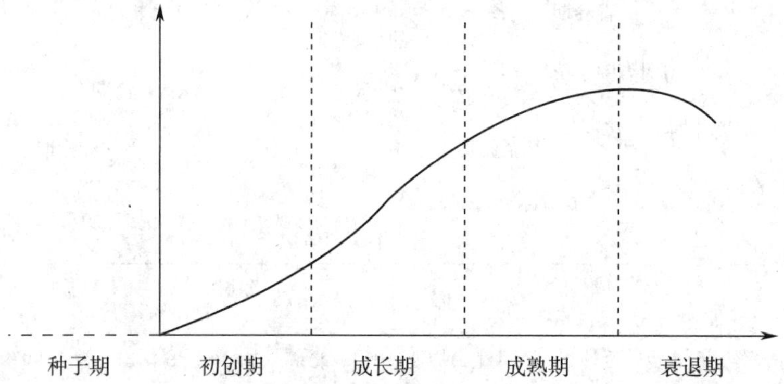

图6－2　典型企业生命周期模型

二、企业不同生命周期融资方式与选择

根据企业生命周期理论，企业处于不同发展阶段，面临着不同的融资需求与融资背景，对融资渠道选择、融资工具使用和时机把握会有鲜明的个性差异。因此企业融资首先要准确进行生命周期自我定位，然后依据各国金融市场的情况、国家政策导向，针对企业所处发展阶段寻求融资解决方案。根据典型企业生命周期模型，各发展阶段企业融资方式与选择如下。

（一）种子期

种子期企业的特征是已经有了成熟创意、技术雏形，急需融资完成中间试验或拿出定型产品，但成功与否及商业化前景尚不明朗，投资风险极大。因此既不可能获得商业银行贷款，也很难通过投资基金融资。种子期企业属于自主创新的小型项目，只能通过民间借贷、物权担保融资；大型项目可与科研单位、院校或大中型企业合作，纳入研究课题或技术创新计划，争取资金支持。科技成果转化产品，高科技含量专利产品已有样品或有参照产品的，可以通过高新技术开发区，争取政府基金资助、孵化器投资、天使风险投资。

（二）初创期

在初创期，企业资金供需矛盾突出，此时，企业战略的重点是产品的研发和市场的开拓，需要大量的资金，而此时，由于企业刚刚起步，生产经营规模小，市场占有率小，因此，企业的融资能力比较弱，可供选择的融资渠道也较少。同时，企业以新竞争者的身份进入某一行业，承担着巨大的技术风险、产品风险和市场风险，承受失败风险的能力也较弱。因此，这一时期，企业应选择比较稳健的融资策略，根据未来的偿债能力选择可以接受的融资方式，避免在初期就背上沉重的债务负担，陷入财务危机。对于传统产业的中小企业，此阶段，企业的利润和信用都不足，很难获得外源资金，即使获得资金，成本也会比较高，所以，企业主要应依靠内源融资，通过留存收益、应付税金和计提折旧等形式而形成现金来源。对于高科技型中小企业，除了选择内源融资方式外，可以通过释放股权吸收风险投资。在这种投资方式下，投资人一般会积极参与被投资企业的经营管理，提供增值服务，使企业快速成长，再通过上市、兼并或股权转让等方式撤出投资。初创期的高科技中小企业资金短缺、管理水平落后、市场占有率低，如果能吸收风险投资参与企业经营管理，不但能获得所需资金，还能降低风险，是一种较好的融资策略。

（三）成长期

企业在这一阶段所面临的内外部环境发生了一系列的变化，企业产品或服务已经打入市场，且有了一定的知名度，企业获得持续增长的净现金流量，销售规模快速增长，企业人数和厂房设备等也不断增加，企业需要大量的营运资金来应付应收账款和存货的增加。成长期企业利润开始增加，商业信用开始增强，融资能力增强，可以采取多种筹资策略，如银行贷款、政府资金、动产融资、发行债券、发行股票等。企业应该认真研究选择各种融资策略，重点考虑哪种融资方式能给企业带来最大收益且融资风险最小。此阶段的企业可以选择股权融资或者风险投资基金，因为成长期企业经营风险还是比较高，且资金需求量大，仅仅依靠内部融资难以满足其扩张需求，而若以负债融资为主，由于财务杠杆效应，很可能会导致较高的债务成本，甚至给企业带来财务危机。

（四）成熟期

在这一时期，企业已经具有一定的知名度，生产和管理能力已经比较成熟，在产品市场占有固定份额，盈利水平也趋于稳定，能够获得持续稳定的现金流，但企业创造新价值的能力有所降低。此时，企业的资金来源主要依靠企业的内部积累，企业的现金流入量大于流出量。此阶段，一部分企业通过兼并收购实现了跨越式发展，企业规模快速增加；一部分企业则采取稳健型竞争战略，维持原有规模。对于选择扩张的企业，此时应分析企业目前的资金结构状况，以免在扩张时期出现资金链断裂的情况，如果企业之前的债务资金所占比重较大，此时最好主要采用股权融资策略，既优化了企业资本结构，又减轻了企业未来还贷压力。对于采取稳健型融资策略的企业，在成熟期，企业各个方面都趋于稳定，缺乏新的利润增长点，企业资金利用效率较低，且企业的盈余积累较丰厚，可以适当地采取债务融资策略，提高净资产收益率，如债券融资和附认股权证公司债券融资策略。因为债务融资既可以为企业带来财务杠杆效应，又不会降低净资产收益率和稀释每股收益，也没有股权融资所带来的经营权分散的负面影响。

（五）衰退期

进入成熟期后的企业由于市场竞争加剧或新产品和服务的替代，部分开始进入衰退期，衰退期特征是企业管理规模过大，官僚现象出现，决策效率降低、人才外流等。此阶段，部分企业率先意识到经营环境的变化，开始通过兼并、合作等一系列手段进行调整，规模迅速扩张，进入下一个成长期；而部分则由于环境的变化，产品被淘汰，反应滞后，逐渐走向衰败。因为发展的不同，企业面临的资金需求也不同。对于那些迅速调整并成功进入下一个周期继续成长的企业，由于成长态势较好，占据资金融通的主动地位，可以选择的融资渠道也趋于多元化，可以根据企业具体所处生命周期再次选择适合的融资策略。对于那些彻底进入衰退期的企业，由于企业盈利能力下降，市场对产品或服务的需求萎缩，供大于求，经营风险和财务风险增大，导致偿债能力不断下降，而且，此阶段企业的信用等级也随着经营状况的恶化而降低，因此，获取银行贷款和风险投资的可能性都很低。此时，企业最应该争取政府资金，或者采取资产证券化融资策略，或者寻求企业间的兼并和重组，给企业注入新的资金和资源，使企业渡过难关。

企业生命周期各阶段融资方式选择如表 6－1 所示。

表 6－1　　企业生命周期各阶段融资方式选择

企业发展阶段	可选择的融资方式
种子期	内源融资、民间借贷、物权担保融资
初创期	内源融资、风险投资、天使投资
成长期	股权融资、风险投资、天使投资、内源融资
成熟期	债务融资、股权融资、内源融资
衰退期	政府资金、资产证券化融资、内源融资

三、企业生命周期与企业资本配置效率①

企业生命周期是组织研究中的重要领域，早期的研究侧重对企业生命周期存在性的探讨，后来的研究则将重点转移到了企业生命周期阶段的划分上，并逐渐形成了以企业经营、组织特征等为划分依据的企业生命周期理论。企业生命周期理论认为，企业的形成和发展与其他组织一样具有生命体的部分形态，不同阶段的生产经营、组织特征及投资者与管理者之间的关系等各有不同；不同阶段的资本配置效率也存在明显的差异。

处于初创期的企业，规模较小，生产经营单一，创立者往往也是企业的所有者。拥有专有技术的初创期企业一般具有高成长性，但投资者很难判断企业的成长空间，企业与外部投资者的信息不对称程度较高。处于成长期的企业，经营业务与产品市场占有率快速增长，组织规模迅速增大，开始引入职业经理人，企业出现所有权和经营权初步分离的现象，这个时期企业逐渐走向公开，企业内外部的信息不对称程度降低。处于成熟期的企业，经营领域较大，企业成长机会下降，但在产品市场上确立了自身的地位，企业组织内部层级进一步复杂化，形成专业化的经理人队伍，企业的股权进一步分散化，其内部组织及经营管理的信息透明度较高。处于衰退期的企业，产品及服务多元化特征明显或受到新产品的竞争，成长机会进一步萎缩，组织灵活性下降，内部官僚作风兴起，企业面临二次创业或被并购的风险，管理者有可能因职业防御而作出有损投资者利益的投资行为。

处于生命周期不同阶段的企业所具备的发展特征不同，致使其所面对的信息不对称及代理问题的严重程度存在差异，而这势必会影响企业投资效率与公司治理效率。

从信息不对称角度来看，初创期阶段，企业的专有新技术往往较难得到投资者的认

① 李云鹤，李湛，唐松莲．企业生命周期、公司治理与公司资本配置效率［J］．南开管理评论，2011（3）．

可，这样造成外部融资难度较大，可能导致市场潜力巨大且净现值为正的投资机会因缺乏资金的支持而不得不被放弃，从而出现投资不足；成长期阶段，企业高速成长，并逐渐走向公开上市，企业管理者与投资者之间的信息不对称程度下降，外部融资条件好转，同时企业自身业务开始产生大量现金流，企业投资不足问题得到缓解，且此时，管理者为了快速占领市场、把握竞争先机，可能出现过度投资的倾向；成熟期阶段，企业成长性下降，企业公开化程度进一步提升，企业自身的产品市场地位得以稳固，外部融资条件更加优越，同时自身产生大量自由现金流，可能促使管理者过度投资于净现值为负的项目；衰退期阶段，企业出现萎缩的趋势，拥有较高的透明度，外部融资条件变差，但企业自身的自由现金流依然较为充裕，管理者可能会为了避免企业的倒闭，竭力寻找企业的二次创业机会，从而加大对新成长机会的投资，这可能造成公司盲目投资。

从代理问题角度来看，处于初创期的企业，由于创业者与所有者常常合二为一，组织中代理问题并不明显，因代理问题出现投资不足与投资过度的可能性极小。处于成长期的企业，业绩快速增长，并带来大量的现金流，同时，组织层级进一步复杂化，企业所有权与经营权开始分离，委托代理问题出现，管理者将出现构建商业帝国的动机，从而可能造成公司过度投资。处于成熟期的企业，企业所有权进一步分散化，企业中的委托代理问题将变得较为严重，企业拥有大量自由现金流，为投资过度提供了条件与可能；而管理者构建商业帝国的行动将越来越明显，在职消费增加，从而将使得企业的过度投资问题变得较为严重。处于衰退期的企业，代理问题将延续企业成熟期的趋势，但管理者更关注自身所享有的既得利益的长期性及职业防御问题，一方面将通过扩大对净现值为负的项目投资，竭力阻止可能发生的公司被并购的风险，从而造成过度投资；另一方面管理者可能产生惰性，并担心新投资机会的风险危及既得利益，从而错过投资存在巨大市场潜力的成长机会，造成公司投资不足。

企业在其生命周期不同阶段的发展进程中，所面对的信息不对称及代理问题不一，由信息不对称与代理问题所导致的企业资本配置效率将存在严重差异。因此，企业生命周期是企业融资选择和资本配置效率的重要影响因素。

本章小结

1. 内源融资是指企业从自身内部获得的资金来源。外源融资是指企业从外部取得的股权或债务资金。这里的外部或内部，是以企业本身这个抽象的法人实体为界限的。凡是来自企业自身的资金来源，归为内源融资，反之归为外源融资。

2. 内源融资一般包括折旧、摊销、留存收益等，内源融资具有内生性、成本低、具有产权控制权、有利于企业降低财务风险、融资规模有限等特点。

3. 外源融资又可分为直接融资和间接融资。直接融资主要包括境内上市、境外上市、发行债券、私募股权融资等方式，其具有分散性、信誉差异较大、部分不具有可逆性、相对较强的自主性等特点。间接融资主要是指民间借贷、银行贷款、金融租赁等方式，间接融资方式借贷主体相对较集中，由金融中介掌握融资主动权。

4. 根据企业生命周期理论，企业处于不同发展阶段，面临着不同的融资需求与融资背景，对融资渠道选择、融资工具使用和时机把握会有鲜明的个性差异。因此，企业融资首先要准确进行生命周期自我定位，然后依据各国金融市场的情况、国家政策导向，针对企业所处发展阶段寻求融资解决方案。

5. 处于初创期的企业，规模较小，生产经营单一，创立者往往也是企业的所有者；拥有专有技术的初创期企业一般具有高成长性，但投资者很难判断企业的成长空间，企业与外部投资者的信息不对称程度较高。适合该阶段的融资方式主要有内源融资、风险投资、天使投资等。

6. 处于成长期的企业，企业高速成长，经营业务扩大，同时组织规模迅速增大，开始引入职业经理人，企业出现经营权和所有权初步分离的现象；这个时期企业逐渐走向公开，企业内外部的信息不对称程度降低。适合该阶段的融资方式主要有股权融资、风险投资、天使投资、内源融资等。

7. 处于成熟期的企业，经营领域较大，企业成长机会下降，但在产品市场上确立了自身的地位，企业组织内部层级进一步复杂化，形成了专业化的经理人队伍；企业的股权进一步分散化，其内部组织及经营管理的信息透明度较高。适合该阶段的融资方式主要有债务融资、股权融资、内源融资等。

8. 处于衰退期的企业，由于市场竞争加剧或新产品和服务的替代，部分企业开始进入衰退期，衰退期特征是企业管理规模过大、官僚现象出现、决策效率降低、人才外流等。适合该阶段的融资方式主要有政府资金、资产证券化融资、内源融资等。

本章思考练习题

一、选择题

1. 企业融资的原则主要有（　　）。

A. 收益与风险相匹配原则　　B. 遵循资本结构合理原则

C. 控制融资成本最低原则　　D. 保持企业有控制权原则

2. 按照融资用途，企业融资可分为（　　）。

A. 流动资金贷款　B. 内源融资　C. 固定资产贷款　D. 外源融资

3. 按照资金来源，企业融资可分为（　　）。

A. 流动资金贷款　B. 内源融资　C. 固定资产贷款　D. 外源融资

4. 按照企业与投资者关系的不同，企业融资方式可分为（　　）。

A. 债权融资　B. 股权融资　C. 契约性融资

D. 政策性融资　E. 信托融资

5. 外源融资可分为（　　）。

A. 债权融资　B. 股权融资　C. 直接融资　D. 间接融资

6. 下列属于直接融资特点的有（　　）。

A. 分散性　　B. 信誉差异较大

C. 部分不具有可逆性　　D. 相对较强的自主性

7. 下列属于间接融资特点的有（　　）。

A. 借贷主体相对较集中　　B. 相对集中性
C. 信誉差异较小　　D. 由金融中介掌握融资主动权

8. 适合种子期阶段的企业融资方式有（　　）。
A. 内源融资　　B. 民间借贷　　C. 物权担保融资　　D. 债务融资

9. 适合初创期阶段的企业融资方式有（　　）。
A. 内源融资　　B. 风险投资　　C. 天使投资　　D. 债务融资

10. 适合成长期阶段的企业融资方式有（　　）。
A. 股权融资　　B. 风险投资　　C. 天使投资　　D. 内源融资

11. 适合成熟期阶段的企业融资方式有（　　）。
A. 债务融资　　B. 股权融资　　C. 内源融资　　D. 风险投资

12. 适合衰退期阶段的企业融资方式有（　　）
A. 政府资金　　B. 内源融资　　C. 资产证券化融资　D. 债务融资

二、思考题

1. 内源融资的资金来源主要有哪些?
2. 内源融资的优缺点是什么?
3. 直接融资的主要方式有哪些?
4. 间接融资的主要方式有哪些?
5. 企业不同生命周期融资方式与选择有哪些?

第7章

债 务 融 资

本章知识结构

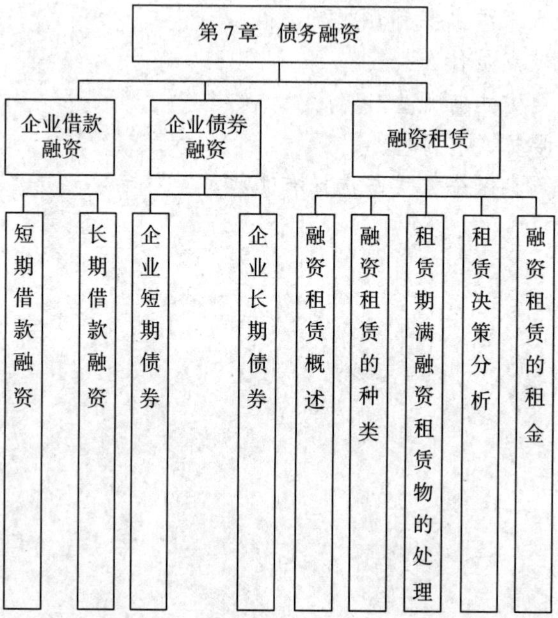

本章学习目的

1. 理解债务融资的概念和分类；
2. 掌握商业信用成本计算及决策；
3. 了解短期借款的信用条件和利息支付；
4. 掌握企业债券发行价格的计算；
5. 掌握融资租赁的概念和作用。

从经济学的角度说，融资是一种交换行为，是融资者用未来的收益与投资者现在资金投入的交换。企业向银行申请借款时，向银行承诺在未来按时按量还本付息，并以此作为得到银行借款的基本条件，这就是企业以未来收益与银行现在提供的贷款资金的交换。融资只是一种交换行为，所以，融资不会创造价值。根据企业与投资者关系的不同，企业的融资可以分为债务融资和权益融资。

债务融资又称债权性融资，也称间接融资，是企业向银行、其他金融机构、其他企业单位等借入资本的方式，企业需依约使用，按期偿还。债务融资包括商业信用、银行等金融机构借款、融资租赁等。有些借入资本可按事先的约定转化为权益筹资，如可转换公司债券。从出资者与企业控制权关系来看，债务融资的出资者把自身的企业控制权等同于企业能否实现一定的目标，出资者只要得到了企业契约规定的给付，就不必干预企业的经营管理策略。

根据企业债务类型，债务融资分为：

1. 企业借款融资，包括商业信用和银行等金融机构贷款。商业信用是指在商品交易过程中，企业与企业之间以延期付款、预收账款等方式提供的信用，是企业之间直接的信用行为，方便、灵活、易获得，但资金成本也较高。银行信贷通常是企业使用最多的债权融资方式，一般融资速度快、融资弹性大且融资成本也低于企业债券市场。

2. 企业债券融资，是指企业按照法定程序发行，承诺在未来一定时期向债权人支付一定利息并偿还本金的有价证券。这种方式筹集金额大、时间长，要求较高的投资回报率，因此风险较高。但同时发行债券的费用及利息支出一般计入成本，具有税盾的作用。

3. 融资租赁融资，包括简单融资租赁、杠杆融资租赁、售后回租、转租赁等。一般对于财力较弱的企业是个较好的融资方法，同时承租企业避免了设备陈旧过时的风险。

第 1 节　企业借款融资

借款融资按照还款期限的长短分为短期借款融资和长期借款融资。

一、短期借款融资

（一）短期借款融资的概念及特点

短期借款融资是指企业因缺乏用来维持正常的生产经营所需的资金而向银行或其他金融机构等外单位借入的、还款期限在一年以内（含一年）的各种借款。在社会主义市场经济条件下，短期借款已成为企业融通短期资金的主要来源之一。

企业取得短期借款要比长期借款快得多。债权人在发放长期借款前要对债务人作全面的财务和资信评价。相对于长期借款，短期借款融资速度快，较容易取得。

短期借款的发行成本比长期借款低。长期借款协议通常包括一些限制企业未来经营的条款，如果协议中包括提前偿还条款，通常要支付较高的罚金，而短期借款的限制则相对较少，且成本低。

（二）短期借款融资的内容

短期借款融资包括商业信用和银行等金融机构短期信贷（主要是银行短期借款）。

1. 商业信用。

（1）商业信用（Commercial Credit），指在商品交易过程中，企业由于延期付款或预收账款等方式所形成的企业间的借贷关系。商业信用是一种较为普遍的自发性短期借款，是企业之间直接的信用行为，方便、灵活、易获得，但资金成本也较高。商业信用包括应付账款、应付票据和预收账款等。

①应付账款（Accounts Payable），是企业购买货物暂未付款而欠卖方的账款。卖方允许买方在购货后一定时期内支付货款，对买方来说延期付款意味着向卖方借用资金购进货物。应付账款有付款期和折扣等信用条件。在商业信用政策中给予买方购货现金折扣（Cash Discount）和折扣期限的目的是促使买方尽早付款，利于卖方控制其应收账款。

②应付票据（Notes Payable），是企业进行延期付款商品交易时开具的反映债权债务关系的票据。应付票据根据商业汇票承兑人的不同，分为商业承兑汇票和银行承兑汇票。应付票据支付期最长不超过6个月。

③预收账款（Account Payable in Advance），是卖方企业在交付货物之前向买方预先收取部分或全部货款的信用形式，相当于向买方借入资金后用货物抵偿。

（2）商业信用的成本。商业信用按照信用和折扣取得与否分为免费信用、有代价信用和展期信用三种。

①免费信用，指买方在规定的折扣期内享受折扣而获得的信用。债权人为了控制应收账款的期限和速度，往往向债务人提出信用政策。如“1/10，*n*/30”表示买方若在10天内付款，可享受1%的现金折扣，若超过10天以后付款，则不享受现金折扣优惠，商业信用期限不超过30天。

例7－1 某企业按1/10、*n*/30的条件购入100万元的货物，如果该企业在10天内付款，便享受了卖方提供的10天的免费信用期，可以获得折扣1万元（100万元×1%），免费信用额为99万元（100万元－1万元）。

②有代价信用，是指买方以放弃现金折扣为代价而获得的信用。倘若在10天后（不超过30天）付款，该企业要承受因放弃折扣而带来的隐含利息成本。放弃折扣的成本用放弃的折扣额除以因放弃折扣换来的信用资金增加额来表示，即

$$\text{放弃现金折扣的成本}=\frac{\text{折扣百分比}}{1-\text{折扣百分比}}\times\frac{360}{\text{信用期}-\text{折扣期}} \tag{7-1}$$

结合例7－1，该企业放弃折扣所负担的成本为

$$\frac{1\%}{1-1\%}\times\frac{360}{30-10}=18\%$$

式（7－1）表明，放弃现金折扣的成本与折扣百分比的大小、折扣期的长短同方向变化，与信用期的长短反方向变化。

③展期信用，是买方公司超过规定的信用期推迟付款而强制获得的信用。

例7－1中，若该企业推迟至40天付款，则其商业信用成本为

$$\frac{1\%}{1-1\%}\times\frac{360}{40-10}=12\%$$

在企业放弃现金折扣的情况下，推迟付款的时间越长，其放弃现金折扣的成本越小。

（3）对商业信用成本的决策。买方企业选择不同的商业信用，享受的现金折扣优惠不同，负担的代价也将不同。企业面临的不同商业信用的决策通常有以下四种：

①如果能以低于放弃现金折扣成本的利率借入现金，便应在现金折扣期内用借入的资金支付货款，享受现金折扣。

②如果在折扣期内将应付账款用于短期投资，所得的投资收益率高于放弃现金折扣成本，则应放弃折扣而追求更高的投资收益。

③如果企业因缺乏资金而欲展延付款期，则需在降低了的放弃折扣成本与展延付款带来的损失之间作出选择。展延付款带来的损失主要指因企业信誉的恶化而丧失供应商乃至其他贷款人的信用，或日后招致苛刻的信用条件。

④如果面对两家以上提供不同信用条件的卖方，应计算并权衡放弃现金折扣成本的大小，选择放弃现金折扣的资金成本最小（或所获利益最大）的卖方。

例7-2　甲公司正面临两家提供不同信用条件的供应商，A供应商的信用条件为3/10，n/30，B供应商的信用条件为2/20，n/30。

a. 如果该公司在10~30天内有一次投资机会，回报率为60%，公司是否应在10天之内归还A供应商的应付款？

b. 如果该公司只能在20~30天以内付款，应选择哪家供应商？

解析：

a. 放弃A供应商现金折扣的成本 $=\frac{3\%}{1-3\%}\times\frac{360}{30-10}=55.67\%<60\%$

所以甲公司应放弃现金折扣，不应该在10天内偿还这笔款项。

b. 放弃A供应商现金折扣的成本为55.67%

放弃B供应商现金折扣的成本 $=\frac{2\%}{1-2\%}\times\frac{360}{30-10}=73\%$

既然不得不放弃现金折扣，就应该选择成本较小的一家公司，故甲公司应该选择A供应商。

商业信用融资最大的优越性在于容易取得。对大多数企业来说，商业信用是一种持续性的信贷形式，且无须正式办理融资手续。如果没有现金折扣或使用不带息票据，商业信用融资不负担成本。其缺陷在于期限较短，在放弃现金折扣时所付出的机会成本较高。

2. 银行短期借款。短期金融借款是指企业为了弥补流动资金的不足而向银行或其他金融机构借入的期限在一年以内的借款，以银行短期借款为主。

（1）银行短期借款的分类。我国目前的银行短期借款主要有经营周转借款、临时借款、结算借款等。

①经营周转借款（Operating Working Capital Loan），是指企业因流动资金不足，为满足生产周转的需要而向银行取得的借款。办理该项借款时，企业应按有关规定向银行提出年度、季度借款计划，经银行核定后，借款人根据借款借据办理借款。企业根据各项物资储备，通常都可以预先确定其定额占用量，其资金来源应当是周转用的营运资金。其数额大致为流动资产扣除流动负债后的部分。企业通过测算可以计算出计划年度定额

流动资金需用量，扣除本年营运资金，如果差额为负数，即为生产周转借款需用量。企业可以在此范围内向银行申请贷款，这种借款期限可根据资金使用情况确定，一般不超过一年。

②临时借款（Temporary Loan），是指企业在生产经营过程中由于临时性或季节性原因需要超额储备物资而从银行取得的借款。临时性借款通常是为了解决以下几种情况的资金需要：原材料季节性储备；进口物资集中到货；产品由于客观原因不能及时出售；引进软件，换取外汇；发展名优产品等。

③结算借款（Settlement Loan），是指在采用托收承付结算方式办理销售货款结算的情况下，企业为解决商品发出后至收到托收货款前所需要的在途资金而借入的款项。企业在发货后的规定期间（一般为3天，特殊情况最长不超过7天）内向银行托收的，可申请托收承付结算借款。借款金额通常按托收金额和商定的折扣率进行计算，大致相当于发出商品销售成本加代垫运杂费。企业的货款收回后，银行将自行扣回其借款。

（2）银行短期借款的信用条件。按照国际通行做法，银行发放短期借款往往需要附带一定的信用条件，主要包括：

①信贷额度（Line of Credit），即贷款额度，是银行对借款企业规定的无担保贷款的最高额。信贷额度的有效期通常为一年，根据情况也可延期一年。银行不承担超过信贷额度的借款，如借款企业与银行约定信贷额度为500万元，该企业已经借用了400万元，如果企业继续向银行申请贷款200万元，超过了信贷额度，银行将不予以办理；银行亦不承担必须提供全部信贷额度的义务，如果该企业在贷款400万元后，信誉恶化，即使银行曾同意信贷额度为500万元，也可不继续贷款给企业，此时，银行不承担法律责任。

②周转信贷协定（Revolving Credit Agreement），是指银行具有法律义务承诺提供不超过某一最高限额的贷款协定。在协定的有效期限内，只要借款总额未超过最高限额，银行必须满足企业任何时候的借款要求。企业享用周转协定，通常要对贷款限额的未使用部分给银行一定比率的承诺费（Commitment Fee）。

例7-3 某借款企业与银行协定的周转信贷额为2 000万元，承诺费率为0.5%，借款企业年度内使用了1 500万元，余额500万元，则借款企业向银行支付的承诺费为 $500\times0.5\%=2.5$（万元）。

③补偿性余额（Compensating Balances），是指银行要求的借款人在银行中保持按贷款限额或实际借用额的一定百分比（通常为10%~20%）计算的最低存款余额。补偿性余额可降低银行的贷款风险，但会提高借款企业借款的实际利率。

例7-4 某借款企业按年利率10%向银行借款100万元，银行要求维持贷款限额15%的补偿性余额，则该借款企业实际可用的借款只有85万元，该项借款的实际利率为

$$\frac{100\times10\%}{85\times100\%}=11.8\%$$

（3）银行短期借款利息的偿还。银行短期借款的利息偿还方式通常有三种：一是收款法，二是贴现法，三是加息分摊法。

①收款法是借款到期时向银行支付利息的方法。银行对工商企业发放的贷款通常采用这种方法。在这种情况下，对于期限为一年的借款，实际利率的计算公式为

$$实际利率 = \frac{支付利息}{借款数量} \times 100\% \quad (7-2)$$

②贴现法是银行向借款企业发放贷款时，先从本金中扣除利息部分，借款到期时借款企业只需偿还全部本金的一种计息方法。实际利率的计算公式为

$$实际利率 = \frac{支付利息}{贷款数量 - 支付利息} \times 100\% \quad (7-3)$$

③加息分摊法是银行发放分期等额偿还贷款时采用的偿还利息方法。如借款企业借入年利率（名义利率）为10%的贷款100万元，在未来的一年内分12个月等额偿还本息，这样，借款企业实际上只平均使用了贷款本金的一半，却支付了全额利息。企业所负担的实际利率为

$$\frac{100 \times 10\%}{\frac{100}{2}} \times 100\% = 20\%$$

采取加息分摊法付息，实际利率大约相当于名义利率的2倍。

例7-5　某企业向银行借入短期借款10 000万元，同银行协商后银行提出三种付息方案：

a. 如果采取收款法付息，利率为7%；

b. 如果采取贴现法付息，利率为6%；

c. 如果采取加息分摊法付息，利率为5%。

借款企业应如何决策支付利息的方法?

解：

采取收款法时，实际利率 = 名义利率 = 7%

采取贴现法时，实际利率为

$$\frac{10\,000 \times 6\%}{10\,000 - 10\,000 \times 6\%} \times 100\% = 6.38\%$$

采取加息分摊法，实际利率为

$$\frac{10\,000 \times 5\%}{\frac{10\,000}{2}} \times 100\% = 10\%$$

所以借款企业应采取贴现法支付利息，实际利率最低。

二、长期借款融资

（一）长期借款融资的概念及分类

按照《中国人民银行贷款通则》，贷款期限在一年以内（含一年）的贷款为短期贷款，贷款期限在一年以上五年以下（含五年）的贷款为中期贷款，贷款期限在五年以上的贷款为长期贷款。在企业实际操作中，通常将长期借款定义为企业向银行或其他金融机构借入的期限在一年以上（不含一年）的各项借款。长期借款主要用于企业购建固定

资产和满足长期流动资金占用的需要，是企业筹措长期负债资金的重要方式之一。

1. 按借款用途分为：固定资产投资借款、更新改造借款、科技开发和新产品试制借款等。

2. 按照提供贷款的机构分为：政策性银行借款、商业银行借款和其他金融机构借款等。

（1）政策性银行借款是指执行国家政策性贷款业务的银行向企业提供的贷款，通常为长期借款。目前我国已建立的政策性银行借款有：国家开发银行为满足企业承建国家重点建设项目的资金需要而提供的贷款和中国进出口银行为大型设备的进出口提供的买方信贷或卖方信贷等。

（2）商业性银行借款是指各商业银行向企业所提供的借款，用于满足企业生产经营的资金需要。企业与银行之间要签订借款合同，有规定的借款利率，主要实行分期偿还方式，也有到期一次性偿还的长期借款。

（3）其他金融机构借款是指保险公司等其他非银行机构对企业提供的借款，一般较商业银行借款的期限更长、要求的利率更高，对借款企业的信用要求和担保要求也比较严格。企业还可以从信托投资公司取得实物或货币形式的信托投资贷款等。

3. 按借款有无担保分为：信用借款和担保借款。

（1）信用借款指仅凭借款企业或保证人的信誉而获得的借款。企业获得信用借款，无须以财产作担保，通常仅由借款企业出具签字的文书。信用借款风险较高，银行通常贷给资信评价优良的企业，收取较高的利息，且附加一定的条件限制。

（2）担保借款指借款企业通过提供相应的担保而获得的借款。根据担保方式的不同，担保借款又分为保证借款、抵押借款和质押借款。

①保证借款指以第三方承诺在借款企业不能偿还所借资金时按约定保证条款承担一般保证责任或连带责任为前提而获得的借款。

②抵押借款指以借款企业或第三方的财产作为抵押物而获得的借款。作为借款担保的抵押品，可以是不动产、机器设备等实物资产，也可以是依法可以抵押的其他财产。如果借款到期借款企业不能或不愿偿还，银行可以取消企业对抵押品的赎回权，并有权处理抵押品。抵押借款有利于降低银行贷款的风险。

③质押贷款指以借款企业或第三方的动产或权利作为质押物而获得的借款。

目前我国银行向企业发放的长期借款基本上都属于担保借款。企业申请担保借款需具备以下条件：

（1）借款企业实行独立核算、自负盈亏，具有法人资格，有健全的机构和相应的企业管理和技术人才；

（2）借款企业经营方向和业务范围符合国家产业政策，借款用途属于银行贷款办法规定的范围并提供有关借款项目的可行性报告；

（3）借款企业具有一定的物资和财产保证，保证单位具有相应的经济实力；

（4）借款企业具有偿还贷款的能力；

（5）借款企业财务管理和核算制度健全，资金使用效益及企业经济效益良好；

(6) 借款企业在有关金融部门开立账户，办理结算。

(二) 长期借款融资的操作程序

具备上述条件的企业取得长期借款一般按图7－1所示程序操作：企业先要向银行或其他金融机构提出借款申请；贷款机构审查批准；签订借款合同；企业取得借款。

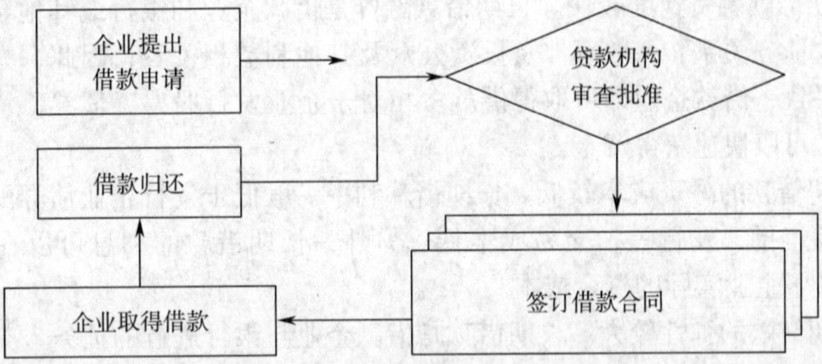

图7－1　长期借款融资的操作程序

(三) 长期借款的保护性条款

由于长期借款的期限长、风险大，因此，按照国际惯例，银行通常对借款企业提出一些有助于保证借款按时足额偿还的保护性条款。大致分为一般性保护条款和特殊性保护条款。

1. 一般性保护条款。一般性保护条款适用于大多数借款合同。主要包括：对借款企业流动资金保持量的规定；对支付现金股利和再购入股票的限制；对资本支出规模的限制；限制其他长期债务；借款企业定期向银行提交财务报表；不准在正常情况下出售较多资产；不准以任何资产作为其他承诺的担保；限制租赁固定资产的规模等。

2. 特殊性保护条款。特殊性保护条款针对某些特殊情况而出现在部分借款合同中。主要包括：贷款专款专用；不准企业投资于短期内不能收回资金的项目；限制企业高级职员的薪金和奖金总额；要求企业主要领导人在合同有效期间担任领导职务等。

(四) 长期借款的融资成本

长期借款的利率通常高于短期借款。只有那些信誉较好或抵押品流动性强的借款企业才能争取到较低的长期借款利率。由于银行借款常常伴随着银行要求借款企业提供信用条件，比如实行周转信贷协定所收取的承诺费、要求借款企业在贷款银行保持补偿性余额所形成的间接费用等，这都会增加长期借款的融资成本。

(五) 长期借款的偿还方式

借款企业在取得长期借款后应按照借款合同规定的方式按期偿还本息。企业偿还长期借款的方式通常有：

1. 到期一次性偿还本息。

2. 定期支付利息、到期一次性偿还本金。这种偿还方式会加大企业借款到期时的还款压力。

3. 定期等额偿还。这种还款方式会提高企业使用贷款的实际利率。

4. 逐期偿还小额不等本息、期末偿还余下的大额部分。这种还款方式便于企业根据自己的情况灵活安排经营活动。

（六）长期借款融资的评价

1. 长期借款的优点

（1）长期借款融资速度较快。长期借款融资是借款企业和银行或其他金融机构等借贷双方的债权债务关系，一般不涉及投资公众及其他利益相关者，因此，只要借贷双方按协约达成一致，借款企业即可取得借款。相对于企业发行股票、债券，筹集资金所需的时间较短，可以快速获得资金。

（2）长期借款的融资成本较低。长期借款利率一般低于发行企业债券的利率，且长期借款不涉及审批、发行等，交易成本低。另外，长期借款的利息可以在所得税前扣除，从而减少了企业实际的资金成本。

（3）长期借款的弹性较大。长期借款是借款企业与银行进行的债务人与债权人的直接协商，在借款期限、利率、信贷额度等有关事宜上具有较大的灵活性，借款企业有可能根据自己的实际情况与银行进行协商。

（4）债权人一般只追求收益率，通常不干预企业的经营活动及决策，不会减弱股东对公司的控制权。

2. 长期借款的缺点

（1）长期借款融资具有较高的财务风险。借款企业取得长期借款需定额还本付息，偿债能力很大程度上受企业经营的影响，如果借款企业因经营不善而使企业财务流动性较差，企业将面临破产的风险。

（2）长期借款融资额度有限。由于银行长期借款坏账的可能性比较大，因此银行一般不愿意发放巨额的长期贷款。与发行股票和债券相比，长期借款的融资额度都有上限。

（3）长期借款的限制性条款较多。长期借款对企业的资金用途、资产处置等各种经营行为有严格的约束，对企业的经营活动有很强的限制作用。

第2节　企业债券融资

企业债券（Corporate Bonds），是企业作为经济主体为筹集资金依照法定程序发行的、约定在一定期限内还本付息的有价证券。企业债券代表着发债企业和投资者之间的一种债权债务关系，可以自由转让。债券持有人是企业的债权人，不是所有者，无权参与或干涉企业的经营管理，但债券持有人有权按期收回本息。债权人对公司的收入和资产的法定求偿权均优于优先股股东和普通股股东。企业债券具有较大风险，利率通常高于国债和地方政府债券。

按照不同的标准，对企业债券常见的分类有：

1. 按照偿还期限，分为短期企业债券、中期企业债券和长期企业债券。我国短期企业债券期限在一年以内，中期企业债券期限在一年以上五年以内，长期企业债券期限在五年以上。

2. 按是否记名，分为记名企业债券和不记名企业债券。记名企业债券上登记有债券持有人的姓名，投资者领取利息时要凭印章或其他有效的身份证明，转让时要在债券上签名，同时还要到发行公司登记。反之称为不记名企业债券。

3. 按有无担保划分，分为担保债券和信用债券。担保债券指以抵押、质押、保证等方式发行的债券。其中，抵押债券是以不动产作为担保品所发行的债券，质押债券是以其有价证券作为担保品所发行的债券，保证债券是由第三者担保偿还本息的债券。信用债券指仅凭筹资人的信用发行的、没有担保的债券，信用债券只适用于信用等级高的债券发行人。

4. 按可否提前赎回，分为可提前赎回企业债券和不可提前赎回企业债券。如果企业在债券到期前有权定期或随时购回全部或部分债券，这种债券就称为可提前赎回企业债券，反之则称为不可提前赎回企业债券。

5. 按票面利率是否变动，可分为固定利率企业债券和浮动利率企业债券。固定利率企业债券将利率明确记载于债券上，在偿还期内固定不变地按这一利率向债权人支付利息。浮动利率企业债券发放利息的利率水平按某一标准（如政府债券利率、银行存款利率）的变化而同方向变化。

6. 按发行人是否给予投资者选择权，可分为附有选择权的企业债券和不附有选择权的企业债券。附有选择权的企业债券，指债券发行人给予债券持有人一定的选择权，如可转换公司债券、有认股权证的企业债券、可返还企业债券等。可转换公司债券的持有者，能够在一定时间内按照规定的价格将债券转换成企业发行的股票；有认股权证的债券持有者，可凭认股权证购买所约定的公司的股票；可返还的企业债券，在规定的期限内可以返还。反之，债券持有人没有上述选择权的债券，即不附有选择权的企业债券。一般来讲，前者的利率要低于后者。

7. 按发行方式分类，企业债券可分为公募债券和私募债券。公募债券指按法定手续经证券主管部门批准公开向社会投资者发行的债券；私募债券指以特定的少数投资者为对象发行的债券，发行手续简单，一般不能公开上市交易。

一、企业短期债券

企业短期债券（短期融资券）又称商业票据或商业本票（Commercial Paper），是指企业发行的偿还期限在一年以内（含一年）的债券。短期债券的发行者主要是工商企业和政府。金融机构中的银行因为以吸收存款作为自己的主要资金来源，并且很大一部分存款的期限是一年以下，所以较少发行短期债券。1988 年我国企业开始发行短期债券。企业发行短期融资券，必须得到中国人民银行的批准，经过在中国境内工商注册且具备债券评级能力的评级机构的信用评级，并将评级结果向银行间债券市场公开后，才可在规定的额度内发行。

短期融资券是为了缓和企业流动资金在短时期内的供求矛盾而发行的，是一种具有商业本票性质的有价证券。短期债券的特点是：只能用于短期流动资金需求，如季节性、临时性的原材料采购和收购的需要，不能用于固定资产投资，也不能用于长期流动资金需要。其利率以低于一年期的定期储蓄存款利率为准，但目前由于我国短期融资券市场尚不发达，因此利率较高。短期融资券一次还本付息，逾期兑付不计逾期利息。

2005 年 5 月 9 日公布的《短期融资券管理办法》第十条规定，企业申请发行短期融资券应当符合下列条件：（1）在中华人民共和国境内依法设立的企业法人；（2）具有稳定的偿债基金来源，最近一个会计年度盈利；（3）流动性良好，具有较强的到期偿债能力；（4）发行融资券募集的资金用于本企业生产经营；（5）近三年没有违法和重大违规行为；（6）近三年发行的融资券没有延迟支付本息的情况；（7）具有健全的内部管理体系和募集资金的使用偿付管理制度；（8）中国人民银行规定的其他条件。

企业发行融资券实行余额管理，待偿还融资券余额不超过企业净资产的 40%。目前短期融资券的期限最长不超过 365 天，发行人可在此期限内自主确定每期短期融资券的期限。短期融资券发行利率或发行价格由企业和承销机构协商确定。

二、企业长期债券

（一）企业债券的基本要素

企业债券的基本要素有债券面值、票面利率、偿还期限、债券发行价格等。

1. 债券面值。企业债券的面值指债券票面标明的币种和金额大小。企业债券的面值与股票的面值含义不大相同，股票的面值基本不具有实际意义，而债券的面值通常反映了公司的融资目标和到期偿还额。

2. 票面利率。票面利率是指每年支付的利息与债券面值的比例。投资者获得的利息就等于债券面值乘以票面利率。

3. 偿还期限。偿还期限指发行企业承诺债券条款的年数，即从发行日到债券到期日之间的时间间隔。偿还期限是企业债券的重要特征。

4. 债券发行价格。债券发行价格是发行企业或者其承销机构发行债券时所使用的价格，即投资者向发行企业或者其承销发行机构认购债券时实际支付的价格。国际上企业债券的发行价格通常有三种：平价、溢价和折价。

平价指债券以票面金额作为发行价格；溢价指债券以高于票面金额的价格作为发行价格；折价指债券以低于债券票面金额的价格作为发行价格。企业债券发行价格受诸多因素影响，其中主要是票面利率与市场利率的一致程度。

企业债券发行价格的计算公式为

$$\text{债券发行价格} = \sum_{t=1}^{n} \frac{\text{票面金额} \times \text{票面利率}}{(1 + \text{市场利率})^t} + \frac{\text{票面金额}}{(1 + \text{市场利率})^n} \quad (7-4)$$

式中：n 为债券期限；t 为付息期数；市场利率指债券发行时的市场利率。

根据资金时间价值的原理，债券发行价格由两部分组成：一部分是债券到期还本面额按市场利率折现的现值；另一部分是债券各计算期的利息的现值。

例 7-6 某公司发行面额为 100 元、票面利率为 10%、期限为 10 年的债券，每年末付息一次。若

a. 市场利率为 10%，与票面利率一致，则该债券为平价发行，发行价格为

$$\sum_{t=1}^{10}\frac{100\times10\%}{(1+10\%)^t}+\frac{100}{(1+10\%)^{10}}=100\text{(元)}$$

b. 市场利率为8%，低于票面利率，该债券为溢价发行，发行价格为

$$\sum_{t=1}^{10}\frac{100\times10\%}{(1+8\%)^t}+\frac{100}{(1+8\%)^{10}}=113\text{(元)}$$

c. 市场利率为12%，高于票面利率，该债券为折价发行，发行价格为

$$\sum_{t=1}^{10}\frac{100\times10\%}{(1+12\%)^t}+\frac{100}{(1+12\%)^{10}}=89\text{(元)}$$

例7-7　某公司拟发行每张面值100元、票面利率为12%、每年付息一次、到期还本、期限为3年的债券。则市场利率为10%时，该债券的发行价格为

$$\begin{aligned}&\sum_{t=1}^{3}\frac{100\times12\%}{(1+10\%)^t}+\frac{100}{(1+10\%)^{3}}\\&=100\times12\%\times(P/A,10\%,3)+100\times(P/F,10\%,3)\\&=12\times2.487+100\times0.751\\&=104.94\text{(元)}\end{aligned}$$

（二）企业债券的发行条件

根据《中华人民共和国证券法》《企业债券管理条例》《国家发展改革委关于推进企业债券市场发展、简化发行核准程序有关事项的通知》（发改财金〔2008〕7号）等相关规定，企业发行债券必须符合下列要求：

1. 股份有限公司的净资产不低于人民币3 000万元，有限责任公司和其他类型企业的净资产不低于人民币6 000万元。

2. 累计债券余额不超过企业净资产（不包括少数股东权益）的40%。

3. 最近三年平均可分配利润（净利润）足以支付企业债券一年的利息。

4. 筹集资金的投向符合国家产业政策和行业发展方向，所需相关手续齐全。用于固定资产投资项目的，应符合固定资产投资项目资本金制度的要求，原则上累计发行额不得超过该项目总投资的60%；用于收购产权（股权）的，比照该比例执行；用于调整债务结构的，不受该比例限制，但企业应提供银行同意以债还贷的证明；用于补充营运资金的，不超过发债总额的20%。

5. 债券的利率由企业根据市场情况确定，但不得超过国务院限定的利率水平。

6. 已发行的企业债券或者其他债务未处于违约或者延迟支付本息的状态。

7. 最近三年没有重大违法违规行为。

（三）企业债券的偿还方式

企业债券偿还方式有一次性偿还和分期偿还两种。一次性偿还即除按期支付利息外，在债券到期时一次性付清债券的本金。这种偿还方式不利于债权人对债务人的有效监督，且企业在到期日偿还债券的本金时要承担很大的财务压力。分期偿还指在债券的有效期内，债务人分期偿还债券本金的偿还方式。这种偿还方式可相对减轻发行企业在到期日偿还本金的压力。

（四）债券的评级

债券的评级是以企业或经济主体发行的有价债券为对象进行的信用评级。债券的等级对公司和投资者都很重要，债券的等级越高，表明该债券的风险越小，债券的融资成本也相应较低。债券的资信评级主要考虑的因素有公司的财务指标、债券合同中的相关条款、公司的经营风险以及所处行业环境等。国际上著名的穆迪（Moody's）公司和标准普尔（Standard & Poor's）公司分别建立了各自的评估标准来对企业债券进行资信评级（见表7－1）。

表7－1　　穆迪公司、标准普尔公司对企业债券的资信评级标准

穆迪公司	标准普尔公司	级别说明
Aaa	AAA	最高质量，最小信用风险，偿还债务能力最强
Aa	AA	高质量，较低的信用风险，偿还债务能力很强
A	A	中上等级，低信用风险，偿还债务能力较强
Baa	BBB	中等级别，一定信用风险和投机性，目前偿债能力尚好
Ba	BB	具有投机因素，明显的信用风险，可能没有足够的偿债能力
B	B	投机级别，高信用风险
Caa	CCC	状况差，风险很高，目前有可能违约
Ca	CC	高度投机，近期可能违约，目前违约的可能性较高
C	C	最低级别，可能已违约

我国的债券评级工作是从20世纪90年代末期开始的。中诚信国际信用评级有限责任公司是经中国人民银行、中华人民共和国对外贸易经济合作部批准，于1999年8月24日在国家工商行政管理局注册成立的国内第一家国际化、专业化的中外合资信用评级机构。其对借款企业信用等级也分三等九级，即AAA、AA、A、BBB、BB、B、CCC、CC、C。

（五）债券评级的作用

从投资者的角度来说，债券资信评级可以降低投资者收集相关债券信息的成本；并为投资者提供有关债券的信用风险情报，降低投资风险；帮助投资者根据自己的偏好进行投资决策，并根据风险确定合理的报酬。

从发行企业的角度来说，债券资信评级可以提高质量等级高的发行企业的知名度，得到投资者的信赖；等级高的债券发行企业可以以较低的利率出售债券，获得低于市场利率的成本资金，减少发行者的融资成本；有利于企业改善和提高自身的风险管理水平，维护自己的信用水平。

（六）企业债券的评价

1. 企业发行债券的优点：

（1）债券成本较低。企业债券的利息通常比股票的股利要低，且债券的利息允许在企业所得税税前扣除，发行企业可享受纳税上的利益，故企业负担的债券融资成本一般低于股票成本。

（2）具有财务杠杆作用。债券债权人一般只收取固定的债券利息，而不管发行债券企业盈利的多少，更多的利润可用于增加股东的财富，或用于企业扩大经营，增加企业的财富。

（3）可保障股东控制权。债权人持有债券的目的在于收益，而无权参与企业的管理决策，且发行债券不会分散股东企业决策的控制权。

（4）企业可利用债券调整资本结构。公司发行附有选择权的债券（如可转换债券及提前赎回债券），便于企业根据经营需要合理调整资本结构。

2. 企业发行债券的缺点：

（1）财务风险高。企业债券有固定的到期日，并需要定期支付利息，发行公司必须承担到期还本付息的义务。在企业经营不景气时，企业偿债能力减弱，企业可能面临较大的财务风险。

（2）企业发行债券的限制条件多。企业发行债券的限制条件通常要比长期借款、融资租赁更多、更严格，限制了企业对债券融资方式的使用，影响了企业的融资能力。

专栏7－1

企业债券和银行信贷的比较

从资金筹集成本方面考虑。在不同经济环境下，企业债券融资和银行信贷融资的成本有较大的差别。债券市场发达的国家，投资银行在企业债券发行过程中充当市场中介的角色，它们设计企业债券的条款，将企业的信息传播给投资者，增强了市场的有效性。投资银行的竞争以及信息的标准化将会降低相关融资费用。而在商业银行的贷款中，银行直接承担贷款风险，所以要花费大量的精力和财力处理信息和监管企业，因此其成本要比投资银行高。因此，企业发行债券的融资成本往往要低于银行贷款的融资成本。但是在债券市场不发达的国家，由于政策等方面的限定，企业融资方式比较单一，绝大多数企业只能选择银行贷款，此时，企业债券融资成本要远远大于银行贷款的成本。

从约束强度方面考虑。银行贷款容易造成预算的软约束。这一问题在国有银行对国有企业的信贷中尤其突出。对于一个未完工的无效率的投资项目，政府或贷款者往往会追加投资，因为追加投资的边际效益可能大于项目废弃产生的边际成本，于是产生了预算软约束。而企业债券可以看作一种硬约束，因为提供债券资金的是投资大众。如果一个正常经营的企业的预算利润率低于社会可接受水平，则不会有人投资于这个企业。这就要求企业经营者要按照自身的能力和发展潜力来筹集资金，因为一旦企业亏损，出现不能按期偿还到期债务的情况，企业就有破产的风险。投资大众是不允许企业赖账行为的。从这个角度讲，企业债券具有比银行贷款更大的约束硬度。

从风险防范方面考虑。一般来讲，企业债券发行都会涉及很多公共投资者，风险被分散到很多人身上。从这个角度上讲，企业债券市场比银行贷款能够承担更多的风险或分散更多的风险。所以，银行不愿意承担的高风险的长期融资，在企业债券市场就可能。

资料来源：王化成．资金的积聚［M］．北京：中国人民大学出版社，2006：37－47.

第3节 融资租赁

一、融资租赁概述

（一）融资租赁的定义

融资租赁（Financial Leasing）又称设备租赁（Equipment Leasing）或现代租赁（Modern Leasing），是指实质上转移与资产所有权有关的全部或绝大部分风险和报酬的租赁。资产的所有权最终可以转移，也可以不转移。

融资租赁具体内容是指出租人根据承租人对租赁物件的特定要求和对供货人的选择，出资向供货人购买租赁物件，并租给承租人使用，承租人则分期向出租人支付租金，在租赁期内租赁物件的所有权属于出租人所有，承租人拥有租赁物件的使用权。租期届满，租金支付完毕并且承租人根据融资租赁合同的规定履行完其全部义务后，租赁物件根据合同处置。尽管在融资租赁交易中，出租人也有设备购买人的身份，但购买设备的实质性内容，如供货人的选择、对设备的特定要求、购买合同条件的谈判等都由承租人享有和行使，承租人是租赁物件实质上的购买人。

我国税法规定，符合下列条件之一的租赁为融资租赁：（1）在租赁期满时，租赁资产的所有权转让给承租方；（2）租赁期为资产使用年限的大部分（75%或以上）；（3）租赁期内租赁最低付款额大于或基本等于租赁开始日资产的公允价值。

除上述融资租赁以外的租赁，属于经营租赁。

按照我国《企业会计准则》，符合下列一项或数项标准的，应当认定为融资租赁：

（1）在租赁期满时，租赁资产的所有权转移给承租人。

（2）承租人有购买租赁资产的选择权，所订立的购买价款预计将远低于行使选择权时租赁资产的公允价值，因而在租赁开始日就可以合理确定承租人将会行使这种选择权。

（3）即使资产的所有权不转移，但租赁期占租赁资产使用寿命的大部分。

（4）承租人在租赁开始日的最低租赁付款额现值，几乎相当于租赁开始日租赁资产的公允价值；出租人在租赁开始日的最低租赁收款额现值，几乎相当于租赁开始日租赁资产的公允价值。

（5）租赁资产性质特殊，如果不作较大改造，只有承租人才能使用。

融资租赁是20世纪50年代产生于美国的一种新型交易方式，由于它适应了现代经济发展的要求，因此六七十年代迅速在全世界发展起来，当今已成为企业更新设备的主要融资手段之一，被誉为“朝阳产业”。我国80年代初引进这种业务方式后，该业务得到迅速发展。截至2018年6月末，全国融资租赁企业总数约为10 611家，其中外资租赁企业10 176家，内资租赁企业366家，金融租赁企业69家。

（二）融资租赁的作用

融资租赁是集融资与融物、贸易与技术更新于一体的新型金融产业。由于有融资与融物相结合的特点，出现问题时租赁公司可以回收、处理租赁物，因而，在办理融资时对企业资信和担保的要求不高，从而大大降低了融资机构的风险。

对于企业而言，融资租赁的方式可以减轻由于设备改造带来的资金周转压力，避免支付大量现金，而租金的支付可以在设备的使用寿命内分期摊付而不是一次性偿还，使得企业不会因此产生资金周转困难，同时也可以避免价格波动和通货膨胀增加的成本。

（三）融资租赁的基本特征

融资租赁的主要特征是，由于租赁物件的所有权只是出租人为了控制承租人偿还租金的风险而采取的一种形式所有权，在合同结束时最终有可能转移给承租人，因此租赁物件的购买由承租人选择，维修保养也由承租人负责，出租人只提供金融服务。租金计算原则是：出租人以租赁物件的购买价格为基础，按承租人占用出租人资金的时间为计算依据，根据双方商定的利率计算租金。它实质是依附于传统租赁的金融交易，是一种特殊的金融工具。

二、融资租赁的种类

（一）简单融资租赁

简单融资租赁是最一般化的融资租赁。其基本流程是：由承租人选择需要购买的租赁物件，出租人对租赁项目进行风险评估后，购买并出租租赁物件给承租人使用。在整个租赁期间，承租人对租赁物件没有所有权但享有使用权，并负责维修和保养租赁物件。出租人对租赁物件的好坏不负任何责任，设备折旧在承租人一方。

（二）杠杆融资租赁

1. 杠杆融资租赁的定义。杠杆融资租赁（Leveraged Lease）是融资租赁的一种特殊方式，又称平衡租赁或减租租赁、举债经营融资租赁，它是目前较为广泛采用的一种国际租赁方式，是一种利用财务杠杆原理组成的租赁形式。

杠杆融资租赁至少有三方面的人参与：贷款人、出租人和承租人。使用这种租赁方式时，出租人自筹租赁设备购置成本 20% ~40% 的资金，其余 60% ~80% 的资金由银行或财团等以贷款形式提供，但出租人拥有设备的法定所有权。这样，在很多国家，出租人按税法规定就可享有按设备的购置成本金额为基础计算的减税优惠。但是，出租人需将设备的所有权、租赁合同和收取租金的权利抵押给银行或财团，以此作为其取得贷款的担保，每期租金由承租人交给提供贷款的银行或财团，由其按商定比例扣除偿付贷款及利息的部分，其余部分交出租人处理。

2. 杠杆融资租赁的优势。杠杆融资租赁合同的复杂程度因涉及面广而随之增大，但杠杆融资租赁的优势十分明显。杠杆融资租赁的优势主要有：

（1）对于造价昂贵的租赁物，租赁公司不愿或无力独自购买并将其出租。出于分散风险的考虑，杠杆融资租赁往往是这些物品唯一可行的租赁方式。

（2）很多国家法律规定，出租人所购用于租赁的资产，无论是靠自有资金购入的还是靠借入资金购入的，均可按资产的全部价值享受各种减税、免税待遇。因此，杠杆融资租赁中出租人仅出一小部分租金却能按租赁资产价值的100%享受折旧及其他减税免税待遇，这大大减少了出租人的租赁成本。

（3）作为一种利益共享机制，一般而言，杠杆融资租赁的出租人会将上述利益以低租金的方式转让给承租人一部分，从而使杠杆融资租赁的租金低于一般融资租赁的租金。

（4）在杠杆融资租赁中，贷款参与人对出租人无追索权，因此，它较一般信贷对出租人更有利，而贷款参与人的资金也能在租赁物上得到可靠保证，比一般信贷更安全。

由于上述特性，杠杆融资租赁被广泛应用于飞机、轮船、通信设备和大型成套设备的融资租赁。

（三）委托融资租赁

1. 委托融资租赁的定义。委托融资租赁（Entrust Lease）是指具有从事金融租赁业务资格的公司作为出租人，接受委托人的资金或租赁标的物，根据委托人的书面委托，向委托人指定的承租人办理的融资租赁业务。在租赁期内，租赁标的物的所有权归委托人，出租人只收取手续费，不承担风险。租赁期满后，租赁标的物产权可以转移给承租人，也可以不转移给承租人。

2. 委托融资租赁的基本方式

第一种方式是拥有资金或设备的人委托非银行金融机构从事融资租赁，第一出租人同时是委托人，第二出租人同时是受托人。出租人接受委托人的资金或租赁标的物，根据委托人的书面委托，向委托人指定的承租人办理融资租赁业务。在租赁期内租赁标的物的所有权归委托人，出租人只收取手续费，不承担风险。这种委托融资租赁的一大特点就是让没有租赁经营权的企业可以"借权"经营。电子商务租赁即依靠委托融资租赁作为商务租赁平台。

第二种方式是出租人委托承租人或第三人购买租赁物，出租人根据合同支付货款，又称委托购买融资租赁。

3. 委托融资租赁的流程

（1）租赁公司以委托人的身份接受委托人的委托资金，与委托人签订委托融资租赁租金协议，并接受委托资金；

（2）租赁公司与由委托人指定的承租人签订委托融资租赁合同；

（3）承租人根据委托融资租赁合同的约定向租赁公司支付租金，租赁公司向承租人出具租赁费发票；

（4）租赁公司根据委托融资租赁资金协议的约定从租金收入中扣除手续费及代扣代缴的营业税后，将剩余所有租金返还委托人，委托人向租赁公司出具符合税务要求的正式资金往来发票；

（5）委托融资租赁资金协议及委托融资租赁合同执行完毕，租赁资产产权可以转移，也可以不转移。

4. 委托融资租赁的特点

（1）出租人接受委托人的资金或租赁标的物，根据委托人的书面委托，向委托人指定的承租人办理融资租赁业务，在租赁期内租赁标的物的所有权归委托人，出租人只收取手续费，不承担风险；

（2）委托融资租赁可以实现集团公司或关联方资金注入方式的多样化；

（3）委托融资租赁也可以使企业享受加速折旧的好处，调节客户税前利润，调整所得税支出；

（4）委托融资租赁可以使资金使用方和资金委托方二者关系清晰，便于确定双方的权利和义务。

5. 委托融资租赁的作用

（1）如果委托人参股或控股的公司为了经营目的而需要取得某项固定资产，委托人可以采取多种方式融资。银行贷款会使其在银行的授信额度被该项固定资产投资所占用；在市场上发行债券需要较长的时间申请和获得批准；到股票市场上去筹资除了需要较长时间和成本外，还会分散其股权利益，或过多地披露其商业秘密。因此，如果委托人希望避免以上种种缺点，他可以选择通过委托租赁，利用融资租赁这种交易方式使其参股或控股的公司取得该项固定资产。

（2）由于对于企业融资租赁项下的固定资产，国家规定可以按折旧年限同融资租赁期限两者孰短的期限折旧（但是不得短于三年），这使得相对于其他方式取得固定资产，融资租赁具有加速折旧的优势。如果委托人参股或控股的公司认为对所取得的固定资产加速折旧以减轻前期的所得税税负，推迟所得税的缴纳，对于自己的经营效果关系重大，委托人可以通过委托租赁，采取融资租赁这种交易方式使其参股或控股的公司取得该项固定资产。

（3）资产流动性或流动性指标对于公司而言是十分重要的。往往出于信息披露的需要，为了优化其财务状况中的流动比率和速动比率之类指标，从而提高其在资金和资本市场的信用等级，或者是为了获得现金直接用于偿债，以减少其长期借款和增加其银行授信额度中的可灵活利用的部分，公司迫切需要“漂亮”的流动性比率。如果委托人参股或控股的公司需要在不减损固定资产前提下加大其资产的流动性，它可以利用委托租赁，采取出售回租这种融资租赁交易方式。这时，一方面，它把自有固定资产的所有权转让给某融资性租赁公司，从而取得自己所需的价款；另一方面，它又从该公司租入该固定资产，因而丝毫没有妨碍对该固定资产的继续使用。这种手段也可以在委托人参股或控股的公司短期头寸不足时运用。方法是，先订立出售回租融资租赁合同，从融资性租赁公司把钱拿去，一旦自己有了资金，即使合同未到期，也完全可以把钱还给融资性租赁公司，提前结束合同。

（4）对于技术更新速度较快的行业，尤其是高科技领域，避免设备陈旧风险和控制初始投入资金是企业优先考虑问题。委托人参股或控股的公司可以通过委托租赁，利用带有中长期融资性质的经营性租赁取得这类设备。这种方式的要点是，租金不以摊提该设备购置成本的全额为其计算基础，该固定资产不在该承租企业账上资本化，其在租赁期满时的剩余价值的贬值风险由与该融资性租赁公司关联的出卖人承担。

（5）某些情况下，如果对于委托人参股或控股的公司来说，它也可以通过委托租赁，利用上述带有中长期融资性质的经营性租赁，即取得表外融资的效果：所取得的固定资产不反映在自己的资产负债表上，不由自己提取折旧，因而也不增加自己的负债，租金支出可以以当期费用的名目在所得税税前全额列支。

（四）售后回租

1. 售后回租的定义。售后回租（Sale－Leaseback）又称回租租赁或反租赁，即将自制或外购的资产出售，然后向买方租回使用。售后回租的优点在于，它使设备制造企业或资产所有人（承租人）在保留资产使用权的前提下获得所需的资金，同时又为出租人提供有利可图的投资机会。

由于资产的出售和回租实质是同一笔业务，资产的售价和资金需一起计算。在承租人（卖方）看来，如租约符合融资租赁的某一条件，应将回租作为融资租赁处理，否则作为经营租赁处理。按融资租赁处理时，出售资产的利润应予以递延，并按资产折旧的比例予以分摊。倘若交易发生时，资产的公允价值低于其成本或账面价值，按照谨慎性原则，其差额应即确认为损失。

2. 售后回租的基本特征。售后回租是一种集销售和融资为一体的特殊形式，是企业筹集资金的新型方法，是目前西方发达国家常用的筹资方式之一。在售后回租交易中，承租人与出租人都具有双重身份，进行双重交易，具体表现在以下几个方面：

（1）身份与业务的双重性。售后回租交易双方具有业务上的双重身份：资产销售方同时又是承租人，具有经济业务的双重身份；资产购买方同时又是出租方，企业通过购买对方单位的资产取得资产所有权，同时又作为出租方转移资产使用权，取得资产使用权转让收入，是集资产销售和资产租赁为一体的特殊交易行为。

（2）资产价值转移与实物转移相分离。在售后回租的交易过程中，出售方转让资产所有权而并不要求资产实物发生转移，因而出售方（承租方）在售后回租交易过程中可以不间断地使用资产。作为购买方即出租方，则只是取得资产的所有权，取得商品所有权上的风险与报酬，并没有在实质上掌握资产的实物，因而形成实物转移与价值转移的分离。

（3）资产流动性加强。售后回租交易是承租人在不改变其对租赁物占用和使用的前提下，将固定资产及类似资产向流动资产转换的过程，从而增强了长期资产价值的流动性，促使本不活跃的长期资金发生流动，提高了全部资金的使用效率。

3. 售后回租的作用

（1）提供融资便利。售后回租交易形式上是一种租赁业务，实质上是一种融资手段。企业通过出售资产取得现款达到融资的目的，同时又通过租赁取得该项资产的使用权。所以，售后回租是既不影响企业正常的生产经营活动，又解决企业流动资金不足的重要方式。企业通过售后回租方式能达到融资的目的，增加流动资金的比例。因此，售后回租融资租赁方式被西方发达国家企业广泛采用。

（2）降低税负。纳税上的财务利益取决于销售资产损益的多少、销售损益递延期的长短及递延损益摊销的方法。

售后回租交易从本质上讲是一种融资行为，销售资产发生的损益不能作为当期损益予以确认，应在以后租赁期内递延确认。由于销售资产的当期不能确认收益，会计收益比实际收益低，降低了税负计价基础，因此，税负相应减少，即使资产转让收益在以后会计期内递延会增加后期收益金额，但总体上对企业来说还是有利的，相应增加了企业的财务利益。另外，如果销售资产形成损失，企业可将此项损失计入当期损益，减少企业利润，相应减少税负，从而也取得纳税上的财务利益。

此外，如果承租人出售并租回的是土地，也可从中得到纳税上的财务收益。因为如果出售并租回的是土地使用权，作为一项资本性财产的租赁，其土地使用权成本以及租赁费仍可以按一定方法摊销计入当期损益，而购入土地使用权通常是不能计提折旧的。这样，相对于自有土地，售后回租交易可以增加企业的费用成本，减少收益，相应减少税收，从而取得纳税上的财务利益。

(五) 转租赁

转租赁（Sublease），简称转租，指承租人在租赁期内将租入资产出租给第三方的行为。转租赁至少涉及三方（原出租人、原承租人和新承租人）和两份租约（原出租人与原承租人的租约和原承租人与新承租人的租约）。

若原租约规定，租赁届满，租赁资产的所有权转移给承租人，原承租人可以任何方式转移该资产。至于转租赁究竟属于何种性质，则由新租约的特点决定，可根据一定的标准加以归类，然后或作经营租赁处理，或作销售式融资租赁、直接融资租赁处理。

若原租约符合融资租赁应具备的两个条件——租赁期长于或等于租赁资产预计经济寿命的75%，且最低租赁付款额的现值高于或等于租赁资产公允价值的90%，可作为融资租赁处理。

若原租约属经营租赁性质，转租赁也只能是经营租赁。无论在哪种租赁方式下，原租赁下尚未摊销的租赁资产余额，一般应作为新租赁的租赁资产的成本处理。

(六) 项目融资租赁

项目融资租赁，指承租人以项目自身的财产和效益为保证，与出租人签订项目融资租赁合同，出租人对承租人项目以外的财产和收益无追索权，租金的收取也只能以项目的现金流量和效益来确定。产品出售方（租赁物品生产商）通过自己控股的租赁公司采取这种方式推销产品，扩大市场份额。通信设备、大型医疗设备、运输设备甚至高速公路经营权都可以采用这种方法。

三、租赁期满融资租赁物的处理

融资租赁到期后，融资租赁物的处理方式一般有以下三种。

1. 退租。融资租赁合同期满，承租人按租赁合同约定的要求将租赁物退还给出租人，由出租人自行处理出租物。由于租赁物在出租期满内一般均已达到使用期限，出租人收回后难以再租或转让，因此，对租赁期限届满后的租赁物处理方式中，极少采用这种方式。

2. 续租。在租赁合同期限届满前的合理时间内，承租人应通知出租人，就租赁物的继续租用进行协商，确定续租期限、租金等内容。一旦就有关条款达成协议，承租人可以在融资租赁合同期限届满时与出租人签订续租合同，继续租赁。

3. 留购。由于融资租赁的融资性质，出租人对租金的确定类似于确定一笔商业贷款的分期还款额。在多数情况下，出租人在整个租赁过程中就可以收回全部的成本、利息并获得期望的利润。所以，在租赁期结束后，承租人一般可以通过名义货价的形式花少量资金就能够获得设备的所有权。这种方法对出租人、承租人均有利。所以，融资租赁合同期限届满后，对租赁物的处理一般多采用留购这种方法。

四、租赁决策分析

（一）承租人的分析

承租人在进行租赁还是自行购置之间抉择时，依照的原则是：以租赁方案为基础，比较租赁与自行购置的现值成本差额。如果净现值为正，说明租赁资产的购置成本大于租赁方案的现金流出量的现值，租赁有利。反之则自行购置有利。

承租人在租赁谈判和签订租赁合同过程中发生的，可归属于租赁项目的手续费、律师费、差旅费、印花税等初始直接费用，应当计入承租人资产价值。

租赁评价时不使用公司的加权平均资本成本作折现率。其中，对于租赁期现金流量折现时，用有担保债券的税后成本作为折现率；对期末资产现金流量折现时，用权益资本成本作为折现率。

（二）出租人的分析

对于出租人来说，租赁是一种投资，决策分析的基本方法是净现值（NPV）。

$$
\begin{aligned}
NPV(\text{出租人}) &= \begin{matrix}\text{租赁期}\\\text{现金流量现值}\end{matrix} + \begin{matrix}\text{期末}\\\text{资产现值}\end{matrix} - \begin{matrix}\text{租赁资产}\\\text{购置成本}\end{matrix} \\
&= \sum_{t=1}^{n} \frac{\text{租赁期税后现金流量}}{(1+\text{税后借款成本})^t} \\
&\quad + \frac{\text{期末资产税后现金流量}}{(1+\text{项目资本成本})^n} - \begin{matrix}\text{租赁资产}\\\text{购置成本}\end{matrix}
\end{aligned} \qquad (7-5)
$$

五、融资租赁的租金

融资租赁的租金包括设备价款和租息两部分，其中租息包括租赁公司的融资成本、租赁手续费等。

1. 设备价款是租金的主要内容，由设备的买价、运杂费和途中保险费等构成。

2. 融资成本是指租赁公司为购买租赁设备所筹集资金的成本，即设备租赁期间的利息。

3. 租赁手续费包括租赁公司承办租赁设备的营业费用和一定的盈利。租赁手续费可由租赁公司和企业协商确定。

在我国的融资租赁业务中，租金的计算一般采取等额年金法，利用年金现值的计算公式经变换后计算每期支付租金，分为先付租金的计算和后付租金的计算。

损益平衡租金是指租金净现值为零，折现率为有担保贷款的税后利息率。计算期末资产现值时，用项目要求的必要报酬率作为折现率。

本章小结

1. 债务融资又称债权性融资，也称间接融资，是企业向银行、其他金融机构、其他企业单位等借入资本的方式，企业需依约使用，按期偿还。债务融资是企业经营活动中以提高获利能力、改善资本结构、实现财务杠杆效应等为目的而进行的资金筹集活动，包括企业借款融资、企业债券融资、融资租赁融资。

2. 商业信用是短期借款融资的一种，包括应付账款、应付票据、预收账款等。放弃现金折扣的成本与折扣百分比的大小、折扣期的长短同方向变化，与信用期的长短反方向变化，其计算公式为

$$\text{放弃现金折扣的成本}=\frac{\text{折扣百分比}}{1-\text{折扣百分比}}\times\frac{360}{\text{信用期}-\text{折扣期}}$$

3. 短期融资券在我国企业融资活动中的运用起步晚，发行债券是企业重要的筹集长期资金的方式之一，但目前我国企业债券融资并没有发挥其应有的功效。申请银行借款是企业筹集长期资金普遍采用的融资方式。实际采用时要考虑各种保护性条款对企业经营活动产生的影响。

4. 债券发行价格受债券面值、市场利率、债券期限的长短、债券票面利率等的影响。企业债券偿还方式分为一次性偿还和分期偿还。一次性偿还即除按期支付利息外，在债券到期时一次性付清债券的本金。分期偿还指在债券的有效期内，债务人分期偿还债券本金的偿还方式。

5. 债券评级是债券发行的一个重要环节，由专业的中介机构进行。债券评级有利于债券持有人了解债券的风险与收益情况，作为投资参考。从投资风险与收益的关系来看，债券评级大致分为最高等、投资级别、投机级别和极端投机级别几个大类。

6. 融资租赁是以租赁的方式筹集资金，本质上与借款融资相同。融资租赁的出租方实质上是投资者。承租人在进行租赁还是自行购置之间抉择时，依照的原则是：以租赁方案为基础，比较租赁与自行购置的现值成本差额。如果净现值为正，说明租赁资产的购置成本大于租赁方案的现金流出量的现值，租赁有利。反之则自行购置有利。

本章思考练习题

一、选择题

1. 下列各项中，使放弃现金折扣成本降低的是（　　）。

A. 信用期、折扣期不变，折扣百分比降低

B. 折扣期、折扣百分比不变，信用期缩短

C. 折扣百分比不变，信用期和折扣期等量延长

D. 折扣百分比、信用期不变，折扣期延长

2. 某企业需借入资金 160 万元，由于银行要求将贷款数额的 20% 作为补偿性余额，故企业需向银行申请贷款的数额为（　　）。

A. 160 万元　　B. 240 万元　　C. 250 万元　　D. 200 万元

3. 某企业向银行借款 100 万元，期限为一年，名义利率为 12%，按照贴现法付息，该项借款的实际利率为（　　）。

A. 10%　　B. 8.8%　　C. 13.64%　　D. 12%

4. 商业信用融资的特点不包括（　　）。

A. 容易取得　　B. 若没有现金折扣或使用不带息票据则不负担成本

C. 期限较短　　D. 在放弃现金折扣时成本较低

5. 决定公司债券发行价格的因素有（　　）。

A. 债券面值　　B. 市场利率

C. 债券期限的长短　　D. 债券票面利率

6. 下列说法中不正确的是（　　）。

A. 在收款法支付利息的情况下，借款人收到款项时就要支付利息

B. 商业信用融资没有资本成本

C. 加息法下，实际利率大约是名义利率的 2 倍

D. 周转信贷协定和信用额度均具有法律效应

7. 发行债券与其他长期债务融资相比，其特点有（　　）。

A. 限制条件少　　B. 融资市场大

C. 融资对象广　　D. 融资方式成本低、风险大

8. 与其他长期债务融资相比，长期借款融资的优点有（　　）。

A. 融资速度快　　B. 借款弹性大

C. 限制条款多　　D. 融资费用较少

9. 租赁存在的原因主要是（　　）。

A. 租赁双方的实际税率不同，通过租赁可以减税

B. 降低交易成本

C. 通过租赁合同减少不确定性

D. 降低企业的资金成本

10. 下列关于租赁的说法正确的是（　　）。

A. 按照税法规定，如果在租赁期满，租赁资产的所有权转让给承租方，则属于融资租赁

B. 承租方的“租赁资产购置成本”仅指租赁资产的买价

C. 租赁评价时不使用公司的加权平均资本成本作折现率

D. 损益平衡租金是指双方的租赁净现值相等的租金

11. 下列关于经营租赁和融资租赁的说法正确的是（　　）。

A. 经营租赁中，由出租人负责资产的维护

B. 融资租赁的租金超过资产全部成本

C. 经营租赁中，出租者承担与租赁资产有关的主要风险

D. 融资租赁中，承租人要承担与租赁资产有关的主要风险

二、计算题

1. A企业计划购入原材料，供应商给出的价款条件是1/20，*n*/50。若银行短期借款利率为10%，企业是否应在折扣期内支付货款？

2. B公司拟从某银行获得贷款，该银行要求的补偿性余额为10%，贷款的年利率为12%，且银行要求贴现法付息，计算贷款的实际利率。

3. C公司借入一笔数额为100 000元、利率为15%、期限5年的贷款，该贷款的偿还条件为：前4年每年按同样数额和利率，但期限为30年的贷款计算的等额还本付息额还款，余款在第5年年末一次性付清，计算各年的实际还款额。

4. D公司与某商业银行有一份100万元的循环周转信贷协定，作为可信赖的客户，其贷款利率定为银行资本成本（可转让定期存单利率）加上2%，另外，周转信贷限额中的未使用部分，银行收取0.5%的承诺费。

（1）如果2020年可转让定期存单利率预期为4%，且公司平均使用总承诺限额的60%，则2020年这项贷款的年预期成本总额为多少？

（2）如果同时还考虑到支付的承诺费，则贷款的实际利率为多少？

5. E公司从租赁公司租入一件设备，价值100万元，租赁期10年，到期后设备归企业所有，双方协定租赁费率为12%，则该公司每年年末支付的租金为多少？如果每年年初支付，租金数额又是多少？

三、思考题

1. 企业向银行借款和发行企业债券都是债务融资，这两种融资方式的主要区别是什么？

2. 银行短期借款的信用条件有哪些？

3. 影响债券价格的因素有哪些？

4. 我国债券评级存在什么问题？

5. 什么是融资租赁？我国在税法和会计上如何界定融资租赁？

第8章

权 益 融 资

本章知识结构

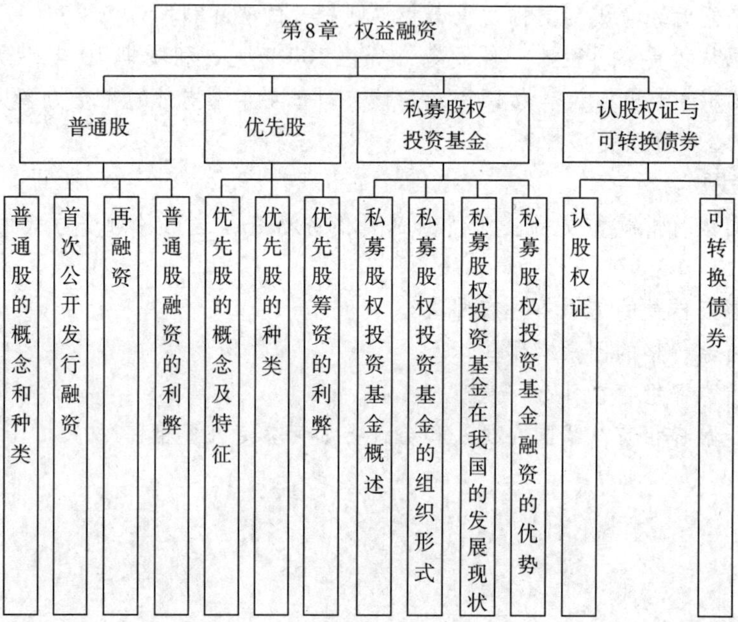

本章学习目的

1. 了解公司权益融资的基本内容和方式；
2. 了解首次公开发行融资、再融资的条件及其程序，熟悉普通股融资的优缺点；
3. 掌握优先股的种类及优先股融资的利弊；
4. 了解私募股权基金的特征、组织形式及其优势；
5. 了解认股权证和可转换债券在公司融资中的作用及各自的优缺点。

第 1 节　普通股

一、普通股的概念和种类

（一）普通股及其股东权利

普通股是指在公司的经营管理和盈利及财产的分配上享有无特别权利的股份，代表满足所有债权偿付要求及优先股股东的收益权与求偿权要求后对企业盈利和剩余财产的索取权，它构成公司资本的基础，是股票的一种基本形式，也是发行量最大、最为重要的股票。发行普通股是股份公司最主要的融资方式。目前，在上海证券交易所和深圳证券交易所中交易的股票都是普通股。普通股股票持有者按所持有的股份比例享有以下基本权利。

1. 公司决策参与权。普通股股东有权参与股东大会，并有建议权、表决权和选举权，也可以委托他人代表其行使股东权利。

2. 利润分配权。普通股股东有权从公司利润分配中得到股息。普通股的股息是不固定的，由公司盈利状况及其分配政策决定。普通股股东必须在优先股股东取得固定利息之后才有权享受股息分配。

3. 优先认购权。如果公司需要扩张而增发普通股股票时，现有普通股股东有权按其持股比例，以低于市价的某一特定价格购买一定数量的新发行股票，从而保证其对企业所有权的原有比例。

4. 剩余资产分配权。当公司破产或清算时，若公司的资产在偿还欠债后还有剩余，其剩余部分按先优先股股东、后普通股股东的顺序进行分配。

5. 出售和转让股份的权利。普通股没有规定的到期日，只要公司存在，便不能退股，但可以出售和转让。普通股股东可以通过出售和转让股票来终止对该公司的股权投资。

（二）普通股的种类

股份有限公司根据有关法规的规定以及筹资和投资者的需要，可以发行不同种类的股票。

1. 记名股票和不记名股票。记名股票和不记名股票主要是根据股票是否记载股东姓名来划分的。记名股票，是在股票上记载股东的姓名，如果转让必须经公司办理过户手续。不记名股票，是在股票上不记载股东的姓名。这类股票的持有人即股份的所有人，具有股东资格，股票的转让也比较自由、方便，无须办理过户手续。

2. 有面值股票和无面值股票。按票面是否标明面值可以分为有面值股票和无面值股票。有面值股票是指在股票票面上记载一定金额的股票，也称为有面额的股票。无面值股票是指股票票面不记载金额的股票，也称为无面额的股票。这类股票在票面上不标明金额，但要求表示其在公司资本总额中所占的比例，所以又被称作比例股票。无面值股票的价值随公司财产的增减而变动，而股东对公司享有的权利和承担的义务的大小，直接依股票标明的比例而定。我国《公司法》规定，股票应当标明票面金额，且其发行价格不得低于票面金额。

3. 按投资主体的性质不同，可分为国家股、法人股和个人股。

国家股是指有权代表国家投资的部门或机构以国有资产向公司投资形成的股份，包括以公司现有国有资产折算成的股份。

法人股是指企业法人以其依法可支配的资产投入公司而形成的股份，或具有法人资格的事业单位和社会团体以国家允许用于经营的资产向公司投资而形成的股份。

个人股是指社会个人或公司内部职工以个人合法财产投入公司而形成的股份。

4. 按发行对象和上市地区的不同，可分为A股、B股、H股、N股、S股等。

A股的正式名称是人民币普通股票。它是由我国境内的公司发行，供境内机构、组织或个人以人民币认购和交易的普通股股票。在2003年后，对A股的投资不仅仅局限于国内的机构和个人，2003年5月，瑞士银行、野村证券等获中国证监会批准，成为首批取得证券投资业务许可的合格境外机构投资者（Qualified Foreign Institutional Inverstors，QFII）。

B股的正式名称是人民币特种股票，B股公司的注册地和上市地都在境内。它是以人民币标明面值，以外币认购和买卖，在境内（上海、深圳）证券交易所上市交易的股票。2001年之前其投资人仅限于：外国的自然人、法人和其他组织，我国香港、澳门、台湾地区的自然人、法人和其他组织，定居在国外的中国公民，中国证监会规定的其他投资人。2001年2月19日以后，随着我国证券市场的发展及外汇储备的变化，B股开始对境内居民开放。

H股即注册地在内地、上市地在香港的外资股。香港的英文是Hong Kong，取其首字母，在香港上市的外资股就叫作H股。依此类推，纽约的第一个英文字母是N，新加坡的第一个英文字母是S，在纽约和新加坡上市的股票就分别叫作N股和S股。

专栏8－1

蓝筹股与红筹股

蓝筹股。股票市场上，投资者把那些在其所属行业内占有重要支配性地位、业绩优良、成交活跃、红利优厚的大公司股票称为蓝筹股。“蓝筹”一词源于西方赌场。在西方赌场中，有很多颜色的筹码，其中蓝色筹码最为值钱，红色筹码次之，白色筹码最差。投资者把这些行话套用到股票上就有了这一称谓。

红筹股。红筹股这一概念诞生于20世纪90年代初期的香港股票市场。中华人民共和国在国际上有时被称为“红色中国”，相应地，香港和国际投资者把在境外注册、在香港上市的那些带有中国内地概念的股票称为红筹股。

二、首次公开发行融资

首次公开发行（Initial Public Offering，IPO）是指公司面向市场上大量的非特定的投资者公开募集股份成为上市公司的行为。公司进行首次公开发行的目的主要有两个：一是公司的原股东或创业股东为了扩大公司规模，筹措更多资金而向社会公众公开发行股票；二是公司的原股东或创业股东为使自己在公司中的权益能够变现，通过首次公开发行使公司成为上市公司，从而使手中的股票具备流通性，以在适当的时机使其部分变现，从而使自身的投资组合多样化。在很多情况下，这两种目的是同时存在的。通过股票首次公开发行成为上市公司是公司成长历程中一个非常重要的步骤。公司上市必须经过有关机构的审查批准并接受相应的管理，执行各种信息披露和公司上市的规定，这就大大增强了社会公众对公司的信赖，使之乐于购买公司的股票。同时，由于一般认为上市公司实力雄厚，也便于公司采取其他方式（如负债）筹措资金。

（一）股票首次公开发行的基本程序

根据我国法律法规的规定和实际操作的需要，公司通过首次公开发行并成为上市公司首先要进行股份制改组，设立股份有限公司，并经过一段时间辅导后由主承销商推荐，经证监会核准后才能向社会公开发行股票成为上市公司。公司通过首次公开发行上市的基本程序如下。

1. 对企业改制并设立股份有限公司。拟订改制重组方案，聘请保荐机构（证券公司）和会计师事务所、资产评估机构、律师事务所等中介机构对改制重组方案进行可行性论证，对拟改制的资产进行审计、评估，签署发起人协议和起草公司章程等文件，设置公司内部组织机构，设立股份有限公司。除法律、行政法规另有规定外，股份有限公司设立取消了省级人民政府审批这一环节。

2. 对企业进行尽职调查与辅导。保荐机构和其他中介机构对公司进行尽职调查、问题诊断、专业培训和业务指导，学习上市公司必备知识，完善组织机构和内部管理，规范企业行为，明确业务发展目标和募集资金投向，对照发行上市条件对存在的问题进行整改，准备首次公开发行申请文件。目前已取消了为期一年上市辅导的硬性规定。

3. 制作申请文件并申报。企业和所聘请的中介机构，按照证监会的要求制作申请文件，保荐机构进行内核并负责向中国证监会尽职推荐；符合申报条件的，中国证监会在5个工作日内受理申请文件。

4. 对申请文件审核。中国证监会正式受理申请文件后，对申请文件进行初审，同时征求发行人所在地省级人民政府和国家发展改革委意见，并向保荐机构反馈审核意见，保荐机构组织发行人和中介机构对反馈的审核意见进行回复和整改，初审结束后发行审核委员会审核前，进行申请文件预披露，最后提交发行审核委员会审核。

5. 路演、询价与定价。发行申请经发行审核委员会审核通过后，中国证监会进行核准，企业在指定报刊上刊登招股说明书摘要及发行公告等信息，证券公司与发行人进行路演，向投资者推介和询价，并根据询价结果协商确定发行价格。

6. 发行与上市。根据中国证监会规定的发行方式公开发行股票，向证监会、交易所提交上市申请，在中国证券登记结算有限责任公司办理股份的托管与登记，挂牌上市，上市后由保荐机构按规定负责持续督导。

专栏8-2

借壳上市与买壳上市

上市对公司的好处是不言而喻的，最突出的好处就是能给公司带来廉价的资本。但在我国，上市机会是一种稀缺资源，并不是所有公司都有上市的机会。因此，借壳上市与买壳上市成为上市融资的一剂偏方。

“壳”即上市交易的资格，亦即在公开的证券市场可持续融资的功能。在我国证券市场上，一般的“壳”大多是业绩差的上市公司，甚至更狭义的就是指ST公司（一年亏损），这些公司的经营状况达不到证监会规定的配股和增发新股的要求：连续三年加权平均净资产收益率不能低于10%，最低不能低于6%。

买壳上市，是指一些非上市公司通过收购一些业绩较差、筹资能力弱化的上市公司，剥离被购公司资产，注入自己的资产，从而实现间接上市的目的。

借壳上市，是指上市公司的母公司（集团公司）通过将主要资产注入上市的子公司中，来实现母公司的上市。借壳上市的典型案例之一是强生集团的“母”借“子”壳。强生集团由上海出租车汽车公司改制而成，拥有较大的优质资产和投资项目。强生集团充分利用控股的上市子公司——浦东强生的“壳”资源，通过三次配股集资，先后将集团下属的第二分公司和第五分公司注入浦东强生之中，从而达到集团借壳上市的目的。

买壳上市和借壳上市的共同之处在于，它们都是一种对上市公司“壳”资源进行重新配置的活动，都是为了实现间接上市。它们的不同点在于，买壳上市的企业首先需要获得对一家上市公司的控制权，而借壳上市的企业已经拥有了对上市公司的控制权。在实施手段上，借壳上市的一般做法是：第一步，集团先剥离一块优质资产上市；第二步，通过上市公司大比例的配股筹集资金，将集团公司的重点项目注入上市公司中去；第三步，再通过配股将集团公司的非重点项目上市。与借壳上市略有不同，买壳上市可分为买壳—借壳两步走，即先收购并控股一家上市公司，然后利用这家上市公司，将买壳者的其他资产通过配股、收购等机会注入进去。

（二）首次公开发行的定价

股票发行价格的确定是股票发行中最基本和最重要的内容，它关系到发行人与投资者的根本利益及股票上市后的表现。若发行价过低，将难以满足发行人的筹资需求，甚至损害原有股东的利益；而发行价格过高，会抑制投资者的认购热情，增大投资者的风险，同时增加承销机构的发行风险和发行难度，并会影响股票上市后的市场表现。因此，发行公司及承销商必须对公司的利润及其增长率、行业因素、二级市场的股价水平等因素进行综合考虑，然后确定合理的发行价格。我国股票发行定价机制的演变大致经历了五个阶段。

第一阶段：固定价格。证券市场建立以前，我国公司股票大部分按照面值发行，定价没有制度可循。证券市场建立初期，即20世纪90年代初期，公司在股票发行的数量、发行价格和市盈率方面完全没有决定权，基本上由管理层确定，大部分采用固定价格方式定价。

第二阶段：相对固定的市盈率定价。《证券法》实施以前（1996—1999年），新股发行定价使用的是相对固定的市盈率的定价方法，新股的发行价格根据企业的每股税后利润和一个相对固定的市盈率水平来确定，即按式（8－1）来确定新股发行价格：

$$新股发行价 = 每股税后利润 \times 相对固定的市盈率 \quad (8-1)$$

第三阶段：累计投标定价。1999年7月1日生效的《证券法》规定，股票发行价格由发行人和承销商协商后确定，这表明我国证券市场在价格形成机制上，向市场化迈进了一大步。此后出台的《关于进一步完善股票发行方式的通知》对新股发行定价的市场化作了进一步明确规定，要求发行人和承销商在协商定价时，机构投资者也要参与定价，当然这种定价要通过证监会的审核。从《关于进一步完善股票发行方式的通知》中可以看出，新股发行定价可以超出发行价格区间，但是超出量的界限并没有明确。在市场运行中，创新出累计投标的新股发行定价方式。2001年证监会发布《新股发行上网竞价方式指导意见》，明确了累计投标定价方式。

第四阶段：控制市盈率定价。2001年下半年，股市大幅下挫，上半年所有按市场定价发行的新股几乎都跌破了上市首日的收盘价，使投资者承担了高价发行的巨大风险。管理层也注意到市场化发行的种种弊端，于是在2001年下半年，在首发新股中重新采用控制市盈率的做法。与原有传统的市盈率定价方式相比，新方法在两个方面作出了调整：一是发行价格区间的上下幅度约为10%；二是发行市盈率不超过20倍。券商和发行人只能在严格的市盈率区间内，通过累计投标询价决定股票的发行价格，因此也可称其为"半市场化"的上网定价发行方式。从发行市场的实际运作情况看，首次公开发行的市盈率基本保持在18倍左右。

第五阶段：初步询价和累计投标询价。2004年12月11日，中国证监会发布《关于首次公开发行股票试行询价制度若干问题的通知》及配套文件《股票发行审核标准备忘录第18号——对首次公开发行股票询价对象条件和行为的监管要求》，于2005年1月1日起实施。文件规定，首次公开发行股票的公司及其保荐机构，应通过向询价对象询价的方式确定股票发行价格。这两个文件有三个方面值得关注：一是询价对象确定为证券投资基金管理公司、证券公司、信托投资公司、财务公司、保险机构投资者和合格境外机构投资者（QFII）六类机构，它表明拥有实力的机构投资者将拥有更多的定价权。二是披露的发行市盈率，其所使用的每股收益以发行当年经会计师事务所审核的、扣除非经常性损益前后孰低的净利润预测数除以发行后总股本的计算为基础。三是询价分为初步询价和累计投标询价两个阶段。发行人及其保荐机构应通过初步询价确定发行价格区间，通过累计投标询价确定发行价格。在初步询价阶段，发行人及其保荐机构应向不少于20家的询价对象进行初步询价，公开发行股数在4亿股（含4亿股）以上的，参与初步询价的询价对象应不少于50家。在这个阶段，保荐机构要向询价对象提供研究报告，进行路演及询价，询价对象再根据自己的判断申报具体的价格区间，然后，发行人及保荐机构根据询价对象的报价结果确定发行价格区间及相应的市盈率区间。发行价格区间确定后，发行人及其保荐机构在发行价格区间内向询价对象进行累计询价，并根据累计投标询价结果确定发行价格。

延伸阅读 8－1

首次公开发行的抑价现象及其解释

首次公开发行抑价（Underpricing），是指公司的股票常常以过低的价格发行，从而使申购新股者获得稳定的超额收益，并导致公司上市前的现有股东遭受重大损失的现象。主要表现为新股发行价显著低于其上市首日或初期的收盘价。新股超额收益现象的存在，意味着 IPO 市场存在效率损失，并直接表现为上市公司可募集资金的减少。

新股首次公开发行抑价现象是公司金融研究中一个非常令人关注的问题。长期以来，许多学者对这一问题进行了广泛而深入的研究，从不同的角度对此进行了解释。

1. 赢者诅咒假说（Winner Curse Hypothesis）。该理论认为市场上存在两种投资者，即知情投资者和不知情投资者。如果股票首次公开发行价格高于内在价值，则知情投资者不会认购，该股票会完全出售给那些不知情投资者，这时不知情投资者将会在首次公开发行中获得负的超额收益。这样长期持续下去，不知情的投资者会发现自己在首发新股的投资中处于不利地位，从而退出首发新股的投资。为了避免这一现象的发生，吸引所有投资者参与首发新股投资，承销商使所有新股的定价平均偏低。

2. 信号假说（Signaling Hypothesis）。基于发行人和外部投资者之间的信息不对称，信号模型被提了出来，主要用于解释那些在首次公开发行后想要通过再次发行股票进行融资的公司，其股票低价发行的现象。该理论认为市场中存在高质量的公司和低质量的公司，上市公司拥有有关本企业的真实信息，而投资者却难以区分这两类公司，这就容易产生信息不对称的问题。高质量的公司通过抑价来吸引投资者参与将来的增资发行，首次发行中低定价的损失将由增资发行来弥补。只有高质量的公司采用这种方式，随着有关公司真实价值信息的披露，绩差公司有可能无法通过增发新股来弥补其定价偏低的损失。

3. 投资银行买方独家垄断假说（Investment Bank Monopoly Power Hypothesis）。该理论认为投资银行作为股票的承销商相对于上市公司来讲具有更多的有关资本市场及发行定价方面的信息，并有动机向发行人提供错误或虚假的信息以获得更大的补偿，这样道德风险就会产生。为实现激励相容，上市公司将股票发行的定价交由投资银行决定，由于发行人无法观察到投资银行的努力程度，这时承销商便会通过低价发行的方式来提高其承销活动的成功概率。并且新股的价值不确定性越大，新股的抑价程度也越大。

4. 股权分散假说（Ownership Dispersion Hypothesis）。该理论认为，新股上市后需要保持一定的流动性才有助于其价格发现，而流动性需要通过大量投资者交易该股票才能实现。发行人有意压低新股发行价格就是为了造成新股的超额需求，从而使公司拥有大量的小股东，这种分散的股权将大大增加公司股票的流动性。同时这种分散的股权也使得公司能够持有足够的所有权份额，这不仅可以减少公司外部对公司管理层所造成的压力，而且还可以防止公司控制权旁落，从而保持对该公司的控制。

5. 避免法律诉讼假说（Lawsuit Avoidance Hypothesis）。该理论主要用于解释美国股票市场的抑价发行现象。在美国，严格的信息披露制度使承销商与发行人面临较大的诉讼风险，那些在购买新股的投资中遭受损失的投资者会倾向于以首次公开发行的招股说明书所述不实或故意隐瞒公司真实信息而向法院提起诉讼，所以，抑价发行可减少被诉讼的可能性。

6. 流行效应假说（Bandwagon Effects Hypothesis）。这一假说是从行为金融学角度来分析的，它认为通常投资者进行投资时往往并不单是根据自己所掌握的信息进行的，而是经常受到其他投资者行为的影响。若某投资者看到其他投资者对该新股反应冷淡，即使他拥有该新股某一利好消息，也会动摇他购买该新股的信心；相反，若其他投资者购买比较踊跃，则会增强其购买新股的信心。而要避免无人购买情况出现的最实际的方法就是抑价发行，即发行人通过有意压低新股发行价格以吸引第一批投资者购买，从而带动其他投资者踊跃购买。

三、再融资

(一) 配股

1. 配股的概念和条件。配股是指上市公司根据公司发展的需要，依据有关规定和相应程序，向原股东进一步按其持股比例发行新股筹集资金的股权融资行为。我国上市公司申请配股，应当符合下列条件：

(1) 上市公司必须与控股股东在人员、资产、财务上分开，保证上市公司的人员独立、资产完整和财务独立。

(2) 公司章程符合《公司法》的规定，并已根据《上市公司章程指引》进行了修订。

(3) 配股筹集资金的用途符合国家产业政策的规定。

(4) 前一次发行的股份已经募足，募集资金使用效果良好，本次配股距前次发行间隔一个完整的会计年度（1月1日至12月31日）以上。

(5) 公司上市超过3个完整会计年度的，最近3个完整会计年度的净资产收益率平均在10%以上；上市不满3个完整会计年度的，按上市后所经历的完整会计年度平均计算；属于农业、能源、原材料、基础设施、高科技等国家重点支持行业的公司，净资产收益率可以略低，但不得低于9%；上述指标计算期间内任何一年的净资产收益率均不得低于6%。

(6) 公司在最近3年内财务会计文件无虚假记载或重大遗漏。

(7) 本次配股募集资金后，公司预测的净资产收益率应达到或超过同期银行存款利率水平。

(8) 配售的股票限于普通股，配售的对象为股权登记日登记在册的公司全体股东。

(9) 公司一次配股发行股份总数，不得超过该公司前一次发行并募足股份后其股份总数的30%，公司将本次配股募集资金用于国家重点建设项目、技改项目的，可不受30%比例的限制。

2. 配股对股票价格和股东财富的影响。一般而言，配股的发行价要低于原有股票价格，因而，配股后股票的价格会下降。一般把配股前股票的发行价格称为除权前价格，把配股后的股票价格称为除权后价格，则有

$$\text{配股前价格}(P_0)\times\text{配股前股数}(n)+\text{配股价格}(P_1)\times\text{配股比例}(m)\times\text{配股前股数}(n)$$
$$=\text{配股后理论除权价格}(P)\times\text{配股后的总股数}(n+m\times n)$$

对上式进行简单变形，可以得到

$$P = \frac{P_0 + mP_1}{1 + m} \quad (8-2)$$

例8－1 假设某公司原有1 000万股，配股比例为10配2，即每10股配2股，假设除权前价格为20元/股，配股价格为14元/股。则配股后该公司股票的除权价格为

$$P = \frac{P_0 + mP_1}{1 + m} = \frac{20 + 0.2 \times 14}{1 + 0.2} = 19(\text{元})$$

显然，配股后的除权价格小于配股前价格，这二者的差额即为配股权的价值。而且，配股价格越高，配股后的除权价格越高，除权前后股票的价值差异就越小。但只要所有股东都按照配股比例认购新股，配股价格的高低就不会影响股东财富的变化。

在例8－1中，假设该公司某股东持有公司股票100股，总价值为2 000元，当该股东按照14元的配股价格买入应配售的20股股票后，他付出了280元，按照配股后的股票价格计算，他持有的所有股票价值为2 280元（120股×19元/股），与他原有的股票价值和新投入的资金价值之和相同。如果该公司按照每10股配售4股，每股配股价7元向原股东配售新股，配股后该股东股票总数为140股，按照配股后的股票价格计算，他持有的股票价值仍然为2 280元①（140股×16.29元/股）。

由以上分析可知，如果股东按配股价格完成配股，则配股价格的高低会影响配股后股票价格的高低，但并不影响股东财富的变化。配股后，只是股票的数量和每股股价发生了变化，而公司的实际状况和投资者的财富都没有发生任何实质性的变动，这表明只要配股能顺利发行，则配股价的高低无关紧要。因此，上市公司可以以较低的价格配股，这样，既容易完成配股融资的任务，又不会损害公司股东的利益。事实上，只要所有股东都按照配股价格完成配股，则不论配股价格如何确定，公司股东在配股中得到的利益都是相同的，不会出现一部分股东侵害另一部分股东利益的情况。但是，如果一部分股东没有参加配售，且没有出售其配股权，就可能会出现一部分股东侵害另一部分股东利益的情况。

如例8－1中，假设拥有80%股份的股东没有配售，则按照10股配2股的方案，公司将实际配股40万股（1 000万股×20%×20%），配股后公司总价值为20 560万元（20元×1 000万股＋14元×40万股），公司股票总数为1 040万股，平均每股价值为19.77元（20 560/1 040），那些未能参加配股的股东由于配股产生的稀释效应，每股损失0.23元。

3. 配股融资的优点。配股融资在我国先于增发融资，它的优点主要有：配股融资的费用比增发新股要低，可以减轻企业的负担；如果原有股东都认购配售的股票，则配股不会改变原有股东的股票占公司股票的比例，不会使原有股东的利益受到损害。

（二）增发

1. 增发的含义和条件。增发是上市公司向全体社会公众（既包括原有股东，也包括潜在投资者）发售股票进行融资的行为。在我国，长期以来，上市公司再融资基本上是

① 忽略了因四舍五入所产生的误差。

采用单一的配股模式。直至1998年5月，我国才在沪、深两市对首批5家上市公司进行真正意义上的增发新股的试点，开始了我国上市公司再融资方式的新探索。

我国证监会规定，上市公司申请增发新股，除应当符合《上市公司新股发行管理办法》的规定外，还应当符合以下条件：

（1）最近三个会计年度加权平均净资产收益率平均不低于10%，且最近一个会计年度加权平均净资产收益率不低于10%。扣除非经常损益后的净利润与扣除前的净利润相比，以低者作为加权平均净资产收益率的计算依据。

（2）增发新股募集资金量不超过公司上年度末经审计的资产净值。

（3）发行前最近一年及一期财务报表中的资产负债率不低于同行业上市公司的平均水平。

（4）首次募集资金投资项目的完工进度不低于70%。

（5）增发新股的股份数量超过公司股份总数20%的，其增发提案还须获得出席股东大会的流通股（社会公众股）股东所持表决权的半数以上通过。股份总数以董事会增发提案的决议公告日的股份总数为计算依据。

（6）上市公司及其附属公司最近12个月内不存在资金、资产被实际控制上市公司的个人、法人或其他组织（以下简称实际控制人）及关联人占用的情况。

（7）上市公司及董事在最近12个月内未受到中国证监会公开批评或者证券交易所公开谴责。

（8）最近一年及一期财务报表不存在会计政策不稳健（如资产减值准备计提比例过低等），或有负债数额过大、潜在不良资产比例过高等情形。

（9）上市公司及其附属公司违规为其实际控制人及关联人提供担保的，整改已满12个月。

（10）符合《关于上市公司重大购买、出售、置换资产若干问题的通知》规定的重大资产重组的上市公司，重组完成后首次申请发新股的，其最近三个会计年度加权平均净资产收益率不低于6%，且最近一个会计年度加权平均净资产收益率不低于6%，加权平均净资产收益率按照本通知第一条的有关规定计算；其增发新股募集资金可不受本通知第二条的限制。

2. 增发价格。与配股不同，新股增发的定价如果不能合理反映股票的价值，会造成新老股东之间的财富转移。

例8－2 某公司发行在外的普通股股票为1 000万股，价值为10元/股，公司股东权益的总价值为10 000万元。如果公司股票的市场价格为12元/股，公司按照这一价格向社会公开发行200万股新股，可以筹得2 400万元资金。增发后公司股东权益的总价值为12 400万元，总股数为1 200万股，平均每股价值为10.33元（12 400/1 200）。这样，公司原股东的每股价值增加了0.33元（10.33－10），而按照每股12元的价格认购新股的股东则每股损失了1.67元（10.33－12），发生了由公司新股东向公司老股东的价值转移。

相反，如果公司股票的市价为8元/股，公司按照这一价格向社会公开发行200万股新股，可以筹得1 600万元资金。增发后公司股东权益价值为11 600万元，总股份数为1 200万股，平均每股价值为9.67元（11 600/1 200）。这样，公司原股东的每股价值减少了0.33元（9.67－10），而按照每股8元的价格认购新股的股东的每股价值则增加了1.67元（9.67－8），发生了由公司老股东向公司新股东的价值转移。因此，增发时，合理定价对确保新老股东的权益至关重要。

（三）非公开发行新股

非公开发行新股是指上市公司采用非公开方式向特定对象发行股票的行为。非公开发行股票的特定对象和上市公司都需要满足一定的条件。

非公开发行股票的特定对象需要满足的条件包括：（1）特定对象符合股东大会决议规定的条件；（2）发行对象不超过10名。如果发行对象为境外战略投资者的，应当经国务院相关部门事先批准。

上市公司非公开发行股票需要满足的条件包括：（1）发行价格不低于定价基准日前20个交易日公司股票均价的90%；（2）本次发行的股票自发行结束之日起，12个月内不得转让；（3）募集资金使用符合规定；（4）本次发行将导致上市公司控制权发生变化的，还应当符合证监会的其他规定。

专栏8－3

上市公司为何执着于再融资？

市场低迷并没有影响再融资热情，无论是数易方案，还是另起炉灶，上市公司终究都要把再融资进行到底。上证报资讯统计数据显示，2016年第一季度，沪深共有63家上市公司对定增方案进行调整，变更发行价格或数量之后继续推进再融资方案。与此同时，还有约10家已经终止定增的公司，旋即启动新的定增方案，不改再融资的初衷。

在业内人士看来，从2015年7月股市开始大幅波动，整个市场的估值中枢都呈现下行态势，采用“定价”方式的上市公司很容易受此影响，难免出现定增价格与现价倒挂的局面，使得上市公司不得不一再调整、终止、启动方案，尽一切可能完成看似规模并不大的再融资。

尽管单个现象令人有些难以理解，但如果把“再融资不停歇”的现象放在更加宏大的背景下来看，不难发现其中简单而明了的逻辑。目前，整个经济体都处在供给侧改革、产业结构调整的关键时期，每个经济个体都在谋求先进而又健康的发展方式，而无论是涉足新领域，还是技术工艺革新，都离不开资金的注入，也只有资金的注入才能使整个转型过程更加快速、有效。正因为如此，上市公司对于再融资才会执着而坚定。

四、普通股融资的利弊

（一）普通股融资的优点

1. 发行普通股融资没有固定的股利负担，股利的支付与否和支付多少，视公司有无盈利和经营需要而定，经营波动给公司带来的财务负担相对较小。由于普通股融资没有固定的到期还本付息的压力，所以融资风险较小。

2. 发行普通股筹集的资本具有永久性，无到期日，无须归还。这对保证公司最低的资本需求，促进公司长期持续稳定的经营具有重要意义。

3. 发行普通股筹集的资本是公司最基本的资金来源，它反映了公司的实力，可作为其他方式融资的基础，尤其可为债权人提供保障，增强公司的举债能力。

4. 普通股融资比优先股或债券融资的限制少，因而有利于增强公司经营的灵活性。

5. 通过公开发行股票，企业由一个非上市公司变成一个上市公司，可以大大提高公司的知名度。

（二）普通股融资的缺点

1. 普通股的资本成本较高。这一方面是由于普通股的风险较高，相应地要给股东提供较高的投资报酬率；另一方面普通股股息从税后盈余中支付，不像债券利息那样作为费用在税前支付，因而不具有抵税作用。此外，普通股的发行成本一般要高于其他证券。

2. 容易分散公司的控制权。由于普通股股东都享有投票权，故对外发行新股意味着将公司的部分控制权转移给了新股东，分散了公司的控制权，增加了公司被收购的风险。

3. 对公司股价可能产生不利影响。在信息不对称的条件下，外部投资者会将增发看作是消极的信号，投资者通常认为公司只有在股价高估的情况下才会发行股票。

4. 发行股票，特别是上市后，公司负有严格的信息披露的义务，这种信息披露的作用之一是减少上市公司与投资者之间的信息不对称。但是，同时也会降低公司经营活动的隐蔽性，使公司的竞争对手更容易了解公司的经营动向，对公司的市场竞争地位带来一些不利的影响。

第 2 节 优先股

一、优先股的概念及特征

优先股是指股份有限公司发行的，在分配公司收益和剩余财产方面比普通股具有优先权的股票，是公司权益资本的来源之一。优先股是介于普通股和债券之间的一种混合证券。一方面，优先股属于股东权益，它和普通股的账面价值之和组成了公司的净值，都没有到期日，无须还本；另一方面，优先股在某些方面具有债券的特征，有固定面值、定期的固定股息支付。为贯彻落实《国务院关于开展优先股试点的指导意见》，加快推进资本市场改革创新，2014 年 3 月 21 日，中国证监会发布了《优先股试点管理办法》，随后，中国银行、浦发银行、农业银行、中国建筑等纷纷推出优先股发行计划。

优先股的特征表现在以下方面。

1. 优先股股东对公司的投资在公司注册成立后不得收回，其投资收益从公司税后利润中提取，在公司清算时，其对公司财产的要求权也排在公司债权人之后。另外，从资本结构上看，优先股属于公司的权益资本。

2. 优先分配固定的股利。优先股股东通常优于普通股股东分配股利，且其股利一般是固定的，通常用一个定额或相当于股票面额的一定比率表示，较少受公司经营状况和盈利水平的影响。所以，优先股类似于固定利息的债券。但公司对优先股固定股利的支付并不构成公司的法定义务。如果公司财务状况不佳，则可暂时不支付优先股股利，即便如此，优先股股东也不能像公司债权人那样迫使公司破产。因此，优先股股利的支付既固定又有一定的灵活性。

3. 优先分配公司剩余利润和剩余财产。在公司未发放优先股股利之前，不得发放普通股股利；当公司因经营不善而解散或破产清算时，在偿还全部债务和付清清理费用之后，如有剩余资产，优先股股东有权按票面额先于普通股股东得到清偿。总之，优先股股东具有剩余利润的优先分配权和剩余财产的优先清偿权。

4. 优先股股东一般无表决权。在公司股东大会上，优先股股东一般没有表决权，通常也无权过问公司的经营管理。但是，当公司研究与优先股有关的权益问题时，如讨论把一般优先股改为可转换优先股时，或推迟优先股股利的支付时，优先股股东有权参加股东大会并享有表决权。因此，优先股股东不可能控制整个公司。

5. 优先股可由公司赎回。发行优先股的公司，按照公司章程的有关规定、发行时的约定及根据公司的需要，可以采用一定的方式将所发行的优先股收回，调整公司的资本结构。

6. 优先股必须具有面值。优先股的面值代表着优先股股东在公司清算时应得的资产数额；优先股的面值是计算优先股股利的基础。

融资是股份公司发行优先股的基本目的，但由于优先股具有其特征，因此，发行公司往往还有其他的动机，这主要表现在以下四个方面。

1. 防止公司股权分散化。优先股股东一般无表决权，发行优先股就可以避免公司股权分散，保障公司老股东的原有控制权。

2. 调剂现金余缺。公司在需要现金资本时可以发行优先股，在现金充裕时可赎回部分或全部优先股，从而调剂现金余缺。

3. 改善公司的资本结构。公司在安排借入资本与自有资本的比例关系时，可较为便利地利用优先股的发行、转换、赎回等手段进行资本结构和自有资本内部结构的调整。

4. 维持举债能力。公司发行优先股，有利于巩固自有资本的基础，维持乃至增强公司的举债能力。

二、优先股的种类

优先股按其所包含的优先股权利不同，可分为以下几种。

（一）累积优先股和非累积优先股

累积优先股是指在某个营业年度内，如果公司所获的盈利不足以分派规定的股利，日后优先股的股东对往年未付给的股息，有权要求如数补给。例如，某公司因经营不善，某年未能发放面值 100 元、股利率 10% 的优先股股利每股 10 元。次年公司经营状况转好，盈利增加，有能力支付优先股股利和发放普通股股利。公司首先需要发放优先股股利每股20元（其中10元为前一年积欠的股利），然后才有权利发放普通股股利。非累积的优先股，是按当年利润分配股利，而不予以积累补付的优先股股票。也就是说，如果本年度的利润不足以支付全部优先股股利，对所积欠的部分，公司不予累计计算，优先股股东也不能要求公司在以后年度中予以补发。一般来讲，对投资者来说，累积优先股比非累积优先股具有更大的吸引力。

（二）可转换优先股和不可转换优先股

可转换的优先股是指允许优先股股东在一定时期内按规定的条件把优先股转换为一定数额的普通股的股票。这种优先股能增加筹资和投资双方的灵活性。公司发行可转换优先股，实际上是在优先股之上加入了一个选择权。如果普通股价格上升，优先股股东可以行使这一权利将其股票转换为普通股，从中获利。如果普通股价格下跌，优先股股东便不行使这一权利，继续享受优先股的优惠。

不可转换优先股是指不能转换成普通股的股票。不可转换优先股只能获得固定股利报酬，而不能获得转换收益。

（三）参与优先股和非参与优先股

参与优先股，是指那种不仅可以按规定分得当年的定额股息，而且还有权与普通股股东一起参加公司利润分配的优先股股票。根据参与公司利润分配方式和比例的不同，参与优先股又可分为全部参与优先股和部分参与优先股。前者表现为优先股股东有权与普通股股东共同等额分享本期剩余利润，后者表现为优先股股东有权按照规定额度与普通股股东共同参与利润分配，超过规定额度部分的利润，归普通股股东所有。非参与优先股，是指只按规定股息率分取股息，不参加公司利润分配的优先股股票。持有这类股票的股东，无论公司的剩余利润有多少，普通股股东分取多少红利，除了领取固定股息外，不能再参加分配。

（四）可赎回优先股和不可赎回优先股

可赎回优先股，是指股票发行公司可以按一定价格收回的优先股。大多数优先股是可赎回的。可赎回优先股的赎回价格在股票上的有关条款中即已规定，赎回价格一般是略高于票面价值。虽然公司有权收回可赎回优先股，但是否赎回，最终由公司决定。赎回股票的目的主要是减轻利息负担。不可赎回优先股，是指股票发行公司无权从股票持有人手中赎回的优先股股票。

（五）股息可调优先股和股息不可调优先股

股息可调优先股，是指股息率可以调整的优先股。也就是说，这种股票的股息率不是固定的，而是可以变化的。不过，股息率的变化是随其他证券价格或存款利率的变化而进行调整，与公司的经营状况无关。这种优先股股票是为适应国际金融市场动荡不定，各种有价证券的价格和银行存款的利率经常波动的特点而产生的，其目的在于保护股东的权益，扩大公司的股票发行量。股息不可调优先股，是指股息率不能调整的优先股股票。经济活动中常见的优先股股票一般都是股息不可调优先股股票。

例8－3　某股份公司股本结构为：发行在外的普通股100万股，每股面值1元；发行在外的优先股100万股，每股面值1元，股息率10%。2017年、2018年、2019年可用于分配的净利润分别为0元、20万元、40万元，假定没有留存利润。计算该公司的优先股为累积、全部参与优先股和非累积、非参与优先股条件下的股利分配情况。

1. 累积、全部参与优先股的情况

2017年，因为无利润可分，所以优先股、普通股股利分配均为0。

2018年，优先股每股股息0.1元，补发2017年每股股息0.1元，合计0.2元/股，共需资金20万元（0.2×100）。普通股已经无利润可分，普通股股利分配仍为0。

2019年，优先股每股分配当年股息0.1元，分配率10%，普通股也先分10%，即每股0.1元，共需资金20万元（0.1×100+0.1×100）。而2019年的可分配利润为40万元，优先股、普通股股利分配均为10万元，剩余20万元由优先股、普通股共同分享，该公司股本为200万股，故二次分配率为10%（$\frac{20}{200}$），即优先股每股0.1元，普通股每股0.1元。合计，优先股每股分配0.2元（0.1+0.1），普通股每股分配0.2元（0.1+0.1）。

2. 非累积、非参与优先股的情况

2017年，因为无利润可分，所以优先股、普通股股利分配均为0。

2018年，优先股每股分配当年股息0.1元，不补发2017年每股股息0.1元，合计0.1元/股，共需资金10万元。剩余10万元供普通股分配，普通股股利分配为每股0.1元。

2019年，优先股每股分配当年股息0.1元，共需资金10万元。剩余30万元供普通股分配，普通股股利分配为每股0.3元。

三、优先股筹资的利弊

优先股筹资的主要优点是：

1. 保持普通股股东对公司的控制，其筹资能够顺利进行。由于优先股股东没有表决权，因此，公司原有股东的控制权不会旁落。所以，发行优先股不会引起普通股股东的反对，从而采用此种方式筹资可以顺利进行。当使用债务融资风险很大，利率很高，而发行普通股又会产生控制权稀释的可能性时，采用优先股筹资不失为一种理想的筹资方式。

2. 发行优先股不必以资产作为抵押，使公司可以保留资产，在必要时以资产作为抵押品借债，从而保护了公司的融资能力。

3. 优先股一般没有固定的到期日，不用偿还本金。发行优先股筹集资金，实际上近乎得到一笔无限期的长期贷款，公司不承担还本义务，也无须再作筹资计划。

4. 优先股筹资有利于增加公司财务的弹性。对可赎回优先股，公司可在需要时按一定价格赎回，这就使得公司利用这部分资金更有弹性。当财务状况较弱时发行优先股，而财务状况转强时赎回，这有利于结合资金需求加以调剂，同时也便于掌握公司的资本结构。

5. 股利的支付既固定又有一定的灵活性。对固定股息的支付并不构成公司法定义务，因此，支付股息可以根据公司的盈利情况适当地加以调整，不会像偿还债务的本息那样到期非履行不可。在无法支付优先股股息时，可以拖欠，不至于进一步加剧公司资金周转的困难。

6. 优先股的股息一般为固定比率，从而优先股筹资有财务杠杆作用。当公司运用优先股筹资后，公司增长的利润大于支付给优先股股东的约定股息，则差额为普通股股东分享，因此，优先股筹资有利于提高普通股股东的每股收益。

优先股筹资的弊端也很明显，主要表现在：

1. 资本成本较高。优先股的成本虽低于普通股，但优先股股息不能像债券利息那样在税前列支，得不到抵税的好处，因此，优先股的成本通常高于债券的税后成本。

2. 优先股筹资后对公司的制约因素较多。如公司不能连续三年拖欠股息，公司有盈利必须先分给优先股股东，公司举债额度较大时要征求优先股股东的意见等。

3. 股利支付的优先性和固定性影响普通股股东收益的稳定性，极可能形成公司较重的财务负担。优先股在股利分配、资产清算等方面拥有优先权，这使得普通股股东在公司经营不稳定时收益受到影响。通常情况下优先股又要求支付固定股利，而股利又不能在税前扣除，当公司盈利下降时，优先股股利就可能成为公司一项沉重的财务负担，尽管优先股股利可以延期支付，但这样会影响公司的形象。

第3节　私募股权投资基金

一、私募股权投资基金概述

（一）私募股权投资基金的含义

私募股权投资基金（Private Equity Fund，PE）是指通过私募形式，对非上市企业进行的权益性投资。投资者按照其出资份额分享投资收益，承担投资风险。在交易实施过程中附带考虑了将来的退出机制，即通过上市、并购或管理层回购等方式，出售持股获利。但是目前也有少部分私募股权投资基金投资已经上市公司的股权，另外，在投资方式上也采取债权型投资方式。据贝恩公司发布的《2019全球私募股权市场报告》，2018年全球收购交易数量为2 936笔，同比减少13%。但收购交易总额上升10%，达到5 820亿美元（包括后续交易），5年收购交易总额更是创下历史新高。这主要归功于私有化交易的增长——自2006—2007年全球私有化热潮以来，交易总额再次达到历史高点。

私募股权投资基金主要以私募形式投资于未上市的公司股权，而非股票市场，市场上常说的私募基金，通常是指私募证券投资基金，主要投资于各种流动性好的有价证券，通过低买高卖获取差价利润，与私募股权基金有本质上的区别。

（二）私募股权投资基金的分类

广义的私募股权投资为涵盖企业首次公开发行前各阶段的权益投资，即对处于种子期、初创期、成长期、成熟期和预IPO期各个时期企业所进行的投资，相关资本按照投资阶段可划分为风险投资（Venture Capital）、发展资本（Development Capital）、并购基金（Buyout/Buyin Fund）、夹层资本（Mezzanine Capital）、重振资本（Turnaround）、Pre－IPO资本（如Bridge Finance），以及其他如上市后私募投资（Private Investment in Public

Equity, PIPE）、不良债权（Distressed Debt）和不动产投资（Real Estate）等（见图8-1）。①

狭义的私募股权投资指对已经形成一定规模，并产生稳定现金流的成熟企业的私募股权投资部分，主要是指创业投资后期的私募股权投资部分，而这其中并购基金和夹层资本在资金规模上占很大的一部分。

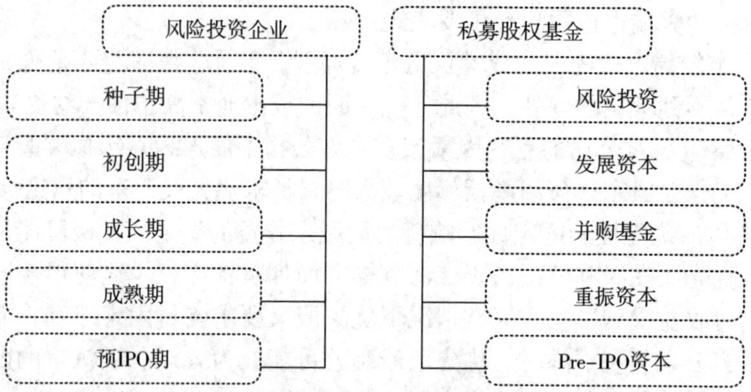

图8-1 私募股权投资基金的分类

这里着重介绍一下并购基金和夹层资本。

并购基金。并购基金是专注于对目标企业进行并购的基金，其投资手法是，通过收购目标企业股权，获得对目标企业的控制权，然后对其进行一定的重组改造，持有一定时期后再出售。并购基金与其他类型投资的不同表现在于：风险投资主要投资于创业型企业，并购基金选择的对象是成熟企业；其他私募股权投资对企业控制权无兴趣，而并购基金意在获得目标企业的控制权。

夹层资本。夹层资本是一种处于股权和普通债务之间的融资方式，是一种无担保的长期债务，这种债务附带有投资者对融资者的权益认购权。夹层融资是次级债务（Subordinate Debt）的一种，利率水平一般在10%~15%，投资者的目标回报率是20%~30%。一般来说，夹层利率越低，权益认购权就越多。

（三）私募股权投资基金的特点

1. 在资金募集上，主要通过非公开方式面向少数机构投资者或个人募集，它的销售和赎回都是基金管理人通过私下与投资者协商进行的。另外，在投资方式上也是以私募形式进行，绝少涉及公开市场的操作，一般无须披露交易细节。

2. 多采取权益型投资方式，绝少涉及债权投资。PE投资机构也因此对被投资企业的决策管理享有一定的表决权。反映在投资工具上，多采用普通股或者可转让优先股，以及可转债等工具形式。

3. 一般投资于私有公司即非上市企业，绝少投资已公开发行公司，不会涉及要约收购义务。

4. 投资期限较长，一般可达3~5年或更长，属于中长期投资。

① 以上所述概念也有重合的部分。

5. 流动性差，没有现成的市场供非上市公司的股权出让方与购买方直接达成交易。

6. 资金来源广泛，如富有的个人、风险基金、杠杆并购基金、战略投资者、养老基金、保险公司等。

7. PE 投资机构多采用有限合伙制，这种企业组织形式有很好的投资管理效率，并避免了双重征税的弊端。

8. 投资退出渠道多样化，有 IPO、售出（Trade Sale）、兼并与收购（M&A）、标的公司管理层回购等。

二、私募股权投资基金的组织形式

从组织形式看，私募股权投资基金可分为公司型、信托型和合伙型。

1. 公司型私募股权投资基金是具有共同投资目标的投资者根据《公司法》组成的投资于未上市公司等特定对象的股份制投资公司。公司型私募股权投资基金通过发行股份的方式筹集资金，是具有法人资格的经济实体。投资者购买一定的基金份额后既是基金持有人又是公司股东，按照公司章程的规定，享受权利，履行义务。如有权通过出席股东大会、选举董事等方式参与公司重大决策。公司型私募股权投资基金成立后一般委托特定的基金管理公司管理基金资产，在投资者、公司、基金管理人和基金托管人之间形成一种委托—代理契约关系，即投资者可以行使股东权利、参与公司经营管理，公司委托管理人和托管人从事资金管理、托管行为；管理人不持有基金财产，只能向托管人作出投资指示；托管人虽持有基金财产，但不享有处分权，仅执行基金管理人的指示。公司制基金体现的是一种委托—代理关系，以基金公司名义对外投资、承担风险和责任。但公司型私募股权投资基金存在较为明显的代理人道德风险和双重课税问题，所以公司型私募股权投资基金在全球范围内已不再是私募股权基金的主流模式。

2. 信托型（也称契约型）私募股权投资基金，它是根据一定的信托契约原理，由基金发起人和基金管理人、基金托管人订立基金契约而组建的基金。基金管理公司依据法律、法规和基金契约负责基金的经营和管理操作；基金托管人负责保管基金资产，执行基金管理人的有关指令，办理基金名下的资金往来；投资者通过购买基金单位，享有基金投资收益。英国、日本和中国香港、台湾地区多是此类基金，我国颁布的《中华人民共和国证券投资基金法》（以下简称《证券投资基金法》）所规定的基金也是信托型基金。信托型私募股权投资基金表现为信托—受托关系，基金本身为一财产集合体，由基金管理人以自己的名义对其进行经营管理，投资者仅作为受益人分享利益，无权参与基金运作的重大决策。

3. 合伙型私募股权投资基金包括两类投资者，一类是普通合伙人（General Partner），一类是有限合伙人（Limited Partner）。普通合伙人承担无限连带责任，行使合伙事务执行权，负责企业的经营管理。有限合伙人以其投入资金依据合伙协议享受合伙收益，对企业债务只承担有限制责任，不对外代表合伙，也不直接参与企业经营管理。2007 年 6 月 1 日起实施的修订的《中华人民共和国合伙企业法》（以下简称《合伙企业法》），对我国的私募股权基金而言意义重大。修订前的《合伙企业法》要求，所有的合伙人，即使是作为出资人代表的合伙人也要对企业债务承担无限连带责任，这使投资者望而却步。并且仅允许自然人为合伙人，机构投资者被挡在门外，严重阻碍了私募股权的投资管理采用合伙制企业形式。这次修订引入了“有限合伙人”的内容，允许机构投资者作为合伙人，这给社保基金、银行等金融机构的资金找到了出路，为私募股权投资基金采用合伙制企业形式打开了绿灯。修订后的《合伙企业法》第六条明确规定，合伙企业的生产经营所得和其他所得，按照国家有关税收规定，由合伙人分别缴纳所得税，即合伙企业不作为经济实体纳税，其净收益直接发放给投资者，由投资者作为收入自行纳税，从而解决了合伙企业双重税收问题。因此，私募股权投资基金采用合伙制形式是较为合适的选择。

三、私募股权投资基金在我国的发展现状

私募股权投资基金起源于美国。1976 年，美国投行贝尔斯登的三名员工离职后创立了 KKR，专门从事并购业务，成为最早的私募股权投资公司。经过四十多年的发展，目前美国私募行业已经成为金融市场的一股重要力量。

20 世纪 90 年代，国际私募机构开始进入中国市场；2000 年后，本土私募机构也竞相涌现；2005 年后，随着《创业投资企业管理暂时办法》的实施、《合伙企业法》的修订、创业板设立等一系列政策利好推动，中国私募行业开始逐渐兴起，并在 2011 年达到一轮高潮。据清科研究中心发布的《2019 年中国私募股权投资年度统计报告》，截至 2019 年底，私募股权投资市场可投资本量为 24 252. 39 亿元，较 2018 年底同比增长 16. 5%，资金量有所回升。全年 PE 市场共新募资 10 156. 89 亿元，与 2018 年募资金额相当。“二八效应”在募资市场上凸显，头部机构募资优势明显，国有大型产业基金占有市场大量资金。2019 年，投资格局发生变化，互联网行业出现下滑，IT、医疗健康、机械制造领域表现抢眼。投资案例上，IT、半导体及电子设备、机械制造逆势增长，互联网领域内模式创新不再受到追捧。退出方面，2019 年 PE 机构共有 1 662 笔退出，科创板带动被投企业 IPO 退出案例数上升。科创板自 2019 年 6 月正式开板，灵活设置了多类上市标准、放开相关涨跌限制、降低企业利润要求，积极探索注册制，给资本市场带来了活力，成为私募股权投资机构 IPO 退出的重要通道。

四、私募股权投资基金融资的优势

与银行信贷、发行债券、企业公开上市（IPO）等融资方式相比，私募股权投资基金有自己的特点和优势。银行贷款是传统的间接融资方式，虽不涉及企业股权、控制权的转移，但企业（融资者）也难从中得到专业服务，对改善治理结构没有帮助；发行债券是传统的直接融资方式，可能会给企业带来一些专业服务，但对改善企业治理结构助益不大；上市是成熟的直接融资方式，能为企业带来专业服务，有利于企业改善治理结构，但“门槛”太高，一般企业可望而不可即。股权融资既能为企业赢得合作伙伴，改善企业治理结构，“门槛”又比上市融资低很多。而且私募股权投资基金在退出过程中，也能与主板、创业板、产权交易市场等不同层次资本市场发生有机联系。

如表 8 - 1 所示，与股市融资和银行贷款相比，私募股权投资更适合中小企业，因

为单次融资平均规模和对企业的资格限制相对较低。与银行贷款需要考察企业资产规模等相比，私募股权投资基金的投资原则和偏好有本质不同。公司的核心竞争力、成长性是私募投资最关心的考察点。此外，项目公司的商业模式、竞争壁垒等，也都是私募股权基金关注的重要内容。

表 8-1 PE 与其他融资方式比较

项目	PE	银行信贷	发行股票	发行债券
融资对象	中小企业	所有企业	合格企业	大企业
平均融资规模	较小	较小	较大	较大
融资资格限制	最低	较高	较高	最高
表面会计成本	较低	最高	最低	较高
实际经济成本	最高	较低	较高	最低
投资人风险	最高	较低	较高	最低
投资人潜在收益	最高	较低	较高	最低
参与公司管理	最强	较强	较强	最弱

在发达国家，私募股权投资基金是资本市场的重要组成部分。在欧美发达国家，私募股权基金每年投资额已占到 GDP 的 4% ~5%，成为仅次于银行贷款和 IPO 的重要融资手段。

专栏 8-4

蒙牛的私募股权融资

一、私募基金及被投资企业背景

（一）内蒙古蒙牛乳业股份有限公司（简称蒙牛股份）

1999 年 1 月，牛根生和几个同是伊利出来的高管成立了蒙牛乳业有限责任公司，它的注册资金是 100 万元，注册地在呼和浩特市。1999 年 8 月 18 日，新生没几个月的蒙牛居然进行了股份制改造——成立内蒙古蒙牛乳业股份有限公司，注册资本猛增到 1 398 万元，折股 1 398 万股，发起人是 10 个自然人。之后，蒙牛股份又进行了两次增资扩股，第一次扩股到 2 588 万元，第二次扩股到 4 598 万元。但是真正让其在国际资本市场的道路狂奔起来，还得要等到 2002 年 7 月，此时，蒙牛已经成立了 3 年，摩根士丹利、英联、鼎晖三家投资机构登场了，而且一登场就给蒙牛动起了资本运作的大手术。

（二）摩根士丹利

摩根士丹利是一家在纽约证交所上市的全球金融服务公司，是国际知名的投资银行。摩根士丹利在亚太地区已经活跃了 30 余载，在北京、上海、曼谷、新加坡、东京等均设有办事处。

（三）鼎晖

鼎晖是原中国国际金融有限公司直接投资部，后独立发展成为一家私募股权基金，其管理的基金资产超过 30 亿美元，投资退出的项目包括蒙牛、李宁、南孚电池、双汇、江西赛维、百丽、航美传媒等。

（四）英联投资

英联投资是由一家拥有超过 55 年投资经验的英国政府的投资机构——英联邦投资集团（CDC

Capital Partners）演变而来的，在中国、马来西亚、南亚及非洲等地积极地开展投资活动。

自2000年在北京成立办事处至今，英联投资已完成了7个投资项目，共计1.09亿美元投资额，并帮助其中三家公司在股票市场成功上市。英联投资是为数不多的在中国设立办事处的国际性直接投资公司之一，目前管理34亿美元的基金。

二、私募股权基金的进入和退出要点

1. 在境外建立一个框架，以便安放各方利益。2002年6月，蒙牛与摩根士丹利等三家投资机构签署投资意向。2006年6月5日和2002年6月14日，三家投资机构分别在维尔京群岛注册了两家壳公司开曼群岛公司和毛里求斯公司，其中开曼群岛公司100%控股毛里求斯公司。2002年9月23日，蒙牛的10位发起人在英属维尔京群岛注册成立了金牛（BVI）。同日，蒙牛的投资人、业务联系人和雇员注册成立了银牛（BVI）。

2. 注资开曼群岛公司。摩根士丹利三家投资机构投资2 597万美元持有开曼公司48 980股B股；金牛、银牛两家壳公司，以每股1美元共购得开曼公司A股5 102股。根据开曼的公司法，每A股有10票投票权，每B股有1票投票权。中方以5 102股A股对外方48 980股B股，投票权之比是51:49，股权比例则是9.4:90.6。开曼群岛公司通过毛里求斯公司持有蒙牛股份66.7%的股份，三家投资机构拥有蒙牛股份32.7%投票权（49%×66.7%）。开曼群岛公司要求蒙牛2003年完成苛刻的经营目标，如完不成，外方将持有蒙牛股份60.4%（90.6%×66.7%）的股份，牛根生也要准备走人。如完成任务，A股可无偿转换为B股，外方投资2.16亿元换32%股权才成立。2003年，蒙牛完成了任务，在“对赌”中赢得第一个回合。

3. 三家机构再次向蒙牛注资。2003年10月，三家投资机构通过认购开曼群岛公司的可换股债券注资3 523万美元（折合人民币2.9亿元），同时毛里求斯公司持有蒙牛的股份上升到81.1%。

4. 上市退出。2004年6月，开曼群岛公司的股权映射公司——蒙牛乳业在香港上市，以3.925港元公开发售3.5亿股，IPO融资14亿港元。上市半年，外资系出手2.6亿股，回笼14亿港元。

三、案例评述

2004年6月蒙牛在香港成功上市，这家从一开始就引人关注的优秀企业算是修成了正果。两年苦心孤诣的三家投资机构也取得了丰厚的回报。在此水落石出之际，回味蒙牛融资中的得失，对那些埋头创业的企业家会很有意义。首先，蒙牛引进战略投资者的举措是非常正确的，特别是在快速消费品行业，没有雄厚的资金支持，蒙牛不会有如此神速的进步。其次，选择金融投资人而不是选择产业投资人对蒙牛来说是适合的。而且三家投资机构对蒙牛管理层在经营中的决策都给予了极大的支持，让牛根生们最大限度地释放了自己的才智。2009年，在经历了乳业三聚氰胺事件之后，中粮入主蒙牛，获得控制权。牛根生辞去董事长一职，仅仅保留非执行董事一职。

第4节 认股权证与可转换债券

一、认股权证

（一）认股权证的概念

认股权证（简称权证）是由股份公司发行的，能按特定的价格，在特定的时间内购买一定数量该公司股票的选择权凭证。它赋予持有者在一定期间以事先约定的价格优先购买发行公司一定数量普通股股票的权利。认股权证本身不是股票，既不享受股利收益，也没有投票权，而是一种股票买权。认股权证的发行可以随优先股或债券，也可以与优先股或债券相分离。

（二）认股权证的特征

1. 认股权证本身包含期权条款。首先，期权条款规定了每份认股权证所能认购的普通股股数；其次，明确了认购公司普通股的价格（执行价格），执行价格一般在认股权证发行时即已设定，且高于认股权证发行时的公司股票市价。此外，认股权证上一般还载明了有效期限，超过有效期限后，认股权证即失效。

2. 对发行公司而言，发行认股权证是一种特殊的筹资手段。发行认股权证的主要目的是吸引广大投资者购买公司发行的债券或优先股股票。认股权证往往是按购买债券或优先股数量的某种比例配售给投资者，这样，投资者不仅能获取所购债券或优先股的固定利息收入，而且还可能根据认股权证规定的价格在适当的时间购买普通股股票。

3. 认股权证具有价值和市场价格。用认股权证购买普通股股票，其价格一般低于市价。这样认股权证就有了价值。

4. 认股权证有可能稀释每股普通股收益。当所有的认股权证被执行之后，每股普通股收益将被稀释。

（三）认股权证的价值

认股权证的价值，由内在价值（Intrinsic Value）和时间价值（Time Value）两部分组成。由于公司发行认股权证时都已约定了行权价格，这就存在如果行权价格低于到期的股票市场价格，则认股权证具有内在价值。投资者可以到期行使权利按行权价格购买股票，也可以将其在市场上出售以获利。而权证所内含的选择权又具有期限性，因此，权证又具有时间价值。

由于认股权证的实质为对公司股票的买权，因此，与期权的价值一样，认股权证的价值受执行价格、股票价格、无风险利率、波动率、到期日长短和红利支付等因素的影响。

1. 执行价格与股票市场价格。当其他条件不变时，执行价格越低，股票的市场价格越高，投资者获利的可能性越大，则认股权证的价格越高。

2. 无风险利率。无风险利率决定了资金成本的大小，进而影响认股权证的价值。认股权证的时间价值主要就是通过持有认股权证而使投资者可以获取标的股票价格上升的好处。认股权证在获取这一好处的时候具有很强的杠杆效应，用很少的认股权证资金占用就可以获得直接持股所需较大资金量同等的好处。利率越高，认股权证的价格也越高。

3. 公司权益的波动。它代表了认股权证的风险。在完全市场的假设之下，要投资者去承担较高的风险必须要有相应的风险报酬，即高风险高收益。由此可见，如果一个公司的价值变动比较大，投资者可能获得的收益也会很大，其认股权证的价格就高。

4. 距离到期日的时间长度。到期时间决定了认股权证的时间价值。与通常的买入期权相比，认股权证的有效期通常都比较长，大多数为 5 ~ 10 年，有的甚至是无限期的。由此而来，认股权证中所包含的时间价值就比较大，对认股权证的时间价值进行充分的考虑也因此而十分重要。

5. 红利。由于认股权证的投资者并未真正持有股票，因此不能参与普通股的红利分配。在有效期内，如果发放红利，则会降低股票的价格，因而会减少认股权证的价值。

综合以上分析，影响认股权证价值的因素可用表 8－2 表示。

表 8－2　　影响认股权证价值的因素分析

影响因素	股票价格	执行价格	到期时间	股价的波动性	利率水平	红利
影响方向	+	−	+	+	+	−

延伸阅读 8－2
权证的定价

权证的定价可以借用 B－S 期权定价公式，但考虑到认股权证执行后产生的“稀释效应”，应对 B－S 公式进行修正。假定一个公司拥有 N 份发行在外的股票和 M 份认股权证，并且每份认股权证可使其持有者在到期日 T 以每股 X 元的执行价格向公司购买 k 份股票。在 T 时刻的权益价值为 V_T（包括权证价值在内），权证持有者执行权证后，公司将获得一笔现金流收入，公司的权益价值将增长到 V_T+MkX，这一价值要在 $N+Mk$ 份股票中分配，所以认股权证执行后的股票价格将变为 $\frac{V_T+MkX}{N+Mk}$，权证持有者的收入为 $k\frac{V_T+MkX}{N+Mk}-X$，即 $\frac{Nk}{N+Mk}\left[\frac{V_T}{N}-X\right]$，当收入为正时，持有者才会执行权证。因此一份认股权证的价格为 $\frac{Nk}{N+Mk}\max\left\{\frac{V_T}{N}-X,0\right\}$，即此权证的价格是 $\frac{Nk}{N+Mk}$ 份基于 $\frac{V}{N}$ 的看涨期权的价格。V 是公司的权益价值。且有 $V=NS+MV$，即 $\frac{V}{N}=S+\frac{M}{N}W$。由此可得认股权证的价格为

$$W=\frac{N}{\frac{N}{k}+M}\left\{\left[S-\sum_i e^{-rt_i}\mathrm{Di}+\frac{M}{N}W\right]N(d_1)-Xe^{-rT}N(d_2)\right\}①$$

式中：$d_1=\frac{\ln\left[\left(S-\sum_i e^{-rt_i}\mathrm{Di}+\frac{M}{N}W\right)/X\right]+rT}{\sigma_S\sqrt{T}}+\frac{\sigma_S\sqrt{T}}{2}$；$d_2=d_1-\sigma_S\sqrt{T}$；$W$ 是股本认股权证的价格；M 为新发行的权证数；N 是已发行的股票数；k 是权证的认购比率；S 是股票价格；X 是权证执行价格；r 是无风险利率；T 是到期日；σ_S 是股票价格的波动率；Di 为每期支付的红利。

若不考虑红利支付，则认股权证的价格为

$$W=\frac{N}{\frac{N}{k}+M}\left\{\left[S+\frac{M}{N}W\right]N(d_1)-Xe^{-rT}N(d_2)\right\}$$

式中：$d_1=\frac{\ln\left[\left(S+\frac{M}{N}W\right)/X\right]+rT}{\sigma\sqrt{T}}+\frac{\sigma\sqrt{T}}{2}$；$d_2=d_1-\sigma\sqrt{T}$。

---

① 有关公式的证明请参考：Lauterbach, B. and P. Schultz, “Pricing Warrants: An Empirical Study of the Black－Scholes Model and Its Alternatives,” *Journal of Finance*, September, 1990, 1181－1210.

(四) 认股权证筹资的利弊

认股权证的优点主要有:

1. 为公司筹集额外现金。认股权证无论单独发行还是附带发行,都能为公司额外筹取一笔现金,从而增强公司的资本实力。对需要扩充权益资金的公司而言,它可以单独发行认股权证,也可以以较低的利率或现金股利发行债券或优先股筹措资金,同时又取得了进一步筹集权益资金的可能。

2. 吸引投资者,并得到相对宽松的筹资条款。认股权证作为企业发行低息债券的引诱物,经常被那些规模小、增长快的公司用来和债券一起发行,尤其是对那些信用风险处于临界状况的公司,认股权证的运用很可能决定其是否能够通过发行债务筹集到资金。将认股权证和债券一起发行,可以使投资者在行使认股权证后分享公司增长带来的收益。所以,投资者愿意接受债券发行时相对较低的债券利率和限制不很严格的债券契约条款。

认股权证的缺点主要有:

1. 稀释原普通股股东的权益。认股权证的持有者行使认股权后,公司的股票总数量就会增加,从而造成原有股东控制权的稀释和每股收益率的降低。

2. 不能确定投资者在何时行使认股权,使公司陷入被动。认股权证为公司提供了一个筹资数额,但这笔资金何时才能取得,公司又不能控制。在公司急需资金时,这笔资金可能不能及时获得,公司又不便于用其他方法再筹资,特别是用发行普通股股票再筹资,因为这会大大稀释普通股每股收益,而用负债筹资,又可能使财务风险过大。这就使公司可能处于既有潜在资金来源又无资金可用的困境之中,陷入被动。

二、可转换债券

(一) 可转换债券的概念

可转换债券(Convertible Bond)是一种特殊的公司债券,可转换债券的持有者可按时领取固定利息,债券到期时收回本金;同时在发行一段时间后,债券持有者有权按规定的条件将债券转换成公司的普通股股票。可转换债券实际上是在原始的单纯证券上附加一个买权,是一种混合证券。

虽然都是在原始证券上附加了一个选择权,但可转换债券和附认股权证的债券也有所不同,主要表现在:(1)可转换债券附有的选择权与债券是不可以分割的,而认股权证在发行后可以分离出来,单独交易而不影响原始证券。(2)认股权证持有人行使权利后,公司可以得到一笔额外的资金,并使股本扩大;可转换债券持有人行使权利后,不会给公司带来新的筹资,而只是对资产负债表上的负债及所有者权益账户进行调整,如长期负债减少,权益资本增加,负债比率下降。

(二) 可转换债券的基本因素

可转换债券除了一般债券发行时在发行日确定的常规项目(包括到期日、付息方式、息票率、面值等)以外,还包括标的股票、转换价格、转换比率、转换期、赎回条款、回收条款、强制性转换条款等。

1. 标的股票。可转换债券对股票的可转换性，实际上是一种股票选择权，它的标的物就是可以转换成的股票。可转换债券的标的股票一般是发行公司自己的股票，但也有的是其他公司的股票，如可转换债券发行公司的上市子公司的股票。

2. 转化价格和转换比率。可转换债券发行时，明确了以怎样的价格转换为普通股，这一规定的价格，就是可转换债券的转换价格（也称为转股价格），即将可转换债券转换为每股股份所支付的价格。如某公司发行期限为 5 年的可转换债券，面值 1 000 元，规定可以按每股 50 元的价格转换为公司普通股股票，50 元即为转换价格。

转换比率是一张可转换债券可转换的普通股股数，转换比率与转换价格的关系如式（8－3）所示：

$$转换比率 = \frac{可转换债券面值}{转换价格} \tag{8-3}$$

由于可转换债券的面值是确定的，因此，转换价格与转换比率是一个问题的两个方面，知道了转换价格，就知道了转换比率；反之，知道了转换比率，也就知道了转换价格。比如，上述面值 1 000 元、转换价格为 50 元的可转换债券的转换比率为 $1\ 000 \div 50 = 20$。

3. 转换期。转换期是指可转换债券持有者行使转换权的有效期。可转换债券的转换期可以与债券的期限相同，也可以短于债券的期限。例如，某种可转换债券规定只能在其发行一定时间之后才能够行使转换权，这种转换期称为递延转换期。还有的可转换债券规定只能在一定的时间内行使转换权，超过这一段时间转换权失效，因此，转换期也会短于债券的期限，这种转换期称为有限转换期。超过转换期后的可转换债券，不再具有转换权，自动成为不可转换（或普通）债券。

4. 赎回条款。赎回条款是指可转换债券的发行公司可以在债券到期日之前按一定条件提前赎回债券的规定，它是保护发行公司及其原股东利益的一项条款。一般来讲，赎回条款包括不可赎回期、赎回期、赎回价格、赎回条件等几个要素。

5. 回售条款。回售条款是在可转换债券发行公司的平均股价低于转换价格的某一下限幅度时（如低于转换价格的 80% 水平），债券持有人有权按照约定的价格将可转换债券卖给发行公司的有关规定。设置回售条款，是为了保护债券投资人的利益，使他们能够避免遭受过大的投资损失，从而降低投资风险。合理的回售条款，可以使投资者具有安全感，因而有利于吸引投资者。

6. 强制性转换条款。强制性转换条款是指在某些条件具备之后，债券持有人必须将可转换债券转换为股票，无权要求偿还债券本金的规定。设置强制性转换条款，在于保证可转换债券顺利地转换成股票，实现发行公司扩大权益筹资的目的。

（三）可转换债券的价值

可转换债券的价值可以分为三个部分：纯粹债券价值、转换价值和期权的时间价值。

1. 纯粹债券价值（Straight Bond Value）。纯粹债券价值是指可转换债券在不考虑其可以转换为普通股的权利而仅将它作为普通债券持有时的价值。可转换债券的纯粹债券价值等于其未来的利息和本金按一定市场利率贴现后的现值之和，它取决于一般利率水平和违约风险。

例8-4 某公司发行AA级债券，债券面值1 000元，债券期限10年，每年末付息，债券票面利率10%，市场要求收益率为15%，则

$$纯粹债券价值 = \sum_{t=1}^{10} \frac{1\ 000 \times 10\%}{(1+15\%)^t} + \frac{1\ 000}{(1+15\%)^{10}} \approx 749(元)$$

可转换债券的纯粹价值是可转换债券的最低价值，也就是说可转换债券的市场价格不可能长期低于该债券的纯粹债券价值。

2. 转换价值（Conversion Value）。转换价值是可转换债券按当前股票市价转换为公司普通股股票时的价值。转换价值的计算公式为

$$转换价值 = 转换比率 \times 股票市价 \tag{8-4}$$

例8-5 接例8-4，当前市场上该公司的股票价格为37元，假定每张可转换债券可以转化为20股股票，则该可转换债券的转换价值为37×20=740（元）。

一份可转换债券不能以少于该转换价值的价格卖出，否则就会出现无风险套利。例如，假定例8-5中该公司的可转换债券以低于740元的价格交易，那么，投资者将会购买可转换债券，并立即向该公司要求转换为普通股，然后将换得的普通股出售获利，获利的金额等于股票出售的价格减去可转换债券的转换价值。无风险套利的结果是可转换债券的价格恢复至转换价值之上。

因此，可转换债券拥有两个价值底线：纯粹债券价值和转换价值。在可转换价值小于纯粹债券价值时，投资者是不会选择转换的，他会宁愿持有债券一直到期。因此，可转换债券的内在价值应是转换价值和纯粹债券价值之中的较高者，即

$$内在价值 = \max(转换价值,纯粹债券价值) \tag{8-5}$$

3. 期权的时间价值。市场上，可转换债券的市场价值往往高于其内在价值。之所以这样，一般是因为可转换债券具有选择权的特点，可转换债券的持有者有选择什么时间转换成股票的权利。持有者将来通过比较纯粹债券价值与转换价值孰高孰低来选择对自己最有利的策略（转换普通股还是当作债券持有），这份选择权（期权）是有价值的，它使得可转换债券的价值超过纯粹债券价值和转换价值。

当公司普通股股票的价格较低时，可转换债券转换股票的吸引力较小，它的价值主要由它的纯粹债券价值决定。然而，当公司普通股的价格较高时，可转换债券转换成股票的吸引力较大，它的价值主要由转换价值决定。在无违约风险和给定利率水平的情况下，可转换债券价值涉及的三种价值（纯粹债券价值、转换价值和期权的时间价值）之间的关系可以由图8-2表示。

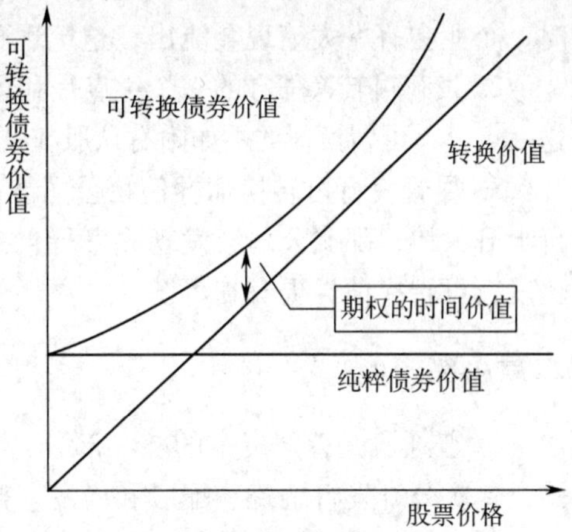

图8-2 可转换债券价值与股票价格的关系

从上面的分析，可以得出可转换债券价值

的计算公式为

$$可转换债券价值 = \max(纯粹债券价值,转换价值) + 期权的时间价值 \quad (8-6)$$

（四）可转换债券筹资的利弊分析

利用可转换债券筹资主要有以下优点：

1. 可以获得较低的资本成本。由于可转换债券附有的可转换性，潜在获利的可能性大，而风险相对小，使可转换债券具有转换价值，因此受投资者欢迎，企业发行可转换债券的利率将会较低。同时，债券转换成权益成本前，因债券利息在税前扣除，可获得税收方面的好处。可转换债券的发行费用也低于股票的发行费用。

2. 可以缓解对现有股权的稀释程度。在二级市场及企业经营状况不佳、股权融资时机不成熟的时候发行股票，不但融资成本高，而且会稀释公司的每股收益，影响公司的市场形象。发行可转换债券可以延缓股本的直接计入，从而保护股东的当前权益，避免股权被稀释。

3. 提供了一种高于当前股价发行新普通股的可能。有些公司想通过股权融资，但是觉得目前的股价偏低，那么该公司可以通过发行可转换债券间接地发行股票。很多时候，可能是因为公司刚刚起步，或者准备投资一些新项目，公司目前的财务状况并非很理想，投资者不愿意购买其股票，然而公司管理层知道公司的前景，知道股价在未来会随着公司经营业绩的上升而上升。在这种情况下，如果公司发行新股，为了获得资金，必须发行更多的股份。然而，如果公司发行可转换债券，并且把可转换债券的转换价格定为高于目前股份的20%~30%，当可转换债券转换时，公司发行的股份比发行新股的股份要少。

通过发行可转换债券方式融资也存在以下缺点：

1. 当发行可转换债券的企业的股票无法达到促使债券转换的价格水平时，持有者将不会行使转换权利，从而使可转换债券被“悬挂”起来。可转换债券被“悬挂”的情况对发行债券的企业非常有害。一方面，可转换债券在转换前还是企业的债务，这些债务不能换成权益资本，企业在收回这些债券之前将丧失筹资能力。另一方面，如果可转换债券到期时，无法迫使持有者进行转换，企业就要筹集现金收回这些可转换债券。这时，企业会有一大笔现金流出，这笔现金将给企业带来极大的财务压力。

2. 发行可转换债券的一个优点是利息负担比较低，然后转换后这种优势不复存在。在这一点上，可转换债券不如附有认股权证的公司债券，后者的利息优势可以始终保持。

3. 尽管发行可转换债券使得公司能以高于目前市价的价格发行普通股，但是如果股价上升太快，那么公司会发现先发行直接的债券，然后用发行普通股所得资金偿还债务比发行可转换债券更有利可图。

本章小结

1. 普通股是公司资本的核心部分，是公司最基本的筹资工具。普通股融资的主要方式是首次公开发行融资、配股和增发。普通股融资没有固定的利息负担、不用偿还、受限制较少、有助于提高公司知名度。

2. 优先股兼有普通股和债券的特点，利用优先股进行融资的优点在于，保持普通股股东对公司的控制、不用偿还本金、增加公司财务的弹性、发挥财务杠杆作用等。

3. 私募股权投资基金是指通过私募形式，对非上市企业进行的权益性投资，具有投资期限长、流动性差、资金来源广泛、投资退出渠道多样化等特征。从组织形式看，私募股权投资基金可分为公司型、信托型和合伙型。在发达国家，私募股权投资基金是资本市场的重要组成部分。在欧美发达国家，私募股权投资基金每年投资额已占到GDP的4%~5%，成为仅次于银行贷款和IPO的重要融资手段。

4. 认股权证是由股份公司发行的，能按特定的价格，在特定的时间内购买一定数量该公司股票的选择权凭证，其价值主要受到股票价格、波动率、到期日长短、无风险利率、执行价格和红利支付等因素的影响。认股权证的主要优点：一是为公司筹集额外的现金；二是吸引投资者，并得到相对宽松的筹资条款。

5. 可转换债券实际上是在原始的单纯债券上附加了一个买权，是一种混合证券，其基本要素包括标的股票、转换价格、转换比率、转换期、赎回条款、回售条款、强制性转换条款等。可转换债券价值的计算公式为

$$可转换债券价值 = \max(纯粹债券价值,转换价值) + 期权的时间价值$$

本章思考练习题

一、选择题

1. 下列各项中，不属于权益性筹资方式的有（　　）。

A. 吸收直接投资　B. 长期借款　C. 发行股票　D. 利用未分配利润

2. 下列关于优先股的说法正确的是（　　）。

A. 优先股股东在分配股利时优先于普通股分配股利，而且经常是固定的股息

B. 公司破产或者解散时，优先股股东优先分配公司剩余财产

C. 发行优先股股票筹集的资金是长期资金，没有还本的压力

D. 发行优先股股票筹集的资金是权益资金，分散企业的控制权

E. 发行优先股股票筹资的资金成本比负债资金的资金成本高

3. 下列不属于普通股筹资方式优点的有（　　）。

A. 不需要偿还本金　B. 公司的控制权分散　C. 资本成本低　D. 增强企业实力

E. 没有固定的利息负担，财务风险低

4. 当采用配股方式时，10配3，配股价格8元，前收盘10元的股票，配股除权价为（　　）。

A. 9.54元　B. 8.86元　C. 8.46元　D. 9.62元

5. 下列关于配股的说法错误的是（　　）。

A. 配股融资在我国先于增发融资

B. 配股发行时股价无关紧要

C. 配股发行时若定价过低，则可能对公司造成重大损失

D. 配股发行时有稀释作用

6. 下列不属于优先股股东权利的是（　　）。

A. 利润分配权 B. 剩余财产请求权 C. 控制权 D. 有限管理权

7. 以下关于可转换债券的说法中，正确的有（ ）。

A. 在转换期内逐期降低转换比率，不利于投资人尽快进行债券转换

B. 转换价格高于转换期内的股价，会降低公司的股本筹资规模

C. 设置赎回条款主要是为了保护发行企业与原有股东的利益

D. 设置回售条款可能会加大公司的财务风险

8. 下列关于认股权证的说法错误的是（ ）。

A. 认股权证的价值和股票的市场价格正相关

B. 认股权证的价值和到期时间正相关

C. 认股权证的价值和利率正相关

D. 认股权证的价值和现金红利正相关

9. 下列关于可转换债券的条款对于债券持有人有利的是（ ）。

A. 递延转换期 B. 强制转换条款 C. 回售条款 D. 赎回条款

10. 某公司以30元的市价发行了100万股股票。该公司正在考虑以5元的价格发行20万张权证，使持有者以每股40元的价格购买。则该公司由权证的发行和筹集的资金为（ ）。

权证发行	执行
A. 300万元	20万元
B. 50万元	20万元
C. 50万元	800万元
D. 100万元	800万元

11. 在发行时，权证筹集（ ）；在执行时，（ ）稀释已有权益。

A. 债务资本 只有权证，而非可转换债券

B. 权益资本 权证和可转换债券

C. 债务资本 权证和可转换债券

D. 权益资本 只有权证，而非可转换债券

二、计算题

1. 某公司准备实行配股融资。公司先发行股票500 000股，股价为8元。公司拟配股100 000股，配股价格为6元。

（1）计算配股权的价值；

（2）计算公司新的市值。

2. 某公司的股票市价为30元。因公司发展需要，管理层决定实行配股融资。配股发行价为15元每股，公司顺利融资9 000 000元。配股后股票的除权价为25元。公司原来发行了多少股股票?

3. 某公司准备通过配股筹措3 500万元的资金。目前该公司发行在外的普通股为200万股，市场价格为每股50元，公司准备以每股35元的价格配售新股，则：

（1）为筹措到所需的资金，公司需要配售多少股股票?

(2) 如果每1股股票有1个配股权，为得到1股新股需要多少配股权?

(3) 每个配股权的价值是多少?

4. A公司发行了8年期的零息票可转换债券，票面价格是1 000元。每张债券可以转换为20股A公司的普通股股票。贴现率为12%，A公司股票现在市价为21.5元，发行的可转换债券市价为450元。计算:

(1) 该可转换债券的纯粹债券价值;

(2) 该可转换债券的转换价值;

(3) 该可转换债券的期权价值。

5. 某户外广告公司拥有的全部资产是8块相同的广告大牌，每块价值50 000元。公司总共有100股股票，由两个股东A和B各持有50股。公司向投资者C发行了50份认股权证，执行价格为2 700元。

(1) 权证发行前该广告公司的股价是多少?

(2) 当每块广告大牌的价格为多少时，C才会执行权证?

(3) 假如每块广告大牌的价格上涨到52 000元，C是否会执行认股权证? 若执行，C将盈利多少?

(4) 如果该公司没有发行权证，而是B向C卖出了50份看涨期权，执行价也是2 700元，那么C将盈利多少? 与 (3) 相比，C盈利差别的原因在哪里?

6. 某公司发行了一期限为15年，面值1 000元，票面年利率10%，转换价格为16.75元，总额1 000万元的可转换债券，可转换债券发行后该公司普通股的市场价格为14.75元。已知同样的不可转换公司债券的市场收益率为14%，该可转换债券的市场价格为970元，求:

(1) 该可转换债券的转换比率;

(2) 该可转换债券目前的转换价值;

(3) 该可转换债券作为普通债券的价值。

三、思考题

1. 简述普通股股东的权利。
2. 简述普通股融资的优缺点。
3. 简述优先股融资的优缺点。
4. 配股对股东财富有何影响?
5. 优先股有哪些种类?
6. 上市公司的再融资方式主要包括哪几种?
7. 我国上市公司申请增发新股应符合哪些条件?
8. 私募股权投资基金有哪些特征?
9. 可转换债券和附认股权证的债券有何不同?
10. 企业为什么会选择可转换债券，而不是直接选择发行普通股或公司债来融资?
11. 认股权证价值受到哪些因素的影响?

第9章

资本成本与资本结构

本章知识结构

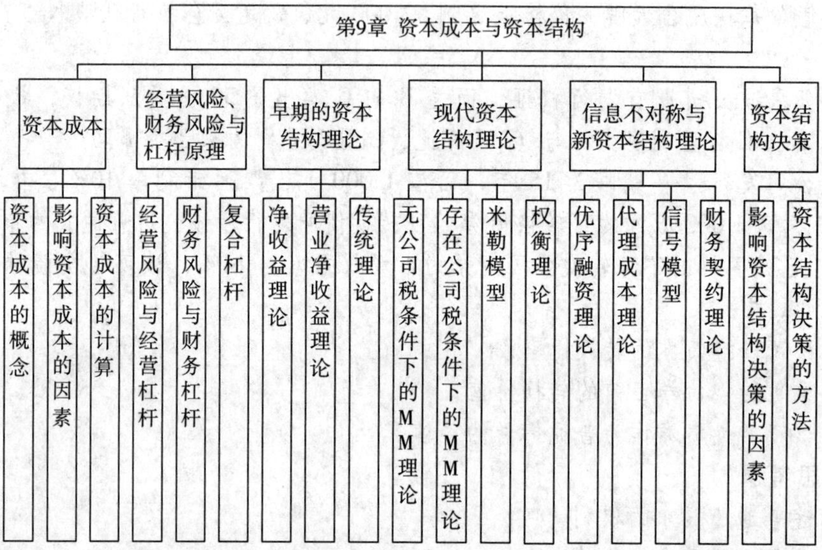

本章学习目的

1. 理解资本成本的概念，掌握各种资本成本的计算；

2. 理解经营杠杆、财务杠杆、复合杠杆的含义，熟悉经营杠杆系数、财务杠杆系数、复合杠杆系数的含义及计算方法；

3. 掌握 MM 理论的假设及基本内容；

4. 了解早期资本结构理论和新资本结构理论；

5. 掌握资本结构决策的方法。

公司在筹集资金以实现发展的宏图大略时，无一不遇到以下几个问题：

第一，面临从银行借钱、发行股票、发行债券等不同的筹资方式，究竟哪一种方式的成本更低？

第二，在必须选择的几种资金来源中，各种资金占总来源的比重是多少，才能使总筹资成本最低？

第三，资本成本有何作用，它是如何影响投资决策结果的？

第四，不同的资金来源会给公司带来怎样的风险？这些风险会对企业的价值或股东利益带来怎样的影响？

第五，怎样确定公司的最佳资本结构，以使得公司有最大价值？

本章将对以上问题逐一分析，首先介绍各种资本成本的概念和计算方法，然后引入经营杠杆和财务杠杆，最后分阶段讲解资本结构理论的一些研究成果。

第1节　资本成本

一、资本成本的概念

所谓资本成本，是指公司为了筹集和使用资金所付出的代价。公司使用资金，无论是长期的还是短期的，都需要支付费用。由于公司资金来源由负债与自有资金（股东权益）两部分构成，因此，完整地讲，资本成本应该有负债成本与股东权益成本。但是，负债中的短期债是与公司日常经营紧密联系的，在一个稳定发展的公司中，短期负债的规模往往被动地从属于公司经营的性质和规模，其成本变化特点与长期负债及股东权益有很大区别。短期负债成本的研究一般归入流动资产管理中。

无论公司以何种方式筹集资金，各种资本的成本均包括筹资费用和用资费用两部分内容。

筹资费用，是指公司在筹措资金过程中为获取资金而付出的费用，例如，向银行支付的借款手续费，因发行股票、债券而支付的印刷费、发行手续费、律师费、资信评估费、公证费、担保费、广告费等均属于筹资费用。筹资费用与用资费用不同，它通常是在筹措资金时一次性支付的，在用资过程中不再发生。因此，在计算资本成本时，可视为筹集金额的一项扣除。

用资费用，是指公司在生产经营、投资过程中因使用资金而付出的费用，例如，向股东支付的股利、向债权人支付的利息，这是资本成本的主体。

资本成本一般用相对数来表示，表示为用资费用与净筹资额（筹资总额－筹资费用）的比例，计算公式为

$$\text{资本成本}=\frac{\text{每年的用资费用}}{\text{净筹资额}}=\frac{\text{每年的用资费用}}{\text{筹资总额}-\text{筹资费用}}$$

理解资本成本这个概念时，应注意以下几点：

1. 资本成本、机会成本和最低报酬率。从投资者的角度来看，当投资者把资金用于某一项目时，也就放弃了取得其他投资收益或获得利息的机会。其他投资机会可能取得

的收益就是投资该项目的机会成本。只有当该项目的投资收益大于其他投资机会的收益时，投资者才会投资。因此，机会成本就构成了投资者进行该项目投资所要求的最低报酬率。对公司而言，投资者要求的最低报酬率就构成资本成本，它是企业占用资金所必须付出的代价。因而，我们有下面的等式

资本成本 = 投资者要求的最低报酬率 = 投资者资金的机会成本

2. 资本成本和资金的时间价值。资金的时间价值是指在无风险和无通货膨胀条件下的社会平均资金利润率，它取决于一定时期的社会生产水平和资金平均盈利能力。而资本成本由无风险报酬和风险报酬两部分构成，无风险报酬是投资者让渡资本使用权在没有违约风险和通货膨胀影响下所要求的，相当于社会平均资金利润率的基本报酬，这部分内容等同于资金的时间价值，是资本成本的基础。风险报酬则是对投资者所承担风险的补偿。由此可见，资本成本既包括资金的时间价值，又包括投资风险报酬。

3. 资本成本和税收。股东关心的是他们所取得的现金流，即公司税后向普通股股东支付的金额，因此，如果公司金融的目标是实现股东财富最大化，则所有现金流或收益率的计算必须在税后进行，从而资本成本的估算也应在税后的基础上进行。

二、影响资本成本的因素

在市场经济环境中，公司资本成本的高低受到多方面因素的影响。其中最主要有以下四个因素。

1. 经济环境。经济环境决定了市场中资本的供给与需求以及预期通货膨胀的水平。经济环境变化的影响，反映在无风险报酬率上。显然，如果整个社会经济中的资金需求与供给方式变动，或者通货膨胀率发生变化，投资者也会相应改变其所要求的必要报酬率。具体地说，如果货币需求增加，而供给没有相应增加，投资者便会提高期望投资收益率，公司的资本成本就会上升；反之，则会降低其要求的投资报酬率，使资本成本下降。如果预期通货膨胀率上升，货币购买力下降，投资者也会提出更高的收益率来补偿预期的投资损失，从而导致公司资本成本上升。

2. 证券市场状况。证券市场状况包括证券的市场流动难易程度和价格波动程度。如果某种证券的市场流动性不好，投资者想买进或卖出证券就相对困难，变现风险加大，要求的收益率就会提高；或者虽然存在对某证券的需求，但其价格波动性较大，投资的风险大，要求的收益率也会提高。

3. 公司的经营和财务状况。公司的经营和财务状况，指经营风险和财务风险的大小。经营风险是企业投资决策的结果，表现在资本收益率的变动上；财务风险是企业筹资决策的结果，表现在普通股收益率的变动上。如果企业的经营风险和财务风险大，投资者便会有较高的收益率要求。

4. 融资规模。融资规模是影响公司资本成本的另一个因素。公司的融资规模大，资本成本高。比如，公司发行的证券金额很大，资金筹集费和资金占用费都会上升，而且证券发行规模的增大还会降低其风险价格，由此也会增加公司的资本成本。

三、资本成本的计算

（一）个别资本成本的计算

个别资本成本反映的是各种资本来源的成本，下面对债务资本成本和权益资本成本的计算分别加以介绍。

1. 债务资本成本

（1）长期借款成本。长期借款成本指借款利息和筹资费用。借款利息计入税前成本费用，可以起到抵税的作用。因此，不考虑货币的时间价值，一次还本、分期付息借款的资本成本为

$$R_L = \frac{I(1 - T_c)}{L(1 - f)} = \frac{i(1 - T_c)}{1 - f} \tag{9-1}$$

式中：R_L为长期借款资本成本；I 为长期借款年利息；T_c为公司的所得税税率；L 为长期借款筹资总额；f 为长期借款筹资费率；i 为长期借款利率。

当长期借款的筹资费（主要是借款的手续费）很小时，f 也可以忽略不计，则式（9－1）可简化为

$$R_L = i(1 - T_c)$$

例 9－1　某企业取得 10 年期长期借款 2 000 万元，年利率为 8%，每年付息一次，到期一次还本，筹资费率为 0.5%，企业所得税税率为 25%。该项长期借款的资本成本为

$$R_L = \frac{2\,000 \times 8\% \times (1 - 25\%)}{2\,000 \times (1 - 0.5\%)} = 6.03\%$$

或
$$R_L = \frac{8\% \times (1 - 25\%)}{1 - 0.5\%} = 6.03\%$$

上述计算长期借款资本成本的方法比较简单，但缺点在于没有考虑货币的时间价值。在实务中，还有根据现金流量计算长期借款资本成本的。其基本思路为先计算税前长期借款资本成本 R'_L，计算公式为

$$L \times (1 - f) = \sum_{t=1}^{n} \frac{I}{(1 + R'_L)^t} + \frac{L}{(1 + R'_L)^n} \tag{9-2}$$

然后根据 $R_L = R'_L(1 - T_c)$ 来计算税后长期借款资本成本。这种办法，实际上是将长期借款的资本成本看作是使这一借款的现金流入等于其现金流出现值的贴现率。这种计算方法较为复杂，需要用内插法计算。

（2）长期债券成本。发行债券的成本主要指债券利息和筹资费用。债券成本中的利息与长期借款利息一样，在税前支付，具有减税作用。债券的筹资费用一般比较高，主要包括发行债券的手续费、债券注册费、印刷费、上市费以及推销费等。不考虑货币时间价值，按照一次还本、分期付息债券的资本成本为

$$R_B = \frac{I(1 - T_c)}{B_0(1 - f)} = \frac{B \times i \times (1 - T_c)}{B_0(1 - f)} \tag{9-3}$$

式中：R_B为债券成本；I 为债券每年支付的利息；T_c为公司所得税税率；B 为债券面值；

i为债券的票面利率；f为债券筹资费率；B_0为债券筹资额，按发行价格确定。

例9－2 某公司发行总面额为5 000万元的5年期债券，票面利率为10%，发行费率为5%，公司所得税税率为25%。该债券的成本为

$$R_B = \frac{5\ 000 \times 10\% \times (1 - 25\%)}{5\ 000 \times (1 - 5\%)} = 7.89\%$$

若债券溢价或折价发行，为更精确地计算资本成本，应以实际发行价格作为债券筹资额。

例9－3 假定上述公司发行面额为5 000万元的5年期债券，票面利率为10%，发行费用率为5%，发行价格为6 000万元，公司所得税税率为25%。该债券成本为

$$R_B = \frac{5\ 000 \times 10\% \times (1 - 25\%)}{6\ 000 \times (1 - 5\%)} = 6.58\%$$

例9－4 假定上述公司发行面额为5 000万元的5年期债券，票面利率为10%，发行费用率为5%，发行价格为4 000万元，公司所得税税率为25%。该债券成本为

$$R_B = \frac{5\ 000 \times 10\% \times (1 - 25\%)}{4\ 000 \times (1 - 5\%)} = 9.87\%$$

上述计算债券成本的方式，同样没有考虑货币的时间价值。如果将货币的时间价值考虑在内，则债券的税前资本成本$R_B^{'}$的计算公式为

$$B_0 \times (1 - f) = \sum_{t=1}^{n} \frac{I}{(1 + R_B^{'})^t} + \frac{B}{(1 + R_B^{'})^n}$$

然后根据公式$R_B = R_B^{'}(1 - T_c)$计算债券的税后资本成本R_B。

2. 权益资本成本。权益资本成本又称自有资金，主要有优先股、留存收益和普通股三种形式。权益资本成本包括两大内容：投资者的预期投资报酬率和筹资费用。其计算有下列特点：第一，权益资本的投资报酬率即股利是以税后利润支付的，不会减少企业所得税；第二，权益资本的投资报酬率完全由企业的经营效益决定，这使得权益资本的成本计算具有较大的不确定性。

（1）优先股资本成本。优先股是享有某种优先权利的股票，同时兼有普通股与债券的双重性质。优先股的投资报酬表现为股利形式，股利支付率固定，本金不需偿还。优先股的成本也包括两部分，即筹资费用与预定的股利。其计算公式如下

$$R_P = \frac{D_P}{P_P(1 - f)} \tag{9-4}$$

式中：R_P为优先股的资本成本；D_P为优先股的年股利；P_P为优先股筹资额；f为优先股筹资费率。

例9－5 某公司发行优先股总面额为500万元，总价为560万元，筹资费率为5%，预定年股利率为15%，则该公司的资本成本为

$$R_P = \frac{500 \times 15\%}{560 \times (1 - 5\%)} = 14.10\%$$

因为优先股股利在税后支付，所以不减少企业所得税。而且在企业破产时，优先股的求偿权位于债券持有人之后，优先股股东的风险比债券持有人的风险要大。因此，优

先股成本明显高于债券成本。

（2）留存收益成本。留存收益成本是企业缴纳所得税后形成的，其所有权属于股东。股东将这一部分未分派的税后利润留存于企业，实质上是对企业追加投资。如果企业将留存收益用于再投资所获得的收益率低于股东自己进行另一项风险相似的投资的收益率，企业就不应该保留留存收益而应将其分派给股东。

计算留存收益成本的方法主要有股利增长模型法、资本资产定价模型法、风险溢价法三种。

①股利增长模型法。股利增长模型法是依照股票投资的收益率不断提高的思路计算留存收益成本。一般假设收益率以固定的年增长率递增，则留存收益成本的计算公式为

$$R_S = \frac{D_1}{P_0} + g \tag{9-5}$$

式中：R_S为留存收益资本成本；D_1为预期的下一年股利；P_0为普通股的市价；g为普通股股利增长率。

例9-6 某公司普通股的市价为60元，估计年增长率为12%，本年发放股利4元，则该公司的留存收益成本为

$$D_1 = 4 \times (1 + 12\%) = 4.48(\text{元})$$

$$R_S = \frac{4.48}{60} + 12\% = 19.47\%$$

②资本资产定价模型法。按照资本资产定价模型法，留存收益成本的计算公式为

$$R_S = R_f + \beta(R_m - R_f) \tag{9-6}$$

式中：R_f为无风险报酬率；R_m为股票市场的平均报酬率（市场组合的期望收益率）；β为股票的贝塔系数。

例9-7 假设市场无风险报酬率为8%，股票市场的平均报酬率为12%，某公司普通股的β值为1.2。则该公司的留存收益成本为

$$R_S = 8\% + 1.2 \times (12\% - 8\%) = 12.8\%$$

③风险溢价法。根据某项投资风险越大、要求的报酬率越高的原理，普通股股东对企业的投资风险大于债券投资者，因而会在债券投资者要求的报酬上再要求一定的风险溢价。按照风险溢价法，留存收益的成本公式为

$$R_S = R_B + RP \tag{9-7}$$

式中：RP为股东比债权人承担更大风险要求的风险溢价；R_B为债务成本。

债务成本比较容易计算，难点在于确定风险溢价（Risk Premium，RP）。风险溢价可以凭经验估计。一般认为，某企业普通股风险溢价对其自己发行的债券来讲，在3%～5%；当市场利率达到历史性高点时，风险溢价通常较低，在3%左右；当市场率处于历史性低点时，风险溢价通常较高，在5%左右。而通常情况下，常常采用4%的平均风险溢价。这样，留存收益成本为：$R_S = R_B + 4\%$。例如，对于债券成本为9%的企业来讲，其留存收益成本为$R_S = 9\% + 4\% = 13\%$。

（3）普通股成本。这里的普通股是指企业新发行的普通股，普通股成本可以按照前

述股利增长模型的思路计算，但需要调整发行新股时发生的筹资费用对资本成本的影响。普通股成本的计算公式为

$$R_e = \frac{D_1}{P_e(1-f)} + g \tag{9-8}$$

式中：R_e 为普通股资本成本；D_1 为预期的下一年股利；P_e 为普通股筹资额；g 为普通股股利增长率；f 为普通股筹资费率。

例 9－8 某公司普通股每股发行价格为 100 元，筹资费用率为 5%，第 1 年末发放股利 12 元，以后每年增长 4%，则普通股成本为

$$R_e = \frac{12}{100 \times (1-5\%)} + 4\% = 16.63\%$$

（二）加权平均资本成本的计算

由于受多种因素的制约，企业不可能只是用某种单一的筹资方式，往往需要通过多种方式筹集所需资金。为进行筹资决策，就要计算确定企业全部长期资金的总成本，即加权平均资本成本。加权平均资本成本是以各种资本占全部资本的比重为权数，对各种资本的成本进行加权平均计算出来的。

$$WACC = (1-L)R_e + L(1-T_c)R_B \tag{9-9}$$

式中：L 为债务资本占全部资本的比重；R_e为权益资本成本；R_B为税前债务资本成本；T_c为公司的所得税税率。

需要注意的是，$WACC$ 是一个税后概念。由于公司在纳税后才向权益投资者支付股利，因此 R_e是税后报酬率。但是公司要在税前向债务投资者支付利息，而债务利息可以有减税作用，所以，税前债务成本 R_B必须乘以（$1-T_c$）以转换成税后债务成本。

加权平均资本成本也可以用下式计算

$$WACC = \sum_{j=1}^{n} W_j R_j$$

式中：W_j为第 j 种资本占全部资本的比重；R_j为第 j 种资本的成本。

例 9－9 某公司账面反映的长期资金共 5 000 万元，其中长期借款 1 000 万元，应付长期债券 500 万元，普通股 2 500 万元，留存收益 1 000 万元。其中的成本分别为 6.9%、9.2%、11.46%、12%，该公司的加权平均资本成本为

$$WACC = \frac{1\,000}{5\,000} \times 6.9\% + \frac{500}{5\,000} \times 9.2\% + \frac{2\,500}{5\,000} \times 11.46\% + \frac{1\,000}{5\,000} \times 12\% = 10.43\%$$

上述计算中的个别资本占全部资本的比重，是按账面价值确定的，其资料容易取得。但当资本的账面价值与市场价值差别较大时，如股票、债券的市场价格发生较大变动，计算结果会与预计有较大的差距，从而贻误筹资决策。为了克服这一缺陷，个别资本占全部资本比重的确定还可以按市场价值或目标价值确定，分别称为市场价值权数和目标价值权数。

市场价值权数指债券、股票以市场价格确定权数。这样计算的加权平均资本成本能反映企业目前的实际情况。同时，为弥补证券市场变动频繁的不便，也可选用平均价格。

目标价值权数是指债券、股票以未来预计的目标市场价值确定权数。这种权数能体现期望的资本结构，而不是像账面价值权数和市场价值权数那样只反映过去和现在的资本结构，所以按目标价值权数计算的加权平均成本更适用于企业筹措新资金。

第2节　经营风险、财务风险与杠杆原理

公司资本成本通常是由无风险利率和风险报酬两个部分组成。无风险利率是指能保证按时支付利息和本金的债券成本，包括让渡资本使用权的报酬和因通货膨胀而造成的购买力下降的补偿。无风险利率受资本市场供求关系和价格水平所制约，因此它是公司无法控制和决定的。

股东或债权人将资金注入公司意图取得预期的回报。同时，他们也必须承担可能血本无归的风险。所以，公司必须给投资者一定的风险补偿。风险报酬率便是对不能按时支付本息的风险进行的补偿。风险主要来自公司的经营风险和财务风险。任何一种风险的增加，都会降低公司的支付能力，提高公司的资本成本。因而，公司必须努力降低经营风险和财务风险，最大限度地降低公司资本成本，提高公司的整体收益。

一、经营风险与经营杠杆

（一）经营风险

经营风险（Business Risk）是指由生产经营活动而产生的未来经营收益或息税前收益（EBIT）的不确定性。任何企业只要从事经营活动，无论企业是否负债经营，都必然承受不同类型和程度的经营风险。通常用EBIT的标准差来衡量经营风险的大小。

经营风险受很多因素的影响，其中最主要的因素包括：

1. 产品销售的波动性，包括对企业产品需求量的波动性和产品价格的波动性。在经营环境发生变化时，产品销售的波动性越大，企业的经营风险越大。

2. 产品投入成本的波动性。原材料、工资等投入成本的价格经常发生变动，会造成企业利润的变动，加大经营风险。

3. 针对投入成本变化后调整产品销售价格的能力。当投入成本发生变动时，企业如果能够调整其产品的价格以吸收并化解这些变动带来的不利影响，企业的经营风险就相对较小。

4. 成本结构因素。公司产品的成本结构，即产品中固定成本与变动成本的比例关系，其对公司经营风险的影响最为综合。企业产品成本中固定成本比例越大，企业的经营风险也越大；固定成本比例越小，经营风险就越小。

（二）经营杠杆

前面指出，企业的经营风险受到企业产品成本特性，即企业产品成本中固定成本和变动成本比例的影响，经营杠杆是反映固定成本与变动成本比率对经营风险影响的重要指标。

经营杠杆，是指在某一固定成本比重的作用下，销售量对利润产生的作用。经营杠

杆的大小一般用经营杠杆系数（Degree of Operating Leverage）表示，它是企业息税前收益变动率与销售额变动率之比，也就是息税前收益对销售额的弹性，用公式表示如下：

$$DOL=\frac{\text{息税前收益变动率}}{\text{销售额变动率}}=\frac{\Delta EBIT/EBIT}{\Delta S/S}=\frac{\Delta EBIT/EBIT}{\Delta Q/Q}$$

式中：DOL 为经营杠杆系数；$EBIT$ 为息税前收益；S 为销售收入；Q 为产品的销售量；ΔS 为销售额的变动值；ΔQ 为销售量的变动值。

由公式可以看出，经营杠杆系数越大，销售额的相对变动引起息税前收益的相对变动越大，经营风险也越大。

设固定成本为 F，产品的单位变动成本为 V，VC 为变动成本总额，产品的销售单价为 P，VR 为变动成本率，于是

$$\begin{aligned}EBIT&=\text{销售收入}-\text{总成本(不含利息支出)}\\&=P\times Q-(V\times Q+F)\\&=(P-V)\times Q-F\end{aligned}$$

又因为

$$\begin{aligned}S&=P\times Q\\ \Delta EBIT&=(P-V)\times\Delta Q(P、F、V\text{均不发生变化})\\ EBIT&=S-VC-F\\ \Delta S&=P\times\Delta Q\end{aligned}$$

因此，经营杠杆系数又可用销售额和成本表示为

$$\begin{aligned}DOL&=\frac{\Delta EBIT/EBIT}{\Delta Q/Q}\\&=\frac{(P-V)\times\Delta Q/[(P-V)\times Q-F]}{\Delta Q/Q}\\&=\frac{(P-V)\times Q}{(P-V)\times Q-F}\end{aligned}\tag{9-10}$$

或

$$DOL=\frac{S-VC}{S-VC-F}=\frac{S\times(1-VR)}{S\times(1-VR)-F}$$

$$DOL=\frac{EBIT+F}{EBIT}=1+\frac{F}{EBIT}\tag{9-11}$$

由此可以看出，成本构成对企业的经营杠杆有很大的影响。固定成本与变动成本在总成本中的构成不同，将导致企业经营杠杆的不同。固定成本较高的企业，如技术、设备密集型企业，在经营杠杆系数计算公式中 F 较大，使得经营杠杆也较大。固定成本较低的企业，如劳动密集型企业，变动成本大，经营杠杆低。经营杠杆高低不同，对收益的影响不同，这就是经营杠杆的作用。在其他条件一定的情况下，固定成本高的企业，其销售量较小的变化，就会导致企业息税前利润较大的变化，其经营风险也越高。

但值得注意的是，经营杠杆本身并不是企业经营风险的来源。经营风险是由于销售和生产的变化或不确定性而产生的，而经营杠杆只是放大了这些因素对息税前利润的影

响。当销售量增加时，息税前利润将以 *DOL* 的倍数增加；当销售量减少时，息税前利润将以 *DOL* 的倍数减少。

例 9－10　某企业生产一种产品，固定成本为 50 万元，变动成本率为 50%，当企业的销售额分别为 500 万元、300 万元、100 万元时，经营杠杆系数分别为

$$DOL_{(1)} = \frac{500 - 500 \times 50\%}{500 - 500 \times 50\% - 50} = 1.25$$

$$DOL_{(2)} = \frac{300 - 300 \times 50\%}{300 - 300 \times 50\% - 50} = 1.5$$

$$DOL_{(3)} = \frac{100 - 100 \times 50\%}{100 - 100 \times 50\% - 50} \to \infty$$

以上结果说明：

（1）在固定成本一定的情况下，经营杠杆系数说明了销售额增加（减少）所引起的息税前利润增加（减少）的幅度。比如 $DOL_{(1)}$ 说明在销售额为 500 万元时，销售额的增加（减少）会引起息税前收益 1.25 倍的增加（减少）；$DOL_{(2)}$ 说明在销售额为 300 万元时，销售额的增加（减少）会引起息税前收益 1.5 倍的增加（减少）。

（2）在固定成本不变的情况下，销售额越大，经营杠杆系数越小，经营风险也就越小；反之，销售额越小，经营杠杆系数越大，经营风险也就越大。比如，当销售额为 500 万元时，$DOL_{(1)}$ 为 1.25；销售额为 300 万元时，$DOL_{(2)}$ 为 1.5。显然后者营业收益的不稳定性大于前者，故而后者的经营风险大于前者。因而，企业可以通过扩大销售规模降低经营杠杆系数，从而减少经营风险。

二、财务风险与财务杠杆

（一）财务风险

财务风险（Financial Risk）是指企业负债经营给股东收益带来的风险。由于产品市场和要素市场的不确定性，股东面临一定程度的经营风险。如果企业的资本全部由股东投入，则股东只承受经营风险。但是，如果企业引入了部分债务资本，由于债权人在投资收益的分配上优先于公司股东，因此，相对于作为股东收益的税后利润而言，债权人的投资收益是固定的，从而导致公司股东收益的不确定性增大。这种因负债经营而新增的风险，即为财务风险。

（二）财务杠杆

在大多数情况下，公司在经营中总会借入资金。公司的负债经营，无论利润多少，债务利息是不变的。于是，当息税前利润增大时，每一元利润所负担的利息就会相对减少，从而导致普通股每股收益有更大幅度的提高。反之，当息税前利润减少时，每一元利润所负担的利息就会相对增加。在某一债务资本比率下，息税前利润变动对每股净收益所产生的作用称为财务杠杆。

财务杠杆效应具有不确定性，可能是正向的、积极的，也可能是负向的、消极的。以下通过实例，研究财务杠杆怎样影响股东收益。

例 9－11　设甲、乙两个企业除资本结构外的其他情况均相同。甲、乙企业资本总额

均为100万元，营业利润均为10万元，所得税税率为25%；甲企业所有资本均为股东所提供，普通股股票为10 000股，每股面值100元；乙企业长期债券50万元（利率8%），普通股5 000股，每股面值100元。分析甲、乙企业的财务杠杆效应如表9-1所示。

表9-1　正财务杠杆效应

单位：元

企业	甲（未用财务杠杆）	乙（运用财务杠杆）
营业利润	100 000	100 000
利息	0	40 000
税前利润	100 000	60 000
所得税	25 000	15 000
税后利润	75 000	45 000
每股利润	7.5	9

以上计算结果表明，在其他条件不变的情况下，财务杠杆的作用（适当地举债）使企业每股利润超过未运用财务杠杆的企业。这种财务杠杆的运用对企业每股利润产生有利的影响，通常称为正财务杠杆。运用财务杠杆可能产生有利影响的原因在于：尽管企业运用杠杆增加了利息负担，并导致税后利润下降，但由于税后利润下降的幅度小于普通股发行数下降的幅度，因而每股利润上升；用总资本营运利润同负债成本进行对比，也可以说明导致正财务杠杆的原因。例9-11中，总资本营业利润率为10%，运用财务杠杆的乙企业债务成本仅为8%，因此仍有2%（10%-8%）可分配给股东，从而使得每股利润上升。因此，只要总资本营业利润率高于举债成本，每股利润必定上升，正财务杠杆必定出现。

与例9-11相反，如果其他条件不变，财务杠杆对企业每股利润也可能产生不利的影响，这种现象通常称为负财务杠杆，即财务杠杆的运用导致企业每股利润低于未运用财务杠杆的企业。在例9-11中，其他条件不变，若债务成本上升为12%，则乙企业每股利润降为6元，如表9-2所示。

表9-2　负财务杠杆效应

单位：元

企业	甲（未用财务杠杆）	乙（运用财务杠杆）
营业利润	100 000	100 000
利息	0	60 000
税前利润	100 000	40 000
所得税	25 000	10 000
税后利润	75 000	30 000
每股利润	7.5	6

上例由于总资本营业利润小于举债成本，因而每股利润下降，所以当总资本营业利润低于举债成本时，每股利润必然下降，负财务杠杆必定出现。

财务杠杆作用的大小，通常由财务杠杆系数（Degree of Financial Leverage，DCL）来衡量。该指标的经济含义是每股净收益变动率相对于息税前利润变动率的比率。计算公式为

$$DFL=\frac{\Delta EPS/EPS}{\Delta EBIT/EBIT}$$

式中：DFL 为财务杠杆系数；EPS 为普通股每股净收益；ΔEPS 为普通股每股净收益变动额。

令 T_c 为公司所得税税率，I 为利息支出，N 为股票数量，则有

$$EPS=\frac{(EBIT-I)\times(1-T_c)}{N}$$

$$\Delta EPS=\frac{(1-T_c)\times\Delta EBIT}{N}$$

$$\Delta EPS/EPS=\frac{(1-T_c)\times\Delta EBIT/N}{(EBIT-I)\times(1-T_c)/N}=\frac{\Delta EBIT}{EBIT-I}$$

$$DFL=\frac{\Delta EPS/EPS}{\Delta EBIT/EBIT}=\frac{EBIT}{EBIT-I} \qquad (9-12)$$

这表明财务杠杆系数就是息税前利润 $EBIT$ 与税前收益 EBT 的比率。由式（9-12）可知，若公司没有负债，无论息税前收益为多少，财务杠杆系数始终为1；若公司有负债，则财务杠杆系数必然大于1。在资本总额、息税前收益相同的情况下，负债比率越高，财务杠杆系数越高，财务风险越大。

例9-12　某企业全部资本为280万元，负债比率为40%，负债利率为9%，当销售额为210万元时，息税前利润为40万元，则财务杠杆系数为

$$DFL=\frac{40}{40-280\times40\%\times9\%}=1.34$$

三、复合杠杆

从以上分析可知，固定成本的存在产生经营杠杆作用，从而使息税前利润的变动率大于销售量的变动率；同时，在负债经营情况下，固定性债务成本的存在产生财务杠杆作用，从而使普通每股净收益的变动率大于息税前利润的变动率。如果两种杠杆共同起作用，那么销售量的变动率通过两级杠杆的放大效应，将对每股净收益的变化产生更大的作用。这种在某一固定成本率和某一债务资本比率下，销售量变动对每股收益所产生的作用，称为复合杠杆或综合杠杆。

对复合杠杆作用的大小，通常用复合杠杆系数（Degree of Combined Leverage，DCL）来衡量。该指标的经济含义是每股净收益变动率相对于销售量变动率的比率。计算公式为

$$\begin{aligned}DCL&=\frac{\Delta EPS/EPS}{\Delta S/S}=\frac{\Delta EBIT/EBIT}{\Delta S/S}\times\frac{\Delta EPS/EPS}{\Delta EBIT/EBIT}\\&=DOL\times DFL\\&=\frac{(P-V)\times Q}{(P-V)\times Q-F}\times\frac{(P-V)\times Q-F}{(P-V)\times Q-F-I}=\frac{(P-V)\times Q}{(P-V)\times Q-F-I}\\&=\frac{EBIT+F}{EBIT-I} \qquad (9-13)\end{aligned}$$

例9-13　某公司的经营杠杆系数为1.4，财务杠杆系数为1.8，复合杠杆系数是多少？

$$DCL = DOL \times DFL = 1.4 \times 1.8 = 2.52$$

复合杠杆系数反映了销售量变动对每股收益造成的影响。比如，在例 9 - 13 中，销售量每增长（减少）1 倍，就会造成每股收益增长（减少）2.52 倍。在复合杠杆作用下，当企业经济效益好时，每股收益会大幅度上升，而当企业效益差时，每股收益会大幅度下降。企业复合杠杆系数越大，每股收益的波动幅度越大，由此而造成的风险，称为企业总风险（Total Risk）。在其他因素不变的情况下，复合杠杆系数越大，证明企业总风险程度越高，反之则相反。

复合杠杆系数是经营杠杆系数和财务杠杆系数的乘积，根据企业承受风险的能力，在某一复合杠杆水平之下，经营杠杆与财务杠杆可以有多种不同的组合，以适应企业生产经营的特点。例如，财务状况良好的企业可以适当提高财务杠杆系数，充分发挥负债经营对提高权益资本报酬率的作用，相对减少经营杠杆，回避经营风险；而经营状况良好的企业可以适当提高经营杠杆系数，充分发挥固定成本对提高盈利水平的作用，相对减少财务杠杆，回避财务风险。

第 3 节　早期的资本结构理论

资本结构，是指公司的资金来源中负债与股东权益（净资产）的对比关系。如果将公司负债看作债权人权益，那么，公司的资本结构就是指公司的股东权益与债权人权益在公司总权益中如何分配的问题。对公司股东来说，最关心的事情莫过于公司的价值。公司价值提高意味着股东财富的增加。公司价值等于公司债务的市场价值与公司股权的市场价值之和，即

$$V = B + E$$

式中：V 为公司市场价值（公司价值）；B 为公司债务的市场价值；E 为公司股权的市场价值。

因此，公司的价值和公司资本结构是紧密联系的。公司的资本结构与公司价值之间的关系可能十分复杂，不是负债越多，公司价值就越高，或自有资本越多则公司价值就越高的简单联系，而需要考虑一系列的因素。资本结构与公司价值之间的关系正是资本结构理论的基本内容，也是现代公司金融理论的核心内容之一。在本章第 1 节中已经谈到，公司的资本成本就是投资者和债权人所要求的报酬率。公司平均资本成本越高，计算公司价值时使用的贴现率就越高，公司的价值就越低。公司平均成本相当于各种资金来源成本的加权平均值。因此，资本结构理论研究的内容，实际上是讨论各种资金来源占多大，才能使总资金成本最低，公司价值最大。

专栏 9 - 1

资本结构理论的发展

20 世纪 50 年代以前的资本结构理论被称为早期资本结构理论，也称为传统资本结构理论。

早期资本结构理论从公司如何选择资本结构以使资本成本最小化和公司价值最大化，从成本收益角度进行探讨，主要包括三种理论观点：净收益理论、净营业收益理论和传统折中理论。

现代公司资本结构理论起源于MM定理。1958年，美国著名经济学家莫迪格里亚尼（Franco Modigliani）和米勒（Merton Miller）在其共同发表的《资本成本、公司金融和投资理论》一文中，对公司价值与其资本结构的关系进行了严密的分析，总结出了著名的MM定理。这一理论建立在一系列严格的假设的基础上，而这些假设与现实世界有很大的差异。以后的研究逐步放宽其假设条件，研究公司资本结构对公司市场价值的影响。这些研究沿着两个分支发展，一个形成了税差学派，着重研究税收对公司资本结构的影响。如莫迪格里亚尼和米勒把公司所得税引入原有分析的修正，在一定程度上承认了债务融资所带来的利息抵税优惠将影响公司融资决策。法拉和塞尔文及斯特普尔顿则考察了债券利息和股票收益税、个人所得税负不同对公司融资的影响。另一研究方向探讨了破产成本对资本结构的影响，以斯蒂格利茨、巴隆、巴克特、华纳和阿特曼等人为代表，形成了所谓的破产成本主义。这两大学派于20世纪70年代在某种程度上达成一致，形成了权衡理论，其代表人物梅耶斯、李真伯格、斯科特和金等认为，公司最佳资本结构在于权衡债务抵税收益、财务危机成本和代理成本。但米勒对此提出了批评，他在《税务与税收》一文中第一次系统地从理论上阐述了个人所得税对公司债务和股票宏观平衡的影响，并重新回到了他自己的古典理论——MM定理。但是他的理论忽视了公司财务危机成本和代理成本的影响。于是出现了将权衡理论中的财务危机成本进一步扩展到代理成本、财务危机成本和非负债税收利益损失等方面，同时，又把税收利益从原来单纯讨论的负债税收利益引申到非负债税收利益方面，把公司最优资本结构看成是在税收利益和各类与负债相关成本之间的权衡，这一理论被称为后权衡理论，其代表人物主要有迪安吉洛和马苏利斯。

到20世纪70年代后期，以信息不对称理论为中心的新资本结构理论开始逐渐走上学术舞台。新资本结构理论没有简单遵循现代资本结构理论的研究套路，而是在研究方法和入手点方面有所创新。就研究方法而言，在研究中引入了大量新的经济学分析方法，比如代理理论、信息不对称理论等；就切入点而言，试图通过引入信息不对称理论中的“信号”“动机”“激励”等概念，从公司“内部因素”方面对公司资本结构进行研究，一反现代资本结构理论仅仅关注影响资本结构的税盾效应、破产等“外部因素”。从内容上看，新资本结构理论的主要流派颇多，包括代理成本学说、信号激励模型、优序融资理论和财务契约理论等。

早期资本结构理论是指1958年MM理论产生之前西方学术界的资本结构理论。1952年，大卫·杜兰特（David Durand）在一篇题为《企业债务和权益成本计量方法发展和问题》的论文中，系统地总结了当时理论界关于资本结构问题的各种观点，并将这些观点划分为净收益理论、营业净收益理论和介于两者之间的传统折中理论。三种理论的基本假设如下：公司零税率，公司负债成本为R_B，权益资本成本为R_e，加权平均资本成本为$WACC$，用B/E表示财务杠杆，公司总价值$V=B+E$。

一、净收益理论

净收益理论（Net Income Theory）的核心观点是负债能增加企业价值。净收益理论认为，企业利用负债融资提高企业的财务杠杆比率，可以降低企业加权平均资本成本，从而提高企业的价值。因此，企业进行债务融资总是有利，企业应该尽可能多地负债。

该理论假设权益成本 R_e 和负债成本 R_B 都固定不变，且 $R_B < R_e$。因此，在其他因素既定的情况下，随着财务杠杆的提高，企业加权平均成本 WACC 会降低，企业的净收益和总价值会增大。这是因为

$$WACC = \frac{B}{V}R_B + \frac{E}{V}R_e = R_e + \frac{B}{V}(R_B - R_e) \tag{9-14}$$

式（9－14）中，$R_B - R_e < 0$，所以，随着 B/V 比率的逐渐增加，企业的加权平均资本成本 WACC 将随之下降。由此可以得出，企业在没有负债（$B/V = 0$）的情况下，$WACC = R_e$，这时企业的加权资本成本 WACC 最高。随着企业 B/V 的提高，企业的加权平均资本成本 WACC 开始下降，当企业的资本完全来自负债时，E 等于 0，$WACC = R_B$，此时企业的总资本成本最低，企业的市场价值最高。图 9－1 揭示了净收益理论的结论。

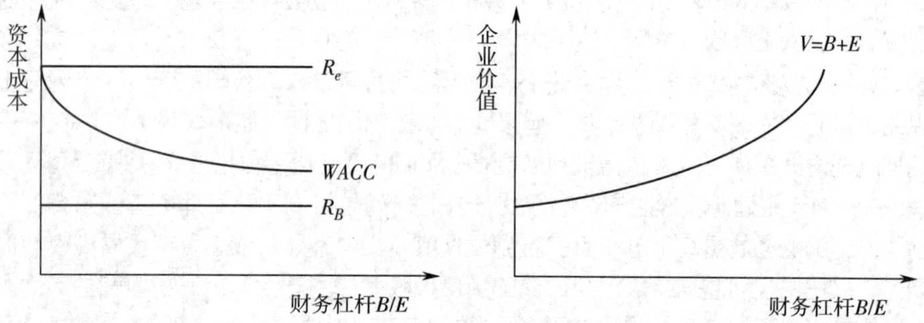

图 9－1　净收益理论图示

按照这一理论，企业的最优资本结构应在图 9－1 的最右一点，在这一点企业市场价值最大。但在现实经济生活中，随着财务杠杆作用的扩大，企业的风险会越来越大，债权人要求支付的利率必将提高，同时股东所要求的权益资本报酬率也会相应提高，其结果是企业融资成本也会提高。因此，在实践中不考虑企业的融资风险和融资成本提高的假设是不可能成立的。

二、营业净收益理论

营业净收益理论（Net Operating Income Theory）的基本观点是：企业价值与资本结构无关，无论负债比例如何变化，企业价值都不会改变。

营业净收益理论认为，虽然债务融资成本低于权益融资成本，但提高债务融资比例会增加企业的风险。为获得风险补偿，股东会要求更高的收益率，这会增加权益资本成本。提高债务融资比例带来的好处会全部被权益资本成本提高所抵消，企业的总资本成本不会改变。在该理论看来，企业的价值是由其营业净收益决定的，与企业的资本结构无关。营业净收益理论可用图 9－2 表示。

与净收益理论相比，营业净收益理论走向了另一个极端。在该理论看来，企业不存在最佳的资本结构，资本结构决策无关紧要。但现实中的企业都很看重资本结构决策，都希望根据本企业的实际情况，保持合理的负债比例。

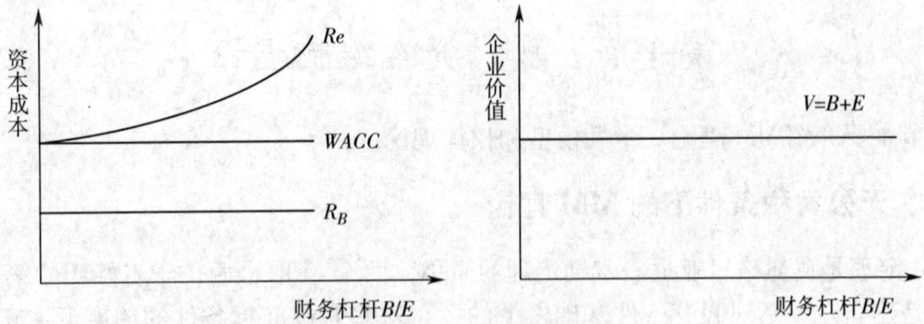

图 9－2　营业净收益理论图示

三、传统理论

传统理论（Traditional Theory）的基本观点是：每一个企业都有一个使其市场价值达到最大的最佳资本结构，这个最佳资本结构通过保持适度的负债比例来获得。

传统理论吸取了净收益理论关于债务融资有利于降低资本成本的观点，但同时认为负债必须适度。在适度负债比例下，债务融资成本低于权益融资成本，此时提高债务融资比例会降低企业的总资本成本，因而有利于增加企业价值。但是，如果企业过多地利用财务杠杆，使债务融资比例超过合理的限度，会使其风险增大，企业的总资本成本会随之上升，企业的总价值会相应下降。因而，加权平均资本成本呈现 U 形结构，加权平均资本成本从下降变为上升的转折点，是加权平均资本成本的最低点，这时的负债比率就是企业的最佳资本结构。这种理论可以用图 9－3 描述。

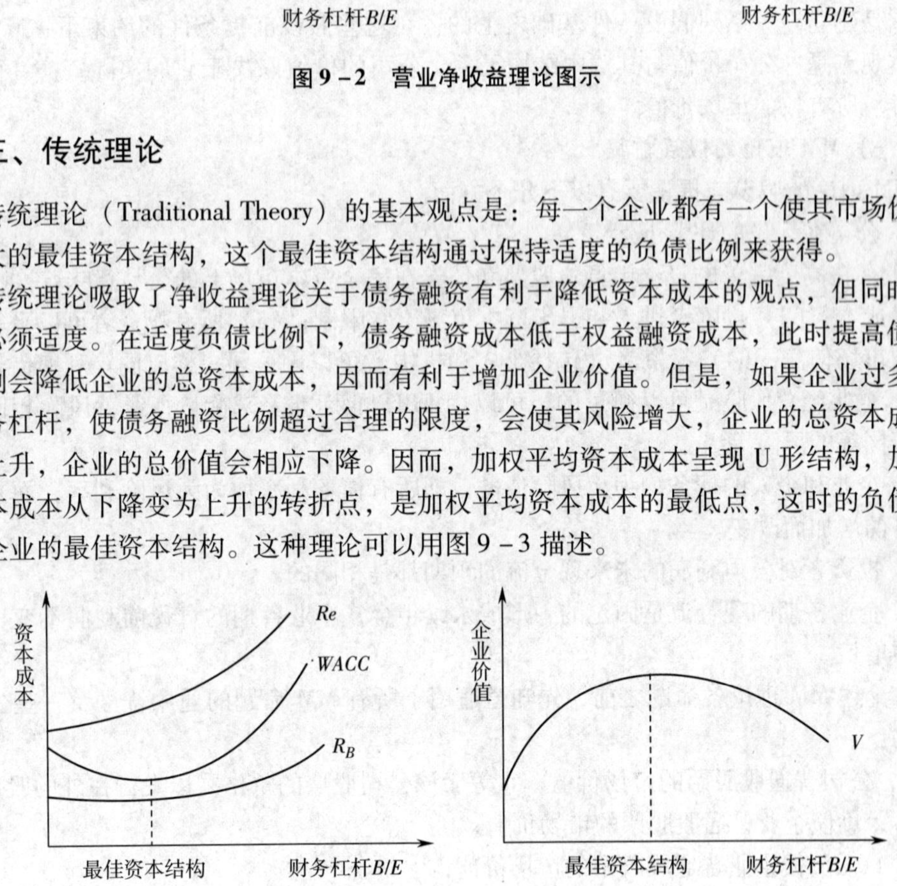

图 9－3　传统理论图示

从上述分析可以看到，传统理论是介于净收益理论和营业净收益理论之间的一种折中理论。这种理论既肯定增加负债的财务杠杆效应，又强调负债必须适度。因此，与其他两种理论相比，传统理论更能反映一般企业的资本结构决策理念。①

---

① 张合金，等．公司金融［M］．成都：西南财经大学出版社，2007：12.

第4节　现代资本结构理论

本节主要介绍MM理论、米勒模型和权衡理论。

一、无公司税条件下的MM理论

MM定理是莫迪格里亚尼—米勒定理的简称，两个M取自两位学者姓氏的第一个字母。它是建立在一系列假设条件基础之上的，在这些假设前提条件的约束下，MM定理的基本观点是：公司价值与其资本结构无关。公司的价值取决于它的实际资产，而非各类债券、所有权的市场价值。

（一）MM理论的假设前提

MM理论的假设前提主要有以下几个方面。

1. 公司在无税的环境下运营。

2. 存在高度完善的资本市场。股票和债券在完全资本市场上的交易意味着：（1）没有交易成本；（2）投资者进入和退出资本市场不受限制；（3）所有投资者可以平等地免费获取市场信息；（4）投资者（包括个人和机构）可以同公司一样以同等利率借款。

3. 企业经营风险是可以衡量的，可以用EBIT的标准差来衡量；经营风险相同的企业处于同等的风险等级。

4. 企业和个人的债务均为无风险债务，即所有债务利率均为无风险利率，而且不会因债务的增加而改变。

5. 投资者对公司利润的未来现金流的预期都是相同的。

6. 企业各期的现金流是固定的，形成永续年金，企业各期的息税前利润不变，即企业为零增长。

在论述MM理论各命题之前，先知道适用于所有MM命题的通用符号及一些公式是必要的：

E，公司普通股股票的市场价值，它等于该公司股票的价格乘以发行在外的股数；

E_L，负债企业普通股股票的市场价值；

E_U，无负债企业普通股股票的市场价值；

B，公司负债的市场价值，假设企业只有一种负债，且每年等额还本付息，也不存在优先股；

V，公司市场价值，$V=B+E$；

$EBIT$，息税前利润，假定其为一个常数；

I，年债券利息，$I=BR_B$；

R_e，负债企业权益的期望收益率，也称权益成本；

R_E，无负债企业权益的期望收益率；

R_B，公司负债的利息率，即负债成本；

$WACC$，加权平均资本成本；

T_c，公司所得税税率；

V_L，负债企业市场价值；

$V_U = E_U$，无负债企业市场价值。

以上符号存在的一些基本关系：

1. 普通股权益价值（负债企业普通股股票的市场价值）的计算公式为

$$E_L = \frac{(EBIT - BR_B)(1 - T_c)}{R_e} \tag{9-15}$$

2. 负债企业市场价值的计算公式为

$$V_L = E_L + B = \frac{EBIT(1 - T_c)}{WACC} \tag{9-16}$$

（二）MM理论的命题1（关于公司价值）

命题1：任何企业（不论是否负债）的价值均由其预期息税前收益（EBIT）按照其风险等级所对应的贴现率贴现后决定，负债企业的价值等同于无负债企业的价值，即企业的价值与资本结构无关。

命题1可用公式（9－17）表示。

$$V_U = V_L = \frac{EBIT}{WACC} = \frac{EBIT}{R_E} \tag{9-17}$$

命题1的含义是：（1）公司的价值不会受到资本结构的影响，企业的价值与资本结构无关；（2）有负债公司的加权平均资本成本等同于与它风险等级相同，但无负债公司的权益成本，即 $WACC = R_E$。

命题1的结论看起来似乎有些令人惊奇，实际上非常自然。公司的价值 V 是债务资本价值 B 与权益资本价值 E 之和，即 $V = B + E$，而债务资本和权益资本的价值就是它们未来全部现金收益（债权人的利息收入与股东的现金收入）的现值。在没有公司所得税的前提下，公司息税前收益 $EBIT$ 最终将分解为两部分：一部分是属于债权人的利息，另一部分是属于股东的现金股利，这一情况如图9－4所示。因此，公司资本结构的不同只影响 $EBIT$ 在债权人与股东两类投资者之间的分配数额（利息与现金股利的比例），但不影响 $EBIT$ 本身的数额，从而不影响公司价值的大小。实际上，从图9－4来看，资本结构的不同反映的是股东和债权人根据所出资本额的大小和承担风险的大小对公司价值进行的分配（圆饼在债权人和股东之间的分配比例），不影响公司价值（圆饼本身）的大小。

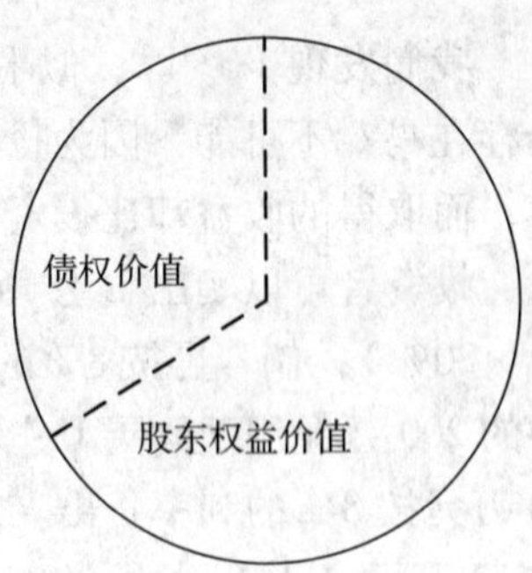

图9－4 公司价值示意图

下面我们用无套利均衡的思想对命题1进行严格的证明。

证明：假设有U、L两家公司，除资本结构外，两者各方面情况都完全相同（EBIT相同，风险等级相同），公司U为无负债公司，价值为 $V_U = E_U$；公司 L 为负债公司，价值为 $V_L = B + E_L$。投资者有下面两种投资选择（见表9－3）。

表 9－3　　无税条件下不同投资决策收益

投资决策	投资额	投资收益
（1）购买无负债公司 U 的 α 比例的股权	αV_U	$\alpha EBIT_U$
（2）购买负债公司 L 的 α 比例的股票和 α 比例的债券	股票：αE_L	$\alpha\ (EBIT_L - R_B B)$
	债券：αB	$\alpha R_B B$
	总计：$\alpha\ (E_L + B)\ = \alpha V_L$	总计：$\alpha EBIT_L - \alpha R_B B + \alpha R_B B = \alpha EBIT_L$

因为 $EBIT_L = EBIT_U$，所以两种投资方式产生的收益完全相等（$\alpha EBIT_U = \alpha EBIT_L$），故两种投资所需投资额也应该完全相等，否则将会出现套利现象，所以有 $\alpha V_U = \alpha V_L$，从而得到 $V_U = V_L$。

命题 1 的证明过程也可以用例 9－14① 具体加以说明。

例 9－14　假设有负债公司 L 和无负债公司 U，两家公司除资本结构外，其他均一样。L 公司负债的市场价值为 500 万元，利率 8%。两家公司风险等级相同，预期息税前收益为 100 万元，普通股股东的必要报酬率都是 10%。

根据式（9－15）和式（9－16），两家公司的市场价值分别为

$$V_U = \frac{(100-0)\times(1-0)}{10\%} = 1\,000(\text{万元})$$

$$V_L = E_L + B = \frac{(100-8\%\times 500)\times(1-0)}{10\%} + 500 = 600 + 500 = 1\,100(\text{万元})$$

我们发现 $V_L > V_U$，似乎是 L 公司因负债而提高了价值。但在市场环境中，这种情况会存在吗？不可能，因为投资者可以进行套利活动，仿制出与 L 公司负债率相同的负债率，而取得的收益却比投资 L 公司时高。

投资者可以卖出 L 公司股票，假设卖出 20% 的股份，相当于 120 万元（＝600 万元×20%），倘若再按 8% 的利率借入 100 万元，此时该投资者手中有 220 万元，可把其中的 200 万元用于购买 U 公司 20% 的股份（即 1 000 万元×20%＝200 万元），剩下的 20 万元按 8% 的利率贷出。在做这一套利活动前，如果该投资者持有 L 公司股票的收益是 12 万元（占 L 公司 20% 的股权，按 10% 的收益率计算，可获得收益＝600 万元×20%×10%）；在投资者卖出 L 公司股票获取 120 万元后可进行如下套利活动——借入资金、买入 U 公司股票的同时贷出剩余资金后，可获得收益变为 13.6 万元（－100 万元×8%＋1 000 万元×20%×10%＋20 万元×8%）。投资者的自有初始投资金额没有改变，在两种情况下都为 120 万元，承担的风险也相同，获取的收益却不一样。众多投资者当然会仿效，卖出 L 公司股票，买进 U 公司股票。最终，L 公司股票价格因抛售而下降，U 公司股票价格因买入而提高。两家公司普通股股价的一升一降，最终会形成两家公司的市场价值趋于一致。此时，套利活动会停止，市场处于均衡状态。

① 刘曼红，等．公司理财［M］．北京：中国人民大学出版社，2004：168－169．

表9－4 投资者的套利行为与收益

套利行为	投资于L公司	投资于U公司	现金流
投资方案	卖出20%的股份，相当于120万元	借款100万元，利率为8%	120＋100＝220（万元）
		购买20%的股份	－200万元
		贷出20万元，利率为8%	－20万元
投资收入	－12万元	13.6万元	1.6万元
其中：股息收入	－12万元	20万元	8万元
利息收入		1.6万元	1.6万元
利息支出		－8万元	－8万元

由上述分析可以看出，MM定理的命题1实质上说明了这样一个问题：由于公司的总体价值是其各类投资者在公司中所拥有的价值之和，在没有公司所得税的情况下，这一价值只取决于公司利用所拥有的资产创造收益（EBIT）的能力大小和风险程度（决定贴现率）的高低，与由谁向公司提供资本无关，公司资本结构差异只影响不同投资者对企业家价值的分配比例。比如，当公司的 $EBIT=100$ 万元，$WACC=10\%$ 时，公司的价值为1 000万元（100/0.1）。如果公司资本总额中权益资本占60%，债务资本占40%，则：公司股东拥有公司价值的60%，即600万元；公司债权人拥有公司价值的40%，即400万元。如果公司资本总额中权益资本只占40%，债务资本占60%，则：公司股东只拥有公司价值的40%，即400万元；而公司债权人则拥有公司价值的60%，即600万元。无论哪种情况，两者之和始终是1 000万元，公司价值的总值不变。

（三）MM理论的命题2

命题2：有负债的公司权益成本等于无负债公司的权益成本加上风险溢价。风险溢价（风险补偿）的高低视公司负债率高低而定，用公式表示为

$$R_e = R_E + \frac{B}{E_L}(R_E - R_B) \tag{9-18}$$

命题2的含义是：（1）使用财务杠杆的负债公司，其股东权益成本随着债务比率的上升而上升，即 R_e 随着 B/E_L 的增加而增加，增加的幅度取决于（R_E-R_B）的大小；（2）便宜的负债带给公司的利益会被股东权益成本的上升所抵消，最后使负债公司的平均资本成本等于无负债公司的权益资本成本；（3）公司的市场价值不会随负债率的上升而提高，即公司资本结构和资本成本的变化与公司价值无关。

命题2的证明相对简单，可以在命题1成立的基础上单纯用数学公式推导出来。

由本章第1节可知，无税条件下企业的加权平均资本成本 $WACC$ 为

$$WACC = \frac{E_L}{E_L + B}R_e + \frac{B}{E_L + B}R_B$$

根据命题1：$WACC = R_E$

于是有

$$\frac{E_L}{E_L + B}R_e + \frac{B}{E_L + B}R_B = R_E$$

等式两边同时乘以$\frac{B+E_L}{E_L}$，得

$$R_e + \frac{B}{E_L}R_B = \frac{B+E_L}{E_L}R_E$$

等式右边可以写成 $\frac{B}{E_L}R_E + R_E$

将 $\frac{B}{E_L}R_B$ 移到等式右边，整理即可得

$$R_e = R_E + \frac{B}{E_L}(R_E - R_B)$$

例 9－15 U 公司为一无负债公司，具有永续的息税前收益 *EBIT* 每年 125 万元，权益资本成本为 12.5%。L 公司是一与 U 公司除资本结构外，其他均一样的、有负债的公司，其债务资本为 500 万元，利率为 8%。若关于 MM 理论的各项假设均成立，求 U、L 两公司的价值 V_U和 V_L，权益价值 E_U和 E_L，权益成本 R_E和 R_e，以及 L 公司的加权平均资本成本 *WACC*。

解：U 公司股东权益的价值 E_U为

$$E_U = \frac{EBIT - R_B B}{R_E} = \frac{125-0}{0.125} = 1\ 000\text{（万元）}$$

U 公司的市场价值 V_U为

$$V_U = E_U = 1\ 000\text{（万元）}$$

根据 MM 理论的命题 1，L 公司的市场价值 $V_L = V_U = 1\ 000$（万元）

L 公司权益资本的价值 $E_L = V_L - B = 1\ 000 - 500 = 500$（万元）

由命题 2 可知，L 公司的权益资本成本 R_e为

$$R_e = R_E + \frac{B}{E_L}(R_E - R_B)$$

$$= 12.5\% + (500/500)(12.5\% - 8\%) = 17\%$$

L 公司的加权平均资本成本 *WACC* 为

$$WACC = 0.5R_B + 0.5R_e = 0.5 \times 8\% + 0.5 \times 17\% = 12.5\%$$

二、存在公司税条件下的 MM 理论

（一）公司所得税对公司价值的影响①

无公司所得税时 MM 理论关于资本结构与公司价值的讨论是建立在完美市场的假设的基础上，但现实要比 MM 理论的假设复杂得多。首先，现实中是存在公司所得税的，而公司所得税的存在将导致企业的资本结构有可能影响其价值。这是因为，公司所得税是从公司税前利润中扣除的，而公司的税前利润是息税前收益 EBIT 减去利息支出 I 后的剩余。因此，考虑公司所得税后，企业的息税前利润就不再是由债权人和股东两类投资

① 刘力．公司财务［M］．北京：北京大学出版社，2007：444.

者来分享，而是由债权人（得到利息）、政府（所得税）和公司股东（税后利润）三方来分享。由于公司价值仅为债权人收益现值与股东收益现值之和，如果不同的资本结构可以导致不同的公司所得税支出，则公司所得税支出最小的资本结构将使公司价值达到最大。这时，企业的资本结构将对公司价值产生某种影响。

（二）有公司所得税时的 MM 理论命题 1

考虑公司所得税的影响后，由于公司债务资本的利息支出可以扣抵部分公司所得税支出，从而使有负债公司的 EBIT 分配到投资者（包括债权人和股东）手中的比例高于无负债的公司，故公司的价值会随着债务资本的增加而增加。

命题 1：负债公司的价值等于相同风险但无负债公司的价值加上负债的节税利益，节税利益等于所得税税率乘以负债额，即有

$$V_L = V_U + T_c B \tag{9-19}$$

命题 1 的含义是：（1）当公司负债后，负债利息可以计入成本，由此形成节税利益；（2）节税利益增加了公司的收益和价值，这部分增加的价值量就是节税利益，相当于节税额的现值；（3）公司负债越多，公司价值越大。当公司目标为公司价值最大化时，公司的最佳资本结构应该是 100% 的负债。

如果假定公司负债是永久性的，那么公司避税利益的大小就取决于税率和公司债务的获利水平，公司年避税利益为

$$\begin{aligned}\text{公司年避税利益} &= \text{债务收益} \times \text{税率}\\ &= \text{公司负债规模 } B \times \frac{\text{公司债务资本收益率}}{(\text{即公司负债资本成本})R_B} \times \text{税率 } T_c\end{aligned}$$

由于公司负债是永久的，因此公司每年有一笔等额节税利益流入，这笔无限期的等额资金流的现值为

$$\text{节税额现值} = \sum_{t=1}^{\infty} \frac{BR_B T_c}{(1+R_B)^t} = \frac{BR_B T_c}{R_B} = T_c B$$

节税额现值即为负债企业的价值增加值。

与无税条件下类似，此命题也可以用无套利的思想加以证明。

证明：假定投资者有以下两种投资决策，如表 9-5 所示。

表 9-5　有公司所得税条件下不同投资决策收益表

投资方案	投资额	投资收益
(1) 购买负债公司 α 比例的股权	αE_L	$\alpha(EBIT - R_B B)(1-T_c)$
(2) 购买无负债公司 α 比例的股权；借款 $\alpha(1-T_c)B$	$\alpha V_U - \alpha(1-T_c)B$	$\alpha EBIT(1-T_c) - \alpha(1-T_c)R_B B$ $=\alpha(EBIT - R_B B)(1-T_c)$

由于两种投资的收益相等，因此有

$$\alpha E_L = \alpha V_U - \alpha(1-T_c)B$$

在方程式两边同除以 α 有

$$E_L = V_U - (1-T_c)B$$

展开后，移项可得

$$E_L + B = V_U + T_cB$$

因为 $E_L + B = V_L$，所以 $V_L = V_U + T_cB$。

命题1可以用例9－16加以说明。

例9－16 假设有U、L两家公司，U公司没有负债，L公司有1 000万元、年利息率为6%的债务资本，除资本结构外两家公司完全相同。它们都永久性地每年产生200万元的EBIT，都要按40%的公司所得税税率缴纳公司所得税。U、L两家公司的收益状况如表9－6所示。

表9－6　　有公司所得税时U公司与L公司的收益状况　　单位：万元

公司	U	L
息税前收益（EBIT）	200	200
利息支出（I）	0	60
税前利润（EBT）	200	140
公司所得税（40%）	80	56
税后利润	120	84
债权人与股东收益合计	120	144
债务资本的节税利益	0	24

由表9－6可知，L公司由于借入1 000万元、年利息率为6%的债务资本，每年发生60万元的利息支出，同时少支付24万元所得税，这一部分支付的现金就成为属于股东的多出的现金流量。因为这一现金流量是公司借入债务资本支付利息产生的，所以它的风险与债务资本相同。用债务资本成本6%对这一现金流量折现，其现值是

$$\frac{24}{0.06}=400\text{（万元）}$$

即公司借入债务资本后其价值增加了400万元，这400万元就是公司负债所产生的节税利益。

由于债务资本的利息支出等于债务资本总额 B 乘以债务资本的利息率 R_B（债务资本成本），即 R_BB，它所产生的避税额为 R_BBT_c，所用的贴现率是债务资本成本 R_B，因此公司债务资本的节税额现值即为

$$\frac{R_BBT_c}{R_B} = T_cB$$

假设U公司的权益资本成本为10%，则U公司的价值为 V_U，同时也是U公司股东权益的价值 E_U 为

$$V_U = E_U = \frac{EBIT(1 - T_c)}{R_E} = \frac{200 \times (1 - 40\%)}{10\%} = 1\ 200\text{（万元）}$$

根据有公司所得税时的MM理论的命题1，L公司的市场价值 V_L 为

$$\begin{aligned} V_L &= V_U + T_cB = 1\ 200 + 40\% \times 1\ 000 \\ &= 1\ 200 + 400 = 1\ 600\text{（万元）} \end{aligned}$$

（三）有公司所得税时的MM理论命题2

命题2：负债公司的权益资本成本等于具有同样风险等级的无负债公司的权益资本成本加上一定的风险补偿，即

$$R_e = R_E + \frac{B}{E_L}(R_E - R_B)(1 - T_c) \quad (9-20)$$

式（9－20）比式（9－18）在风险补偿因子上多了一个系数（$1-T_c$），由于（$1-T_c$）小于1，因此考虑公司所得税后负债企业的权益资本成本的上升幅度要小于无公司所得税时。实际上，正是税收的存在减少了负债企业债务资本成本和权益资本成本，从而导致了公司价值的上升。

命题2的证明：由命题1可知

$$V_L = V_U + T_c B$$

$$V_U = V_L - T_c B = E_L + (1 - T_c)B$$

（1）无负债企业权益资本成本 $R_E = EBIT(1-T_c)/V_U$

$$\begin{aligned} EBIT(1 - T_c) &= R_E V_U = R_E[E_L + (1 - T_c)B] \\ &= R_E E_L + (1 - T_c)R_E B \end{aligned} \quad (9-21)$$

（2）负债企业权益资本成本

$$\begin{aligned} R_e &= (EBIT - R_B B)(1 - T_c)/E_L \\ &= [EBIT(1 - T_c) - R_B B(1 - T_c)]/E_L \end{aligned} \quad (9-22)$$

将式（9－21）代入式（9－22），得

$$\begin{aligned} R_e &= [R_E E_L + (1 - T_c)R_E B - R_B B(1 - T_c)]/E_L \\ &= [R_E E_L + (1 - T_c)B(R_E - R_B)]/E_L \\ &= R_E + \frac{B}{E_L}(R_E - R_B)(1 - T_c) \end{aligned}$$

例9－17 计算例9－16中L公司的权益资本成本和加权平均资本成本。

解：利用命题2，L公司的权益资本成本 R_e 为

$$\begin{aligned} R_e &= R_E + \frac{B}{E_L}(R_E - R_B)(1 - T_c) \\ &= 10\% + \frac{1\,000}{600} \times (10\% - 6\%)(1 - 40\%) \\ &= 14\% \end{aligned}$$

L公司的加权平均资本成本 $WACC$ 为

$$\begin{aligned} WACC &= \frac{E_L}{V_L}R_e + \frac{B}{V_L}R_B(1 - T_c) \\ &= \frac{600}{1\,600} \times 14\% + \frac{1\,000}{1\,600} \times 6 \times (1 - 40\%) \\ &= 7.5\% \end{aligned}$$

从例9－17的结果可以看出，考虑公司所得税后，负债公司的加权平均资本成本与不负债公司相比下降了（由10%下降为7.5%）。

专栏 9 - 2

MM 理论的学术贡献

纵观几十年西方理论对 MM 理论的评价，尽管人们对其理论的假设前提过于脱离实际，其研究结论缺乏实证资料的支持，因而对企业的资本结构缺乏指导性等缺陷提出了尖锐批评，但 MM 理论对资本结构理论乃至对现代公司金融理论的贡献，理论界仍给予了相当高的评价，概括起来主要有以下几个方面：

第一，MM 理论使资本结构理论成为系统性理论而受到学术界的高度关注。在莫迪格里亚尼和米勒在 1958 年发表名垂史册的《资本成本、公司金融和投资理论》之前，尽管已有学者对企业资本结构问题做过一些研究，但无论是净收益理论、营业净收益理论，还是两者折中的传统理论，其结论都是建立在直观感性基础上的，并且缺乏系统性，因而并未引起学术界对资本结构问题足够的关注。而 MM 理论出现后，其系统性的深入研究使学术界对企业资本结构的研究产生了浓厚的兴趣，这不但大大推动了对这一问题的探索，而且很大程度上提高了公司金融理论在整个经济理论中的地位。

第二，研究方法上，在 MM 理论产生前，理论界对资本结构的研究都采用的是直观性的描述性的分析方法，而 MM 理论首次将无套利均衡的方法作为金融学的分析“范式”，其对资本结构的研究都是建立在严密的数理推导的基础之上的，其学术性和严密性得到理论界的广泛认同。

第三，MM 理论为学术界的继续研究提供了一个参照系和理论起点，这是几乎所有创新性学术理论产生和发展的共同途径。后来的一些更接近现实的理论，如权衡理论就是在 MM 理论的基础上发展起来的。

三、米勒模型

考虑公司所得税的 MM 理论包括了公司税负因素，但却没有考虑个人所得税的影响。1976 年，米勒在美国金融学会所作的学术报告中，提出了一个把公司所得税和个人所得税都包括在内的模型来估算负债经营对公司价值的影响，人称米勒模型或 M 理论，其基本思想是：考虑公司所得税的 MM 理论过高地估计了负债经营对公司价值的作用，实际上，个人所得税在某种程度上抵减了负债利息的节税利益。

设 T_c 表示公司所得税，T_s 表示个人股票收益所得税税率[①]，T_b 表示个人债券收益所得税税率。

$$V_U = \frac{EBIT(1 - T_c)(1 - T_s)}{R_E} \tag{9-23}$$

式（9 - 23）中，分子表示无负债企业的收入在扣除公司所得税，以及股东支付股息和资本利得税后的净营业收益。很明显，与不考虑个人所得税时相比，净经营收益减少了，个人税负降低了投资者实际可得收入，在其他条件不变的情况下，这些课税降低了无负债企业的价值。考虑个人所得税因素后，负债企业的价值为

① 股票收益包括股利和资本利得两个部分，所有 T_s 为加权平均的股利和资本利得税率。

$$V_L = V_U + \left[1 - \frac{(1-T_c)(1-T_s)}{(1-T_b)}\right]B \tag{9-24}$$

式（9－24）即为著名的米勒模型。对米勒模型，可作如下讨论：

（1）模型中的 $\left[1 - \frac{(1-T_c)(1-T_s)}{(1-T_b)}\right]B$ 表示负债经营而产生的价值。在一般情况下，此项应该大于0，因而有 $V_L > V_U$。

（2）在模型中如果忽略所得税因素，即令 $T_c = T_s = T_b = 0$，则 $V_L = V_U$，米勒模型与最初的MM理论的命题1的结论一致。

（3）在模型中如果忽略个人所得税因素，即令 $T_s = T_b = 0$，则 $V_L = V_U + T_cB$，米勒模型与存在公司所得税的MM理论的结论一致。

（4）在模型中如果股票收益个人所得税税率与债券收益个人所得税税率相等，即 $T_s = T_b$，其结果也与存在公司所得税的MM理论的结论一致。

（5）根据美国联邦政府所得税法，政府对权益性资本投资持鼓励的态度，股票收益个人所得税税率要低于债券收益个人所得税税率，即 $T_s < T_b$，在这种情况下，$\left[1 - \frac{(1-T_c)(1-T_s)}{(1-T_b)}\right] < T_c$，从而使负债企业的价值小于存在公司所得税的MM理论中不考虑个人所得税因素下的企业价值。这说明存在公司所得税的MM理论过高地估计了负债的节税作用，而个人所得税的存在，在某种程度上部分抵消了负债利息的减税利益。

（6）特别地，如果在模型中 $(1-T_c)(1-T_s) = (1-T_b)$，则负债经营所产生的企业价值增量为零，负债的节税利益恰好完全被个人所得税因素所抵消。在这种情况下，资本结构对企业价值和资本成本不产生任何影响，这时我们又回到了无税的MM理论。

下面对米勒模型进行简单的证明。

证明：无负债企业的价值为

$$V_U = \frac{EBIT(1-T_c)(1-T_s)}{R_E}$$

负债价值的大小取决于企业未来资金流入的规模。现将分配给股东和债权人的年现金流量 CF_t 分解为两个部分：

$$\begin{aligned} CF_t &= \text{股东的现金净流入量} + \text{债权人的现金净流入量} \\ &= (EBIT - I)(1-T_c)(1-T_s) + I(1-T_b) \\ &= EBIT(1-T_c)(1-T_s) - I(1-T_c)(1-T_s) + I(1-T_b) \end{aligned}$$

这里 I 为年复利利息额。上式中的第一项为无负债企业的税后现金流量，其现值可以用 R_E 对等额的年现金流折现而得。第二项和第三项反映了负债企业与利息支出有关的现金流量，可以用债务资本成本 R_B 折成现值，从而可得出负债企业的价值

$$\begin{aligned} V_L &= \frac{EBIT(1-T_c)(1-T_s)}{R_E} - \frac{I(1-T_c)(1-T_s)}{R_B} + \frac{I(1-T_b)}{R_B} \\ &= V_U + \frac{I(1-T_b)}{R_B}\left[1 - \frac{(1-T_c)(1-T_s)}{1-T_b}\right] \end{aligned}$$

因为 $\frac{I(1-T_b)}{R_B}$ 为负债的市场价值 B，将 $\frac{I(1-T_b)}{R_B}=B$ 代入上式可得

$$V_L=V_U+\left[1-\frac{(1-T_c)(1-T_s)}{1-T_b}\right]B$$

例 9-18 L公司预期有永续性的税前收益100 000元，公司税率为40%，无负债公司的资本成本为15%，权益分配的个人税率为12%，个人利息税率为25%，L公司具有完全权益的资本结构。现公司准备从银行借入利率为10%的负债120 000元。那么借款后的公司价值是多少？

解：该公司借款前的公司价值为

$$V_U=\frac{EBIT(1-T_c)(1-T_s)}{R_E}$$
$$=\frac{100\ 000\times(1-0.4)(1-0.12)}{0.15}$$
$$=352\ 000(元)$$

则借款后的公司价值为

$$V_L=V_U+\left[1-\frac{(1-T_c)(1-T_s)}{1-T_b}\right]B$$
$$=352\ 000+\left[1-\frac{(1-0.4)(1-0.12)}{1-0.25}\right]\times 120\ 000$$
$$=387\ 520(元)$$

四、权衡理论

权衡理论认为，MM理论的失误在于完全忽视了在现代经济中极为重要的两个因素：财务危机成本和代理成本，从而使MM理论的结论失去现实意义。为此，必须考虑这些成本。

1. 财务危机成本（Financial Distress Cost）。财务危机成本是指在负债经营下，如果企业经营效益差，在财务风险作用下，将导致企业存在破产的可能而产生的损失费用，包括直接破产费用和间接成本。

（1）直接破产费用。当破产尚未发生之时，企业所有者和债权人为债务清偿和申请破产等谈判的争执会影响正常的生产经营活动，使资产营运效益下降；进入破产程序，将发生律师费、诉讼费等；在清算过程中，清算财产的变现也会产生损失。这些都是财务危机成本的直接破产费用。

（2）间接成本。财务危机的间接成本主要是指财务困境对公司经营的影响。这些间接成本主要包括以下情况：①当公司破产时，经理和雇员会失去工作。为了缓解燃眉之急，在短期内经理会采取一些有利于企业短期生存但却会损害企业长远利益的做法，如减少对设备的维修保养以节省资金，以较低的价格出售某些优质资产以筹措资金，以降低质量、损害企业产品的市场形象为代价来削减生产成本。②公司的客户和供应商往往会采取规避行为，这加速了公司的破产速度。

由此可见，随企业过度负债而增大的财务风险，推动企业资本成本上升，企业收益下降，破产的可能性加大，与破产相关的财务危机成本抵消了负债的节税效益，使企业价值下降。

2. 代理成本（Agency Cost）。代理成本主要是指债权人与股东之间的委托—代理成本。债权人和股东之间实际上是一种委托—代理关系，股东为了追求自身利益的最大化，常常通过经理损害债权人的利益而给债权人造成损失。为了保护债权人的利益，必须采取立法手段，或在借款合同中增加限制性条款。这些保护性措施在一定程度上限制和阻碍了企业的经营活动，使企业经营的灵活性降低，效率下降，因而降低了负债给企业带来的价值。

在权衡理论下，由于考虑到财务危机成本和代理成本的作用，则负债企业的价值由公式 $V_L=V_U+T_cB$ 演变为

$$V_L = V_U + T_cB - PV(FDC) - PV(AC) \qquad (9-25)$$

式中：PV（FDC）表示财务危机成本期望值的现值；PV（AC）表示代理成本的现值。

上述模型没有考虑个人所得税，而是在 MM 理论的基础上考虑了财务危机成本和代理成本。权衡模型表明，有负债公司 L 的价值等于同等经营风险的无负债公司 U 的价值加上节税收益减去财务危机成本期望值的现值和代理成本的现值。这样随着负债的增加，虽然节税收益 T_cB 的增加，使得企业价值增加，但财务危机成本期望值的现值 PV（FDC）和代理成本的现值 PV（AC）也在增大，它们又使得企业价值减少，即两者产生一种相互抵消的作用。

权衡理论可以用图 9－5 加以解释。

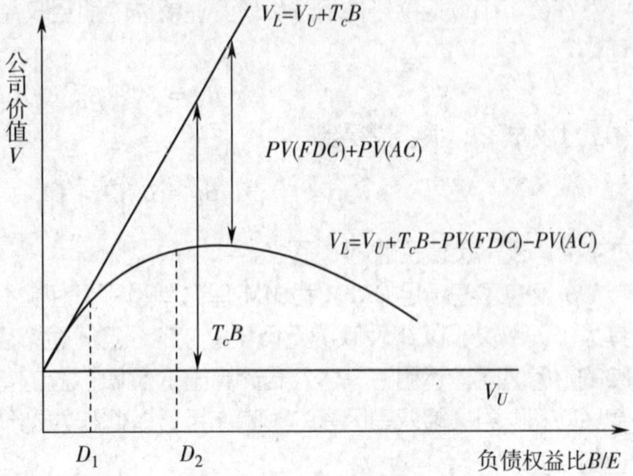

图 9－5　权衡理论图

由图 9－5 可以看到，当企业的债务资本较少，负债权益比较低时，财务危机成本与代理成本的数额很小，主要起作用的是债务的节税效应，公司价值随企业负债权益比的上升而增大，而且上升的速度与存在公司税的 MM 理论所预期的相似。当企业的债务资本总额上升到一定的幅度后（图中 D_1 点），负债增加导致的财务危机成本和代理成本开始有较明显的反应，但此时财务危机成本和代理成本的增加额仍小于节税效应的增加额，故公司价值仍随着债务资本的增加而增大，但增大的速率明显减小。当企业的债务资本进一步上升，超过 D_2 点后，负债增加导致的财务危机成本与代理成本的增加额超过了节税效应的增加额，故公司价值随着负债权益比的增加而降低。在 D_2 点，财务危机成本和代理成本的现值的增加恰好等于节税收益现值的增加，此时企业价值达到最大，同时综合资本成本最低，其确定的资本结构为最优资本结构。

延伸阅读 9－1

MM 理论与 CAPM 的结合：哈马达模型

对于负债经营企业，经营风险和财务风险的双重影响是一种客观存在的事实，当然，即使是无负债企业也存在经营风险。因而，建立资本结构理论模型必须体现这两类风险所要求的补偿。CAPM 模型从理论上反映了投资者对经营风险补偿的期望，而存在公司税的 MM 理论的命题 2 则反映了在负债经营下，所要求的税后财务风险补偿。基于对经营风险和财务风险双重影响的考虑，美国经济学家罗伯特·哈马达（Robert Hamada）将 CAPM 与 MM 理论结合起来，推导出负债企业权益的期望收益为

$$R_e = R_f + \beta_U[E(R_M) - R_f] + \beta_U \frac{B}{E}[E(R_M) - R_f](1 - T_c) \qquad \text{式①}$$

式中：R_f表示无风险投资的报酬率；$E(R_M)$表示市场组合的期望收益率（市场平均股票投资报酬率）；β_U表示无负债企业的β系数。

式①称为哈马达公式，它表示负债企业权益的期望收益率，即普通股的权益成本由无风险报酬率R_f、经营风险报酬率$\beta_U[E(R_M) - R_f]$和财务风险补偿报酬率$\beta_U \frac{B}{E}[E(R_M) - R_f](1 - T_c)$三部分组成。

在资本市场均衡条件下，负债企业权益的期望收益率等于股东要求的必要报酬率，根据 CAPM 可知

$$R_e = R_f + \beta_L[E(R_M) - R_f] \qquad \text{式②}$$

由式①和式②，很容易得到

$$\beta_L = \beta_U\left[1 + (1 - T_c)\frac{B}{E}\right]$$

式中：β_L表示负债企业的β系数。

β_L反映了在满足 CAPM 和 MM 理论假设下，包含企业经营风险和财务风险在内的市场风险。其大小既取决于以β_U反映的无负债企业的经营风险，也取决于以债务资本市场和股本市价比率反映的财务风险。运用哈马达公式计算出的负债企业的普通股成本，包含了属于市场风险范畴的经营风险和财务风险双重因素的影响作用，以此作为贴现率，即可以计算在不同资本结构下负债企业的价值。

第 5 节　信息不对称与新资本结构理论

以 MM 理论为核心的资本结构理论是建立在有关利益主体信息对称的完美市场基础上的。在公司盈利状况、发展前景、潜在风险等基本问题上，不但发行证券筹集资金的企业与购买证券的投资者之间的信息是完全对称的，而且所有投资者对某一企业的信息和预期也是一致的。也就是说，MM 理论存在于一个信息对称的假想世界里，在这种信息完全对称的有效市场下，企业的市场价值完全由其盈利状况即净现金流决定。新资本结构理论认为，有关利益主体之间的信息并不是完全对称的，企业内部管理者即内部人与外部投资者之间、作为所有者的股东和债权人之间、不同投资者之间等，在企业信息

的掌握和理解上都会存在差异，这种信息的差异在很大程度上会影响股票价格乃至整个企业的市场价值。信息不对称被引入资本结构的理论研究，主要研究成果有：梅耶斯（Myers）和迈基里夫（Majluf）的优序融资理论，詹森（Jensen）和麦克林（Meckling）的代理成本理论，罗斯（Ross）、利兰德（Leland）、派尔（Pyle）的信号模型以及史密斯（Smith）、华纳（Warner）的财务契约理论。

一、优序融资理论

1984 年，梅耶斯在《资本结构之谜》一文中，初步提出了优序融资理论的观点，随后梅耶斯和迈基里夫在合作发表的著名论文《企业知道投资者不知道信息时的融资和投资决策》中，对优序融资理论作了系统的论证。优序融资理论的基本观点是：在融资决策中，企业首先会选择内部融资，如需外部融资则首先选择债务融资，其次才是股权融资，即企业融资的最优顺序是内部融资→债务融资→股权融资。这是因为，管理权和控制权分离造成企业内部人和外部人之间的信息不对称，管理者作为内部人比市场或者投资者（外部人）更了解企业收益和投资的真实情况。内部人可以通过企业的资本结构、融资决策和股利政策来传递企业情况的信号，外部人只能根据内部人的决策行为所传递的信号来判断企业的真实情况，并采取相应的投资决策。

假设企业需要通过外部融资为新投资项目筹集资金，由于管理者比市场潜在的投资者更了解投资项目的真实情况，如果投资项目具有较强的盈利能力，代表旧股东利益的管理者会选择债务融资，而不选择股权融资，以免把投资收益转让给新股东（投资者）。只有管理者对投资项目缺乏信心时，才会通过发行股票融资。投资者知道管理者的这种行为模式，所以，当企业决定用股权融资时，市场投资者会将其看做是坏消息，从而会影响投资者对新发股票的出价，即企业只能以较低的价格发行新股，这必然会损害老股东的利益。为维护老股东的利益，管理者一般会尽量避免股权融资。

从英美等发达国家证券市场的发展历史来看，企业利用内部资金的比例在扩大，而在同时，外部融资比例中股票融资的比例在逐步减少甚至出现负增长，债务融资一直在企业融资结构中占主导地位，这在总体上印证了优序融资理论提出的思想。但与发达国家不同，我国上市公司的融资偏好是股权偏好。在我国，股票融资只是上市公司持续筹资或者大股东圈钱的工具而已，上市公司基本上没有想到如何协调负债融资和股票融资的关系以优化企业的资本结构。表 9－7 和表 9－8 分别显示了我国上市公司 1995—2000 年间的内源融资与外源融资结构和股权融资与债务融资结构。

表 9－7　　上市公司的内源融资与外源融资结构　　单位：%

年份	未分配利润大于 0 的上市公司			未分配利润小于 0 的上市公司		
	内源融资	外源融资		内源融资	外源融资	
		股权	债务		股权	债务
1995	12.40	51.48	36.13	9.50	48.78	41.73
1996	14.75	49.40	35.85	3.23	39.38	57.40

续表

年份	未分配利润大于0的上市公司			未分配利润小于0的上市公司		
	内源融资	外源融资		内源融资	外源融资	
		股权	债务		股权	债务
1997	15.43	52.23	32.35	-3.28	47.05	56.23
1998	13.73	46.18	40.10	-10.55	50.63	59.93
1999	14.23	51.15	34.63	-15.83	55.33	60.50
2000	19.19	53.23	27.59	—	—	—

资料来源：国信证券公司课题组．上市公司为何偏好股权融资——上市公司融资结构与融资成本研究[R]．2002.

表9-8　上市公司外源融资中的股权融资与债务融资结构　单位：%

年份	未分配利润大于0的上市公司		未分配利润小于0的上市公司	
	股权	债务	股权	债务
1995	58.76	41.24	53.89	46.11
1996	57.95	42.05	40.69	59.31
1997	61.75	38.25	45.56	54.44
1998	53.52	46.48	45.79	54.21
1999	59.63	40.37	47.77	52.23
2000	65.86	34.14	—	—

资料来源：国信证券公司课题组．上市公司为何偏好股权融资——上市公司融资结构与融资成本研究[R]．2002.

二、代理成本理论

代理成本理论的首创者是詹森和麦克林，他们发表在《金融经济学杂志》1976年第3期上的经典性论文《公司理论：管理行为、代理成本和所有权结构》中，系统地阐述了代理成本理论的主要观点。代理成本理论认为，企业选择资本结构就是选择使代理成本最小的资本结构。

詹森和麦克林认为，企业在股权融资和债务融资中存在两方面的代理关系，一是所有者即股东与管理者之间的代理关系，二是债权人与股东之间的代理关系，这两方面的代理关系分别会产生股权代理成本和债务代理成本。

股权代理成本是由股东与管理者之间的利益冲突引起的。在管理者不拥有或者只拥有少部分公司股权的情况下，管理者与其他股东之间存在利益冲突。作为拥有公司实际控制权的管理者在追求自身利益最大化的动机下，往往会采取有损其他股东的行为。这主要表现在以下两个方面：一是增加在职消费，例如享受豪华办公设施、高档轿车、公费度假等。二是出于自身利益的考虑采取有损股东利益的经营决策。例如，当公司股权面临其他企业高价收购时，从股东角度看，高价位收购是有利的，但管理者会担心因公司被收购而失去目前享有很大特权的总经理职位，因而有可能采取一些有损股东利益的反收购措施，如故意采取自杀性措施，降低公司的潜在价值，从而使收购者放弃收购行为。除此之外，在诸如股利分配、投资决策等其他方面，管理者也可能采取有利于自己而有损股东利益的决策。为了防止管理者决策有损股东的利益，股东会对管理者采取相应的监控措施，限制管理者的权限，这必然会产生监控成本、管束成本等代理成本。这种代理成本随着债务融资比例的增加而减少，特别地，当公司全部采取债务融资时，股权的代理成本最小（零）。

债务代理成本是由股东与债权人两者的利益冲突引起的。在企业的债务融资中，债权人的利益是通过借贷契约保护的，但这种保护是有限的。在当今企业一般属于有限责任公司的情况下，如果借款企业经营不善发生破产清算，债务是由清算价值偿还的，如果公司的清算价值不足以支付债务本息，则债权人会遭受损失。在这种有限责任制下，股东（包括管理者）为追求自身利益最大化，有时会采取一些有损债权人利益的决策。例如，对于资产负债率较高的企业，股东和管理者往往会投资一些高收益、高风险的项目，如果投资成功，他们可以获得绝大部分收益，而一旦投资失败出现破产清算，则债权人有可能承担大部分成本。又例如，在利润分配上，股东一般采取高股利政策以确保自己的利益，而高股利会使公司价值减少进而对债权人的利益形成威胁。债权人为了保护自己的利益，往往会在借款条约中加上各种限制性条款。而这些限制性条款必然产生成本，这既包括债权人对股东的监督成本，也包括限制性条款对企业投资决策的负面影响所引致的财富损失的机会成本，这些都称为债务的代理成本。债务代理成本随债务融资比例的增加而增加，当公司没有外部股权融资而全部采用债务融资时，债务代理成本达到最大。

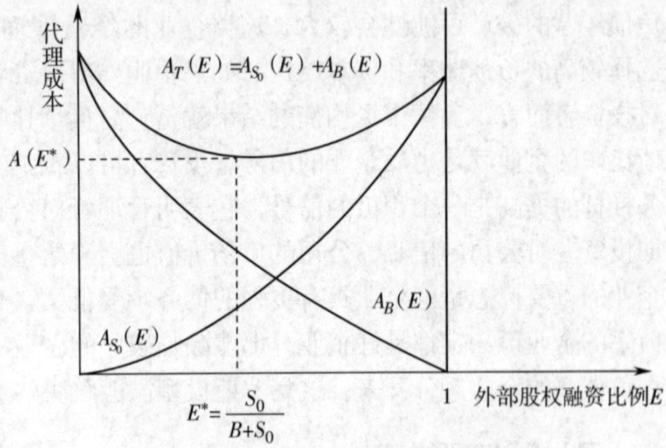

图9-6 资本结构与代理成本的关系

由此可见，增加企业债务融资会使得股权代理成本和债务代理成本这两种代理成本此消彼长，能够使总代理成本（股权代理成本加上债权代理成本）最小的权益与负债比例，可用图9-6表示。

在图9-6中，横轴表示外部股权融资成本，纵轴表示代理成本，$A_{S_0}(E)$ 为股权代理成本，$A_B(E)$ 代表债务代理成本，总代理成本 $A_T(E)=A_{S_0}(E)+A_B(E)$。E^* 为最优股权融资比例，此时总代理成本最小。

三、信号模型

信号模型是一种研究方法，它将信息经济学中斯宾塞（Spence）的信号理论引入资本结构研究中，研究和探讨如何在信息不对称条件下通过适当的方法来向市场传递有关公司价值的信号，以此来影响投资者的投资决策。在资本结构理论中，最有影响的信号模型当属利兰德—派尔模型和罗斯模型。

利兰德—派尔模型从企业经营管理者和投资者之间有关投资项目预期收益的信息不对称和经营管理者风险厌恶的角度，探讨了资本结构的信息传递机能问题。利兰德和派尔认为，在信息不对称情况下，为了使投资项目的融资活动能够顺利进行，借贷双方就必须通过信号的传递来交流信息，譬如掌握内幕信息的公司管理者本身对投资项目进行投资，以此向贷方传递一个信号，即项目本身包含一个好消息，这样贷方就会根据内部人提供的信号作出新的价值判断，决定对公司的投资多少。贷方根据公司管理者提供的信号而决定的对公司投资的数额即是公司的最优负债水平，这一最优负债水平点本身就是反映投资项目风险大小的一种信号。

罗斯模型从经营管理者的破产成本角度，分析了资本结构的信息传递作用。罗斯假定企业的内部经营管理者和外部投资者在企业的预期收益方面存在着信息不对称，并且经营管理者的效用随着资本市场投资家评价的企业价值的上升而增大，随着经营管理者的破产成本的增加而降低。在这种情况下，预期收益较好的优良企业的破产可能性较低，经营管理者的边际预期破产成本较小，这类企业选择较高的负债比率；而预期收益低、劣质企业负债经营的破产可能性会较大，这类企业的经营管理者无法模仿优良企业的经营管理者，选择较高的负债比率和资本结构。如果企业外部投资者能推测企业经营管理者的这种行为，对投资者而言，负债市场均衡的结果就是，高负债比率的企业就是优质企业的信号，低负债比率的企业就是劣质企业的信号。投资者可以根据这种信号来作出自己的投资选择。财务杠杆的提高是一个积极的信号，它表明管理者对公司未来收益有着较高的预期，因而增加投资者对公司的信心，公司的市场价值也会随之上升。罗斯模型强调，好企业区别于坏企业的重要标志是好企业具有更强的债务承受能力。但是，在现实的企业中，具有较高负债率的企业不一定都是好企业，那些濒临破产的企业一般都有很高的负债率。如何将两种高负债率的企业区分开来，这是罗斯模型没能解决的。

四、财务契约理论

财务契约理论研究的主要问题是如何通过财务契约的设计，协调股东与债权人的利益关系，以降低债务融资的代理成本，增加企业的价值。因此，财务契约理论是代理成本理论的延续和深化。史密斯、华纳、汤生、加里等人在财务契约理论的形成与发展中起了重要的作用。具体而言，财务契约包括一系列限制性条款，通常由普通条款、常规条款和特殊条款三类条款构成。其中，普通条款强调债务人的流动性与偿还能力，常规条款强调债务人的资产保全，特殊条款视资金出让方的情况而定，没有统一的规定。这些条款有利于在信息不对称条件下控制债务资本的风险，保证债权人和股东的应得利益，从而实现公司价值最大化以及资本结构的最优化。因此，该理论的思路是：一方面，股东解决了因自身资源限制而难以获得有利可图的投资机会的尴尬处境；另一方面，通过财务契约，债权人规避了财务风险，财务契约实现了双赢，由此减少了公司的代理成本，有助于公司实现财富最大化的目标。有效财务契约下的资本结构也是最佳的财务结构。

该理论的研究内容主要有两个方面：一是财务契约设计，二是最优财务契约的条件。

就财务契约设计来说，研究如何设置财务条款来解决代理成本，可转换条款、可赎回条款、优先条款等是经常用来解决代理成本的契约条款。这些条款能够降低债权人的监督成本，并且有利于股东从事净现值大于零的投资项目。

就最优财务契约的条件而言，由于财务契约能够部分解决债务代理成本，因此，最优财务契约将能给公司带来最大的利益。然而，最优契约的条件是标准的财务契约，即公司在具有偿债能力时，要求其支付某一固定条款的契约，否则，公司面临破产。因此，契约要求公司管理层向债权人或投资者充分披露公司的真实情况。

从理论上讲，财务契约与资本结构之间的逻辑关系或传导机制具有合理性，但是资本结构的实践显示，财务契约与资本结构的传导机制存在缺陷，财务契约并不能解决股东与债权人之间的利益冲突。影响传导机制或传导机制受阻的根本原因在于，财务契约是债权人在信息不对称情况下，为规避信用风险而设立的一系列条款。事实上，公司股东或所有者比债权人更了解公司，因此，这些条款不可能达到最优。从这个意义上说，财务契约不能完全消除代理成本。

第 6 节　资本结构决策

资本结构理论揭示了企业运用财务杠杆后负债和企业价值之间的关系。最优资本结构是指能够使企业的价值最大化的资本结构，这一结构虽然很难精确测量到，但是可以得到它的近似值（通常是一个区域或范围）。这一近似值可以作为企业的目标资本结构，成为企业筹资决策的参考。

企业资本结构决策问题，主要是债权资本的安排问题。在企业的资本结构决策中，合理地利用债权融资，科学地安排债权资本的比例，是企业融资管理的一个核心问题，其对企业有着重要的意义：（1）合理安排债权资本比例可以降低企业的综合成本；（2）合理安排债权资本比例可以获得财务杠杆利益；（3）合理安排债权资本比例可以增加公司的价值。

一、影响资本结构决策的因素

企业资本结构受诸多因素的影响，并且随着企业财务和经营状况以及市场环境的变化而变化。影响资本结构的因素包括外部因素和内部因素。

（一）外部因素

1. 政府税收政策。由于负债利息有抵税作用，而且公司所得税越高，这种抵税作用越大，因此，公司所得税高的企业的负债权益比可以相应高些，以充分获得债务产生的税收税盾价值。

2. 企业的信用等级与债权人的态度。企业能否以借债的方式筹资和能筹集到多少资金，不仅取决于企业管理者和股东的态度，而且取决于企业的信用等级和债权人的态度。如果企业的信用等级不高，债权人将不愿意借债给企业，从而企业无法达到它所希望达到的负债水平。

3. 公司经营环境和经济周期状况。当公司经营环境较好，宏观经济处于上升周期时，面临发展机会的公司会采取激进的融资政策，较多地负债。经济成长性好，公司预期收益稳定增长的概率大，公司发生财务危机的可能性小。反之，在公司经营环境不好和经济处于衰退周期时，公司应较少负债。

4. 市场条件。金融市场为企业融资提供了融资工具、交易场所和其他服务，金融市场的供需状况、市场深度、可供选择的金融产品等诸多因素，都会对企业资本结构的选择产生影响。例如，在垃圾债兴起之前，那些信用等级低于 B 级的公司很难用合适的利率发行长期债券，因此，信用等级低的公司需要融资时不得不借助股票市场或者短期债务市场，而无法顾及它们的目标资本结构。

5. 行业因素。实践表明，不同行业间的资本结构差异较大。一般来说，未来投资机会大的高成长性行业，如制药、电子及计算机行业的负债水平较低；有形资产比重大的行业，如房地产、建筑和标准机械行业的负债水平较高。在资本结构决策中，应了解本企业所处行业资本结构的平均水平，将其作为本企业资本结构的参照，分析本企业与同行业其他企业的差别，以便决定本企业的资本结构。

（二）内部因素

1. 企业的盈利能力。企业的资产收益率要高于债务成本，举债融资才会提高每股收益，增加股东财富；否则，债务使用越多，股东财富越少。盈利能力强的企业可以产生大量的税后利润，其内部留存收益可以在很大程度上满足企业的资金需求，故这类企业负债比例通常较低，如贵州茅台、上海机场等公司。

2. 经营风险与经营杠杆。通常，企业的经营风险越小，销售越稳定，偿债能力越强，可以增加债务的使用。另外，在总杠杆不变的条件下，经营杠杆越小，企业则可以选择越大的财务杠杆。

3. 控制权的考虑。对企业的老股东来说，由新股东认购发行的新股会减少他们在公司中的持股比例，进而减弱他们对公司的控制能力，而借债筹资对其控制权的影响相对较小。因此，如果股东不愿意减弱他们对公司的控制权，又没有足够的财力（或不愿）投入新的权益资金，则这类企业的负债权益比率可能会较高。

4. 企业资产的性质。如果企业拥有较多可以用于抵押的资产，则可以获得相对低成本的融资，因而债务比率较高。

二、资本结构决策的方法

资本结构决策就是确定企业的最佳资本结构。根据前述的资本结构原理，确定企业的最佳资本结构，可以采用每股收益无差别点分析和公司价值比较法。

（一）每股收益无差别点分析

每股收益无差别点，又称每股盈余无差别点，是指普通股每股收益不受融资方式和资本结构影响的销售水平或息税前利润水平。它是不同融资方式和资本结构下每股税后收益均相同的销售水平和息税前利润水平的均衡点。资本结构的合理与否，是通过普通股每股收益的变化来判定的。一般来说，能使每股收益提高的资本结构就是合理的资本结构，反之，则表明资本结构不够理想。即判断资本结构是否达到最佳，就是通过分析资本结构对每股收益的影响，考虑每股收益是否达到了最大化。最佳资本结构，就是能使企业每股收益达到最大的资本结构。

每股收益的计算公式为

$$EPS = \frac{(EBIT - I)(1 - T_c) - d}{N} = \frac{(S - VC - FC - I)(1 - T_c) - d}{N} \tag{9-26}$$

式中：N 表示在外流通的普通股股数；I 为年利息额；$EBIT$ 为息税前收益；S 为销售额；VC 表示变动成本；FC 表示固定成本；d 表示优先股股息，若企业资本中不包括优先股，则 $d=0$；T_c 为公司所得税税率。

举例说明这种方法的应用。

例 9－19[①]　A 公司原有资本 80 万元，其中债务资本 20 万元（每年负担利息 2 万元），普通股本资本 60 万元（每股面值 10 元，共发行 6 万股），公司未发行优先股。由于追加投资需筹资 20 万元，现有两种筹资方式：方式一，债券筹资 20 万元，债务利率 10%；方式二，增发股票 20 万元，每股 10 元。公司的变动成本率为 60%，固定成本为 20 万元，所得税税率为 30%。求两种方式的每股收益无差别点，即发行债券方式下的 EPS 等于发行股票方式下的 EPS。

解：由式（9－26）有

$$EPS_1 = \frac{(S - 60\%S - 20 - 4) \times (1 - 30\%)}{6} = \frac{(S - 60\%S - 20 - 2) \times (1 - 30\%)}{6 + 2} = EPS_2$$

求解上式可得：$S = 75$（万元），$EPS_1 = EPS_2 = 0.7$（元）

上述分析，可以用图 9－7 描述。

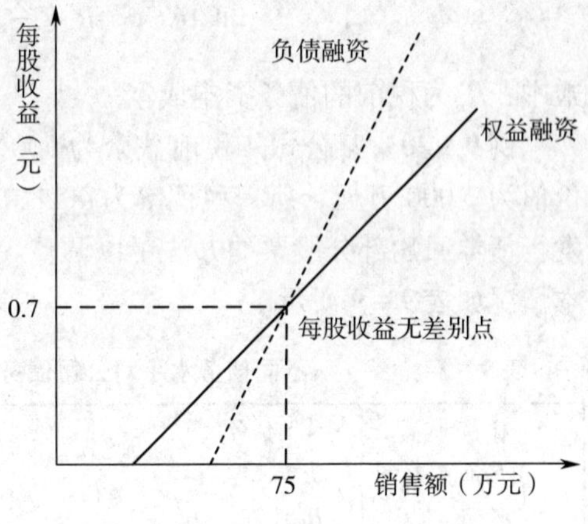

图 9－7　每股收益无差别点分析图

从图 9－7 中可以看到，当预期销售额高于 75 万元时，运用负债筹资可以获得较高的每股收益；当预期销售额低于 75 万元时，运用股权融资可以获得较高的每股收益。

需要注意的是，以每股盈余作为资本结构的选择标准是存在假设前提的，即公司的风险保持不变。如果不同融资方式导致公司的风险发生变化，那么每股盈余最大化并不一定能使股价最大化或股东财富最大化。

---

① 李雪莲．公司财务学［M］．北京：科学出版社，2007：180.

（二）公司价值比较法

以上我们以每股收益的高低作为衡量标准对筹资方式进行了选择。这种方法的缺陷在于没有考虑风险因素。从根本上讲，公司金融的目标在于追求公司价值的最大化或股价最大化。然而只有在风险不变的情况下，每股收益的增长才会直接导致股价的上升，实际上经常是随着每股收益的增长，风险也在加大。如果每股收益的增长不足以补偿风险增加所需的报酬，尽管每股收益增加，股价仍然会下降。所以，公司的最佳资本结构应当是可使公司的总价值最高，而不一定是使每股收益最大的资本结构。同时，在公司总价值最大的资本结构下，公司的资本成本也是较低的。

公司的市场总价值 V 应该等于其股票的总价值 E 加上债券的价值 B，即

$$V = E + B$$

为简化起见，假设债券的市场价值等于它的面值。股票的市场价值则可以通过下式计算

$$E = \frac{(EBIT - I) \times (1 - T_c)}{R_e}$$

式中：I 为年利息额；T_c 为公司所得税税率；R_e 为权益资本成本。

根据资本资产定价模型，可以计算权益资本成本：

$$R_e = R_f + \beta(R_m - R_f)$$

式中：R_f 为无风险报酬率；R_m 为股票市场的平均报酬率（市场组合的期望收益率）；β 为股票的贝塔系数。

而公司的加权平均资本成本可以表示为

$$WACC = R_B(\frac{B}{V}) \times (1 - T_c) + R_e(\frac{E}{V})$$

式中：R_B 为税前的债务资本成本。

例 9－20 某公司年税前盈余为 500 万元，资金全部由普通股资本组成，股票账面价值为 2 000 万元，所得税税率为 40%。该公司认为目前的资本结构不够合理，准备用发行债券回购部分股票的办法予以调整。经咨询调查，目前的债务利率和权益资本的成本情况如表 9－9 所示。

表 9－9　不同债务水平对公司债务资本成本和权益资本成本的影响

债券的市场价值 B（万元）	税前债务资本成本 R_B（%）	股票的 β 值	无风险报酬率 R_f（%）	股票市场的平均报酬率 R_m（%）	权益资本成本 R_e（%）$R_e = R_f + \beta(R_m - R_f)$
0	—	1.20	10	14	14.80
200	10	1.25	10	14	15.00
400	10	1.30	10	14	15.20
600	12	1.40	10	14	15.60
800	14	1.55	10	14	16.20
1 000	16	2.10	10	14	18.40

根据表9-9的资料，即可计算出筹资不同金额的债务时公司的价值和资本成本（见表9-10）。

表9-10 **公司市场价值和资本成本**

债券的市场价值 B（万元）	股票的市场价值 E（百万元）	公司的市场价值 V（百万元）	税前债务资本成本 R_B（%）	权益资本成本 R_e（%）	加权平均资本成本 $WACC$（%）
0	20.27	20.27	0	14.80	14.80
200	19.20	21.20	10	15.00	14.15
400	18.16	22.16	10	15.20	13.54
600	16.46	22.46	12	15.60	13.36
800	14.37	22.37	14	16.20	13.41
1 000	11.09	21.09	16	18.40	14.23

从表9-10可以看到，在没有债务的情况下，公司的总价值就是其原有股票的市场价值。当公司用债务资本部分地替换权益资本时，一开始公司总价值上升，加权平均资本成本下降；在债务达到600万元时，公司总价值最高，加权平均资本成本最低；债务超过600万元后，公司总价值下降，加权平均资本成本上升。因此，债务为600万元时的资本结构是该公司的最佳资本结构。

专栏9-3

四川长虹的资本结构分析

一、概况

四川长虹电器股份有限公司（以下简称长虹）成立于1988年6月，其源头国营长虹机器厂创业于1958年，1994年，长虹股票（A股代码：600839）在上海证券交易所挂牌上市。其主营业务涵盖视频、空调、视听、电池、器件、通信、小家电及可视系统等产品的研发生产销售。长虹的资产负债率一直以来都低于行业水平，大致低10～20个百分点，在1996年时最高达到57%，低于行业水平仅5个百分点，此后资产负债率不断下降，到2000年时最低，仅约22%，与行业水平相差近25个百分点，2001年开始，长虹又加大了负债的力度，逐渐接近行业水平。这一变化的原因在于长虹在20世纪90年代后期进行数次配股融资，而近年来股票市场融资功能萎缩转而寻求贷款支持。

二、长虹融资政策评述

从长虹历年的年报中可以看到，长虹从1994年至2004年，大部分是依靠股票融资，没有发行债券，长期借款也相对较少。较大笔的长期借款发生在1998年和2003年，分别是5年期的3 000万元和3年期的7 000万元。为满足日常经营的短期借款则维持在10亿元级数的惊人规模。在年报中公司未披露长期借款投入的项目，也缺乏具体项目的投资回报率，故未能对该项借款的效果予以评估。少量举债而大量募股，是其多年以来的倾向性选择。通过2000年之前的三次配股，长虹总共募集资金45.576亿元，这些资金多数被用于提高彩电生产线的劳动效率，以及扩建配套加工能力上，而不是投入到更有前瞻性的技术研究领域，并且资本使用效率低下。长虹作为国有大型企业，得到了地方政府的高度支持。阅读长虹现金流量表可以发现，在1998年、2000年和2002年，长虹现金流为负数，现金流断裂，而几乎每年年中，长虹都要经历现金短缺的尴尬，但长虹从未因资金紧张而停产，每到关键时刻，银行慷慨的授信总会不期而至。即使在2004年已暴露公司存在巨额应收账款可能无法回收的巨大风险情况下，长虹仍然能够获得银行短贷27亿元和3年期长贷7 000万元。也许正是由于其筹资的便利和廉价，长虹根本不需要发行债券。可以说长虹的幸运在于，中国金融界对国有大企业与生俱来的偏爱使其在长虹最紧迫的关头总能出手相助。

简言之，长虹还是有较好的融资渠道，撇开权益融资不说，它还能够以较低的成本向银行借款，即使在公司面临严重困难的时刻。但其长期融资明显不足，仅限于股票市场。面临竞争日益激烈的家电行业，产品的创新显得尤为重要，这就需要大量的资金投入研发，单一的股票融资成本较高，一方面为弥补资金的缺口，另一方面为降低融资成本，长虹应更多地考虑长期负债。

三、资本结构的优化

（一）最优资本结构的路径

1. 首先应明确最优资本结构的目标。采用企业价值最大化作为资本结构优化目标。在公司现金流量不受负债权益比率影响的情况下，资本成本减少，公司价值就会增加。这样可以通过资本成本最小化的方式实现公司价值最大化。

2. 计算长虹的最优资本结构。下面使用资本成本方法估计最优资本结构。

$$WACC = \frac{E}{B+E}R_e + \frac{B}{B+E}R_B$$

式中：$WACC$ 是加权平均资本成本；R_e 与 R_B 分别指普通股、债务的成本；E、B 指它们相应的市场价值。

（1）股权成本 R_e。这里的主要任务是估计不同债务水平的普通股权益成本。运用资本资产定价模型（CAPM）估计普通股权益成本。

步骤1：估计历年的 β 系数和债务权益比率。

步骤2：估计无杠杆 β 系数。无杠杆 β 系数采用2000年到2004年的平均值0.742170612。

步骤3：重新计算不同债务水平的 β 值。

$$\beta_L = \beta_U\left[1 + \frac{B}{E}(1-t)\right]$$

步骤4：利用有杠杆效应的值估计权益成本。

$$R_e = R_f + \beta_L[E(R_M) - R_f]$$

市场报酬率取11.93%，无风险利率采用财政部2005年2月28日所发行的十年期国债利率4.44%作为无风险报酬率。

（2）债务成本 R_B。根据税负利益—破产成本的权衡理论，估计不同债务水平的公司债务成本，考虑用信用评级衡量偿债违约风险。据新华远东中国评级2005年4月30日研究报告，四川长虹电器股份有限公司（600839）的主体信用评级为B+，评级展望继续保持负面。按照2004年底1~3年期金融机构法定贷款利率5.76%确定为税前负债成本的起始点，税率15%，计算得税后负债成本为4.90%。

（3）计算 WACC。

资产负债比率（%）	债券等级	税后负债成本（%）	权益成本（%）	加权平均资本成本（%）
0	BB +	4.90	10.00	10.00
10	BB	4.90	10.52	9.96
20	BB	4.90	11.18	9.92
30	B +	4.90	12.02	9.89
40	B +	4.90	13.15	9.85
50	B +	4.90	14.72	9.81
60	B	4.90	17.09	10.97
70	CCC	4.90	21.02	12.89
80	CC	4.90	28.90	15.70
90	CC -	4.90	52.52	19.56

从上表中可以得到，最优资本结构的点大致位于资产负债率在50%的情况下，这时加权平均资本成本最低为9.81%。

（二）资本结构优化的政策分析及融资方案安排

实际负债率与最优负债率差别很大的公司有几个选择。第一，它必须决定是转向最优比率还是保持现状。第二，一旦作出了转向最优负债率的决策，公司必须在快速改变财务杠杆系数和小心谨慎地转变之间作出选择。这一决策也会受到诸如缺乏耐心的股东或有关的债券评级机构等外部因素的压力的影响。第三，如果公司决定逐渐转向最优负债率，它必须决定是用新的融资来承接新项目，还是改变现有项目的融资组合。迅速调整的优点是，公司可立刻享受到最优财务杠杆所带来的好处，这包括资本成本降低和公司价值的升高。突然改变财务杠杆率的缺点是它改变了经理人在公司内决策的方式和环境。如果公司的最优负债率被错误地估计，那么突然的变化会增加公司的风险，导致公司不得不掉头重新改变其财务决策。对于长虹而言，其财务杠杆与同行业公司相比较低。它是迅速还是逐步增加其负债率以达到最优水平取决于一系列因素：

1. 最优资本结构估算的可信度。估算中的干扰越大，公司选择逐步转向最优水平的可能性就越大。

2. 同类公司的可比性。当公司的最优负债率与同类公司大相径庭时，该公司就越不可能选择快速地转向最优水平，因为分析家们和评级机构或许对这种转变不看好。从上面的分析中可以看出，长虹的资产负债率与行业平均水平相差10~20个百分点，从2000年开始，长虹逐渐开始增加其负债比例，拉小与行业水平的差距。

3. 被收购的可能性。对并购中目标公司特征的实证研究指出，财务杠杆率过低的公司比财务杠杆率过高的公司被购并的可能性要大得多。在许多情况下，并购活动至少部分是用目标公司未用的举债能力来进行融资的。因此，有额外举债能力但推迟增加债务的公司就冒了被收购的风险。这种风险越大，公司越可能选择快速承担另外的债务。

4. 对融资缓冲的需求。长虹可能出于保持现有项目的运作正常或承接新项目的考虑，需要保持融资缓冲来应付未来不可预期的资金需求。这也许也成为其与银行、政府交涉谈判的筹码。故而长虹不太可能快速用完它多余的举债能力，以及快速向最优负债率水平转变，而选择渐变的过程。

基于上面的分析，长虹应逐渐地调整其资本结构，向最优资本结构靠近。

❶ 资料来源：叶亮．上市公司的资本结构问题——基于四川长虹的案例分析［J］．财经界，2006-11.

本章小结

1. 资本成本，是指公司为了筹集和使用资金所付出的代价。公司使用资金，无论是长期的还是短期的，都需支付费用。影响资本成本的最主要因素是：（1）经济环境；（2）证券市场状况；（3）公司的经营和财务状况；（4）筹资规模。为进行筹资决策，就要计算确定企业全部长期资金的总成本，即加权平均资本成本，其计算公式为：$WACC=(1-L)R_e+L(1-T_c)R_B$。

2. 经营风险（Business Risk）是指由生产经营活动而产生的未来经营收益或息税前收益（EBIT）的不确定性。一般用经营杠杆系数来衡量经营风险的大小。经营杠杆系数的基本计算公式为 $DOL=\frac{\Delta EBIT/EBIT}{\Delta Q/Q}$。财务风险（Financial Risk）是指企业负债经营给股东收益带来的风险。财务杠杆作用的大小，通常用财务杠杆系数表示，其计算公式为 $DFL=\frac{\Delta EPS/EPS}{\Delta EBIT/EBIT}$。复合杠杆系数是经营杠杆系数和财务杠杆系数的乘积，其计算公式为 $DCL=DOL\times DFL$。

3. 早期的资本结构理论包括净收益理论、营业净收益理论以及介于两者之间的传统折中理论。

4. 现代资本结构理论包括 MM 理论、米勒模型和权衡理论等。无税条件下的 MM 理论认为，企业的价值与资本结构无关；有税条件下的 MM 理论认为，负债企业的市场价值等于无负债企业的价值加上节税的现值。米勒模型认为考虑公司所得税的 MM 理论过高地估计了负债经营对公司价值的作用，实际上，个人所得税在某种程度上抵减了负债利息的节税利益，在考虑个人所得税的情况下，$V_L=V_U+[1-\frac{(1-T_c)(1-T_s)}{(1-T_b)}]B$。权衡理论认为，MM 理论的失误在于完全忽视了现代经济社会中极为重要的两个因素：财务危机成本和代理成本。如果考虑财务危机成本和代理成本，则负债企业的价值为 $V_L=V_U+T_cB-PV(FDC)-PV(AC)$。

5. 新资本结构理论认为，有关利益主体之间的信息并不是完全对称的，主要包括优序融资理论、代理成本理论、信号模型以及史密斯（Smith）的财务契约理论等。

6. 资本结构决策就是确定最佳资本结构。确定企业的最佳资本结构，可以采用每股收益无差别点分析和公司价值比较法。

7. 我国资本市场的特殊性使得西方资本结构理论在我国缺乏现实基础和作用机制，从而缺乏足够的解释力。

本章思考练习题

一、选择题

1. 某公司的经营杠杆系数为 1.4，财务杠杆系数为 1.1，则该公司的销售额每增长 1 倍，就会造成每股收益增加（　　）。

A. 1.2 倍　　B. 1.5 倍　　C. 1.54 倍　　D. 2.7 倍

2. 假设预期明年的现金股利为每股4.5元，目前股价为50元，如果股利增长率为10%，则保留盈余的资金成本为（　　）。

A. 0　　B. 10%　　C. 19%　　D. 15%

3. 假设税率为40%，某公司为其负债支付10%的利息，且自有资金的预期报酬率是15%，资产中有45%以负债融资。此公司的加权平均资本成本为（　　）。

A. 10.95%　　B. 9.67%　　C. 10.88%　　D. 12.30%

4. 既具有节税效应，又能带来杠杆利益的筹资方式是（　　）。

A. 发行债券　　B. 发行优先股　　C. 发行普通股　　D. 使用内部留存收益

5. 下列情况，（　　）会促使企业使用更多的债务。

A. 个人所得税税率提高　　B. 公司所得税税率提高

C. 公司经营杠杆提高　　D. 以上皆是

6. 某项目需要负债融资2 000万元，股票融资3 000万元。无风险利率是7%，市场风险溢价为8%，公司税率为30%。公司股票β值是1.3，并且公司的负债β值是0.15。项目于公司其他部分而言是小规模的，并且融资方式与母公司相同，则加权平均资本成本是（　　）。

A. 12.74%　　B. 13.72%　　C. 14.92%　　D. 25.60%

7. 无税条件下的MM理论表明资本结构（　　）。

A. 随着资产负债率上升，公司的平均资本成本也会上升

B. 随着资产负债率上升，公司的平均资本成本也会下降

C. 公司的平均资本成本与负债和股票的水平无关

D. 平均资本成本将与股票融资成本相同

8. B公司的股利支付率为40%，股利为40元，股票成本为12%，股利增长率为4%，则B公司股票的价格为（　　）。

A. 200元　　B. 208元　　C. 500元　　D. 750元

9. 某项目负债融资与股票融资各占25%和75%的比例，无负债时的β值是1.05，负债的β值是0.1，则股票的β值是（　　）。

A. 1.05　　B. 1.4　　C. 0.79　　D. 1.37

10. 下列资本结构理论中，（　　）认为企业价值与资本结构无关。

A. MM理论　　B. 营业净收益理论　　C. 权衡理论　　D. 米勒模型

二、计算题

1. B公司普通股股价为每股58元，公司每年将50%的税后利润用于支付股利，最近一期的现金股利为每股4元，而五年前的每股收益（每股税后利润）为5元，预计公司税后利润未来的年增长率仍将维持过去五年的速度不变。公司如果发行新股，发行成本预计为8%，请计算：

（1）利用税后利润筹资的权益资本成本；

（2）利用发行新普通股筹资的权益资本成本。

2. P公司普通股股价为每股21.5元，上年每股现金股利为0.7元，发行新股的成本

是发行价的10%，新股发行后每股现金股利和每股收益都将维持15%的年增长率，求P公司按市价发行普通股的资本成本。

3. S公司是一家无负债公司，其普通股股票的β值为1.5，问：

（1）如果市场组合的期望收益率$E(R_M)$为14%，无风险收益率R_f为6%，S公司的权益资本成本是多少？

（2）如果S公司普通股股票的β值为0.9，该公司是否应该接受一个期望收益率为15%的投资项目？

4. Y公司的损益数据如下：

Y公司 单位：元

销售额	12 000 000
变动成本	9 000 000
固定成本前收益	3 000 000
固定成本	2 000 000
息税前收益	1 000 000
利息费用	200 000
税前利润	800 000
所得税	400 000
净利润	400 000

（1）在这一产出水平上，营业杠杆系数是多少？

（2）计算财务杠杆系数。

（3）计算复合杠杆系数。

（4）如果销售额增加20%，税前利润和净利润分别增加多少？

5. M公司是一个无负债公司，其每年预期息税前收益为10 000元，股东要求的权益回报率为16.25%，M公司所得税税率为35%，但没有个人所得税，设满足有公司所得税时MM命题所要求的市场条件，问：

（1）M公司的价值为多少？

（2）如果M公司用无负债公司价值的一半、利率为10%的债务资本替换掉同样数额的权益资本，问M公司的价值将变为多少？其权益回报率将变为多少？

6. D公司有一个永续的预期息税前年现金流入1 000元，D公司股东要求的回报率是20%，假设D公司将全部利润都付给公司股东，问：

（1）如果D公司无负债且不存在公司所得税和个人所得税，D公司的价值为多少？

（2）现在假设公司所得税税率为30%，D公司的价值为多少？

（3）同（2），但假定D公司以10%的利率借入1 400元，并使权益资本成本上升为23.89%，此时D公司的价值为多少？

（4）此时，D公司的资产负债率是多少？

7. 公司的息税前收益的期望值为600元，如果该公司不负债，其价值为2 000元，已知所得税税率为40%，债务成本为10%，如果该公司借入其价值总额50%的债务，即使其资本结构（B/E）=1，利用MM命题：

（1）计算该公司在不负债和负债时的权益资本成本；

（2）计算该公司在不负债和负债时的税后加权平均资本成本；

（3）为什么有公司所得税时负债公司的权益资本成本高于不负债公司，而加权平均资本成本却低于不负债公司？

8. 某公司准备创办一个投资额账面价值为2 000万元的企业，该企业按账面价值预测的息税前收益率为16%，由于政府对该企业有特殊政策，企业可免交公司所得税，公司的创办人正在考虑如何筹措这笔资金，已知该企业所在行业中无负债企业的权益收益率为12%，该公司贷款利率为6%，假设MM理论成立：

（1）根据MM理论，该公司全部利用权益资本，其市场价值是多少？如果公司利用1 000万元、利率为6%的债务资本，公司价值又是多少？

（2）该公司加权平均资本成本WACC和权益资本成本在债务资本$B=0$和$B=1\ 000$万元时各是多少？公司财务杠杆对公司价值是否有影响？为什么？

（3）若公司除需按40%的税率缴纳公司所得税外，其他各种条件保持不变时，公司在$B=0$和$B=1\ 000$万元时的价值各是多少？WACC和权益资本成本又各是多少？

9. A公司是一个无负债公司，公司所得税税率为30%，公司的权益资本成本为20%，市场价值为600万元，发行在外的股票30万股。公司决定发行200万元、年利率为10%的公司债来回购公司普通股股票。假设有公司所得税时MM理论的条件成立，发行公司债后A公司股东权益的市场价值是多少？

10. W公司是一家无负债企业，且免交公司所得税。公司股东权益的价值为4 000万元，权益资本成本为16%。目前W公司决定发行1 000万元、成本为10%的公司债，并利用发行收入回购公司股票。设MM命题的条件成立，问：

（1）W公司回购股票后，公司的加权平均资本成本是多少？

（2）W公司回购股票后，公司的权益资本成本是多少？

（3）如果W公司需要缴纳税率为40%的公司所得税，其他条件不变，（1）、（2）两问将如何变化？

11. 机车公司计划通过发行公司债券回购部分普通股，这样预计公司的负债—权益比率将从40%上升到50%。公司目前有价值7 500 000美元的债券发行在外，这些债券的成本为每年10%。该公司预计每年赚取3 750 000美元，假定不存在公司所得税：

（1）宣布回购之前与之后，机车公司的市场价值各是多少？

（2）股票回购计划宣布之前，公司权益的期望收益（r_e）是多少？

（3）相同情况下的完全权益公司的权益的期望收益（R_E）是多少？

（4）股票回购计划宣布之后，公司权益的期望收益（R_e）是多少？

12. Holland公司的期望息税前利润为每年4 000 000美元。该公司的税后完全权益贴现率（R_E）为15%，所得税税率为35%。公司债务资产的税前成本为每年10%，其资本结构中有价值10 000 000美元的债务。

（1）Holland公司的价值是多少?

（2）Holland公司的权益成本（R_e）是多少?

（3）Holland公司的加权平均资本成本（WACC）是多少?

三、思考题

1. 如何理解资本成本的概念?
2. 影响资本成本的因素有哪些?
3. 什么是加权平均资本成本?
4. 计算留存收益成本的方法有哪些?
5. 什么是经营风险与经营杠杆?
6. 什么是财务风险与财务杠杆?
7. 早期的资本结构理论有哪些?试介绍它们的观点。
8. MM理论的基本假设有哪些?
9. 在各种假设条件得到满足的前提下，为什么无税条件下的MM理论认为公司的价值与资本结构无关?
10. 米勒模型的内容和基本思想是什么?
11. 什么是财务危机成本?这一成本如何影响公司的价值?
12. 基于信息不对称的新资本结构理论包括哪些理论?试论述它们的观点。
13. 试论述现代资本结构理论在我国的适用性。

第 10 章

公司价值评估

本章知识结构

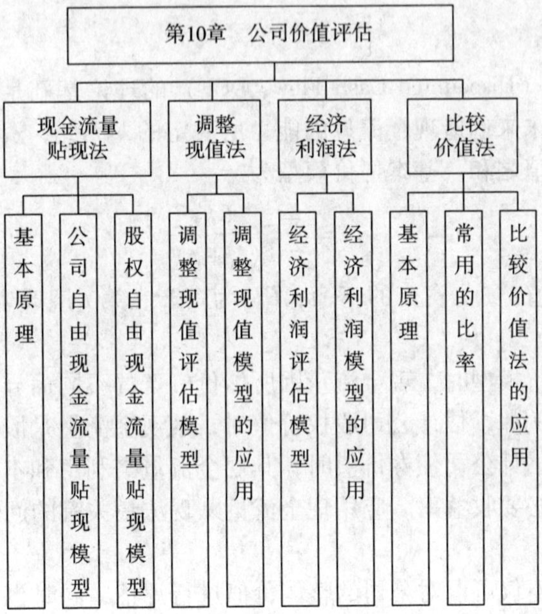

本章学习目的

1. 掌握现金流量贴现法的基本原理，能够熟练运用公司自由现金流量贴现模型和股权自由现金流量贴现模型评价公司价值；
2. 了解如何运用调整现值模型进行公司价值评估；
3. 掌握并运用经济利润法评估公司价值；
4. 了解如何使用比较价值法确定公司价值。

20 世纪 80 年代活跃的公司控制权市场的出现，使得公司价值评估的重要性日益凸显，而适当的评估方法是准确评估公司价值的前提。目前，有多种公司价值评估方法，本章主要介绍应用较为广泛的现金流量贴现法、调整现值法、经济利润法和比较价值法。

现金流量贴现法认为公司的价值等于公司预期未来可能产生的现金流量的现值总和。调整现值法将现金流量分为无杠杆作用（全部为权益资本）的营业现金流量和与项目融资联系的现金流量两部分。经济利润法计算原理与现金流量贴现法相似，只是更进一步考虑了公司的投入资本额和每一年度公司的绩效。比较价值法认为，同类的、具有可比性的公司之间的某些财务指标与公司价值的比率是大致相同的，因而，可以通过可比公司的某一财务指标与公司价值的比率来估计被评估公司的价值。

第 1 节　现金流量贴现法

一、基本原理

现金流量贴现法（Discounted Cash Flow，DCF）的理论基础是现值原则，即任何资产的价值都是由资产未来创造现金流量的能力所决定的，因此，资产的价值等于预期未来全部现金流量的现值之和。基本估价模型为

$$V_0 = \sum_{t=1}^{n} \frac{CF_t}{(1+r)^t} \tag{10-1}$$

式中：V_0为资产的价值；n 为资产的寿命；CF_t为资产在第 t 期产生的现金流量；r 为贴现率。

应用以上基本估价模型时，现金流量因所估价资产的不同而异，贴现率则因现金流量风险的不同而异。例如，估计公司股权价值时，其现金流量是股票股利，贴现率就是股东要求的回报率；估计公司债券价值时，其现金流量是利息和本金，贴现率则是债权人要求的回报率，即必要收益率。应用现金流量贴现法最关键的问题是确定现金流量和贴现率。

现金流量贴现法不仅可以对公司的整体价值进行评估，同时也可用于对公司股权资本的估价。

二、公司自由现金流量贴现模型

公司自由现金流量贴现模型是评价公司整体价值的方法。

公司的全部价值属于公司的各种权利要求者，这些权利要求者包括股权资本投资者、债券持有者以及优先股股东，所有这些权利要求者的现金流量总和就是公司自由现金流量。所有权利要求者的现金流量总和等于公司资产创造的净现金流量，即在一段时期内以资产为基础的营业活动或投资活动所创造的现金流量。因此，自由现金流量（Free Cash Flow，FCF）可以由公司资产创造的息税前利润（EBIT）计算得出，其计算

公式为

自由现金流量 = 息税前利润 + 折旧 − 所得税 − 净资本支出 − 营运资本净增加

= 息税前利润 ×(1 − 公司所得税税率) + 折旧 − 净资本支出 − 营运资本净增加

= 税后净营业利润 − 净投资

= 债权人自由现金流量 + 股东自由现金流量

其中，税后净营业利润 = 息税前利润 − 所得税；净投资是投资资本的变化额，净投资 = 净资本支出 + 营运资本净增加 − 折旧。利用公司自由现金流量贴现法估计公司价值，需要对公司未来的自由现金流量进行预测。通常会有一个固定的预测期，由于不可能预测所有的未来现金流量，因此必须考虑在一个时期截止。然后，利用公司的加权平均资本成本（WACC）对公司未来的自由现金流量进行贴现，从而得到公司价值 V_0，这里的公司价值一般包含明确的预测期间的现金流量现值和明确预测期之后永续期价值的现值两部分，即

$$V_0 = \sum_{t=1}^{T} \frac{FCF_t}{(1 + WACC)^t} + \frac{V_T}{(1 + WACC)^T} \qquad (10-2)$$

式中：假设明确的预测期为 T 年；FCF_t 为预测期内第 t 年的自由现金流量；V_T 表示明确预测期之后公司在第 T 年的后续期价值（Horizon Value）；$WACC$ 为公司的加权平均资本成本。

若明确预测期后自由现金流量的固定增长率用 g 表示，那么，公司在明确预测期后的后续期价值计算公式为

$$V_T = \sum_{t=1}^{\infty} \frac{FCF_T(1 + g)^t}{(1 + WACC)^t} = \frac{FCF_{T+1}}{WACC - g} \qquad (10-3)$$

将式（10 − 3）代入式（10 − 2），可得公司价值的计算公式为

$$V_0 = \sum_{t=1}^{T} \frac{FCF_t}{(1 + WACC)^t} + \frac{FCF_{T+1}}{(1 + WACC)^T(WACC - g)} \qquad (10-4)$$

例 10 − 1　若甲公司明确预测期为 5 年，对甲公司未来自由现金流量的预测依据以及预测结果见表 10 − 1，试用现金流量贴现法对甲公司 2010 年的价值进行评估。

评估过程如下：

（1）预测的逻辑性。销售额的预测十分重要，因为其他的财务数据都是在此基础上推算出来的。根据 2009 年和 2010 年实际的销售额预测未来五年的销售额。假设销售额增长率在 2010 年达到顶点后开始平稳下降，各年的销售额增长率如表 10 − 1 所示，到 2016 年销售额增长率降至 3%，假设以后将永远保持这个速度。之所以按这样的假设进行预测，是因为高速的长期增长是不现实的，如果长期经济增长速度为 2% ~3%，加上 2% ~3% 的通货膨胀率，那么按照 3% 的增长率长期增长是完全可以达到的。在销售额的基础上，根据最新的历史数据估算其他的费用占销售额的比例。假设公司除维持现有资产外，没有其他的投资活动，因此每年的净资本支出就等于每年的资产维持费用，即等于每年的折旧费。在上述假设下，根据“自由现金流量 = 息税前利润 + 折旧 − 所得税 − 净资本支出 − 营运资本净增加”就可以得到甲公司 2011—2015 年的自由现金流量

的预测值。

（2）估计2015年末（现金流量预测截止期）公司价值。根据现值理论，甲公司在2015年末的价值等于此后预期自由现金流量的现值。假设公司自由现金流量在2015年之后处于稳定增长状态，每年增长3%，则可按照下式计算公司2015年末的价值：

$$V_{2015} = \frac{FCF_{2016}}{WACC - g} = \frac{2\ 070}{11.25\% - 3\%} = 25\ 091(\text{万元})$$

（3）估计公司加权平均资本成本。假设甲公司可以按平均9%的利率借债，公司所得税税率为40%，则公司债务的税后成本为5.4%。甲公司权益资本成本可以通过资本资产定价模型确定。假设政府债券的利率为6.06%，市场风险补偿为7%，虽然甲公司股票尚未上市，没有相应的β值，但已知其可比公司乙公司的β值为1.1，则甲公司权益资本成本为

$$\text{甲公司权益资本成本} = 6.06\% + 7\% \times 1.1 = 13.76\%$$

计算权益资本比重可以用账面价值，但最好用市场价值。假设可比公司乙公司的资本结构与甲公司的目标资本结构一致，因此，可以采用乙公司的资本结构。已知乙公司权益市场价值的比重为70%，根据上述分析结果，甲公司的加权平均资本成本为

$$WACC = 70\% \times 13.76\% + 30\% \times 5.4\% = 11.25\%$$

（4）估计2010年底甲公司的价值。计算各年度预期现金流量现值及2015年末公司价值的现值，加总后得到甲公司的整体价值为

$$\begin{aligned} V_{2010} &= \frac{860}{(1+0.1125)^1} + \frac{1\ 120}{(1+0.1125)^2} + \frac{1\ 380}{(1+0.1125)^3} \\ &\quad + \frac{1\ 710}{(1+0.1125)^4} + \frac{1\ 900}{(1+0.1125)^5} + \frac{25\ 091}{(1+0.1125)^5} \\ &= 773 + 905 + 1\ 002 + 1\ 116 + 1\ 115 + 14\ 724 \\ &= 19\ 635(\text{万元}) \end{aligned}$$

扣除负债价值6 100万元，甲公司股东权益的价值为

$$E_{2010} = 19\ 635 - 6\ 100 = 13\ 535\ (\text{万元})$$

表10-1　甲公司预期现金流　　单位：百万元

年份	2009	2010	2011	2012	2013	2014	2015	2016
销售额增长率（%）	7.70	14.30	10.00	8.00	7.00	5.00	4.00	3.00
销售成本占销售额的比例（%）	84.05	83.33	83.33	83.33	83.33	83.33	83.33	83.33
销售及管理费用占销售额的比例（%）	10.40	10.00	10.00	10.00	10.00	10.00	10.00	10.00
营运资本需求占销售额比例（%）	15.00	16.04	16.04	16.04	16.04	16.04	16.04	16.04
销售额	420.0	480.0	528.0	570.2	610.1	640.7	666.3	686.3
减：销售成本	-353.0	-400.0	-440.0	-475.2	-508.4	-533.9	-555.2	-571.9

续表

年份	2009	2010	2011	2012	2013	2014	2015	2016
销售及管理费用	-43.7	-48.0	-52.8	-57.0	-61.0	-64.0	-66.6	-68.6
折旧费	-5.0	-8.0	-8.0	-8.0	-7.0	-6.0	-6.0	-6.0
EBIT	18.3	24.0	27.2	30.0	33.7	36.7	38.5	39.8
EBIT（1-40%）	11.0	14.4	16.3	18.0	20.2	22.0	23.1	23.9
加：折旧费	5.0	8.0	8.0	8.0	7.0	6.0	6.0	6.0
减：每年增加的营运资本需求	-4.0	-14.0	-7.7	-6.8	-6.4	-4.9	-4.1	-3.2
净资本支出	0	-10.0	-8.0	-8.0	-7.0	-6.0	-6.0	-6.0
公司自由现金流量		-1.6	8.6	11.2	13.8	17.1	19.0	20.7
2015 年末的资产残值							250.91	
加权平均资本成本（%）		11.25						
公司价值		196						
负债的账面价值		61						
权益价值		135						

延伸阅读 10-1
公司并购中的价值评估

公司并购作为企业的重大投资决策行为，是实现公司快速扩张的重要途径。在公司并购过程中，公司价值评估是核心问题之一。对目标公司而言，要考虑自己公司的价值是多少、被兼并是否对自己有利、收购方出价是否合理。对收购公司而言，不仅要分析自身的价值，还要分析不同的收购方案将如何影响本公司的价值（收购方案包括对目标公司的出价金额和出价方式等）。

现金流量贴现法是公司并购中非常重要的价值评估方法。下面举例说明公司并购中对目标公司价值的分析和评估过程。

假定乙公司目前正在考虑收购甲公司。乙公司认为，收购不仅能够提高甲公司的管理效率，而且还能够在市场营销等方面产生较大的规模经济效益。经过仔细分析，收购对甲公司未来的绩效将产生如下改进：

（1）甲公司的销售成本将比目前降低 1 个百分点，从占销售额的 83.33% 降到 82.33%；

（2）甲公司的销售费用、一般费用和行政管理费用等将降低 0.5 个百分点，从占销售额的 10% 降低到 9.5%；

（3）甲公司的营运资本需求从目前占销售额的 16.04% 的水平降到 13%；

（4）甲公司 2011—2015 年的销售额增长率比原来预计的数字高出 2%，2016 年以后保持 3% 固定增长。

除了上述变化以外，甲公司未来其他方面的情况仍将维持未被收购时的预测假设。

根据上述假设和表 10 －1 所提供的资料可以估计甲公司被收购后的预计自由现金流量，估计结果如下表所示。

考虑收购所产生的协同效应后甲公司的预计现金流量 单位：百万元

年份	2011	2012	2013	2014	2015	2016
销售额增长率（%）	12.00	10.00	9.00	7.00	6.00	3.00
销售成本占销售额比重（%）	82.33	82.33	82.33	82.33	82.33	82.33
销售及管理费用等占销售额比重（%）	9.50	9.50	9.50	9.50	950	9.50
营运资本需求占销售额比重（%）	13.00	13.00	13.00	13.00	13.00	13.00
销售额	537.60	591.40	644.60	689.70	731.10	753.00
减：销售成本	-442.60	-486.90	-530.70	-567.80	-601.90	-619.90
销售及管理费用	-51.07	-56.18	-61.24	-65.52	-69.45	-71.54
折旧费	-8.00	-8.00	-7.00	-6.00	-6.00	-6.00
EBIT	35.93	40.32	45.66	50.38	53.75	55.56
EBIT（1-40%）	21.56	24.19	27.40	30.23	32.25	33.34
加：折旧费	8.00	8.00	7.00	6.00	6.00	6.00
减：每年增加的营运资本需求	7.11	-6.99	-6.92	-5.86	-5.38	-2.85
净资本支出	-8.00	-8.00	-7.00	-6.00	-6.00	-6.00
公司自由现金流量	28.67	17.20	20.48	24.37	26.87	30.49

根据上表预计的自由现金流量，进一步计算甲公司的价值。

（1）首先，按照固定增长的假设估计 2015 年末甲公司的价值。

由于资本结构和借款利率等假设与例 10 －1 中未被收购时相同，因此可直接利用例 10 －1 中对加权平均资本成本的计算结果，WACC 等于 11.25%。则 2015 年末甲公司的价值为

$$V_{2015} = \frac{FCF_{2016}}{WACC - g} = \frac{3\,049}{11.25\% - 3\%} = 36\,958(\text{万元})$$

（2）其次，估计甲公司的收购价值。

$$\begin{aligned} V_{2010} &= \frac{2\,867}{(1+0.1125)^1} + \frac{1\,720}{(1+0.1125)^2} + \frac{2\,048}{(1+0.1125)^3} \\ &+ \frac{2\,437}{(1+0.1125)^4} + \frac{2\,687}{(1+0.1125)^5} + \frac{36\,958}{(1+0.1125)^5} \\ &= 30\,310(\text{万元}) \end{aligned}$$

扣除负债价值 6 100 万元，甲公司股东权益的价值为

$$E_{2010} = 30\,310 - 6\,100 = 24\,210\ (\text{万元})$$

对比例 10 －1 所估计的甲公司未被收购时的公司股东权益的价值 13 535 万元，收购可能创造的价值为

$$24\,210 - 13\,535 = 10\,675\ (\text{万元})$$

三、股权自由现金流量贴现模型

公司自由现金流量贴现模型对公司的估值是基于公司的自由现金流量，没有考虑到利息和债务的支付。如果估值的目标是要确定企业给股东带来的收益，那么似乎应该关注股东收到的现金流量。股权自由现金流量（Free Cash Flow of Equity, FCFE）贴现模型是评估公司股权资本价值的主要方法之一。股权自由现金流量贴现模型明确地计算了股东所得到的自由现金流量，并同时考虑了企业与债权人之间的各种支付。流向股东的现金流量要用股权投资成本进行折现。

公司股权资本投资者拥有公司现金流量的剩余要求权，因此，股权自由现金流量就是公司在履行了包括偿债义务在内的所有财务义务和满足了再投资需要之后的全部现金流量，即扣除了经营费用、本息偿还和各种资本性支出后的剩余现金流量。股权自由现金流量（FCFE）的计算公式为

$FCFE$ = 净利润 + 折旧 - 资本性支出 - 增加的营运资本支出 - 债务本金偿还 + 新发行债务

也可以根据公司自由现金流量（FCF）直接计算股权自由现金流量：

$$FCFE = FCF - (1 - T_c) \times (\text{利息支付}) + \text{净借债}$$

对公司未来股权自由现金流量贴现就可以得到公司股权的价值，其基本模型为

$$E_0 = \sum_{t=1}^{n} \frac{FCFE_t}{(1 + R_e)^t} \tag{10-5}$$

式中：E_0为股权资本价值；R_e为股权资本投资者要求的回报率。

与自由现金流量模型类似，假定预测期为 T，第 T 年后公司的股权现金流量以 g 的速度增长，则公司股权价值为

$$E_0 = \sum_{t=1}^{T} \frac{FCFE_t}{(1 + R_e)^t} + \frac{FCFE_{T+1}}{(1 + R_e)^T (R_e - g)} \tag{10-6}$$

特别地，对于处于长期稳定增长的公司，可以用下列股权自由现金流量模型估计其股权资本价值：

$$E_0 = \frac{FCFE_1}{R_e - g} \tag{10-7}$$

式中：g 为公司股权自由现金流量的增长率。由于股权自由现金流量是股利支付的基础，因此，股权自由现金流量模型可以看作另一种形式的股利贴现模型。但是这两种模型所得到的结果有时相同，有时却不同。在以下两种情况下，股权自由现金流量贴现模型与股利贴现模型计算出的股权价值是相等的：一是股权现金流量等于股利额。有些公司奉行将所有的股权自由现金流量作为发放红利的红利政策，这类公司的股权自由现金流量等于股利额。但出于保持红利稳定性、满足未来投资需求、充分利用税收屏蔽等方面的考虑，大多数公司都或多或少地保留了部分股权自由现金流量。二是公司把保留的股权自由现金流量投入到净现值为零的项目中。在以下两种情况下则会导致两种模型计算的结果不一致：一是当股权自由现金流量大于股利额，而保留的股权自由现金流量都被投

资到净现值为负的项目中。例如，一些公司通过小于支付股权自由现金流量的股利而积累起大量的现金，然后将这些现金用于并不明智的兼并收购活动。二是股利发放额大于股权自由现金流量。这时公司不得不依靠发行新股或债务来支付过高的股利，这会对公司价值产生负面影响。

例 10－2 假设 D 公司的股权资本成本为 15.0346%，公司在 2011—2015 年期间的股权现金流量见表 10－2，2016 年后公司的现金流量按 5% 的比例持续增长，试用股权自由现金流模型估计 D 公司的价值。

表 10－2 **D 公司的股权现金流量折现** 单位：万元

年份	基期	2011	2012	2013	2014	2015
股权现金流量		9.75	15.20	21.44	28.24	32.64
股权成本（%）		15.0346	15.0346	15.0346	15.0346	15.0346
折现系数		0.8693	0.7557	0.6569	0.5711	0.4964
预测期现金流量现值	66.38	8.47	11.49	14.08	16.13	16.20
后续期增长率（%）						5
后续期现金流量现值	169.52					341.49
股权价值	235.90					
债务价值	96					
公司价值	331.9					

$$
\begin{aligned}
\text{预测期股权现金流量现值} &= 9.75/(1+15.0346\%) + 15.20/(1+15.0346\%)^2 \\
&\quad + 21.44/(1+15.0346\%)^3 \\
&\quad + 28.24/(1+15.0346\%)^4 + 32.64/(1+15.0346\%)^5 \\
&= 8.47 + 11.49 + 14.08 + 16.13 + 16.20 = 66.38\ (\text{万元})
\end{aligned}
$$

$$\text{后续期股权现金流量价值} = 32.64 \times (1+5\%)/(15.0346\% - 5\%) = 341.49\ (\text{万元})$$

$$\text{后续期股权现金流量现值} = 341.49/(1+15.0346\%)^5 = 169.52\ (\text{万元})$$

$$
\begin{aligned}
\text{股权价值} &= \text{预测期股权现金流量现值} + \text{后续期股权现金流量现值} \\
&= 66.38 + 169.52 = 235.90\ (\text{万元})
\end{aligned}
$$

$$\text{公司价值} = \text{股权价值} + \text{债务价值} = 235.90 + 96 = 331.9\ (\text{万元})$$

第 2 节 调整现值法

一、调整现值评估模型

调整现值法（Adjusted Present Value Method，APV），首先由梅耶斯（Myers）提出。

调整现值法与公司自由现金流量贴现模型相似，对自由现金流量进行贴现来估计经营价值，再加上非经营性资产价值便得到公司价值。公司价值减去债务价值后便可得到权益价值。

调整现值法与现金流量贴现法区别在于，APV 法将经营价值分为两部分：一是完全由权益资本融资的经营价值；二是融资方式的连带效应（包括债务的节税效应、新债券的发行成本、财务困境成本、债务融资的利息补贴等）价值。如果只考虑债务的节税效应，则分别对这两部分进行估价后，得到 APV = 全权益公司的价值 + 税盾价值（Tax Shield Value），这里对现金流量进行分类是为了采取不同的贴现率。APV 法先假设公司为全股权融资，运用无杠杆权益成本计算自由现金流量的价值，得出全权益公司的价值，然后根据计划采取的财务策略引起的价值增减进行调整，得出最后的调整现值。APV 法避免了将不同性质的资本成本加权平均可能引起的较大误差，而且各种价值创造清晰明了，有利于管理层对价值创造过程的管理和监督。

首先，用无杠杆权益成本来贴现有债务企业的现金流量而得到的无杠杆企业价值 V_U，就相当于没有考虑债务的税盾效应，它并不是指企业没有债务，而是指没有考虑债务税盾收益时的价值。企业的无杠杆权益成本就是，不考虑所得税因素，其股权和债务成本的加权平均：

$$R_E = \frac{E}{B+E}R_e + \frac{B}{B+E}R_B = \text{税前 } WACC$$

企业的无杠杆权益成本等于它的税前加权平均资本成本：计算时使用的是债务的税前成本 R_B，而不是税后成本 $R_B\ (1-T_c)$。

其次，是确定利息税盾的价值。利息税盾等于利息费用与公司所得税税率 T_c 的乘积，即为 BR_BT_c。然后，确定合适的贴现率计算利息税盾的价值。若公司保持固定的债务股权比率，它的未来利息税盾与项目的现金流量具有相同的风险，因此，利息税盾应以无杠杆权益成本来折现。若企业根据固定计划来设定债务水平，由于在此情形下，债务水平不再波动，税盾的风险比项目的风险低，故应以较低的折现率来折现。实际上，税盾的风险与债务的风险类似，可使用债务资本成本 R_B 来折现预先确定的利息税盾。

最后，将两部分相加得到杠杆企业的价值 $V_L = V_U + PV$（税盾）。

二、调整现值模型的应用

例 10－3 丙公司债务成本为 5.5%，利息支出边际税率为 39%，股权资本成本为 8.2%，债务市值与其市值比为 13.8%，求其无杠杆的权益成本。

$$R_E = \frac{E}{B+E}R_e + \frac{B}{B+E}R_B$$
$$= 0.862 \times 8.2\% + 0.138 \times 5.5\% = 7.8\%$$

如表 10－3 所示，用该公司的无杠杆成本对其预计自由现金流量进行折现，便得出该公司的无杠杆营业价值为 93.9 亿元。如表 10－4 所示，该公司的债务税收价值为 6.43 亿元。这样，得出表 10－5 该公司的权益价值为 92 亿元。

表 10－3　丙公司自由现金流量调整后现值评估一览表

年份	自由现金流量（百万元）	无杠杆权益成本（%）	折现系数	按无杠杆权益成本计算的现金流量现值（百万元）
2006	331	7.80	0.928	307
2007	349	7.80	0.860	300
2008	364	7.80	0.798	290
2009	379	7.80	0.740	280
2010	395	7.80	0.687	271
2011	412	7.80	0.637	262
2012	429	7.80	0.591	254
2013	447	7.80	0.548	245
2014	466	7.80	0.509	237
2015	485	7.80	0.472	229
后续期价值	13 526	7.80%	0.472	6 384
合计				9 059
年中调整系数				1.037
自由现金调整后的现值				9 394

表 10－4　丙公司税盾现值评估一览表

年份	利息节税收益（百万元）	折现系数（以无杠杆权益成本 7.8% 为折现率）	按无杠杆权益成本计算的现金流量现值①（百万元）
2006	27.5	0.928	26
2007	26.6	0.860	23
2008	22.9	0.798	18
2009	29.8	0.740	22
2010	25.8	0.687	18
2011	33.4	0.637	21
2012	29.2	0.591	17
2013	36.5	0.548	20
2014	31.9	0.509	16
2015	38.9	0.472	18
后续期价值	890.0	0.472	420
合计			620②
年中调整系数			1.037
自由现金调整后的现值			643

表 10－5　丙公司价值评估　单位：百万元

营业自由现金流量价值	9 394
债务节税收益	643
非营业资产	450
公司总价值	10 487
减：债务价值	1 282
权益价值	9 205

① 由于丙公司维持固定的债务与股权比率，利息税盾以无杠杆权益资本成本折现。

② 此列为四舍五入数值，合计数值保留小数点两位为619.66。

延伸阅读 10－2

调整现值法在杠杆收购中的应用

杠杆收购是以目标公司的资产为抵押来获取贷款进行收购的活动。收购方通过筹集相对于权益资本而言不寻常的大量债务来购买一家经营不够好的公司。杠杆收购所采用的战略是在收购后迅速改变经营绩效，提高公司资产创造的现金流量，以便在一个合理的期限内（3～5 年）偿还大部分债务，使资本结构调整到合理水平。在资本结构调整阶段，新股东往往不能正常收到现金股利，因为经营收入或出售资产所得的现金首先被用于清偿巨额债务本金和利息。杠杆收购的最终目标一般是将部分或全部股票出售给公众或另一家公司而获得这项投资的收益。所以只有当公司在被收购后的前几年能够获得足够的现金偿还债务，并在若干年后有人愿意购买时，该公司的收购才能成功。由于收购前投资者总要安排好清偿债务的时间表，因此债务比率会不断下降，资本结构一直在变动，在这种情况下，对目标公司进行价值评估，应用调整现值法显然要比应用 WACC 对公司自由现金流量贴现的方法更好。下面，我们仍以甲公司为例①，说明在杠杆收购中如何应用调整现值法评估目标公司的价值。

假设甲公司的几个资深的管理人员联合了一个风险投资公司，考虑以 2 亿元买下甲公司。这笔收购资金以 1.6 亿元的债务资本和 4 000 万元的权益资本组成。这笔债务资本由 11% 的固定利率的贷款组成，并从 2011 年开始每年偿还 1 500 万元的贷款本金，2015 年底时负债水平降低到当前水平，故 2015 年后大笔的债务偿还将停止，此后的债务偿还通过新借的贷款实现。甲公司的收购者经过仔细分析后认为，通过更有效的管理能够对甲公司未来的绩效产生如下改进：

（1）甲公司的销售成本将比目前降低 1 个百分点，从占销售额的 83.33% 降到 82.33%；

（2）甲公司的销售费用、一般费用和行政管理费用等降低 0.5 个百分点，从占销售额的 10% 降到 9.5%；

（3）甲公司的营运资本需求从目前占销售额的 16.04% 降到 13%；

（4）甲公司 2011—2015 年的销售额增长率比原来预计的数字高，2015 年以后保持 3% 的固定增长。

除了上述变化以外，未来其他方面的情况仍将维持甲公司未被收购预测假设。

（1）计算甲公司被收购后的预计公司自由现金流量。与现金流贴现估价法一样，采用调整现值法评估公司价值时同样首先需要预测公司自由现金流量。由于预测的基础与乙公司考虑收购甲公司时一样，因此未来的自由现金流量也一样，可以直接利用前文延伸阅读 10－1 的表格所计算的公司自由现金流量。需要指出的是，虽然两种情况下公司自由现金流量的数额是相同的，但在延伸阅读 10－1 的乙收购案中，公司自由现金流量除了包括管理改进增加的现金流量外，还包括协同效应引起的现金流量增加。而在这个杠杆收购案中公司自由现金流量全部由管理效率的提高所致，并没有协同效应的作用。

（2）计算收购后甲公司的资本成本。应用调整现值法需要计算无负债的权益资本成本。假如 2011 年初预期的无风险利率为 6.06%，市场风险补偿的历史数据为 7%，并且已知可比公司乙公司在负债率为 30% 时的权益资本成本的 β 值是 1.1。因此，可以用资本资产定价模型确定权益资

① 折旧引起税前利润减少，从而导致税收节约现金流量的风险低于权益资本现金流量的方法与债务节税额一样都按债务利息率贴现。

本成本，但需将乙公司现在的 β 值调整为无负债状态下的值。

$$\beta_{无杠杆} = \frac{\beta_{杠杆}}{\left[1+(1-税率)\times\dfrac{负债}{权益}\right]} = \frac{1.1}{1+(1-40\%)\times\dfrac{0.3}{0.7}} = 0.875$$

因此，收购后甲公司无负债时的权益资本成本 =6.06% +0.875 ×7% =12.2%。

（3）考虑杠杆收购可能引起的税收节约。甲公司的收购者认为杠杆的税收节约主要来自两个方面：一是每年折旧费增加引起的税收节约。资产经重新评估后将由原来的 0.53 亿元增加为 1.15 亿元，因此，今后 10 年将增加折旧费 1 000 万元。二是杠杆收购后大量的债务偿还带来的税收节约。据估计，2015 年之后，公司的负债额和利息费用将以与销售额增长率同样的比率上升。折旧和债务所引起的税收节约一律按 11% 的负债利息率贴现。

（4）计算杠杆收购后公司的权益资本价值。

甲公司 2011 年 1 月杠杆收购的价值　　单位：百万元

年份	2011 年初	2011	2012	2013	2014	2015	2016
1. 公司自由现金流量无负债时（按 12.2% 资本成本贴现）	28.7	17.2	20.5	24.3	26.9	30.5	
2. 2015 年末残值						331.5	
3. 2011 年初公司价值	270.5						
增加的折旧费的节税额							
4. 增加的折旧费（10 年）		10	10	10	10	10	10
5. 折旧费的节税额（40% 的税率）		4	4	4	4	4	4
6. 折旧节税额的现值	23.6						
负债的节税额							
7. 年初未偿还债务		160	145	130	115	100	85
8. 年末未偿还债务		145	130	115	100	85	876
9. 利息费用		17.6	16.0	14.3	12.7	11.0	9.6
10. 利息节税额		7.0	6.4	5.7	5.1	4.4	3.8
11. 未来利息节税的价值						47.5	
12. 利息节税额的总价值	49.4						
负债时公司的总价值（无负债时的公司价值 + 折旧节税现值 + 利息节税现值）							
13. 2011 年初公司价值	343.5						
14. 权益资本的价值	282.5						

表中数据解释：

无负债时甲公司在 2015 年末的价值 =30.50/（12.2% −3%） =331.5（百万元）

无负债时甲公司在 2011 年初的价值为

$$V = \frac{28.7}{(1+0.122)^1} + \frac{17.2}{(1+0.122)^2} + \frac{20.5}{(1+0.122)^3} + \frac{24.3}{(1+0.122)^4} + \frac{26.9}{(1+0.122)^5} + \frac{331.5}{(1+0.122)^5}$$
$$= 270.5(百万元)$$

折旧税收节约在 2011 年初的价值 =4 ×$PVIFA_{11\%,10}$ =4 ×5.889 =23.6（百万元）

2015 年末未来利息节税的价值 =3.8/（11% −3%） =47.5（百万元）

利息节税在 2011 年初的总价值：

$$V = \frac{7.0}{(1+0.11)^1} + \frac{6.4}{(1+0.11)^2} + \frac{5.7}{(1+0.11)^3} + \frac{5.1}{(1+0.11)^4} + \frac{4.4}{(1+0.11)^5} + \frac{47.5}{(1+0.11)^5}$$

$= 49.4$（百万元）

2011 年初甲公司的总价值 =270.5 +23.6 +49.4 =343.5（百万元）

计算结果表明，杠杆收购后甲公司的价值为 3.435 亿元，远远大于 2 亿元的收购价。扣除甲公司目前的债务额 6 100 万元，权益资本的价值为 2.825 亿元。与例 10 -1 中公司自由现金流量贴现估价法估计的甲公司的价值 1.96 亿元相比，杠杆收购创造的价值为 1.475 亿元。不过，这个收购案是否成功的关键问题在于能否在收购后的前几年产生足够的现金以支付高额的债务负担，如下表所示。

甲公司杠杆收购后的现金流量分析　　单位：百万元

年份	2011	2012	2013	2014	2015	2016
公司自由现金流量	28.7	17.2	20.5	24.3	26.9	30.5
增加的折旧及其税负节约	14.0	14.0	14.0	14.0	14.0	14.0
公司总的自由现金流量	42.7	31.2	34.5	38.3	40.9	44.5
税后利息费用	10.6	9.6	8.6	7.6	6.6	5.8
债务本金偿还	15.0	15.0	15.0	15.0	15.0	15.0
债权人总的税后现金流量	25.6	24.6	23.6	22.6	21.6	5.8
权益持有人的现金流量	17.1	6.6	10.9	15.7	19.3	38.7
权益持有人的现金流量（不包括折旧）	7.1	-3.4	0.9	5.7	9.3	28.7

收购后的现金流量分析表明，公司有足够的现金流量支付债务本息。但是如果新增的 1 000 万元折旧资金须留做资本性支出，则除了 2012 年以外，其他年份都有足够的现金流量支付债务。不难看出，收购后的前三年是关键，如果能够保证这三年按预定目标经营，那么即便增加的折旧都留做资本性支出，只要第一年不分股利累积下来就可以满足 2012 年的偿债需求。所以，为了保证偿债需求，最好是前 3 ~5 年不分配股利，以备需要，至 2015 年后债务负担下降至正常水平，公司自由现金流量又很充足，分红是不成问题的。

第 3 节　经济利润法

一、经济利润评估模型

经济利润也称经济增加值（Economic Value Added，EVA①），是指在一定会计期间内企业耗用一定量的资本创造的全部收益减去该资本使用成本后的余额，是扣除所有投资者要求的货币收益后的剩余利润。EVA 不同于传统会计利润。传统会计利润的计算只考

① 美国思腾思特管理咨询公司（Stern Stewart & Co.）的创始人约尔·思特恩（Joel Stern）和贝内特·斯图尔特（G. Bennett Stewart III）于 20 世纪 80 年代最先对 EVA 进行定义，并将其作为公司管理评价工具加以发展和推广，取得了实际成效。EVA 不仅可以评价公司是否为股东创造价值，还可以识别各种影响公司总价值的驱动因素。

虑债务资本成本、利息费用，而没有考虑权益资本成本。EVA 的重要理论贡献在于考虑了企业权益资本成本。EVA 的计算公式为

$$EVA = NOPLAT - IC \times WACC$$
$$= IC \times \left(\frac{NOPLAT}{IC} - WACC\right) = IC \times (ROIC - WACC) \tag{10-8}$$

式中：NOPLAT（Net Operating Profit Less Adjusted Tax）为扣除调整税后的净营业利润①，即息前税后经营利润；IC（Investment Capital）为投资资本，是资本总额的账面价值（包括债务资本和权益资本）②；WACC 为加权平均资本成本；ROIC（Return on Invested Capital）为投资资本回报率，ROIC = NOPLAT/IC。

式（10－8）的右半部分为扣除调整税后的净营业利润减去投资资本与加权平均资本成本的乘积，可以理解为公司获得的利润与投资者要求的利润之差。其中，投资资本 IC 表示企业经营所需要投入的资本，不区分资本的来源；净营业利润 $NOPLAT$ 是属于企业所有投资者的税后营业收入，即息税后利润 $EBIT(1-T)$，所以，$ROIC = [EBIT(1-T)]/IC$。

将式（10－8）改写为式（10－9）：

$$EVA = EBIT(1-T) - IC \times WACC = IC \times ROIC - IC \times WACC = IC \times (ROIC - WACC) \tag{10-9}$$

式中：$EBIT$ 为息税前利润；T 为公司所得税税率。

假定投资规模、资本回报率不变，在经济利润模型中我们可以推导出公司的价值等于投资资本加上预期经济利润的贴现值，即

公司价值 = 投资资本 + 预期经济利润的贴现值

因此，公司价值的计算公式可以表示为

$$V_0 = IC_0 + \sum_{t=1}^{\infty} \frac{EVA_t}{(1+WACC)^t} \tag{10-10}$$

式中：V_0为初始公司价值；$WACC$ 为公司的加权平均资本成本；IC_0为初始投资资本；EVA_t表示第 t 期的期望经济利润。

相对于贴现现金流量模型，经济利润模型的优点是：经济利润能够有效地预测公司每一个年度的绩效。例如，我们无法通过比较自由现金流的预期值与实际值来追踪一个公司的发展，因为任何一年的自由现金流都可以通过改变固定资产和营运资本的投资来调节。管理层可以通过延期投资，或以牺牲长期价值创造为代价来改善企业的自由现金流量。

在实际应用中，用贴现现金流量模型评估公司价值时，抛开了公司的投资资本，即完全不考虑公司的账面价值（历史成本），只是依据其未来的现金流量来确定公司价值。

---

① 应是税后净利润再加上税后利息费用（如果税后净利润已经扣除少数股东损益，应加回），或销售收入减去除利息费用以外的全部经营成本和费用（包括所得税费用）后的净值。

② 其中，债务包括获得的短期和长期贷款，但不包括应付账款、应付票据及其他应付款等商业信用负债；权益资本包括普通股、优先股以及少数股东权益。因此投资资本也可以理解为公司全部资产减去商业信用后的净值。

此外，贴现现金流量模型所需市场数据较多，评估公司价值会面临更多的不确定性。经济利润模型所需数据相对较易收集，得出的结果也较准确和可靠。

在实际应用经济利润模型法时，可以将经济利润分为两个阶段：第一阶段为明确的预测期及其以后的第二阶段，则公司价值的计算公式为

$$V_0 = IC_0 + \sum_{t=1}^{T} \frac{EVA_t}{(1+WACC)^t} + \frac{CV_T}{(1+WACC)^T} \qquad (10-11)$$

式（10－11）中的 CV_T是公司在明确的预测期之后的经济利润在 T 时刻的贴现值之和。通常在确定的 T 时刻公司经济利润已经稳定了，因此，CV 一般有三种形式：一是 T 时刻后公司的经济利润为零，即公司的投资资本回报率等于加权平均资本成本；二是在 T 时刻后公司的经济利润以一个固定数额增长；三是在 T 时刻后公司的经济利润以一个固定的增长率 g 增长。通常，在充分竞争的市场环境下，资本只能得到其社会平均利润率，且公司发展到稳定状态，其投入的资本也只能得到社会平均利润率，即资产收益刚好弥补其资金成本，经济利润为零。因此，经济利润模型中公司的价值可以表示为

$$V_0 = IC_0 + \sum_{t=1}^{\infty} \frac{EVA_t}{(1+WACC)^t}$$

初始投资资本 IC_0可以通过资产负债表或通过评估公司的重置成本得到，各期预期经济利润可以通过预期的销售收入、销售利润率和资产周转率求得，推导如下：

$$\begin{aligned} EVA_t &= EBIT_t(1-T) - IC_{t-1} \times WACC \\ &= IC_{t-1}\left(\frac{EBIT_t(1-T)}{IC_{t-1}} - WACC\right) \\ &= IC_{t-1}(ROIC_t - WACC) \end{aligned} \qquad (10-12)$$

$$ROIC_t = \frac{EBIT_t(1-T)}{IC_{t-1}} = \frac{EBIT_t(1-T)}{S_t} \times \frac{S_t}{IC_{t-1}} = MOS_t \times ATO_t \qquad (10-13)$$

$$IC_{t-1} = S_t \times \frac{IC_{t-1}}{S_t} = S_t \times \frac{1}{ATO_t} \qquad (10-14)$$

$$EVA_t = S_t \times \frac{1}{ATO_t}(MOS_t \times ATO_t - WACC) \qquad (10-15)$$

式中：$EBIT_t$为息税前收益利润；T 为公司所得税税率；IC_{t-1}为第 t 期期初的投资资本；$WACC$ 为加权平均资本成本；$ROIC_t$为第 t 期投资资本回报率；S_t为第 t 期销售收入；MOS_t为第 t 期销售净利率（Net Profit Margin on Sales），等于净利润与销售收入之比；ATO_t为第 t 期资产周转率（Asset Turnover），等于销售收入与总资产之比。

由式（10－15）可知，利用经济利润模型评估公司价值，需要预测的指标主要包括销售收入、销售利润率和资产周转率。

二、经济利润模型的应用

例 10－4 假设第1期期初，某公司投资1 000万元用于营运资本和固定资产，预计

今后每年公司的息税前利润为 200 万元，公司所得税税率为 25%，则该公司的投资资本回报率为 15% ［200 ×（1 - 25%）÷1 000］，每年净投资为 0 元，公司加权平均资本成本为 13%，则该公司每年的经济利润为 20 万元（150 - 1 000 × 13%）。

经济利润法认为，公司价值 = 投资资本 + 预期经济利润贴现值。如果未来每个时期公司的投资资本回报率 *ROIC* 等于加权平均资本成本 *WACC*，则其预计自由现金流的贴现值应等于其投资资本，这时公司的价值就是其初始投资；如果 *ROIC* 低于或高于 *WACC*，公司的价值就会低于或高于期初的投资资本。因此，相对于投资资本的折价或者溢价必然等于公司未来经济利润的现值。

由于上述公司每年获得比其投资者要求高 20 万元的经济利润（息前税后利润），因此，该公司的价值应该等于 1 000 万元（初始投资资本）加经济利润的贴现值。该公司每年的经济利润为 20 万元，这里采用永续现金流贴现公式计算经济利润的贴现值，贴现率为 13%，则该公司经济利润的现值为 154 万元（20 ÷ 13%）。所以，这家公司的价值为 1 154 万元。

第 4 节　比较价值法

一、基本原理

比较价值法的基本原理是在参考可比公司价值与某一财务指标的比率的基础上，通过该比率与被评估公司的这一财务指标的乘积而计算得到被评估公司的价值。通常采用的财务指标有营业收入、利润、现金流量、资产账面价值等，常用的比率有市盈率、市净率、市现率、市销率、市账率等。例如，已知 A 公司的股东权益的账面价值为 5 000 万元，其可比公司 B 公司的股东权益的账面价值为 4 000 万元，市场价值为 8 000 万元，则可计算得到 B 公司股东权益的市账率（市值/账面价值）为 2。根据 B 公司的这一比率和 A 公司股东权益的账面价值，可以得到 A 公司股东权益的市场价值为 10 000 万元（5 000 万元 × 2）。

比较价值法主要用于估计权益资本的价值，如果要得到公司的整体价值可以加上债务的账面价值。应用比较价值法需要满足两个基本前提：一是所选择的用于计算比率的公司与被评估公司必须具有可比性；二是市场对可比公司的定价必须是正确的。例如，行业平均市盈率是常用的一个比率，但应用该比率时要求该行业中其他公司与被评估的公司之间具有可比性，并且市场对这些可比公司的定价是正确的。市场价值与账面价值的比率也是被广泛应用的一个比率，如果可比公司的市场价值低于账面价值，应用该比率估价就意味着被评估公司也应该折价出售。

比较价值法的魅力在于简单且易于使用，尤其是当金融市场上有大量可比公司在进行交易时，应用起来比较方便。但是可比价值法也很容易被操纵和误用。因为，事实上很难找到在风险和成长性等方面完全相同的两个公司，可比公司的定义只是一个主观的概念。

二、常用的比率

(一) 市价/收益比率

市价/收益比率（市盈率）是指股票价格除以每股收益的比率，也可用公司市值除以净利润得出。市价/收益比率在公司估价中被广泛应用的原因主要有三个：（1）市价/收益比率易于计算，且容易得到；（2）它是直接将股票价格与公司盈利联系在一起的统计比率；（3）它反映了市场对公司未来盈利的预期，比较好地反映了公司的特征。

市价/收益比率估价法也存在一定的局限性，主要表现在以下几个方面：（1）市场并不总是正确的，如果市场对某个公司或行业的前景过于乐观或过于悲观，则该公司或该行业内公司的股价必然被高估或低估，从而导致对公司估价的错误。（2）公司收益的波动往往会导致市价/收益比率在不同时期出现戏剧性的变动。例如，由于周期性公司的盈利通常与宏观经济周期的变动一致，而价格反映的是投资者对未来盈利的预期，因此，对于周期性公司而言，其市价/收益比率在经济衰退期会处于高峰，而在经济繁荣期则会处于谷底。（3）会计利润容易受到人为因素的影响，在会计利润失真的情况下，市价/收益比率也不可靠。（4）当每股收益为负值时，市价/收益比率是没有意义的。

预期增长率、股利支付率和风险这些决定价值的基础因素同样是决定公司市价/收益比率高低的基本因素。

已知：$EPS_1 = EPS_0 \times p \times (1+g)$，所以稳定增长公司的权益资本价值可以表示为

$$P_0 = \frac{EPS_1}{r-g} = \frac{EPS_0 \times p \times (1+g)}{r-g} \tag{10-16}$$

则其市盈率为

$$\frac{P_0}{EPS_0} = \frac{p \times (1+g)}{r-g} \tag{10-17}$$

式中：P_0为权益资本价值；EPS 为每股收益；g 为每股收益预期增长率；p 为股利支付率；r 为贴现率。

可见，市价/收益比率与股利支付率和预期增长率为正相关关系。而由于风险越高，其贴现率 r 也越高，因此，市价/收益比率与公司的风险程度为负相关关系。

在投资决策中，有经验的机构投资者或分析人员常常会通过简单比较公司的市价/收益比率与预期增长率来确定公司的价值是被高估还是被低估。一般认为，市价/收益比率低于增长率的公司的价值被低估了。更多情况下，使用市价/收益比率与增长率的比率度量公司价值，与其他公司相比，这一比率较小的公司则被认为其价值被低估了。

不同国家之间、不同市场之间、不同行业之间、不同公司之间以及不同时期的市价/收益比率由于股利支付水平、预期增长率、市场利率、风险水平等基本因素的不同而呈现出很大的区别。因此，不应简单地将它们进行比较。

在用可比价值法评估公司价值时，为了避免误用市价/收益比率，可以考虑选择一组可比公司而不是一家可比公司，计算这一组公司的平均市价/收益比率，然后根据被评估公司与可比公司之间的差别再对平均市价/收益比率进行适当的主观调整。不过这

种方法仍然无法避免被评估公司与所选择的一组公司在基本因素方面的差异，也仍然很难避免选择可比公司时主观因素的作用。因此，也可以利用公司的全部截面数据进行多元回归分析来估计市盈率。当然回归分析也有不足。例如，以市价/收益比率为被解释变量、以影响市价/收益比率的基本财务指标为解释变量时，解释变量之间的相关性往往使得回归系数很不可靠。此外，基本财务指标与市价/收益比率之间的线性关系也不稳定。这些都可能导致从回归模型得出的预测结果不可靠。

（二）市值/账面价值比率

市值/账面价值比率（市账率）也是被广泛应用的比率之一，其优点主要是：（1）账面价值是资产价值的一种相对稳定和直观的度量，特别是对那些不相信现金流量贴现法的投资者而言，市值与账面价值比率提供了一个非常简单的比较标准；（2）该比率提供了一种合理的跨企业的比较标准，投资者可以通过比较同一行业中不同公司的比率来发现价值被低估或高估的公司；（3）即使是那些盈利为负，从而无法用市价/收益比率估价的公司也可以用这个比率估价。

应用市值/账面价值比率评估公司价值的主要弊端在于：（1）与计算公司利润一样，公司资产的账面价值也会受到折旧方法和其他会计政策的影响；（2）对于那些固定资产很少的行业如服务行业而言，采用该比率的意义不大；（3）对于多年负利润的公司而言，其净资产的账面价值可能为负，则无法应用此比率。

与市价/收益比率一样，一家公司市值/账面价值比率的高低取决于公司净资产收益率、股利支付率、预期增长率和风险等基本因素。以稳定增长的公司为例，已知其权益资本价值如式（10－16）所示。现令净资产收益率（ROE）$=EPS$/股东权益账面价值（BV），并将其代入式（10－16），可以得到以下关系式

$$P_0=\frac{BV_0\times ROE\times p\times(1+g)}{r-g} \tag{10-18}$$

将式（10－18）改写为市值/账面价值比率，则有

$$\frac{P_0}{BV_0}=\frac{ROE\times p\times(1+g)}{r-g} \tag{10-19}$$

式中：P_0为权益资本价值；BV为股东权益账面价值；ROE为净资产收益率；g为每股收益预期增长率；p为股利支付率；r为贴现率。

可见，市值/账面价值比率与净资产收益率、股利支付率和预期增长率之间为正相关关系，与公司的风险程度为负相关关系。其中，净资产收益率不仅直接影响该比率的高低，而且通过影响预期增长率和股利支付率间接地影响该比率。了解了净资产收益率与市值/账面价值比率的这种关系之后，我们就不难理解为什么净资产收益率高的公司的市场价值高于账面价值，净资产收益率低的公司的市场价值低于账面价值。更重要的是，考察净资产收益率与市值/账面价值比率之间是否匹配，可以帮助投资者寻找到价值被低估的公司——具有低市值/账面价值比率但高净资产收益率的公司。

应用比较价值法选择可比公司估计市值/账面价值比率时，最常用的方法是选择一组可比公司计算其平均的市值/账面价值比率，然后再根据被评估公司与可比公司之间

在基本因素方面的差异，特别是净资产收益率方面的差异进行调整。当然也可以利用截面数据进行回归分析来估计市值/账面价值比率。

托宾 Q 值（资产的市场价值/资产的重置成本）常被用来替代市值/账面价值比率。当通货膨胀导致资产价格上升或技术进步导致资产价格下降时，托宾 Q 值能够提供资产价值较好的判断标准。托宾 Q 值的缺陷在于有些资产具有很强的独特性，其重置成本很难估计，而且即便可以得到资产的重置成本，通常也不容易计算，往往需要很多的信息。

（三）价格/销售收入比率

价格/销售收入比率（市销率）是指用公司市值除以主营业务收入或者股价除以每股销售额。市销率在很多方面吸引着投资者和分析师。首先，指标值不会变为负数，因为一般正常情况下，公司营业收入不会出现负值[①]；其次，与账面价值和利润不同，销售收入不受折旧、存货等会计政策的影响，对于采用不同会计政策的公司也可以进行比较；最后，指标值比市盈率稳定，这是价格/销售收入比率最大的优点。

价格/销售收入比率最大的问题在于，当公司的成本控制出现问题时，尽管销售收入不会大幅度下降，但是利润和账面价值会出现显著下降。其结果可能使得投资者对有负利润和负资产账面价值的公司估价时，因无法识别公司的成本、利润方面的差别而导致错误的评判。

决定价格/销售收入比率高低的基本因素是公司净利润率、股利支付率和公司的风险程度。以稳定增长的公司为例。定义净利润率等于每股净利润除以每股销售收入，即 $PM = EPS/SPS$，则一个稳定增长公司的权益资本价值可以表示为

$$P_0 = \frac{PM_0 \times SPS_0 \times p \times (1+g)}{r-g} \tag{10-20}$$

改写为价格/销售收入的形式，有

$$\frac{P_0}{SPS_0} = \frac{PM_0 \times p \times (1+g)}{r-g} \tag{10-21}$$

式中：P_0为权益资本价值；PM_0 为初始净利润率；SPS_0 为初始每股销售收入；g 为每股收益预期增长率；p 为股利支付率；r 为贴现率。

价格/销售收入比率在很大程度上受到净利润率的影响：一方面，净利润率的减少直接降低了该比率；另一方面，较低的净利润率导致较低的增长率，进而降低了该比率。正因为如此，处于高净利润率行业中的公司通常具有较高的价格/销售收入比率，而处于低净利润率行业中的公司的价格/销售收入比率通常较低。通过考察净利润率与价格/销售收入比率之间是否匹配可以帮助投资者寻找被错误定价的公司。如果一个公司具有较高的价格/销售收入比率，同时净利润率又较低，则说明该公司股东权益的价格可能被高估了；相反，如果一个公司的价格/销售收入比率较低，但却拥有较高的净利润率，则意味着该公司股东权益的价格很可能被低估了。

估计价格/销售收入比率的主要方法是选择同行业中一组可比公司计算其平均的价

---

① 如果公司出现当期发生的销售退回大于当期销售收入等情况，营业收入会出现是负数的情况。

格/销售收入比率，也可以将价格/销售收入比率看作一些基本变量的函数，用截面数据来进行回归分析。

三、比较价值法的应用

例 10－5 甲公司是一家经营办公设备和用品的分销商，但因为甲公司的股票尚未上市，所以并不知道其股权的市场价值。乙公司也是经营办公设备和用品的分销商，而且其成本结构与甲公司十分相似，但乙公司的规模较大，并且其股票已公开上市。表 10－6 是两家公司 2020 年的会计数据和金融市场数据。试以乙公司为可比公司，按照比较价值法估计甲公司的价值。

表 10－6　　乙公司与甲公司 2020 年的会计数据与金融市场数据

公司	乙	甲
税后利润（万元）	6 350	1 020
销售收入（万元）	310 000	48 000
权益账面价值（万元）	52 600	7 700
股票数量（万股）	5 000	1 000
每股收益（元）	1.27	1.02
每股销售收入（元）	62	48
每股账面价值（元）	10.52	7.7
股票价格（元）	20	—
市盈率	15.7	—
股价与销售收入比	0.32	—
市值与账面价值比	1.9	—

（1）按市值/收益比率（市盈率）估计甲公司权益资本的价值。

甲公司权益资本价值 = 甲公司税后收益 ×（乙公司市价 / 收益）

= 1 020 × 15.7 = 16 014(万元)

（2）按市值/账面价值比率（市账率）估计甲公司权益资本的价值。

甲公司权益资本价值 = 甲公司权益账面价值 ×（乙公司市值/账面价值）

= 7.7 × 1 000 × 1.9 = 14 630（万元）

（3）按价格/销售收入比率（市销率）估计甲公司权益资本的价值。

甲公司权益资本价值 = 甲公司销售收入 ×（乙公司股价/销售收入）

= 48 000 × 0.32

= 15 360（万元）

采用不同的比率估价难免会得出不同的结果，但只要所得的结果相差不是很多就可以采纳，毕竟估价本身并不要求十分精确。当然，如果结果相差太多，就需要检查各种估价方法的前提假设是否满足，以及财务数据是否真实等。这里采用三种不同的比率得出了三个不同的股权价值数值，但差别不大，因此，取折中值按 15 000 万元估计甲公司股权的价值应该是合理的。由于公司价值等于权益资本价值与债务价值之和，已知甲公司拥有 6 100 万元的债务，因此甲公司的价值为 21 100 万元。

本章小结

1. 现金流量贴现法（DCF）是公司价值评估中理论最为成熟的模型。其基本原理是：由于任何资产的价值都是由资产未来创造现金流量的能力所决定的，因此，资产的价值就是其预期未来全部现金流量的现值之和。在此基础上，根据不同的现金流量及其相应的贴现率产生了估计公司价值的公司自由现金流量贴现模型和股权自由现金流量贴现模型。

2. 调整现值法（APV）与公司自由现金流量贴现模型相似，对自由现金流量进行贴现来估计经营价值，再加上非经营性资产价值得到公司价值。

3. 经济利润法（EVA）具有计算单一年份价值增加的优点，可以有效解释市场增加值，其模型本质上和现金流量贴现模型是一致的。经济利润法把投资决策必需的贴现现金流量法与业绩考核必需的权责发生制统一起来，这样不仅得到理论界的好评，而且可以给公司建立现代公司制度创造考核的平台，许多公司在实务中也开始使用该模型。

4. 比较价值法的基本原理是在参考可比公司价值与某一财务指标的比率的基础上，通过该比率与被评估公司的这一财务指标的乘积而计算得到被评估公司的价值。应用比较价值法需要满足两个基本前提：一是所选择的用于计算比率的公司与被评估公司必须具有可比性；二是市场对可比公司的定价必须是正确的。比较价值法的魅力在于简单且易于使用，尤其是当金融市场上有大量可比公司在进行交易时，应用起来比较方便。但是可比价值法也很容易被操纵和误用。

本章思考练习题

一、选择题

1. 公司自由现金流量和股权自由现金流量的区别是（　　）。

A. 股权自由现金流量是公司自由现金流量在扣除营运资本之后的现金流量

B. 股权自由现金流量是公司自由现金流量在偿还债务及支付利息之后的现金流量

C. 股权自由现金流量是公司自由现金流量在扣除了现金储备之后的现金流量

D. 二者相同

2. 下列各项中，关于公司自由现金流量说法正确的是（　　）。

A. 息税前利润 + 折旧 − 所得税 − 净资本支出 − 营运资本净增加

B. 税后净营业利润 − 净投资

C. 债权人自由现金流量 + 股东自由现金流量

D. 净利润 + 折旧 − 资本性支出 − 增加的营运资本支出 − 债务本金偿还 + 新发行债务

3. 下列各项中，关于经济利润模型说法正确的是（　　）。

A. 公司价值 = 明确的预测期间的现金流量现值 + 明确的预测期之后的现金流量现值

B. 经济利润模型是评估公司股权资本价值的主要方法之一

C. 经济利润模型属于比较价值法之一

D. 公司价值＝投入资本＋预计经济利润现值

4. 比较价值法常用的比率有（　　）。

A. 市价/收益比率　　B. 市值/账面价值比率

C. 股利支付率　　D. 价格/销售收入比率

5. 实际利用经济利润模型评估公司价值时，需要预测的指标主要包括（　　）。

A. 销售收入　　B. 销售利润率

C. 资产周转率　　D. 市价/收益比率

二、计算题

1. A公司2018年的销售收入为5 000万元，预计公司2019年的销售收入增长10%，但是以后每年的销售收入增长率将逐年递减2%，直至2021年以后，达到所在行业6%的长期增长率。基于公司过去的盈利能力和投资需求，预计EBIT为销售收入的10%，净营运资本需求的增加为销售收入增加额的6%，资本支出为销售收入增加额的8%，折旧费用为销售收入增加额的4%，若公司的所得税税率为25%，加权平均资本成本为10%，则A公司2018年末的价值为多少？

2. B公司当前支付的现金股利为10万元，预期前五年股利每年的增长率为12%，五年以后预期每年的增长率变为6%，股东要求的必要报酬率为10%。那么，该公司的股权资本价值为多少？

三、思考题

1. 公司价值评估方法的基本分类是什么？

2. 如何使用贴现现金流量模型评估公司价值？

3. 如何使用经济利润模型评估公司价值？

4. 比较价值法有什么优点和缺点？

第 11 章

股利政策理论与实践

本章知识结构

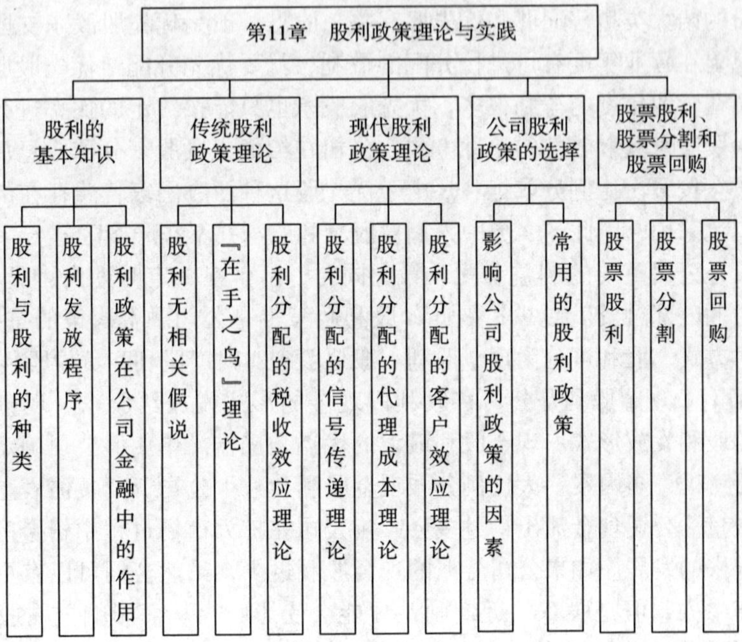

本章学习目的

1. 掌握基本的股利政策理论；
2. 了解公司基本股利政策和分配程序；
3. 理解影响公司股利政策选择的各种因素；
4. 能够结合所学的理论知识，分析和指导公司股利政策的选择和实践。

第1节 股利的基本知识

一、股利与股利的种类

股利是股息和红利的总称，是股东依据其拥有的公司股份从公司分得的利润，也是董事会正式宣布从公司净利润中分配给股东，作为股东对公司投资的一种报酬。股息和红利在本质上并无多大差别，但是在形式上，它们还是存在不同之处的。股息是依固定比例计算的股金利息。此固定比例同债券利息率一样，是事先约定的，并且在一定时间内固定不变，公司只要在营业年度有可进行分配的收益，就要分配股息。而红利则不同，它是公司在分配股息后，对剩余部分所进行的分配。红利的分配额完全取决于公司当年的盈利状况，其分配比例不是事先约定的，公司盈利越多，红利也就越多。

公司的收益分配之所以存在股息和红利两种不同的表现形式，除公司章程的规定外，还与股份的两大类型普通股和优先股有关。股息一般是优先股股东支取收益的一种方式，公司只要在营业年度有可进行分配的盈利，就要优先分配给优先股股东股息。然而，即使公司在营业年度内盈利很多，优先股股东也只能按约定的比率进行分配。而红利一般是普通股股东获取收益的一种方式，公司在给优先股股东分配股息后，剩余部分再由普通股股东按股份比例分取红利。由于优先股这种西方国家普遍存在的股份种类在我国没有被广泛采用，因此，实务中人们对股息和股利并不作严格区分。

股利政策是公司重要的利益分配政策，同时，由于在一定时期内，股利支付越多，来自留存收益的内部融资就越少，因此，股利政策也是公司融资决策的重要组成部分。按不同的支付方式，股利可分为现金股利、股票股利、财产股利和负债股利。

1. 现金股利。现金股利是公司将股利以现金的形式发放给股东。现金股利是最常见、最主要的股利发放形式。现金股利最大的优点是操作简单。但公司确定现金股利分配时，通常要考虑许多因素。大比例分派现金股利会减少公司资产负债表上的现金数量和留存收益数量。公司现金流出量过多会影响公司在扩大市场过程中资金的使用，甚至会影响公司未来的发展。如果公司分派的现金股利过少，虽然公司可以有更多的资金投入扩大再生产中去，但是股东的近期利益可能会受影响，从而影响公司股票的市场价格。现金股利要求公司在支付股利时要有足够的现金，因此，公司在支付现金股利前必须有足够的流动性。

2. 股票股利。股票股利是公司以增发的股票作为股利支付的方式，股东可以通过未来股票价格的上涨来实现收益。股票股利分配的优点在于不会因为分配股利增加公司的现金流出量，而且在一些国家股票股利还可以获得免税的优惠。

3. 财产股利。财产股利可以是公司以现金以外的资产支付的股利，如公司所拥有的其他企业的债券、股票等有价证券资产，公司以有价证券为发放物时，应将有关证券的账面价值调整为市场价值，并按市场价值计算每股股利；财产股利还可以是公司以自己的产品或者其他产品作为实物的股利，在派发实物股利时，公司往往在实物价格上给予股东适当优惠，以促使股东接受这种股利。

4. 负债股利。负债股利是公司以负债支付的股利，通常以公司的应付票据支付给股东。财产股利和负债股利实际上是现金股利的替代。这两种股利方式目前在我国公司实务中很少使用，但并非法律所禁止。

二、股利发放程序

股份公司的股利分配方案通常由公司董事会决定并宣布，必要时要经股东大会或股东代表大会批准后才能实施（如我国就是这样规定的）。

股利发放有几个非常重要的日期：

1. 宣布日（Declaration Date）。股份公司董事会根据定期发放股利的周期举行董事会会议，讨论并提出股利分配方案，由公司股东大会讨论通过后，正式宣布股利发放方案，宣布股利发放方案的那一天即为宣布日。在宣布日，股份公司应登记有关股利负债(应付股利)。

2. 登记日（Holder of record Date）。由于工作和实施方面的原因，自公司宣布发放股利至公司实际将股利发出要有一定的时间间隔。由于上市公司的股票在此时间间隔内处在不停的交易之中，公司股东会随股票而不断易人，为了明确股利的归属，公司确定有股权登记日，凡在股权登记日当天列于公司股东名单上的股东，都将获得此次发放的股利，而在这一天之后才列于公司股东名单上的股东，将得不到此次发放的股利，股利仍归原股东所有。

3. 除息日（Ex – Dividend Date）。股权登记日后的第一个交易日就是除息日，在除息日之前购买的股票可以得到将要发放的股利，在除息日之后（含除息日）购买的股票则无权得到股利，又称为除息股。除息日对股票的价格有明显的影响。在除息日之前进行的股票交易，股票价格中含有将要发放的股利的价值，在除息日之后进行的股票交易，股票价格中不再包含股利收入，因此其价格应低于除息日之前的交易价格。

4. 发放日。在这一天，公司用各种方式向股东支付股利，并冲销股利负债。

专栏 11 – 1

康缘药业（600557）2015 年度股利分配实施公告

重要内容提示：

- 利润分配方案：每 10 股送红股 2 股，每 10 股派发现金红利 0. 8 元（含税）。
- 扣税前与扣税后每股现金股利：扣税前每股派发现金红利 0. 08 元（含税）；个人股东和证券投资基金在公司派发股息红利时暂不扣缴个人所得税，合格境外机构投资者（QFII）、香港联交所投资者扣税后每股现金红利为 0. 052 元，其他机构投资者和法人股东实际派发现金红利为每股 0. 08 元。
- 股权登记日：2016 年 6 月 23 日。
- 除权（除息）日、现金红利发放日：2016 年 6 月 24 日。
- 新增无限售条件流通股股份上市日：2016 年 6 月 27 日。

一、通过利润分配方案的股东大会届次和日期

江苏康缘药业股份有限公司 2015 年年度股东大会于 2016 年 5 月 9 日以现场投票与网络投票相结合的表决方式召开，会议审议通过了《公司 2015 年度利润分配预案》，具体内容详见 2016 年 5 月 10 日《中国证券报》、《上海证券报》及上海证券交易所网站（www. sse. com. cn）刊登的《江苏康缘药业股份有限公司 2015 年年度股东大会决议公告》（2016 -015 号）。

二、利润分配方案

（一）发放年度：2015 年度。

（二）发放范围：截至 2016 年 6 月 23 日（股权登记日）下午上海证券交易所收市后，在中国证券登记结算有限责任公司上海分公司（以下简称中登上海分公司）登记在册的本公司全体股东。

（三）公司 2015 年度利润分配方案为：以公司总股本 513 707 601 股为基数，向全体股东每 10 股送红股 2 股，每 10 股派发现金红利 0. 8 元（含税），本次利润分配后，尚未分配的利润为 1 395 323 822. 63元，结转以后年度分配。

（四）扣税说明：

1. 对于从公开发行和转让市场取得公司股票的个人股东和证券投资基金，根据《关于上市公司股息红利差别化个人所得税政策有关问题的通知》（财税〔2015〕101 号）和《关于实施上市公司股息红利差别化个人所得税政策有关问题的通知》（财税〔2012〕85 号）有关规定，持股期限超过 1 年的，股息红利所得暂免征收个人所得税；持股期限在 1 个月以上至 1 年（含 1 年）的，暂减按 50% 计入应纳税所得额，实际税负为 10%；持股期限在 1 个月以内（含 1 个月）的，其股息红利所得全额计入应纳税所得额，实际税负为 20%；待个人转让股票时，证券登记结算公司根据其持股期限计算应纳税额，由证券公司等股份托管机构从个人资金账户中扣收并划付证券登记结算公司，证券登记结算公司应于次月 5 个工作日内划付上市公司，上市公司在收到税款当月的法定申报期内向主管税务机关申报缴纳。

2. 对于持有本公司股份的合格境外机构投资者（QFII）股东，由本公司根据国家税务总局于 2009 年 1 月 23 日颁布的《关于中国居民企业向 QFII 支付股息、红利、利息代扣代缴企业所得税有关问题的通知》（国税函〔2009〕47 号）的规定，按照 10% 的税率统一代扣代缴企业所得税，税后每股实际派发现金红利人民币 0. 052 元。其中，每股派发现金红利 0. 08 元，扣税 0. 008 元（0. 08 元 ×10%），每股送红股 0. 2 股，扣税 0. 02 元（0. 2 元 ×10%），共计扣税 0. 028 元。

如相关股东认为其取得的红利收入需要享受税收协定（安排）待遇的，可按照规定在取得红利后自行向主管税务机关提出申请。

3. 对于香港联交所投资者（包括企业和个人）投资公司 A 股股票（沪港通），其现金红利由公司通过中登上海分公司按股票名义持有人账户以人民币派发，扣税根据《财政部、国家税务总局、证监会关于沪港股票市场交易互联互通机制试点有关税收政策的通知》（财税〔2014〕81 号）执行，按照 10% 的税率代扣代缴所得税，扣税后每股实际派发现金红利人民币 0. 052 元。其中，每股派发现金红利 0. 08 元，扣税 0. 008 元（0. 08 元 ×10%），每股送红股 0. 2 股，扣税 0. 02 元（0. 2 元 ×10%），共计扣税 0. 028 元。

4. 对于其他机构投资者和法人股东，其现金红利所得税由其自行缴纳，实际派发现金红利为税前每股人民币 0. 08 元。

三、相关日期

1. 股权登记日：2016 年 6 月 23 日。

2. 除权（除息）日、现金股利发放日：2016年6月24日。

3. 新增无限售条件流通股份上市日：2016年6月27日。

四、分配、送股实施办法

（一）现金红利分配实施办法

1. 江苏康缘集团有限责任公司以及肖伟、杨寅、戴翔翎、夏月共五位股东的现金股利，由本公司直接派发。

2. 除以上五位股东外，公司其他股东的现金股利，委托中登上海分公司通过其资金清算系统向股权登记日登记在册并在上海证券交易所各会员办理了指定交易的股东派发。已办理指定交易的投资者可于股利发放日在其指定的证券营业部领取现金股利，未办理指定交易的股东股利暂由中登上海分公司保管，待办理指定交易后再进行派发。

（二）送股实施办法

本次送股由中登上海分公司通过其计算机网络，根据股权登记日在册的股东持股数，按分派股份比例自动计入股东账户。分派股份过程中产生的不足1股的部分，按小数点后尾数大小排序向股东依次送1股，直至实际分派股份总数与本次送股总数一致。如果尾数相同者多于余股数，则由电脑抽签派送。新增股份于股权登记日后一天自动计入投资者账户。

三、股利政策在公司金融中的作用

股利政策与投资决策、融资决策并称为公司金融的主要内容，它与公司投融资决策密不可分，相互影响，进而直接影响到公司控制权的稳定及公司增长目标的实现。股利政策属于融资决策的范畴，股利政策关系到公司当期利润有多少可以积累用于再投资，而利润留存是公司下一年度投资资金的主要来源之一。在一定投资水平下，股利支付越多，利润留存越少，外部融资规模要求就越大，其结果是：一方面提高融资成本，因为，如公司金融理论所述，内部融资实际成本一般低于外部负债融资和股权融资成本；另一方面或者提高公司经营风险（在公司外部融资主要采用负债融资的情况下），或者导致原有股东所有权稀释（在公司外部融资主要采用股权融资的情况下），甚至带来控制权稳定问题。反过来，如果公司融资能力一定，利润留存的多少直接关系到公司是否能完成投资计划，进而关系到公司预期增长目标。

从公司资金流动过程来看，股利分配处于资金流程的最后环节，又承接着资金流程的第一环节（见图11－1）。

综上所述，股利政策在公司金融活动中占有重要地位，对公司财务状况有重要影响。国外成熟资本市场的经验表明，合理的股利政策是改善公司资本结构、驱动公司价值增长的重要因素。一方面，它是公司筹资、投资活动的逻辑延续，是其理财行为的必然结果；另一方面，恰当的股利分配政策，不仅可以树立起良好的公司形象，而且能激发广大投资者对公司持续投资的热情，从而能使公司获得长期、稳定的发展条件和机会。公司永远需要股利政策，但是没有永远的股利政策。几十年来，公司金融学者一直致力于探索股利之谜。遗憾的是，迄今既没有找到一个合理的理论解释，也没有找到一个放之四海而皆准的股利政策模式。

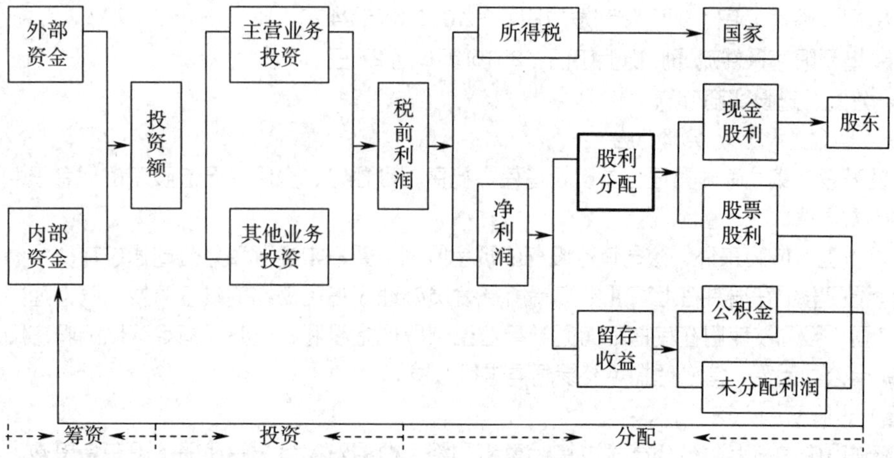

图 11-1 公司资金流程图

第 2 节 传统股利政策理论

股利政策理论探讨的重点是股利政策是否影响公司价值。1956 年，哈佛大学教授约翰·林特纳（John Lintner）首次提出了公司股利分配行为的理论模型。此后，1961 年米勒和莫迪格里亚尼所提出的著名的股利无相关假说，则成为股利政策理论的基石。此后的近四十年里，股利政策理论得到了进一步的丰富和发展，并逐步成为公司金融学的重要内容之一。对股利政策理论的了解有助于我们更好地理解上市公司股利政策的实践。

一、股利无相关假说

米勒和莫迪格里亚尼认为，公司市场价值的高低，取决于公司所选择的投资政策的好坏（直接决定公司未来的盈利能力），而与盈利的分配方式无关。由于公司对股东的分红只是盈利减去投资之后的差额部分，而且分红只能采取派现或股票回购等方式，因此，一旦投资政策已定，那么，在完美且完善的资本市场上，股利政策的改变仅仅意味着收益在现金股利与资本利得之间分配比例的变化。这种改变根本不会影响公司的市场价值及股东的财富。对于理性的投资者而言，分红与否应该是没有差别的，所以也不会对公司的市场价值产生影响。

股利无相关假说可用下述方法加以简单证明：

假设公司的资金来源全部为权益资本，NOI_t为第 t 期公司净收益，D_t为第 t 期现金股利发放额，I_t为公司第 t 期投资额，N_t为公司第 t 期发行在外的股票数量，V_t为第 t 期公司的总价值，P_t为第 t 期公司股票价格，R 为贴现率，则第 t 期公司的价值等于其第 $t+1$ 期的股利分配额与股票市场总额的贴现值，即

$$V_t = \frac{D_{t+1} + N_t P_{t+1}}{1+R} \tag{11-1}$$

由于公司的资金来源与资金运用必须相等，因此有

$$M_{t+1}P_{t+1} = I_{t+1} - (NOI_{t+1} - D_{t+1}) \quad (11-2)$$

其中，M_{t+1}是第 $t+1$ 期新发行的股票数量，将式（11－2）代入式（11－1），得

$$V_t = \frac{1}{1+R}[NOI_{t+1} - I_{t+1} + P_{t+1}(M_{t+1} + N_t)] \quad (11-3)$$

其中，P_{t+1}（$M_{t+1}+N_t$）为公司在第 $t+1$ 期的期初市场价值 V_{t+1}，因此有

$$V_t = \frac{1}{1+R}[NOI_{t+1} - I_{t+1} + V_{t+1}] \quad (11-4)$$

同理，可得到公司在第 $t+1$ 期的期初市场价值 V_{t+1}

$$V_{t+1} = \frac{1}{1+R}[NOI_{t+2} - I_{t+2} + V_{t+2}] \quad (11-5)$$

将式（11－5）代入式（11－4），如此持续进行，当 $t\to\infty$ 时，有

$$V_0 = \sum_{t=0}^{\infty} \frac{1}{(1+R)^{t+1}}(NOI_t - I_t) \quad (11-6)$$

在式（11－6）中没有股利分配额出现，表明只要公司的投资决策不因股利发放数量的变化而变化（投资额 I_t不变），公司的价值就不因股利发放额的不同而不同，即公司股利政策与公司价值无关。

股利无相关假说还可以通过下面的例子加以说明。

例 11－1　某公司是一家权益公司，发行在外普通股 200 000 股，2014 年底公司总价值为 4 000 000 元。公司还将继续经营两年（2015 年和 2016 年），两年后将清算关闭。各项财务资料如表 11－1 所示。

表 11－1　　**某公司 2014—2016 年财务资料简表**　　单位：元

日期	2014 年 12 月 31 日	2015 年	2016 年
总资产	4 000 000		
股东权益	4 000 000		
净利润		800 000	920 000

2014 年底，公司计划投资 600 000 元，该项投资 2015 年当年即可全部收回并产生 20% 的投资回报。公司筹资方案有两种。

方案 1：全部资金从 2014 年的税后利润中提取，公司股东将只得到 200 000 元（800 000－600 000）的现金股利。

方案 2：从 2014 年的税后利润中提取 300 000 元的资金，余下的 300 000 元靠增发新股筹资，公司股东将得到 500 000 元（800 000－300 000）的现金股利。

公司新老股东从方案 1 和方案 2 中所得收益如表 11－2 所示。

表 11－2　　**不同筹集方案比较**　　单位：元

方案	方案 1		方案 2	
	总量	每股股利	总量	每股股利
2014 年现金股利	200 000	1.00	500 000	2.50

续表

方案	方案1		方案2	
	总量	每股股利	总量	每股股利
2016 年				
清算时全部可分配的现金构成				
初始投资				
（1）老股东	4 000 000		4 000 000	
（2）新股东	0		300 000	
2015 年留存收益	600 000		300 000	
2016 年税后净利润	920 000		920 000	
减：分配给新股东的现金				
（1）初始投资	0		-300 000	
（2）税后利润（初始投资的 20%）	0		-60 000	
2016 年底老股东可得到的现金	5 520 000	27.60	5 160 000	25.80

由表 11-2 可知：

根据方案 1，老股东在 2014 年底每股股票可以得到 1.00 元（200 000/200 000）的现金股利。2016 年底清算，全部价值为 2015 年底公司权益价值 4 600 000 元（4 000 000 + 600 000）加上 2016 年获得的 920 000 元（4 600 000×20%）净利润，总计 5 520 000 元，平均每股 27.60 元。因此，公司老股东 2016 年底可以得到每股 27.60 元的现金收益。按照 20% 的贴现率计算，2014 年底公司每股股票价格为

$$P_0 = \frac{1.00}{1+0.2} + \frac{27.60}{(1+0.2)^2} = 20(\text{元})$$

根据方案 2，老股东在 2015 年底和 2016 年底每股分别可得到 2.50 元和 25.80 元的现金收益，按照 20% 的贴现率计算，2014 年底时每股股票价格为

$$P_0 = \frac{2.5}{1+0.2} + \frac{25.8}{(1+0.2)^2} = 20(\text{元})$$

由此可见，该公司股票价格和公司价值与 2015 年的股利分配政策无关。

当然，股利无相关假说是建立在完美且完善的资本市场这一严格假设前提基础上的。一个完美且完善的资本市场，必须具备以下四个条件：（1）不存在税负；（2）信息是对称的；（3）合同是完全的；（4）不存在交易成本。倘若上述假设条件有所改变，情况就会发生很大变化。而问题恰恰在于，如此完美且完善的资本市场在现实中是不存在的：企业和投资者需要支付所得税；企业增发新股需要支付发行费用，投资者需要支付交易费用；股利政策通过影响企业现金流量，从而影响投资决策；企业管理层与投资者之间存在信息不对称。

如果现实世界中股利政策无相关假说成立的话，企业的权益资本成本与股利政策无关，进而企业股票的价格与股利政策无关。企业根本不需要制定特别的股利政策。因此，股利无相关假说的意义不在于其结论，而在于其分析方法。它以隐含的方式告诉人

们，在哪些情况下股利政策的变化可能会引起公司的市场价值发生相应变化。后来的股利政策理论，很多是通过不断放松上述假设条件而演绎出来的。正是因为这个原因，股利无相关假说被经济学家视为股利政策理论的基石。

二、“在手之鸟”理论

无论 MM 定理的推导多么严密，都改变不了一个基本事实，那就是在现实世界中，投资者似乎普遍表现出一种对股利的偏好。约翰·林特纳和米伦·戈登（John Linter，1962；Myron Gordon，1963）等提出的被称作“在手之鸟”的股利政策理论对此给予了形象的解释。

基于不变增长的股利假设，$P_0 = \frac{D_1}{R_e - g}$，或 $R_e = \frac{D_1}{P_0} + g$，即持有股票的未来收益（对企业是资金成本）应该等于股利收益率 $\left(\frac{D_1}{P_0}\right)$ 和股利增长率 g 之和。表面上看，股利收益率 $\left(\frac{D_1}{P_0}\right)$ 和股利增长率 g 之间似乎具有可替代性，但事实上，两者之间的风险是不同的。由于未来的资本利得比现在的现金股利具有更高的风险，因此，未来的资本利得的折现率高于现金股利。股利收益率是“在手之鸟”，而未来股利增长率则充满了不确定性。即所谓，“双鸟在林，不如一鸟在手”，投资者更偏好现金股利。换句话说，相同数量的股利能够替代更多数量的未来收益。回到 $R_e = \frac{D_1}{P_0} + g$，也意味着股利收益率 $\left(\frac{D_1}{P_0}\right)$ 可以替代更多的股利增长率 g。也意味着，多发股利可以降低资金成本，进而提高股票价格。

总之，“在手之鸟”理论揭示了投资者的股利偏好，表明权益资本的资金成本与股利支付比率成反比，而股票价格与股利支付比率成正比。从公司金融的角度看，这意味着高支付比例的股利政策才能实现企业价值的最大化。

当然，也有学者指出，如果投资者偏好现金股利仅仅是因为要获得“在手之鸟”（现金股利）而不是因为消费需求，“在手之鸟”最终还会被重新投资于该企业或风险相同的企业。这样，长期来看，股票价格与股利政策无关。

三、股利分配的税收效应理论

股利分配的税收效应理论放松了股利政策无关论的理论前提，成为一种新的股利政策相关理论，但其结论却与“在手之鸟”理论截然相反。

根据股利政策无关论，在不存在税收因素的情况下，公司选择何种股利支付方式并不重要。但现实情况中却存在对股利所得和资本利得的税负，而且对现金红利和来自股票回购的资本利得的税负往往是不相同的。一般而言，现金股利的税负高于资本利得的税负。在这种情况下，在公司及投资者看来，支付现金股利就不再是最优的股利分配政策。

例 11－2 设有两种股票，价格都是 10 美元，总收益都是 12%，其中：

A 为收入型股票，$D/P=8\%$，$g=4\%$；B 为增长型股票，$D/P=4\%$，$g=8\%$。

（1）假设红利所得税税率为 40%，资本所得税税率为 28%，则股票 A 和股票 B 的收益率如表 11－3 所示。

表 11－3　　股票 A 和股票 B 的收益率　　单位：%

股票	指标	D/P	g	总收益 $=D/P+g$
收入型 A	税前收益	8	4	12
	税（40%:28%）	－3.2	－1.12	－4.32
	税后收益	4.8	2.88	7.68
增长型 B	税前收益	4	8	12
	税（40%:28%）	－1.6	－2.24	－3.84
	税后收益	2.4	5.76	8.16

显然，根据税收效应理论，增长型股票 B 的税后收益较高。换言之，由于红利所得税税率较高，增加红利发放会降低股东财富价值。

（2）表 11－3 中，如果延迟实现资本利得，增长型股票 B 的税后收益为 10.4%，收入型股票 A 的税后收益为 8.8%，二者差异进一步扩大。

（3）假设公司股票红利和资本所得税税率都是 40%，则股票 A 和股票 B 的收益率如表 11－4 所示。

表 11－4　　股票 A 和股票 B 的收益率　　单位：%

股票	指标	D/P	g	总收益 $=D/P+g$
收入型 A	税前收益	8	4	12
	税（40%:40%）	－3.2	－1.6	－4.8
	税后收益	4.8	2.4	7.2
增长型 B	税前收益	4	8	12
	税（40%:40%）	－1.6	－3.2	－3.84
	税后收益	2.4	4.8	7.2

此时，虽然股票 A 和股票 B 的税后收益率都是 7.2%，但如果延迟实现资本利得，股票 A 的税后收益率为 8.8%（7.2%＋1.6%），股票 B 的税后收益率为 10.4%（7.2%＋3.2%），增长型股票 B 的税后收益仍然大于收入型股票 A 的税后收益。

由此可见，在存在差别税负的前提下，公司选择不同的股利支付方式，不仅会对公司的市场价值产生不同的影响，而且也会使公司（及个人）的税收负担出现差异。即使在税率相同的情况下，由于资本利得只有在实现之时才缴纳资本增值税，因此，相对于现金股利缴税而言，其仍然具有延迟纳税的好处。概括地说，股票价格与股利支付比例成反比，权益资本费用与股利支付比例成正比。

显然，一个好的股利政策除了应使融资成本和代理成本最小化之外，还应使税收成本最小化。出于合理避税的需要，作为一种基本的税务筹划手段，企业必须制定低支付比例的股利政策，才能使企业价值最大化。

专栏 11 -2

股利无相关假说、“在手之鸟”理论和税收效应理论对比

假设某公司有关资料如下：

股票账面价值 = 初始市场价值 = P_0，发行股利后股价变为 P'_0，

股东权益收益率 = ROE，每股收益 = $EPS = P_0 ROE$，

每股股利（D）= 每股收益 × 股利支付率 = $EPSb = P_0 ROEb$，

股利增长率（g）=（1 - 股利支付率）× 股东权益收益率 =（1 - b）ROE，

股权资本成本（R_e）= 股利收益率 $\left(\frac{D_1}{P'_0}\right)$ + 股利增长率（g），

$$R_e = \frac{D_1}{P'_0} + g = \frac{P_0 ROEb}{P'_0} + g = ROE + b\left(\frac{P_0}{P'_0} - 1\right)ROE$$

在上述假定条件下，我们可以对股利无相关假说、“在手之鸟”理论以及税收效应理论进行如下的比较：

（1）如果股利无相关假说成立，无论股利支付率如何变化，股票价格保持不变（$P'_0 = P_0$），则 $R_e = ROE$，即股本成本保持不变，与股利支付率无关。

（2）如果“在手之鸟”理论成立，投资者偏好股利，b 上升会使股票价格上升，$\frac{P_0}{P'_0}$ 下降，R_e 下降，反之则反是，即提高股利支付率会提高股票价格，降低股本成本，反之则反是。

（3）如果税收效应理论成立，在税收效应理论下，为了获得税负效应，减少股利纳税额，投资者希望公司降低股利支付率。如果这一理论是正确的，b 上升会使股票价格下降，$\frac{P_0}{P'_0}$ 上升，R_e 上升，反之则反是。提高股利支付率会使股票价格下降，股本成本上升，反之则反是。

三种不同的股利政策理论对股票价格和股本成本的影响如下图所示。

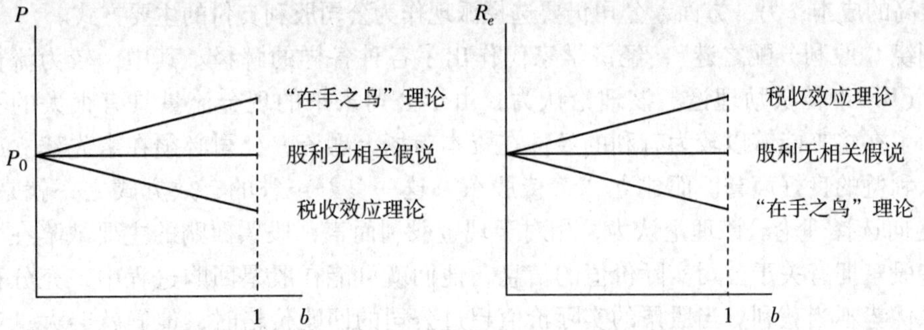

股利无相关假说、“在手之鸟”理论以及税收效应理论比较

第3节　现代股利政策理论

一、股利分配的信号传递理论

实践证明，每当企业降低或减少股利，股价就会下跌；反之，每当企业提高股利支付，股价就会上升。这种现象仅仅是因为股东存在现金股利偏好吗？对此，股利分配的信号传递理论（Signaling Hypothesis）从信息不对称角度进行了解释。

现实世界中信息是不对称的，不同的市场参与者，特别是股东和管理层之间对于公司的真实情况并不具有相同的信息。往往是经理层具有关于公司真实经营情况的信息优势。信号传递理论认为，在信息不对称的情况下，公司可以通过股利政策向市场传递有关公司未来盈利能力的信息。这种信号传递对于保持投资者对公司股票的信心是极其重要的。所以，高质量的公司往往愿意通过相对较高的股利支付率把自己同低质量的公司区分开来，以吸引更多的投资者。对市场上的投资者而言，股利政策的差异也是反映公司质量差异的重要信号（尽管这种信号很可能有偏差）。如果公司连续保持较为稳定的股利支付率，那么，投资者就更有理由倾向于对公司未来的盈利能力与现金流作出较为乐观的预期。

所以，从信息不对称角度分析，公司的股利政策是至关重要的，会对公司的股票价值产生实质性影响。股价涨跌不是因为投资者对现金股利的偏好，而是信息不对称条件下投资者对股利政策含义理解后的反应。往往较高的股利支付比率会提高公司股票价值。

但是，公司以支付现金股利的方式向市场传递信息，通常也要付出高昂的代价。这些代价包括：（1）较高的所得税负担。（2）一旦公司因分派现金股利造成现金流量短缺，就有可能被迫重返资本市场发行新股，而这一方面会随之产生必不可少的交易成本，另一方面又会扩大股本，摊薄每股的税后盈利，对公司的市场价值产生不利影响。（3）如果公司因分派现金股利造成投资不足，并丧失有利的投资机会，还会产生一定的机会成本。由此，形成了“股利分配之谜”（Black，1976）：一方面，以派现方式向市场传递利好信号需要付出很高的成本；另一方面，公司仍要选择派现作为公司股利支付的主要方式。

围绕“股利分配之谜”，经济学家们作出了各种各样的解释。其中，较为流行的观点有：（1）声誉激励理论。该理论认为，由于公司未来的现金流量具有很大的不确定性，为了在将来能够以较为有利的条件在资本市场上融资，公司必须在事先建立起不剥夺股东利益的良好声誉。而建立“善待股东”这一良好声誉的有效方式之一就是派现。（2）逆向选择理论。该理论认为，相对于现金股利而言，股票回购的主要缺陷在于，如果某些股东拥有关于公司实际价值的信息，他们就可能在股票回购过程中，充分利用这一信息优势不当获利。当股票的实际价值超过公司的回购价格时，他们就会大量竞买内在价值被低估的股票；反之，当股票的实际价值低于公司的回购价格时，他们就会极力回避内在价值被高估的股票。于是，便产生了逆向选择问题，而派发现金股利则不存在这类问题。（3）交易成本理论。该理论认为，市场上有相当一部分投资者出于消费等原因，希望从投资中定期获得稳定的现金流量。对于这类投资者来说，选择稳定派现的股票也许是达到上述目的最廉价的方式。因为倘若投资者以出售所持股票的方式来套现，就可能因时机选择不当而蒙受损失。况且，选择在何时以何种价位出售股票还需要投入许多时间和精力，这些交易成本的存在使得投资者更加偏好现金股利。（4）制度约束理论。该理论认为，公司之所以选择支付现金股利，是由于“谨慎人”所起的作用。所谓“谨慎人”，是指信托基金、保险基金、养老基金等机构投资者出于降低风险的考虑，法律通常要求这些机构投资者只能持有支付现金股利的股票，并获得股利收入。如果公司不派现，那么，这种股票就会被排除在机构投资者的投资对象之外。

虽然股利分配的信号传递理论已为人们广泛接受，但逻辑上的缺陷也是显而易见的。股利政策的含义受管理者行为和投资者行为的影响，这种行为可能是理论上难以描述的，或与理论上描述有所不同的。公司目前的股利分配并不能帮助投资者预测公司未来的盈利能力。不同的经营环境或不同的投资者会对同一股利政策给出不同的揭示。高派现的公司向市场传递的可能是公司具有较好前景的利好消息，也可能是公司当前没有正净现值的投资项目，或公司缺乏较好投资机会的利空消息。反之，低派现的公司向市场传递的也未必是前景不好的利空消息，还有可能是公司具有高收益投资项目的利好消息。

延伸阅读 11 -1
巴恰塔亚的信号模型

1979 年，巴恰塔亚（Bhattacharya）将其 1977 年在麻省理工学院所作的博士论文中的一章整理发表在《贝尔经济学刊》上，在文中，他提出一个股利信号模型。巴恰塔亚认为，在不完美情况下，现金股利具有信息内容，是未来预期盈利的事前信号（Ex - antesignal）。

假设：

（1）公司拥有的资产可以产生无限期的现金流量。

（2）现有资产产生的所有现金流量都可以理性地再投资。

（3）股利政策是由内部管理者作出的，由于其奖金与股东财富相联系，因此内部管理者的经营目标是股东财富最大化。

（4）只有内部管理者唯一知道现金流量分布信息。

（5）风险中性。

（6）期限为一年。

我们用 X 表示从新项目所获得的不确定性的现金流量；$f(x)$，$F(x)$ 分别为 X 在区间 $[\underline{X}, \overline{X}]$ 的密度函数和分布函数；M 为现金流量的平均值；R 为贴现率。现金股利的个人所得税税率为 τ_P，资本利得不征税，D 表示新增发的股利，$V(D)$ 表示因新增股利增加的清算价值。

如果 $X > D$，则现有股东将获得税后股利 $(1-\tau_P)D$，公司再投资需要从外部筹集资金至少减少 $(X-D)$。如果 $X < D$，公司支付股利仍为 D，资金不足部分 $(D-X)$ 将给现有股东带来成本 $(1+\beta)(D-X)$。所以，现有股东的新增价值函数为

$$E(D) = \frac{1}{1+R}\left[V(D) + (1-\tau_P)D\int_{D}^{\overline{X}}(X-D)f(X)\mathrm{d}X + \int_{\underline{X}}^{D}(1+\beta)(X-D)f(X)\mathrm{d}X\right]$$

$$= \frac{1}{1+R}\left[V(D) + M - \tau_P D - \beta\int_{\underline{X}}^{D} F(X)\mathrm{d}X\right]$$

进一步假设投资项目的现金流量 X 均匀分布在［0，t］，平均值为$\frac{t}{2}$，各个公司的 t 的大小不同。为此，作为公司股东的代理人，管理者通过股利支付向外传递信息以帮助投资者区分 t，并使股东的价值最大化，即

$$\max_D E(D) = \max\left\{\frac{1}{1+R}\left[V(D) + \frac{t}{2} - \tau_P D - \beta\frac{D^2}{2t}\right]\right\}$$

对 D 求导，可得最优 D 满足的一阶条件

$$V'(D^*) - \tau_P - \beta\frac{D^*}{t} = 0$$

巴恰塔亚认为，只有当预期现金流量实现了，即新增股利增加的价值 $V'(D^*)$ 与公司将股利作为信号想对投资者显示的价值一致时，才能达到均衡。此时，对于经营业绩较差的公司来讲，强迫自己传递这种信息，其代价相当昂贵，因为它们必须为支付现金股利而从外部筹集资金，从而承担额外的成本，此外，它们还会承担因愚弄市场而招致公司股票大幅下降的成本。

二、股利分配的代理成本理论

现实中，很多公司既在支付股利又在增发新股。考虑到留存收益与增发新股融资的资金成本差异，这是很不理性的。股利分配的代理成本理论（Agency Cost Hypothesis）的提出，很好地解释了上述问题。

代理问题的产生源于不完全合同。在完全合同的情况下，公司经理层与股东之间并不存在代理问题。双方的利益冲突最终会由股东通过强制履约的方式来迫使经理层遵循股东利益最大化的原则而获得调和。但是，在不完全合同的情况下，公司经理层与股东之间的代理问题便应运而生。由于管理者与投资者之间存在代理冲突，管理者注重自己的利益，忽略股东要求其将企业价值最大化。因此，股东需要支付监督管理者行为的代理费用。

股利分配的代理成本理论认为，股利政策实际上体现的是公司内部人与外部股东之间的代理问题。在存在代理问题的前提下，适当的股利政策被当作约束经理层按照股东利益最大化行事的工具之一。而防止公司利润被公司内部人滥用的最基本的方式就是将公司的利润更多地支付给股东。所以，所谓适当的股利政策，是指更多地发放红利。较多地派发现金股利至少具有以下几点好处：（1）公司管理者要将公司的很大一部分盈利返还给投资者，于是他自身可以支配的“闲置现金流量”就相应地减少了，而这又可在一定程度上抑制公司管理者为满足个人成为“帝国营造者”的野心，过度地扩大投资或进行特权消费，进而保护了外部股东的利益；（2）较多地派发现金股利，可能迫使公司重返资本市场进行新的融资，如再次发行股票。在股权分散的大型公司，虽然董事会可以实现对经理层的监督，但他们经常“同穿一条裤子”，最终伤害小股东的利益。因此，更有效的监督机制是引入能够代表股东利益的“第三者监督”。因此，通过外部融资（借债、增发新股），可以解决企业董事会监督不力的问题——债权人、投资银行充当

"第三者"。这一方面使得公司更容易受到市场参与者的广泛监督，另一方面，再次发行股票不仅为外部投资者借助股份结构的变化对"内部人"进行控制提供了可能，而且再次发行股票后，公司的每股税后盈利被摊薄，公司要维持较高的股利支付率，则需要付出更大的努力。这些均有助于缓解代理问题，并降低代理成本。

因此，股利分配的代理成本理论认为，提高股利支付比率，促使企业增加外部融资需求，接受第三者的监督，有助于解决股东和管理者之间的代理冲突。

此外，有关股利分配代理成本理论的研究形成了一些新的视角，特别是从法律角度来研究股利分配的代理问题，取得了新的进展。这类研究的主要结论有三条：一是股利分配是法律对股东实施有效保护的结果，即法律使得小股东能够从公司"内部人"那里获得股利。二是在法律不健全的情况下，股利分配可以在一定程度上替代法律保护，即在缺乏法律约束的环境下，公司可以通过股利分配这一方式建立起善待投资者的良好声誉。三是受到较好法律保护的股东，愿意耐心等待当前良好投资机会的未来回报，而受到较差法律保护的股东则没有这种耐心。他们为了获得当前的股利，宁愿丢掉好的投资机会。

总之，无论从何种视角切入，股利分配的代理成本理论都在解释现实世界中的股利偏好。站在公司金融的角度，这意味着高派息比例有利于解决公司运营中的代理问题，从而能够提高公司股票价值。

三、股利分配的客户效应理论

股利分配的客户效应理论（Clientele Effect Hypothesis）产生于对股票市场上投资者的群体性偏好的解释，即股票市场上，投资者表现出明显的群体性偏好某种类型的股票。比如，退休人员偏好公用事业股（这类股票收益稳定、风险较小），高收入人员则更偏好增长型股票的再投资。

对此，客户效应理论认为，各种群体客户对现金股利和资本利得有不同的偏好和需求，尤其是对于股票价格具有重要影响的机构投资者。这种偏好和需求有些是出于自身的需要，有些则是出于法律或契约的约束。无论投资者是出于自愿还是强制，虽然存在交易费用等障碍，股利政策的改变最终会导致客户的变化。

该理论是在各个投资群体利益基础上提出的，企业的投资者可以分为各个不同的主体，由于每个群体的偏好不同，这样就需要根据不同投资者的特点来制定不同的股利分配策略，这样才能够保证企业股票价格的稳定，从而能够相对准确地反映企业的价值。

总之，企业应该制定符合客户偏好和需求的股利政策，才能保证股价的稳定性。

第 4 节　公司股利政策的选择

一、影响公司股利政策的因素

公司在确定其股利政策时，除了考虑理论分析的结果外，更要考虑诸多实际因素的影响。公司股利分配政策主要受以下几个方面因素制约：

（一）法律约束

为维护有关各方的利益，各国的法律对公司的资本积累比例、利润分配顺序、资本充足性等方面都有所规范，公司的股利政策必须符合这些法律规范。

（二）契约约束

当公司以长期借款协议、债券契约、优先股协议以及租赁合约等形式向公司外部筹资时，常常应对方的要求，接受一些关于股利支付的限制性条款。如：（1）规定每股股利的最高限额；（2）规定未来股息支付来源；（3）规定企业支付现金股息的制约条件。

（三）公司自身约束

1. 变现能力和现金流量约束。公司发放现金股利必须有足够的现金或者有充足的变现能力。如果公司既没有足够的现金，也没有充足的变现能力，则其发放现金股利的数额必须受到限制。

2. 偿债能力约束。偿债能力是股份公司确定股利政策时要考虑的一个基本因素。股利分配是现金的支出，而大量的现金支出必然影响公司的偿债能力。因此，公司在确定股利分配数量时，一定要考虑现金股利分配对公司偿债能力的影响，保证在现金股利分配后，公司仍能保持较强的偿债能力，以维护公司的信誉和借贷能力。

3. 投资机会约束。如果公司的投资机会多，对资金的需求量大，则公司很可能考虑少发现金股利，将较多的利润用于投资和发展；相反，如果公司的投资机会少，资金需求量小，则公司有可能多派发现金股利。因此，公司在确定其股利政策时，需要对其未来的发展趋势和投资机会作出较好的分析与判断，以作为制定股利政策的依据之一。

4. 资本成本约束。股份有限公司应保持一个相对合理的资本结构和资本成本。公司在确定股利政策时，应全面考虑各条筹资渠道资金来源的数量多少和成本高低，使股利政策与公司理想的资本结构及资本成本相一致。

5. 信息传递因素。股利分配是股份公司向外界传递的关于公司财务状况和未来前景的一条重要信息。公司在确定股利政策时，必须考虑自身希望向外界传达什么信息，以及外界对这一政策可能产生的反应。

（四）股东约束

1. 股东的风险收入需求约束。不同的投资群体表现出不同的现金需求和风险特性。有些投资者需要低风险和稳定的现金流入，有些投资者则愿意承受更高风险以及短期内得不到现金流。为保持股票在市场上的认同或保持股价稳定，上市公司在制定股利政策时必须考虑自身股票投资者主体的风险和收益特性，自身希望吸引哪些投资者，以及一旦股利政策发生变化会由于投资者的进入或退出给公司股价带来什么影响。

2. 控制权约束。高分红比例意味着较低的留存收益。在面临新的投资机会时，公司就要更多地从外部融资，包括增发新股。而增发新股的直接后果是股权稀释。如果公司股东和管理人员较为看重原始股东对公司的控制权，则该公司可能不大愿意发行新股，而是更多地利用公司的内部积累。这种公司的现金股利分配就会较低。

3. 所得税因素。税收因素是影响一切经济决策的基本因素。理性的公司管理层和投资者都会通过不同的收入支出安排合理避税，实现自身利益的最大化。正如税收效应理论等所表明的那样，股利所得税税率和资本所得税税率的差异以及资本利得延期实现，会带来不同股利分配政策下很大的税负差异。而且，考虑到股东不同年度收入的差异以及由此带来的边际税率的不同，不同的股利分配政策对股东财富有实质性影响。公司在制定股利分配政策时，必须考虑这一因素。

二、常用的股利政策

基于股利理论的现状和影响股利的因素，公司应视客观经济环境和公司本身的实际经营状况确定自己的股利分配政策，使公司价值实现最大化。在进行股利分配的实务中，公司经常采用如下几种股利政策。

（一）剩余股利政策

剩余股利政策（Residual Dividend）是以首先满足公司资金需求为出发点的股利政策。在确定企业最优资本结构后，核算出计划要投资的高效益项目所需的资金（权益资本），然后从净利润中扣除，剩余的利润作为股利进行分配。有剩余则分，无剩余则不分。根据这一政策，公司按如下步骤确定其股利分配额：（1）确定公司的最佳资本结构；（2）确定公司下一年度的资金需求量；（3）确定按照最佳资本结构，为满足资金需求所需增加的股东权益数额；（4）将公司税后利润首先满足公司下一年度的增加需求，剩余部分用来发放当年的现金股利。

剩余股利政策的优点在于，这一股利政策有利于公司保持最优资本结构，降低权益资本费用，从而提高企业价值。在公司具有良好投资机会的情况下，剩余股利政策是一种不错的选择。不足是由于企业每年的盈利在不断变化，面临的投资机会也在不断变化，各期股利不稳定，希望有稳定股利收入的投资者不欢迎。

（二）固定或稳定增长股利政策

固定或稳定增长股利政策以确定的现金股利分配额作为利润分配的首要目标优先予以考虑，一般不随资金的波动而波动。将每年股利确定在一定水平上并维持基本稳定，然后根据公司每年的盈利增长情况，在确信公司未来的盈利足以提高股利支付能力时，再按目标增长率逐步提高公司的股利支付水平。股利额相对固定或呈稳定增长趋势。

固定或稳定增长股利政策的优点在于：一方面，固定或稳定增长股利政策有利于向市场传递公司正常经营与稳步发展的信息，树立企业形象、增强投资者信心、稳定股价；另一方面，许多作为长期投资者的股东（包括个人投资者和机构投资者）对股利有较高依赖性，他们希望公司股利能够成为其稳定的收入来源以便安排消费和其他各项支出，固定或稳定股利政策有利于公司吸引和稳定这部分投资者的投资。

固定或稳定增长股利政策的缺点在于，固定或稳定增长股利对企业来说是一种必须开支的固定费用，从而增加了企业风险。而且，固定或稳定增长股利政策下，股利支付与企业盈利相脱离，如果盈利不稳定，可能导致资金短缺，财务状况恶化，或不得不改变原先预定的股利政策。因此，采用固定或稳定股利政策，要求公司对未来的支付能力作出较好的判断。一般来说，公司确定的固定或稳定股利额不应太高，要留有余地，以免造成公司无力支付的困境。

（三）固定股利支付率政策

这一政策要求公司将股利与盈利挂钩，按所要求支付股利占盈利的比例作为计算股利支付数量的标准，每年按固定的比例从税后利润中支付现金股利。

固定股利支付率政策的优点在于，股东所获股利与企业经营效益紧密结合，体现多盈多分、少盈少分、不盈不分的原则，股东与企业共担风险、共享收益，不会给公司造成较大财务负担。从企业支付能力的角度看，这是一种真正稳定的股利政策。但是，由于公司盈利在不断变化，这一政策将导致公司股利分配额的频繁变化，传递给外界一个公司不稳定的信息，导致股价不稳定。所以，很少有企业采用这一股利政策。

（四）低正常股利加额外股利政策

按照这一政策，在正常情况下，公司每年按一固定股利额向股东发放称为正常股利的现金股利。在企业盈利较高、资金较为充裕的年度向股东发放高于一般年度正常股利额的现金股利。其高出部分即为额外股利。

这种股利分配政策的优点在于具有较高的灵活性。一方面，稳定的正常股利有利于稳定投资者心理；另一方面，时常出现的额外股利有利于增强股东对企业未来发展的信心。因此，低正常股利加额外股利政策有利于稳定股价和吸引部分依赖股利生存的投资者。

但是，尽管低正常股利加额外股利政策追求股利政策灵活性与稳定性的统一，但这种政策下股利分配仍然缺乏稳定性。盈利的变化使得额外股利不断变化，或时有时无，给人飘忽不定的感觉。当公司在较长时期一直发放额外股利后，股东可能误认为是正常股利，一旦取消额外股利，容易造成“企业财务状况恶化”的错误印象，也将导致股价下跌。

（五）股利再投资计划

股利再投资计划是指企业自动使用股东的现金股利购买公司多余的股票，即将现金股利转化为新的股份。

股利再投资计划的优点在于：一方面，对于对公司发展前景具有信心且不急于套取现金的投资者而言，将股利自动转化为更多股份的机制具有强大的吸引力。另一方面，从公司角度看，股利再投资计划既使得企业避免了新股发行的很多费用，同时又满足了企业内部筹资需要。但是，股利再投资计划不适宜需要现金股利的投资者。

专栏 11－3

用友软件的股利政策分析

一、公司简介

北京用友软件股份有限公司（以下简称用友软件）自 1998 年成立以来，一直专注于自主知识产权的企业应用软件产品（ERP、SCM、CRM、HR、EAM、行业管理软件）和电子政务管理软件产品的研发、销售和服务，并在金融信息化和软件外包等领域居于市场领先地位。2001 年 5 月，用友软件股票在上海证券交易所挂牌上市（股票简称：用友软件；股票代码：600588）。

二、用友软件历年的股利分配方案

用友软件 2001—2007 年度的股利分配情况　　单位：元

年份	2001	2002	2003	2004	2005	2006	2007
净利润	70 400 601	91 605 983	74 911 911	69 441 400	9 883 500	173 389 800	360 450 000
现金股利（每 10 股）	6	6	3.75	3.2	6.6	6.8	10
股票股利（每 10 股，转增）	无	2	2	2	2	无	10
每股收益	0.7	0.92	0.62	0.48	0.57	0.77	1.6

三、用友软件股利政策的特点

1. 股利支付率较高。股利支付率（每股股利/每股收益）是反映公司股利政策和支付能力的重要指标。西方发达国家的这一指标始终保持在 50% 以上的水平，而我国上市公司的股利支付率普遍偏低，许多上市公司的派现并不充分。2000 年底，由于证监会规定现金分红是上市公司再融资的必要条件，2001 年开始，派现的上市公司的数量增多，但推出象征性分红的上市公司的数量也在增多，如有许多上市公司派息在 0.1 元以下，扣除红利税后，对中小投资者而言，这种派现几乎毫无意义。2004 年 12 月，中国证监会明确将再融资资格与现金分红直接挂钩，但是仍有许多上市公司的股利支付率低于 10%。

2000—2005 年我国上市公司的平均股利支付率　　单位：%

年份	2000	2001	2002	2003	2004	2005	平均
股利支付率	47.43	35.3	32.76	41.78	42.30	43.48	40.51

与大部分上市公司不同的是，用友软件连续 7 年均发放了现金股利，且股利支付率都很高。最低的 2003 年的股利支付率也达到了 60%，7 年平均股利支付率则达到了 77.22%，这远远高于我国上市公司的平均水平。

2. 股票股利所占的比重小。我国上市公司在 2000 年以前，以送股作为主要的股利分配方式，派发现金股利的上市公司的数量很少。2000 年以后，派发现金股利的上市公司的数量才开始逐渐增多，但股票股利仍在股利分配形式中占有重要的地位。而用友软件采取的则是低股票股利的政策，6 年中最多一年是 2005 年的每 10 股转增 3 股。这样既避免了股权的分散，又能保证每股收益的持续增长，从而保证了其股价的稳定。

3. 股利政策具有连续性。由于没有把投资者的利益置于应有的位置上，我国大多数上市公司没有明晰的股利政策目标。因而在股利政策的制定和实施上缺乏长远打算，带有很大的盲目性和随意性。能够不间断派现，使股利政策保持连续性的公司很少。1996—2000 年，连续 4 年分红的公司仅为上市公司总数的 4.5%。即使一些连续派现的公司，派现比例在各年度间的分配也不均衡，有的年度奇高，有的年度很低。而用友软件却连续 6 年采取了高额的现金股利和较低的股票股利。稳定的股利政策向市场传递着公司正常发展的信息，有利于树立公司良好的形象，增强投资者信心，稳定公司股票价格。

四、启示

一般来说，能够连续派现并实施稳定股利政策的公司，通常是业绩优良且稳步增长的公司，投资者对这类公司抱有良好的投资预期，其股价也相应保持稳定。用友软件可以说是我国上市公司中高额现金股利的典型。通过对用友软件股利政策的分析，我们可以得到下列启示：

1. 一个公司之所以采取高额的现金股利政策主要有以下几个方面的原因：（1）财务状况良

好。用友软件的流动比率和速动比率都比较高，远远超过一般认为的 2 或 1 的标准，资产负债率也比较低，长、短期都没有偿债压力，财务风险很低。而且公司每年都盈利，经营活动产生的现金净流量都是正值，说明净利润是有真实的现金保证的。（2）投资项目并不急需资金。一般来说，企业在进行利润分配时会考虑到它所处的生命周期。一个企业的生命周期可以分为初创期、成长期、成熟期和衰退期。通常情况为：①初创期阶段，企业主要致力于新产品开发和开拓市场，这时需要大量的资金投入，企业往往处于亏损或微利状态，所以一般不进行现金股利分配。②成长期阶段，产品已逐渐走向成熟并开始获利，但由于急需拓展经营，仍需要大量外界资金的支持，因此这时企业一般不分配现金股利或支付较低现金股利。③成熟期阶段，企业的增长速度开始放慢，获利水平相对稳定。由于企业的扩张潜力有限，会产生多余的现金流，因此企业通常会增加现金股利。④衰退期阶段，企业的获利能力下降，再投资机会已经枯竭，但现金流量依然较多，这时企业也可以采取高额现金股利。当然，还要考虑公司的生产特点和投资项目的实际情况等因素。（3）其他原因。发放高额现金股利，降低了公司的净资产规模，提高了净资产的收益率，给予投资者积极的信号，促使股票价格上涨。同时，有利于保持控制权的稳定。当然，在我国高额分红也不能排除控股股东为回避风险，尽快收回投资的短期化行为，而且这种行为是在法律和市场规则许可的范围内进行的。用友软件的董事长王文京虽然并不直接拥有用友软件的股票，但却几乎控制了所有的法人股股东，间接占有用友软件总股本的 55.2%，在 2001 年的股利分红中他作为大股东独自分得了 3 312 万元的庞大金额。这样看来，派现的好处基本落在了大股东的身上，所以大股东的利益要求无疑是影响企业股利分配的重要因素。

2. 在我国，高额现金股利并不一定得到投资者的认可。与国外成熟证券市场不同的是，在我国证券市场上，高比例送股和转增股一直受到市场追捧。2006 年年报公布后，很多股票推出高送转预案后股价随即大幅上涨，大盘蓝筹大唐发电（601991）公布 10 送 10 的分配方案，连续涨停，合肥百货 10 送 5 强势涨停。统计显示，上证指数 2006 年 1 月累计涨幅为 4.14%。与其相比，推出送转预案的公司涨势明显高于大盘。而连续派现且支付率较高的股票却表现平平，吸引不了投资者的眼球。这种现象，扭曲了股利政策与股价之间的关系，导致证券市场资源配置的无效，助长了投资者的投机行为。随着我国证券市场的逐步规范，投资者的逐渐成熟，这一现象会逐步改变。从这一方面看，用友软件采取的长期稳定的现金股利政策会越来越得到市场的肯定。

3. 我国上市公司在制定股利政策时应该注意的问题。股利政策是一个综合决策，需要考虑内外部多方面因素，并且股利政策还要与自身发展相适应。我国公司在股利政策的制定方面，迫切需要以科学、系统和实用的理论及实践经验做指导。主要应注意以下问题：首先，应遵循制定股利政策的一般原则，即要保证股东利益最大化，有利于资本结构的调整，还应保持股利政策的连续性和稳定性。其次，在结合公司自身因素的基础上，选择适合本公司的长期股利政策。这主要取决于公司的发展阶段：初创阶段和衰退阶段的公司，大都采用剩余股利政策；高速增长阶段的公司应采用低正常股利加额外股利政策；稳定增长阶段的公司理想的股利政策应是固定或稳定增长股利政策；成熟阶段的公司应采用固定股利支付率政策。再次，还要考虑股利分配形式的选择。这既要考虑国家法律的限制，又要考虑公司不同时期的财务状况，还有股东的偏好与意见等。最后，还要考虑公司的股本规模。公司股本规模越大，股本扩张空间越小，倾向于以现金股利的形式支付股利，从而派现的比例大，送股的比例小。公司股本规模越小，股本扩张能力越强，可以采取以送股的形式发放股利，少支付现金股利。

第 5 节　股票股利、股票分割和股票回购

前面研究的股利政策，实际上主要考虑的是现金股利政策。但有时公司的股利发放也可能采用股票股利形式。因此，探讨股票股利及其有关的股票分割和回购问题，是研究公司股利政策时必须考虑的另一方面。

一、股票股利

股票股利是用股票支付股东股利的一种方式，俗称“送股”。公司派发股票股利不会导致公司的现金流出，而只是将公司税后利润转化为公积金或股本金。股东的持有比例也没有发生变化，发生变化的只是拥有的股票数量。股票股利发放后，公司的股东权益结构、每股收益和每股价格会发生变化。

例 11 -3　某公司股东权益结构如表 11 -5 所示，假定该公司宣布发放 10% 的股票股利，即发放 30 000 股普通股股票，现有股东持有 10 股可得 1 股新发行的股票。若该股票当时市价为 10 元，随着股票股利的发放，需要从“未分配利润”项目中划转出的资金为

$$300\ 000 \times 10\% \times 10 = 300\ 000（元）$$

表 11 -5　　**某公司发放股票股利前后的股东权益情况**

项目	股票股利发放前	股票股利发放后
普通股（股）	300 000	330 000
资本公积（元）	600 000	870 000
未分配利润（元）	3 000 000	2 700 000
股东权益合计（元）	3 900 000	3 900 000

由于股票面额不变，发放 30 000 股，普通股只相应增加“普通股”项目 30 000 元，其余的 270 000 元应作为股票溢价转至“资本公积”项目，但是股东权益总额保持不变。表 11 -5 显示了发放股票股利对股东权益的影响。从表 11 -5 可以看到，发放股票股利不会对公司股东权益总额产生影响，但资金会在各股东权益项目之间再分配。发放股票股利对每股收益和每股市价的影响，可以通过对每股收益、每股市价的调整直接算出。

$$EPS' = \frac{EPS}{1 + D_S} \tag{11-7}$$

$$P_S = \frac{P_m}{1 + D_S} \tag{11-8}$$

式中：EPS'为发放股票股利后的每股收益；EPS 为发放股票股利前的每股收益；D_S为股票股利的发放率；P_S为发放股票股利后的每股市价；P_m为除息前股票的每股市价。

从理论上讲，股票股利发放后，股东持有的股票数量增加了，但由于股票价格会等比例地下跌，因此股东财富并没有增加。但实际上，股票下跌幅度的大小将取决于市场

的反应程度，由于发放股票股利通常意味着公司有良好的获利潜力和发展前景，因而其股价下跌的幅度相对有限，即股价下跌比例通常低于股票股利的发放率，在某些情况下，发放股票股利后股票价格甚至高于发放之前。这样，对股东来说无疑能够享受股价相对上涨带来的股票收益。例如，某投资者持有A公司股票1 000股，目前市场每股10元，公司按10%的比例派发股票股利，派发股票股利后股票市场下跌5%，即每股9.5元，则该投资者所持股票每股价格相对上涨了0.45元（1 000股×（1+10%）×9.5元/1 000股－10元），因价格相对上涨所带来的收益为450元（1 000×0.45）。对公司而言，发放股票股利一方面具有与现金股利类似的市场效应，如向市场传递着公司发展良好的信息，可以稳定或提升股票价格；另一方面又能使企业保留现金用于投资需要，有利于企业的长期发展。因此，在公司资金紧张、无力支付现金股利的情况下，采取发放股票股利的做法不失为一种权宜之计。但如果公司长期不支付现金股利，仅靠发放股票股利是不能够令公司股东信服的，公司股票的投资价值可能受到不好的影响。另外，由于发放股票股利可以降低公司股票的价格，一些公司在其股票价格较高、不利于交易时，常通过发放股票股利来适当降低股价水平，以促进公司股票的交易。

二、股票分割

股票分割又称拆股（Stock Split），是指将面额较高的股票转换成面额较小的股票的行为。实行股票分割后，股票面额按一定比例减少，同时股票数量按同一比例增多。例如，公司实行一分为二的股票分割，则股票面额变为原来的一半，而普通股总数增加为原来的两倍。从会计角度看，股票分割对公司的资本结构、资产的账面价值、股东权益的各账户（普通股、资本公积、留存收益）等都不产生影响，只是使公司发行在外的股票总数增加、每股股票代表的账面价值降低。因此，股票分割和发放股票股利的作用非常相似，都是在不增加股东权益的基础上增加股票的数量。所不同的是，股票分割导致股票数量的增加量远远大于发放股票股利，而且在会计上的处理也有所不同。

例11－4 某公司本年净利润为400 000元，原发行面额1元的普通股200 000元，若按1股换成2股的比例进行股票分割，那么股票分割前的每股收益为2元（400 000/200 000），股票分割后公司净利润不变。表11－6给出了该公司实施1:2分割前后资产负债表中股东权益部分的变化状况。

表11－6　某公司股票分割前后股东权益状况

项目	股票分割前	股票分割后
普通股（股）	200 000	400 000
资本公积（元）	60 000	60 000
未分配利润（元）	400 000	400 000
每股收益（元）	2	1

从表11－6不难看出，股票分割既不能增加公司的资产价值，也不会改变公司的股东权益结构。公司之所以要进行股票分割，主要基于以下方面的考虑：

1. 降低股票价格，增强公司股票的流动性。有人认为，股票价格存在一个最优的范围，在此价格范围内，公司股票价值可以达到最大。当股票价格过高超过这个范围时，投资者无力购买股票，从而影响股票交易的活跃和流动性，这使投资者的需求受到抑制。因此，在出现这种情况时，公司常常采取股票分割的手段抑制股价。

2. 由于股票分割常见于成长中的企业，因此企业进行股票分割往往被视为一种利好消息而影响其股票价格，这样，企业股东就能从股份数量和股票价格的双重变动中获得相对收益。

三、股票回购

如果一个公司的现金较多，但又没有有利可图的投资机会，在这种情况下，采用高保留盈余、低现金股利支付的政策是不恰当的，而应把现金分配给股东。这时，可以采用如下两种方式：（1）增加现金股利的发放；（2）用现金回购部分股票，使流通在外的股票减少，提高每股盈余，从而促使股价上涨，使剩余股东也从股价上涨中获益。这种由公司回购部分流通在外的普通股，使其退出流通的行为就叫作股票回购。那些回购的股票通常作为企业的库存股，当企业需要现金时可以再次出售。另外，回购的股票也可能被注销，作为企业减资的手段。

例 11 -5 假设某公司发行在外的普通股股票有 100 000 股，目前公司有 300 000 元（每股 3 元）的多余现金，正准备将这笔资金作为额外股利发放给股东。公司预计发放股利后，年度净利润为 450 000 元，即每股收益 4.50 元。同类公司市盈率为 6，因此公司股票的价格为 27 元。

如果公司用多余现金回购自己的股票，假设按每股 30 元的价格回购，则公司可回购 10 000 股股票，这样发行在外的股票变为 90 000 股。由于发行在外的股票数量减少，每股收益将升至 5 元。假定回购股票前后公司的市盈率不变，仍为 6，则回购后公司的股票价格将达到 30 元。发放现金股利或股票回购后公司的具体情况如表 11 -7 所示。

表 11 -7　　发放现金股利与股票回购对股票价值的影响

股利形式	项目	总额	每股收益（或价格）
发放现金股利	股票总数（股）	100 000	
	现金股利（元）	300 000	3
	发放股利后的年度利润（元）	450 000	4.5
	发放现金股利后的股票市值（元）	2 700 000	27
股票回购	股票数量（股）	90 000	
	发放股利后的年度利润（元）	450 000	5
	发放现金股利后的股票市值（元）	2 700 000	30

由例 11 -5 可知，如果忽略税收和交易成本，公司股东以现金股利和股票回购的方法得到这 300 000 元现金的结果相同。以现金股利的方式，每个股东每股得到 3 元的现金股利，同时持有每股价值 27 元的股票，总价值 30 元。以股票回购的方式，每位股东

将拥有价值30元的股票，或出售该股票获得30元的现金。这一事例告诉我们，如果市场是完美的，公司采取发放现金股利和股票回购两种方式向股东支付股利是没有区别的。

（一）股票回购的方式

在西方，股票回购的方式主要有公开市场购买、要约收购和协议收购等三种。

1. 公开市场购买（Open - Market Purchase）。公开市场购买是指公司通过经纪人在公开市场上回购其自身的股票。证券交易管理机构规定，当公司向公开市场回购股票时，应注意披露回购股票的意图、数量等信息，以限制公司为其股票抬价的行为。

2. 要约收购。要约收购也叫招标出价收购，具体又分为固定价格招标收购（Fixed - Price Tender Offer）和荷兰式拍卖收购（Dutch - Auction Tender Offer）。

固定价格招标收购是指公司按某一特定价格向股东提出回购若干股份。招标价格一般高于当时市价，以吸引股东出售其持有的股票。招标出价的时间一般为2～3个星期，如果股东提供的股票超过企业最初拟回购的股票数，那么企业有权决定购买全部或部分的超额供给。但是，企业并没有义务去这样做。如果招标出价购买未能满足公司原定想要回购的股数，则可以通过公开市场回购余下的不足数。一般而言，公司招标收购中发生的交易成本要高于公开市场购买。

荷兰式拍卖收购是指：由企业详细说明愿意回购的股票数量，以及愿意支付的最低与最高价格。一般而言，最低价格稍高于现行市场价格。然后，股东向企业提出他们愿意出售的股票数量以及在设定的价格范围内他们能够接受的最低出售价格。在接到股东报价后，企业将它们按从低到高的顺序进行排列，然后决定能够实现事先设定的全部回购数量的最低价格。这个最低价格将用于支付给那些报价低于或等于该价格的股东。与固定价格招标收购不同，荷兰式拍卖收购方式下，公司不知道最终的回购价格。

3. 协议收购。协议收购是指公司以协议价格直接向一个或几个主要股东回购股票。协议购买的价格通常低于市场价格。用这种方法进行交易时应注意保持公众合理的回购价格，以避免损害其余股东的利益。

（二）股票回购的作用

公司通过股票回购可能会产生以下作用：

1. 股票回购可以调整公司的资本结构，发挥财务杠杆的作用。当公司认为，其资本结构中权益资本比重过高时，就可能通过股票回购实现资本结构的合理化。此外，当公司的投资报酬率高于债务成本而公司的负债比率又不是很高时，公司存在很大的融资空间。如果此时公司回购股票，无论采取现金回购还是采用负债回购，最终都会导致股权资本比重的下降。公司如果能够适度举债，提高资产负债率，充分利用负债的税盾作用，将提高公司净资产收益率，更好地发挥财务杠杆效应。

2. 增加股利分配的灵活性。公司在短期内获得较高的收益时，如果认为较多的现金只是暂时现象，为了维持原来股利分配的稳定性，不再提高股利分配比例，此时可回购股票，增加公司在股利分配策略上的灵活性。收回的库存股，可以用来交换被收购或被兼并公司的股票，也可以用来满足认股权证持有者认购公司股票或可转换债券持有人将可转换债券转化为公司普通股的需要。

3. 反收购策略。股票回购在国外经常被用作重要的反收购策略。股票回购可提高公司股价，减少流通在外的股份，从而使收购方的收购难度增加。但由于回购的股票无表决权，回购后收购方的持股比例会上升。因此公司需将回购股票再卖给稳定股东，才能起到反回购的作用。

4. 考虑到个人所得税的影响，进行股票回购与发放现金股利相比，可能会减少股东的税收支出，从而使其实际收益增加。因为，股票回购后股东得到的资本利得，只需缴纳资本利得税，而发放现金股利后股东则需缴纳个人所得税。个人所得税税负要远远高于资本利得税。

5. 信号效应。投资者会把“股票回购的宣告”看作有利的信号，因为他们相信肯定是由于管理层认为公司的股价被低估了才会回购股票。大量的经验研究表明，平均来讲，市场对公司宣布进行股票回购给予积极的反应。而且，进行股票回购的公司的股票价格的长期表现明显要优于不进行股票回购的类似公司。

本章小结

1. 股利是股息和红利的总称，是股东依据其拥有公司股份从公司分得的利润。按不同的支付方式，股利可分为现金股利、股票股利、财产股利和负债股利。

2. 股利政策理论探讨的重点是股利政策是否影响公司价值。传统股利政策理论包括股利无相关假说、“在手之鸟”理论、股利分配的税收效应理论等。

3. 现代股利政策理论包括股利分配的信号传递理论、股利分配的代理成本理论、股利分配的客户效应理论等。

4. 公司的股利分配政策主要受法律、契约、公司自身、股东等几方面的约束，实践中常见的股利政策有剩余股利政策、固定或稳定增长股利政策、固定股利支付率政策、低正常股利加额外股利政策、股利再投资计划等。

5. 股票股利是用股票支付股东股利的一种方式，股票股利发放后，公司的股东权益结构、每股收益和每股价格会发生变化。股票分割是指将面额较高的股票转换成面额较小的股票的行为，股票分割对公司的资本结构、资产的账面价值、股东权益的各账户等都不产生影响，只是使公司发行在外的股票总数增加、每股股票代表的账面价值降低。股票回购是指公司购回部分流通在外的普通股，使其退出流通的行为，股票回购的方式主要有公开市场购买、要约收购和协议收购等三种。

本章思考练习题

一、选择题

1. 公司 A 税后利润为 800 万元，现需增加资本投资 1 000 万元，目标资本结构为权益资本占 60%，债务资本占 40%，则根据剩余股利政策，公司分配的股利为（　　）。

A. 600 万元　　B. 800 万元　　C. 480 万元　　D. 200 万元

2. 容易造成股利支付额与本期净利润相脱节的股利分配政策是（　　）。

A. 剩余股利政策　　B. 固定或稳定增长股利政策

C. 固定股利支付率政策　　D. 低正常股利加额外股利政策

3. 要想获得减税效应，应采用低股利支付率，这种观点是（　　）。

A. 股利无相关假说　　B. “在手之鸟”理论

C. 股利分配的税收效应理论　　D. 股利分配的客户效应理论

4. 影响股利政策的因素有（　　）。

A. 法律因素　　B. 契约因素　　C. 公司因素　　D. 股东因素

5. 采用低正常股利加额外股利政策（　　）。

A. 向市场传递公司正常发展的信息

B. 使公司具有较大的灵活性

C. 保持理想的资本结构，使综合成本最低

D. 吸引部分依赖股利生存的投资者。

6. 造成股利波动较大，给投资者以公司不稳定的感觉，对于稳定股票价格不利的股利分配政策是（　　）。

A. 固定股利支付率政策

B. 固定或稳定增长股利政策

C. 剩余股利政策

D. 低正常股利加额外股利政策

7. 发放股票股利，不会产生影响的是（　　）。

A. 引起每股盈余下降

B. 股东权益各项目的比例发生变化

C. 股东权益总额发生变化

D. 股票价格下跌

8. 按照剩余股利政策，假定某公司目标资本结构负债/权益比率为2/3，明年公司计划投资600万元，今年末股利分配，应从税后净利中保留（　　）用于投资需要。

A. 400万元　　B. 200万元　　C. 360万元　　D. 240万元

9. 下列说法不正确的是（　　）。

A. 股东对股利没有法律上的权利

B. 公司的留存现金属于股东所有

C. 传统的股利观点认为所有留存现金应该支付给股东

D. 股利决策可能对项目筹资有影响

10. 建立在完美资本市场的假定前提条件下的股利政策理论是（　　）。

A. 股利无相关假说　　B. “在手之鸟”理论

C. 股利分配的税收效应理论　　D. 股利分配的信号传递理论

二、计算题

1. 假设股利所得税税率为40%，资本利得的所得税为0。现有A、B两个公司，有关资料如下：A公司当前股票价格为10元，不支付股利，投资者期望一年后其股票价格

为12.5元。B公司除在当年末支付1元的现金股利外，其他情况与A公司相同。若要使A、B公司股东的税后收益相同，试比较两公司的税前收益率。

2. 假设股利所得税税率为40%，资本利得的所得税为0。现有A、B两个公司，有关资料如下：A公司当前股票价格为10元，不支付股利，投资者期望一年后其股票价格为12.5元。B公司当前股价为9元，预计当年末支付1元的现金股利，风险等其他情况与A公司相同。若要使A、B公司股东的税后收益相同，B公司一年后的股价是多少？

3. 某公司现有盈利150万元，可用于发放股利，也可用于留存收益。假设该公司的最佳资本结构为40%的负债和60%的股东权益。根据公司加权平均的边际资本成本和投资机会计划决定的最佳资本支出为120万元。该公司拟采取剩余股利政策。则：

(1) 该公司的股利发放额和股利支付率为多少？

(2) 如果资本支出预算为200万元与300万元，则股利支付率各应为多少？

4. 某公司发行在外的普通股为200万股，年净利润为600 000元，目前股票价格为每股3元，公司计划按照10股送1股的比例发放股票股利，则：

(1) 发放股票股利后股票价格为多少？

(2) 如果一个投资者在发放股票股利前拥有公司股票100股，那么发放股票股利后他所拥有的股票总体价值有没有变化？为什么？

5. 某公司计划发放500 000元的现金股利，现在发行在外的股票为250 000股，每股收益为5元，除息日后股票价格为50元。如果公司决定不发放股票股利而是回购部分公司股票，则：

(1) 回购价格应为多少？

(2) 应回购多少股？

6. 某公司采用剩余股利政策，该公司认为0.8的债务权益比是最适当的。公司刚刚结束的财务年度的利润为900万元，公司宣布其中的420万元用于发放现金股利。在公司发放现金股利后，公司的新增债务资本是多少？债务资本和权益资本总共增加了多少？

三、思考题

1. 用税收效应理论解释我国上市公司的高分红偏好行得通吗？

2. 影响股利政策选择的因素有哪些？

3. 常用的股利政策有哪些？

4. 股票股利和股票分割有何不同？

5. 股票回购有何作用？

6. 试论述和评价股利分配的信号传递理论。

第 12 章

公司资产重组与并购

本章知识结构

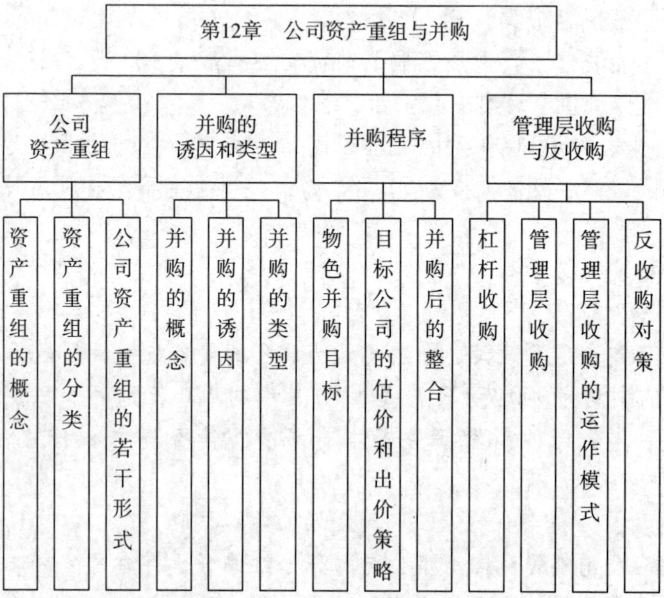

本章学习目的

1. 掌握公司资产重组和并购的诱因、类型；
2. 全面认识公司资产重组和并购的基本程序和支付方式；
3. 理解公司资产重组和并购的实践活动；
4. 掌握管理层收购的含义，了解管理层收购的运作模式。

第1节 公司资产重组

资产重组是公司优化资源配置，提高经营效率的过程。随着我国经济体制和企业制度改革的深化，资产重组越来越受到人们的关注。资产重组过程可以依托证券市场，也可以在证券市场之外运作，但证券市场是主要运作平台。我国证券市场的建立和逐步发展，为公司资产重组提供了重要条件。

一、资产重组的概念

资产重组涉及狭义和广义两种资产。狭义的资产指公司净资产，即公司资本。有了公司资本，公司可以负债经营，支配比公司资本多得多的总资产。广义的资产包括公司的总资产，还包括一切可以被公司支配且可为公司带来收益的资源。资产重组涉及的是广义资产。

资产重组就是对公司广义资产即公司可支配的资源的优化配置。公司可支配的资源分为三类。

第一类资源是公司生产经营的有形资产和无形资产。物质形态的有形资产是公司土地、建筑物、设备、原材料等，资产重组包括对这些生产要素的优化配置，如土地置换、设备更新改造、建筑物改扩建等，由此引起产品结构和生产要素发生变化。价值形态的有形资产即公司的利润、成本、资本金、负债等，其重组关系到公司资本结构、资产负债率、成本结构、总资产收益率、净资产收益率等。无形资产指商标、商誉、专利、特许权等不表现为物质形态但能为企业带来收益的资产。资产重组中某些公司的品牌得到彰显，某些公司的商誉上升，即无形资产的潜在价值得到了社会认可。公司制使股权资本在资本市场上适度流动，公司以股权买卖、股权置换、参股、合资等方式使公司的有形资产和无形资产配置趋于优化。

第二类资源是人力资源。人力资源由管理层和公司员工构成。资产重组中改组董事会和调整经理层是难以避免的，关键岗位人员调整也经常发生。资产重组过程也是挑选、培育优秀经理层的过程。

第三类资源是组织资源。企业可以采用公司制、合伙制、业主制等组织形式，公司制企业又分为有限责任公司和股份有限公司。有限公司可以国有独资。股份有限公司中的一部分可以上市。公司内部可采取事业部制、职能制、矩阵式的组织框架。集团公司可以调整管理层级和子公司、孙公司之间的股权结构和组织形式。调整组织资源的配置，使其与生产经营的要求相适应，也是资产重组的重要内容之一。

二、资产重组的分类

（一）上市前重组和上市后重组

1. 股份有限公司欲成为上市公司必须在作为未来保荐人的投资银行的辅导下，进行上市前重组。此时应对公司的财务状况和经营业绩进行全面分析，确立公司的财务目标，突出公司的主营业务，为此应调整资产结构，处理不良资产，明确主业和其他业务的关联性和盈利状况，使公司在资本金、财务状况、经营业绩、主业状况等方面达到《公司法》《证券法》和交易所的标准，并使公司的盈利能力和前景得到投资者的认可。

2. 上市后的资产重组是证券市场的重要题材。公司上市后主业萎缩，或业绩不佳，达不到配股或增发要求，或连续亏损面临退市威胁，都需要进行资产重组以挽救危局。上市后重组包括买壳、借壳、拆分、并购、托管、股权转让等。

（二）内部重组和外部重组

内部重组指集团公司或上市公司内部的资产重组。公司上市前的业务拆分、资产剥离，集团公司在其子公司上市后借壳，集团公司内部各层级子公司之间的并购、拆分、股权调整、资产受让均属于内部资产重组。

外部重组指集团公司外的公司或上市公司外的公司参与的资产重组。上市公司参股、控股另一家公司，非上市公司买壳上市集团公司或上市公司开拓新的业务领域等属于外部重组。

（三）扩张性重组和收缩性重组

1. 扩张性重组指使公司规模和经营领域扩展的重组，主要包括并购和合营。并购涉及内容十分广泛，故而本章专节予以介绍。

合营指两个以上公司的少部分业务交叉合并，事先约定只限于在一定时期内合并，到期可以续约，也可以不续约。合营企业是独立的法人实体，参与合营的各方可以用现金或非货币资产方式投资该企业。合营的领域是销售、研发、生产等业务环节。参与合营的各方目的不尽一致，包括获得其他参与方的经验、获得专利或技术使用权、利用东道国合营伙伴对当地环境的知识、分担大型项目的风险等。

合营行为靠长期合同约束。由于合同是面向未来的，未来一旦出现合同中未载明事宜，参与双方可能发生分歧，使合营合同提前失效。

专栏 12－1

微软与用友合营，微软渗入到用友渠道

2008 年 2 月 27 日，国内软件开发两强之一的用友软件宣布成为微软全球独立软件开发商合作伙伴。微软在全球范围内这一级别最高的合作伙伴只有 12 家，合作领域涵盖全球级产品开发与联合创新、技术支持、市场销售和渠道开拓。

此前，微软和中软、神州数码、浪潮等 6 家公司签订了战略合作协议。此次与用友的协议，除技术开发上强度深化之外，还涉及市场销售，用友将以自己的销售渠道帮助微软销售其数据库软件、Office 软件，协助推进微软正版化以带动其 LIVE 在线服务的销售。

用友作为中国最大的独立软件开发商之一，其市场份额已远远超过甲骨文、SAP 等国外对手。成为合作伙伴后，用友新一代产品 U9 将完全基于微软 .net 平台，微软的产品路线图、开放性能实验室以及专门的工程师认证培训都会向用友开放，还会派一个 50 人的专属团队随时对用友予以支持，也可双方投资开发新产品。用友在提前两三年看到微软产品路线图并获得技术支持后，可改变以往先闭门造车再拿到市场上去测试调优的模式，使产品真正国际化。

微软没有收购用友，但用友的承诺可以使微软左右其产品线，它进入用友的销售渠道是其更大的收获。当前软件业正在向互联网转型。微软、IBM 等世界巨头正在激烈地争夺市场。微软力推的 S + S（软件 + 服务）的概念要想在中国生根必须借助用友一类公司的帮助。因而，微软与用友的合作不仅着眼于产品创新，还要把产品送到用户手中，这恰是用友的强项。

资料来源：郑迪．微软、用友新恋情［N］．21 世纪经济报道，2008 -03 -04.

2. 收缩性重组指公司规模及经营范围收缩的重组，主要包括资产剥离、公司分拆、股权回购、破产清算，其中破产清算是最彻底的收缩性重组。收缩性重组可能因某一部门持续亏损、资产置换、卖掉其产品需高额纳税的生产线、某项业务无法挽回败局等原因而发生；也可能因为某一业务领域缺乏适宜员工、某项业务没有竞争优势、管理层不具有管理某一业务领域的知识和能力而发生；风险投资机构成功退出、公司经营或财务状况变化、公司因过于庞大效率低下而需要瘦身；某一业务的市场已经趋于饱和时都可能发生收缩性重组。破产清算是经营失败的标志，作为收缩性重组的最极端方式，破产清算可以激励公司有效竞争，也可以使低效率公司不再浪费社会的资源。

专栏 12 -2
新三九清理非医药资产

2007 年 3 月华润集团获得了三九集团的资产重组权后，在国家工商总局注册成立了新三九控股，作为重组三九集团的管理平台。华润对新三九的定位非常清晰，就是要打造中医药和 OTC 民族品牌。重组后的新三九控股的业务将集中在医药。解决三九集团业务过分多元化问题，处置三九集团旗下的非医药资产，是华润最紧迫的任务。新三九控股完成对三九集团的重组后，所有医药资产将进入新三九控股，非医药资产将被分类处理。

三九集团的医药资产主要是三九医药，三九医药旗下共有 21 家医药企业，其中非上市的医药资产包括山东医药 55% 的股权，湖南三九 58% 的股权等。三九医药的非医药资产有全资控股、参股非医药二级企业 65 家，连同下属的三级、四级子公司在内则达到 310 余家，涉及工程建设、房地产、进出口贸易、传媒等诸多行业，其资产规模庞大，早在 2003 年销售额即已达 30 亿元，产值则超过 30 亿元。

2007 年 9 月，三九集团与债权方达成债务重组协议。三九集团旗下非上市公司股权、三九系列商标和外观设计专利形成的资产包价值额为 11 亿元，用于抵偿三九医药的债务。非医药资产拟留下盈利稳定的广东三九脑科医院和深圳脑科医院。其他非医药资产分别以不同方式处置。2007 年 10 月上旬至 11 月 5 日，三九集团下属中国航空港控股 58% 的北京宝泰隆 100% 的股权和直接债权，在上海产权交易所挂牌出售，挂牌标价为 1. 9 亿元，其资产为北京西单北大街与辟才胡同交口 4 653 平方米的地块，地处西单商圈核心地带。宝泰隆当时的总资产为 3. 53 亿元，总负债为 3. 11 亿元，负债中有以项目土地使用权和在建工程为抵押的银行贷款 1 亿元。收购方除支付上述 1. 9 亿元之外，还需承担应付工资款 44 万元和宝泰隆的 9 000 万元其他应付款，因而其支付款项总额将达到 2. 8 亿元。

在处置非医药资产的同时，新三九将主要精力放在产品延伸和品牌整合上，配合国家医疗体制改革，将参与公费医药的医学项目。

❶ 资料来源：法灵. 急售宝泰隆——三九重组加速提炼医药主题［N］. 21 世纪经济报道，2007－10－14.

（四）场内收购资产重组和场外收购资产重组

1. 场内收购资产重组指收购上市公司的流通股，参股目标公司甚至成为控股股东，其中一部分属于要约收购。2005 年开始的股权分置改革，为我国的场内收购提供了要素便利，非流通股解禁使可收购的证券数量大大增加。目前场内收购的规模也越来越大。

2. 场外收购资产重组指法人股或几家股东在二级市场之外谈判，签订协议，收购上市公司流通股的行为，属于协议收购范畴。收购的目的同样是参股或控股被收购方。

要约收购和协议收购将在本章后文中介绍。

三、公司资产重组的若干形式

（一）资产托管

资产托管是指以契约形式将原公司资产的全部或其中一部分让渡给受托方，受托方有条件地接受委托方的委托管理和经营其资产，以便使受托公司资产保值增值的行为。

企业托管未改变或暂时未改变既有产权，属于直接的资产重组。受托方无偿受让委托方资产的条件，往往是承担委托方全部债务，安排委托方职工。托管人受让委托方资产后通过有效管理与经营，安排、出售、转让或拍卖受托资产，清偿委托方债务，收回委托方债权，安排委托方职工，可以规避公司破产和并购问题。受托方可以是独立的托管公司、国有资产经营公司、中外合资或外商独资企业，也可以是私营企业。托管方的职责是在约定的期限内运营、管理受托资产，使资产保值增值、恢复生命力。被托管的企业可以是亏损企业、产权不清的企业、经营困难需调整主营业务的企业，也可以是经营状况较好的企业。国有企业、私营企业、中外合资或合作企业，乃至有问题的上市公司都可以运用资产托管形式重组。

（二）买壳和借壳上市

壳指公司的上市资格。由于能上市的公司为数不多，壳成为一种稀有资源。我国证券市场自 20 世纪 90 年代初建立至今，A 股上市公司只有 3 500 多家。上市是众多公司的愿望，但上市的条件要求严格，且要经过证监会发审委核准，发行成本较高。绕开这些障碍，进行资产重组，成为较快的低成本上市的一种捷径。

1. 买壳上市。买壳上市是指非上市公司收购上市公司股权，控股上市公司之后，再由上市公司收购非上市公司的资产，将非上市公司的主体注入上市公司，达到非上市公司作为上市公司实际控制人间接上市的目的。

2. 借壳上市。借壳上市有两种做法。一种做法是将集团公司或大型企业的某个子公司或某部分资产重组，使其达到上市条件后上市，然后上市公司向母公司配发新股，母公司将其资产注入上市公司。另一种做法是上市公司向集团公司内部或外部非上市公司定向增发新股，非上市方以自身的资产作为对价，注入上市公司，成为上市公司的控股股东。

集团公司内部的借壳上市省略了买壳，且双方处于同一集团公司之中，利益冲突较少，上市后的整合相对容易。上市公司向非上市公司定向增发，使非上市公司不必动用巨额资金收购上市公司，收购成本低，在时间上也比场内收购从容。

专栏12－3

绿地集团借道LP成功借壳上市

2014年3月17日，金丰投资发布公告宣布，拟通过资产置换和发行股份购买方式进行资产重组，拟注入资产为上海绿地集团100%股权，预估值达655亿元。这也就意味着，绿地集团终于成功借壳上市。

事实上，绿地集团借壳上市的尝试由来已久。早在2013年6月，金丰投资就已正式停牌筹划重组，但受制于绿地集团庞大的资产以及分散的股权架构，其资产重组进展一直不顺。这一次最终成功，还要归功于其采用的有限合伙制度。

根据《证券法》规定，股本总额超过4亿元的上市公司，社会公众持股量比例不得低于10%，否则就有可能被暂停上市。金丰投资要以原来5亿多的总股本骤然向特定股东定向增发113亿股，极其容易出现社会公众股比例不足的情况。

为了解决这个问题，绿地集团在2013年底曾引入了平安创新资本、鼎晖嘉熙、宁波汇盛聚智、珠海普罗、国投协力等5家PE，但绿地集团的分散持股难题依然有待解决。

历史资料显示，绿地集团早在1997年3月就设立了职工持股会，当时后者持有集团18.88%的股份，经过多次增资扩股后，职工持股会持有的集团股份一度高至58.77%，2013年在引入上述5家私募股权投资（PE）之后，职工持股降至29.09%，但职工持股会成员共有982人，股权仍然较为分散，这被认为是制约绿地集团A股上市的一大难题。而有限合伙制的成功运用有效地解决了这个症结，下面我们来梳理一下绿地集团是如何运用有限合伙人（LP）达成最终的借壳上市的。

“金蝉脱壳、化茧成蝶”之路

2014年1月27日，由43位自然人股东（绿地集团管理层成员）投资的上海格林兰投资管理有限公司成立，注册资本为10万元，法定代表人是张玉良（绿地集团董事长兼总经理）。

2014年2月，32家小有限合伙成立，其中每家企业均由不超过49名的自然人作为有限合伙人，格林兰投资作为唯一的普通合伙人（GP）而设立。其中格林兰投资只在每家企业象征性地出资1 000元，在32家企业共出资3.2万元，32家企业的有限合伙人是1997年成立的上海绿地持股会全体会员，出资为持股会会员的股权。

2014年2月19日，大有限合伙在上海成立，其合伙人总数为33名，其中只有格林兰投资是企业法人兼大有限合伙唯一的普通合伙人，另外32名合伙人为上文所述的32家小有限合伙。总共出资3 766.55万元，其中格林兰投资出资6.8万元，32家小有限合伙企业合计出资3 759.74万元。

根据2014年3月17日《上海金丰投资股份有限公司第七届董事会第四十五次会议决议公告》，大有限合伙已与上海绿地（集团）有限公司职工持股会（以下简称职工持股会）签署《吸收合并协议》。根据该协议，吸收合并完成后，职工持股会解散，由大有限合伙作为绿地集团股东，继受职工持股会的全部资产、债权债务及其他一切权利、义务。自吸收合并完成之日起，将由大有限合伙取代职工持股会参与本次重大资产重组。

在整个重组架构的安排中，这个层叠复制的有限合伙安排极为重要，充分体现了管理层和员工的利益诉求，并规避了以往通过信托结构进行利益安排的种种弊端。尤其需要关注的是，格林兰投资为绿地集团管理层直接控制，是其核心利益的体现，其法定代表人正是绿地集团董事长兼总经理张玉良。

通过查阅32家有限合伙投资管理中心的投资构成，在每一家小有限合伙安排中，格林兰投资作为GP，只象征性地出资了1 000元即获得了管理权。这样一来，在一共32家小有限合伙安排中，格林兰投资累计出资额只有区区3.2万元，即格林兰投资以3.2万元控制了3 759.74万元的员工持股权。在此基础上，以32家小有限合伙安排为LP，格林兰投资作为GP，出资6.8万元（注册资本10万元，其余的3.2万元已经作为对32家小有限合伙安排的出资），成立了大的有限合伙安排“上海格林兰”。

根据《中华人民共和国合伙企业法》第六十七条的规定，“有限合伙企业由普通合伙人执行合伙事务。执行事务合伙人可以要求在合伙协议中确定执行事务的报酬及报酬提取方式”。因此，32家小有限合伙的管理控制权全部集中在唯一的普通合伙人格林兰投资手中，格林兰投资仅仅出资3.2万元便控制了3 759.74万元的员工持股权。同样，大有限合伙的管理控制权全部集中在唯一的普通合伙人格林兰投资手中，如此，绿地集团管理层通过格林兰投资仅出资10万元控制了3 766.55万元持股权，乃至对应的拟注入资产值约190亿元。

另外，根据重组预案，上海市国资委合计持股比例未超过50%，不能对金丰投资形成控制；此外，上海地产集团和上海城投总公司是两家相互独立的主体，其作为财务投资人将来并不会实质性介入金丰投资的日常经营管理，而剔除上海国资委投资人的持股比例后，金丰投资第一大股东即为大有限合伙，其背后是绿地集团管理层。因此，绿地集团管理层控制了190亿元的资产，乃至整个金丰投资，真正成功实现了“小马拉大车”的效果。

（三）公司分拆

分拆（Sell - offs）是指将资产以不同形式转让出去，使母公司规模收缩的行为。

1. 分立（Spin - offs），指母公司将其资产和负债转移到一家或数家新设立的公司。新公司的股权在母公司的股东之间按比例分配，母公司的股东在新公司中持有与母公司等比例的股权，但对资产的控制权已经分离，新公司成为可以独立决策的法人实体，可以实行与母公司一致或不一致的经营策略。分立时母公司得不到现金收入。

分立又可分为子股换母股（Split - offs）和完全析产分股（Split - ups）两种形式。子股换母股时母公司依然存在；完全析产分股时，母公司的资产和负债全部被分配到新设立的公司，母公司消失。

2. 资产剥离（Divestiture），指公司将资产卖给已有的外部第三方，出售方获得现金或其他形式的资产。一般情况下资产剥离不产生新的实体。不良资产剥离是公司上市前重组经常见到的现象。

3. 股权划出（Equity Carve - outs），指母公司设立一新公司后，将自己的部分资产转移到新公司中，然后母公司向母公司的股东或非母公司的股东出售新公司的股权，新公司成为法人实体。股权划出后母公司出售股权可以得到现金，同时产生新的法人实体，这是股权划出与分立和资产剥离的区别。

（四）构建企业系

企业系是指集团公司或大型公司以股权为纽带，直接或间接地持有多家公司控股权，形成金字塔形的企业集团。企业系的旗舰公司控股多家子公司，一级子公司再控股二级子公司（孙子公司）。旗舰公司和各级子公司可以是上市公司，也可以是非上市公司。国内 A 股市场上的泰达系、招商系等均是当时形成的企业系。

企业系的优势是可以以较少的资本控制较多资产，提高资本使用效率；在企业系内部调拨资产，可以优化企业系内的产品结构，使其适应市场发展要求，拓展业务领域。2008 年之前，由于上市公司执行 15% 的企业所得税，企业系将非上市公司资产注入上市公司可以适度避税；企业系中的公司分别在若干交易所上市时，利用不同交易所上市证券的市盈率差异还可以套利。

企业系的缺陷是容易受到攻击，会诱使收购者将收购目标设定在控股公司；企业系过大时会形成规模不经济；企业系内成员业绩的下滑会对企业系其他成员公司产生连带影响。

专栏 12 - 4

招商局集团构架重组再造招商系

1997 年亚洲发生金融危机之前，招商局集团在各地跑马圈地，为日后的资产整合打下了存量基础，但其资产结构上配置不当也给日后发展埋下了隐患。当时招商局集团管理与控股、持股层次达到 7 层，拥有不同层次的子公司 500 多家，投资涉及 17 个领域，相同的业务分散在不同子公司中。其中，仅一级子公司介入房地产业务的即有 8 家，已注册为实体公司的开发房地产项目的公司达 36 家。此外，相当一部分子公司达不到最优规模，对这些公司也不控股，不参与管理。招商局集团旗下的海通公司这种情况尤为突出。该公司 1973 年成立后以海上贸易起家，20 世纪 80 年代中期开始谋求转型，80 年代末在上海和宁波有 2 家宾馆，在石家庄有 1 个地产项目，还有 1 家分压器厂、1 家船舶修理厂。1997 年前海通旗下的公司已达 40 多家，事实上成为一个略具雏形的投资控股公司。

由于各级子公司没有明确的投资方向，投资风险管理漏洞很多，不良资产随之而生。子公司具有资金支配和投资权，资金筹集由总部负责的财务管理制度使债务全压在总部身上。1997 年至 1999 年，招商局集团的债务率达 60%，其中 80% 由总部承担。亚洲金融危机发生后，外资银行要求收回贷款，此时子公司并无压力，总部却压力巨大。公司出现现金缺口，偿债能力不足，根源是企业系构建不尽合理。

1998 年招商局集团展开自救。以其旗下几家上市公司为平台清理不良资产，盘活存量资产成为主要手段。具体操作手段有变卖、转让和撇账等。例如，在清理国内 A 股上市公司深安达（000004. sz）的过程中，船舶、土地及主业外的公司股权被出售变现，一些不良资产剥离到蛇口工业区消化，最后将壳资源出售。对另一家 A 股上市公司蛇口控股（000024. sz），则连续三次把蛇口工业区的优质资产招商供水、招商地产等植入该公司，提高其融资能力。集团旗下香港上市公司 1998 年从招商局集团手中购入约 23% 中集的股份，改善了其在香港市场的形象。

经受金融危机考验之后，2001 年招商局集团确定了交通运输和基础设施建设、金融服务、房地产开发与经营三大核心业务，并将资产整合、归并，统一由一家战略业务单元实施专业化经营。重新划定总部与分公司的关系。战略制定、预算与经营计划制订、投资、资金管理、人事任免、绩效考核由总部职能部门负责，子公司成为专业化经营单位。对平安保险一类总部难以管控的子公司总部选择了退出。2001 年至 2002 年，招商局集团撤销了 5 个一级公司，清理其他企业近 100 家，管理层级由 7 层变为 3 ~4 层，凸显了组织架构扁平化。仅 2003 年一年，总部就减少 6 亿元债务。目前招商系的资金成本为 5%，甚至低于香港的同类企业。

资料来源：鲍辉春，朱宗文．构架重组：强势总部下的组织再造［N］．21 世纪经济报道，2007 -11 -16.

第 2 节　并购的诱因和类型

一、并购的概念

并购（Merger and Acquisition）是兼并与收购的简称，是公司扩张性资产重组的主要手段。兼并是指两家或两家以上公司合并，合并后一家公司得以存续而另一家公司消失，因而兼并与我国《公司法》的“吸收合并”类似。与兼并相近的另一概念为合并（Consolidation），合并指两家或两家以上公司合并后原公司全部消失，新设立的公司支配原两家或两家以上公司的资产，合并前的两家或两家以上公司的规模相近，合并与我国《公司法》的“新设合并”类似。由兼并行为涉及的行业，可分为横向兼并（Horizontal Merger）、纵向兼并（Vertical Merger）和混合兼并（Conglomerate Merger）。横向兼并也称作水平兼并，指同行业企业之间的兼并，它往往会因提高市场集中度而受到《反垄断法》的限制；纵向兼并也叫垂直兼并，指生产工艺或经营上有前后承接关系的企业间的兼并，兼并的结果是提高纵向一体化水平；混合兼并兼有横向兼并和纵向兼并的特点，且多与公司多元化经营战略有关，目前已成为世界各国主要的兼并方式。

收购（Acquisition）是指一家公司收购另一家公司的部分或全部资产所有权的行为。收购的目的是控股被收购方，或与被收购方合并，或将其重组使其增值然后出售，或将其由上市公司变成少数投资者控股的非上市公司。

并购行为中的并购方被称为收购公司（Acquiring Firm）、兼并公司（Merging Firm），被收购方被称为目标公司（Target Company）、被收购公司（Acquired Firm）。某一宗并购案例中，涉及的收购公司可能有若干家，主要的收购公司之外的参与收购者称作一致行动人。

二、并购的诱因

公司并购的过程受到各种因素影响，把企业做大做强，提高竞争力，使企业利润最大化是公司并购的根本性诱因。但是企业做大做强，提高竞争力而使利润最大化又有若干具体途径，它们之间既相互关联又有所区别。

（一）追求协同效应

协同效应指公司并购后设立的新公司的总收益大于并购前的各个公司收益之和，即所谓1+1>2的效应。协同效应分为经营协同效应和财务协同效应。

1. 经营协同效应。经营协同效应指并购后新公司的生产经营效率相比并购前各个公司的效率变化。

（1）利用规模经济。并购后设立的新公司达到了行业的适度经济规模，可节省管理、营销、研发费用，降低单位产品的固定成本。新公司的市场份额上升，提高了对市场的影响力，对价格、技术、客户群的话语权增大，改善企业形象；与政府的关系也会趋于密切。

（2）优势互补。并购前的原公司都会有自己在某一方面的生产或经营优势，并购后设立的新公司可以取原公司之长，弃原公司之短，或补原公司之短。原公司的优势包括技术、产品、市场、专利、管理、营销渠道等。善于将原公司优势引入新设立的公司，并使其互补，是产生协同效应的重要途径。

（3）节约交易费用。纵向兼并、混合兼并和类似的收购可以使生产工艺或经营上有前后承接关系的各个环节纳入一个生产体系之中，实现纵向一体化，节约采购、推销、寻找交易对象、讨价还价、管理契约、履约监控、法律诉讼等方面的费用。

2. 财务协同效应。财务协同效应指对并购公司财务指标产生的正面影响。

（1）并购使融资成本降低，融资能力上升。并购之后企业规模扩大，更容易达到证券市场的资本金和盈利要求，直接融资能力上升。举债融资时因企业规模变大，经营稳定性提高，也可享受较低的利率。混合兼并之后这种情况更为常见。

（2）降低资本需求量。并购之后借助于对应收款、现金、存货的集中管理，可以减少营运资金的占用。并购后处理不良资产或非主业资产所得的现金，可用于偿债或购买股权，使公司的资本得以集约使用。

（3）依法避税。不同类型的资产适用税率不同。公司的投资收益、营业收入、股息收入和国债利息收入的适用税率区别明显。为此，公司可以利用一些财务处理方法达到依法避税的目的。依照会计处理的国际惯例，一方持有另一方50%以上股权时就要按产权法计价，并合并财务报表。收购公司可以将亏损的目标公司作为收购对象，合并财务报表将使收购公司企业所得税的税基减少。负债少的收购公司收购负债多的目标公司可以使税前扣除的财务费用上升。采用换股收购方式收购时，目标公司没有收到现金，资本利得税因此免缴。收购公司向目标公司发行可转换债券收购对方时，债息可以冲减收购公司的税基，还可以使资本收益延期支付，起到缓税作用。

（4）充分利用收购公司的现金流。处于成熟期的公司生产技术产品营销渠道较为稳定，市场空间变窄，营业产生的自由现金流超出生产经营需要。此时并购正处于成长期的急需资金的企业，可以使自由现金流得以充分利用。

专栏12－5

美的集团吸收合并小天鹅

美的集团完成换股吸收合并小天鹅。2018年10月24日，美的集团宣布拟发行A股股份换股吸收合并小天鹅，成为国内首个吸收合并A+B股公司的上市公司；2018年12月21日，换股吸收合并方案获美的集团和小天鹅股东大会审议通过；2019 年 3 月 12 日，换股吸收合并方案获得中国证券监督管理委员会核准；2019 年 5 月 27 日，小天鹅 B 股股票正式终止上市并摘牌；2019 年 6 月 21 日，美的集团发行 A 股，小天鹅 A 股终止上市并摘牌。

换股发行内容：小天鹅 A 股的换股价格为 46. 91 元/股，小天鹅 B 股的换股价格为 38. 07 元/股，美的集团的股票发行价格为 40. 74 元/股。小天鹅 A 股股票的换股比例为 1:1. 51，小天鹅 B 股股票的换股比例为 1:0. 93。美的集团因本次换股吸收合并发行的股份数量为 3. 24 亿股，本次发行后，美的集团总股本为 69. 32 亿股。

洗衣机业务整合，未来协同效应可期：2018 年海尔洗衣机以 33. 57% 的份额占据洗衣机线下市场第一位，美的系洗衣机以 26% 的市场份额位列第二，洗衣机市场双寡头格局逐渐确立。小天鹅在洗衣机市场具有较强的话语权，但在家电行业整体业绩增幅放缓的市场环境下，业务单一的小天鹅抗风险能力较弱，并入美的集团后，有望依托美的集团的资源实现品牌更好发展。美的集团将借助小天鹅在洗衣机行业的发展优势，在品牌效应、规模议价、用户需求挖掘及研发投入等多方面实现部门协同效应，进而提升公司价值。

资料来源：黄红卫．美的集团：吸收合并小天鹅收官，两者协同效应可期［R］．财富证券有限责任公司，2019 -06.

（二）推动公司成长

公司做大做强有两种途径：一种是通过自身的利润积累持续扩大再生产，其好处是稳妥，债务负担轻，公司成为目标公司的可能性小。另一种是以并购方式向外扩张，其好处是速度快。其具体原因是并购可打破新行业的进入壁垒，充分利用目标公司的技术、资金、营销渠道、原材料来源等，迅速达到适度规模，降低行业内价格竞争的可能性；并购也减少了新公司在技术、资金、营销渠道等方面的不确定性。

（三）实现公司战略性目标

公司的并购活动是为其战略目标服务的。并购可以从以下几个方面帮助公司趋近战略目标：

1. 分散经营领域，平抑收益波动。并购将处于不同行业相同生命周期，但相互关联度较低的公司的业务和资源组合到一起，组建新的大型公司可以起到平抑原公司起伏波动程度过高的收益率的作用。这与证券投资组合中各种证券相关系数低于 1 即可降低系统风险的道理是相同的。周期性行业的公司与防御型行业的公司合并可以起到同样的作用。

2. 实现公司战略转移。产品和行业的初创期、成长期、成熟期、衰退期构成各自的生命周期。退出成熟期、衰退期行业或出售与成熟期、衰退期产品相关的资产，借助并购进入萌芽期、成长期行业是公司战略转移的重要内容。

3. 获取关键技术。某些技术秘密为拥有该种技术的公司所专有，它不属于专利而属于可转让无形资产范畴。收购公司将拥有该项技术的公司作为目标公司，成功后可获得该项技术秘密。

三、并购的类型

从并购采取的策略和方式看，并购可分为以下若干类型。

（一）要约收购和协议收购

1. 要约收购（Tender Offer）。要约收购也称标购、公开收购。收购公司和一致行动人向某上市目标公司所有股东发出收购要约，收购其手中所持股份的收购叫作要约收购。其中收购目标公司全部股份的收购称为全部要约，只收购目标公司股东持有的部分股份的收购称为部分要约。我国《证券法》和《上市公司收购管理办法》均规定，通过证券交易所的证券交易，收购方持有或通过协议、其他安排与他人共同持有一个上市公司发行的股份达到 30% 时，继续进行收购的，应当依法向该公司的所有股东发出收购上市公司全部或部分股份的要约。

发出收购要约之前，收购公司与一致行动人须事先向证监会并购重组委员会报送上市公司收购报告书。报告书中载明收购人名称和住所、收购公司关于收购的决定、目标公司名称、收购目的、收购股份的详细名称和预定收购的股份数额、收购期限和收购价格、收购所需资金数额和资金保证、报送收购报告书时持有目标公司股份占该公司已发行股份的比例。收购公司还应将收购报告书同时提交证券交易所并予以公告。

收购公司和一致行动人持有目标公司的股份比例低于 30% 时，同样可以对目标公司进行要约收购，但预定收购的股份比例不得低于目标公司股份的 5%。持有同一种类股份的股东，应当得到同等对待。要约收购期限不得少于 30 日，也不得超过 60 日。收购要约确定的承诺期内，收购公司不得撤销收购要约。需要变更收购要约必须事先向证监会并购重组委和证券交易所报告，批准后予以公告。收购公司在收购期限内不得卖出已持有的目标公司股票，也不得采取要约规定以外的形式和超出要约条件购入目标公司股票。

以终止上市公司资格为目的发出全面要约，或向证监会并购重组委提出申请但未取得豁免而发出全面要约时，应以现金交付价款；若以可依法转让的证券支付价款应同时提供现金方式供目标公司股东选择。

要约收购期限内收购公司的董事不得辞职。要约价格不低于要约收购公告前 6 个月内收购公司取得目标公司股票支付的最高价格。

收购公司可以向证监会发审委申请豁免要约收购。其条件是，收购公司与目标公司能证明本次收购未改变目标公司实际控制人；上市目标公司面临严重财务困难，收购公司提出的挽救目标公司的重组方案已经目标公司股东会批准，且收购公司承诺 3 年内不转让其持有的该公司股票；目标公司股东会的非关联股东批准，收购公司取得目标公司向其发行的新股，导致其拥有的该公司已发行股份超过 30%，收购公司承诺 3 年内不转让其拥有权益的股份；其他事项。获得豁免权的收购公司可以继续以其他方式增持目标公司股份。当政府或者国有资产管理部门批准国有资产无偿划拨、变更、合并，导致某一公司持有上市公司股权超过 30% 等情形下，当事人向证监会并购重组委以简易程序免除发出要约。

2. 协议收购（Agreement Acquisition）。协议收购也称作直接收购，属于非要约收购范畴，指收购活动当事人通过协商，商定收购的各个条件，使收购公司拥有目标公司权益的行为。我国《证券法》和《上市公司收购管理办法》规定，收购公司及其一致行动人以协议方式拥有权益的股份达到一个上市公司已发行股份的5%时，应在3日内向证监会并购重组委和证券交易所提交权益变动报告书，抄报上市目标公司所在地证监局，通知该上市公司并予以公告。上述日期内不得再买卖该上市公司股票。通过证券交易所的证券交易、行政划拨或变更、执行法院裁定、继承、赠予等方式达到拥有的权益股份达到前述比例，同样要履行这一报告、公告义务。

若收购方及一致行动人不是上市公司的第一大股东与实际控制人，但通过协商等方式已持有上市公司权益股份超过5%而未达20%的，可编制简易权益报告书上报并公告。报告书注明收购方与一致行动人的姓名、住所，若收购方为法人实体须注明其名称、注册地和法定代表人；注明持股目的，未来12个月内是否继续增持；注明上市公司名称、股票种类、数量、比例等。若收购方及一致行动人是上市公司第一大股东或实际控制人，应编制详式权益变动报告书，进一步披露收购方及一致行动人的控股股东、实际控制人及其股权控制关系图，取得股份的价格、所需资金额及资金来源、其他支付安排，实际控制人与上市公司同业竞争及关联交易状况，未来12个月对上市公司资产、业务、人员的后续计划，未来24个月与上市公司的重大交易等，报告后予以公告。

通过协议方式或其他方式持有一个上市公司已发行股份20%以上但未超过30%时，编制详式权益变动报告书上报并予公告。此时若收购公司和一致行动人为上市公司第一大股东或实际控制人，还应聘请有资质的财务顾问对其权益变动报告书出具检查意见。担任财务顾问的中介机构须有5个以上具有执业资格的财务主办人。

持有上市公司已发行股份达30%，但经证监会并购重组委豁免时，可以以协议方式继续收购上市公司股份。

以协议收购方式收购上市公司股份，自签订协议时起至相关股份过户完毕期间为过渡期。过渡期内收购公司不得通过控股股东改选上市公司董事；确有充分理由改选董事时，来自收购方的董事不得超过董事会人数1/3；目标上市公司不得为收购方及关联方提供担保，也不得公开发行股份募集资金，不得进行重大购买、出售资产及重大投资行为或与收购的其他当事人进行关联交易。但收购公司为挽救陷入困境或严重财务困难的目标上市公司的情形除外。

控股股东及其关联方未清偿其对公司的负债，未解除公司为其负债提供的担保，或存在损害公司利益的其他情形时，目标公司董事会应对具体情况予以披露，采取有效措施保护公司利益。

（二）直接收购与间接收购

1. 直接收购。收购公司直接购买目标上市公司股份，不是通过投资关系、协议或其他安排拥有目标上市公司股份的收购行为称作直接收购。

2. 间接收购。不直接购买目标上市公司股份，通过投资关系、投资协议或其他安排拥有目标上市公司已发行股份的收购行为称作间接收购。

间接收购拥有目标上市公司已发行股份的5%但未超过30%时按协议收购和要约收购的一般规定办理，超过30%时应向全体股东发出收购要约。

通过投资关系尽管未成为目标上市公司股东，但已成为目标上市公司实际控制人的，受其支配的上市公司股东所持股份达到前述比例且对股东的资产和利润构成重大影响时，应按协议收购和要约收购的规定办理。

（三）善意收购、敌意收购和狗熊拥抱

1. 善意收购（Friendly Acquisition）。善意收购，最典型的形式是协议收购。收购公司私下向目标公司提出资产控制权要求后，双方通过协商签订协议，明确收购的条件，依协议条件转让资产控制权。当收购公司提出收购全部资产控制权时，目标公司往往要求收购公司向其增发新股以完成收购。当收购公司希望取得部分控制权时，双方可基于共同利益选择资产控制权转让方式。协议收购的当事各方以往常有合作的经历，当一方经营遇到困难时往往采取这种收购方式。善意收购若采用定向增发新股方式，费时较长，但不需动用现金可适度避税。

2. 敌意收购（Hostile Acquisition）。敌意收购，指收购公司事先不与目标公司管理层沟通，也不作警示，事先往往秘密收购目标公司一定比例的权益股份，然后在公开市场上对目标公司进行要约收购。要约价格通常会比目标公司股价高出20%～50%。

敌意收购时目标公司管理层往往不甘就范，会呼吁其股东不配合收购行为，并请财务顾问设计反收购策略，寻找对方出价过低因此会损害股东利益的各种理由。

为促使目标公司就范，收购公司可以收购目标公司股东的股票委托书，使自己在股东会上的控制权抵达管理层，进而控制董事会。但这样做难度很大，原因是收购公司财务顾问须反复征求每一位目标公司股东意见，费时费力。对方采用反收购方式会不断抬高要约价格。

3. 狗熊拥抱（Bear Hug）。狗熊拥抱介于善意收购与敌意收购之间。在收购行动展开之前，收购公司会与目标公司管理层沟通，或作出警示，向其施加压力，希望能以协议收购方式完成收购，此后收购公司会向目标公司发起收购行为。依据收购行为与善意收购和敌意收购的接近程度，又可将狗熊拥抱分为温和的、较强烈的和凶悍的三种方式。

（1）温和的狗熊拥抱。该种收购方式与善意收购较为接近。但收购公司事先与目标公司接洽、提出并购建议时已列示了收购价格、支付工具、收购条件，提供了短期内可供披露的各种要素。此时，收购公司会同意未经对方允许不强行收购，但收购建议会向社会公告引来风险套利者购买目标公司股票，使目标公司管理层一方面要被迫保住目标公司的高股价，另一方面，其所控制的股权又不可避免迅速流失。考虑到这种风险，目标公司往往放弃抵抗，双方协商达成交易。

（2）较强烈的狗熊拥抱。该种收购方式下，收购公司与目标公司接洽，提出收购建议后不久就会公告其收购意向，且申明将发起要约收购，希望能与目标公司谈判，洽商双方都能接受的协议。这种收购方式使目标公司没有足够的时间在收购建议公告之前劝说收购公司撤销收购建议。

（3）凶悍的狗熊拥抱。该种收购方式与敌意收购接近。收购公司与目标公司接洽时会通知对方，有两条道路可供选择：一是与收购公司合作，此时可得到合理的溢价；二是拒不合作，此时收购公司将以较差的条件发起要约收购。

第3节 并购一般程序

一、聘请中介机构

并购涉及政策法规及其他诸多因素，聘请专业机构为其提供专业性服务势不可免。投资银行可为收购公司充当财务顾问，也可为拟进行反收购的目标公司充当财务顾问。一家投资银行不能同时充当某笔交易双方的财务顾问。除投资银行外，会计师事务所、律师事务所、资产评估所也可以充当财务顾问。充当财务顾问的投资银行在参与并购操作之前要和客户签订一份契约书（Engagement Letter），契约书不是正式合同，但它明确了合作双方的责任、权利和义务。契约书包括以下内容。

1. 投资银行的服务性质和内容。第一层面，契约书确认投资银行提供的服务是收购还是反收购性质的服务，或是企业拆分方面的服务（本节只介绍收购性质的服务）；第二层面，契约书界定服务的具体项目。如为收购服务，则包括物色收购目标、目标公司估价、设计接洽目标公司策略、辅助收购协议谈判、收购条件与支付方式及融资的确定、出具收购公司支付价格的公平意见书。

2. 费用安排。第一层面，契约书确认投资银行收费的项目，投资银行参与并购活动前要预收部分“定金”性质的留任费，在某一标志性事件发生后再收取下一步的费用；第二层面，契约书确认费用的计算方式。

3. 免责事项。投资银行只是作为代理人行事，免责事项可以减少投资银行涉诉和败诉的可能。

4. 终结条款。该条款关键部分是，契约终结后，客户若完成并购交易，何时在何种条件下投资银行有权收费。

二、物色并购目标

（一）商业调查

为物色并购目标，收购公司和投资银行从外部收集资料加以预评，然后接触对方，取得准确的资料信息后再作进一步评估。具体手段包括从报刊媒体、政府部门、信息服务机构、资产评估机构、财经网站、证券分析报告、行业出版物等途径进行商业调查。调查内容包括目标公司背景、行业信息、财务状况、市场营销、公司章程对并购的限制、产品研发等方面的情况。

（二）评估并购的风险

物色并购目标时，收购公司会对自身所面临的风险予以评估，考虑自身的风险管理能力，然后量力而行，在收购进程中和并购完成后的整合阶段对风险予以管理。物色收购目标时的风险主要有以下几种。

1. 财务风险，指举债融资，影响收购公司经营性资金，债务率超过公司偿债能力。

2. 经营风险，指未预见到并购完成后经营环境的变化，或并购后使公司规模过大，产生规模不经济。

3. 多付风险，指过高的收购价格使收购公司此后难以取得满意的投资收益。

4. 信息风险，指因与目标公司信息不对称，因此在不能知己知彼的情况下发动并购。

5. 法律风险，指并购行动受到法规阻碍，使并购失败。

（三）选择适度交易规模

交易规模应与收购公司管理层达成交易和其后整合所付出的努力相称。收购公司市值5% ~10%是最小交易规模的下限，这是多宗并购总结出的经验数据。交易规模的上限通常为收购公司市值的40%左右，确定上限时，要考虑收购公司管理层的经验、支付能力和承受风险的意愿。

（四）并购目标的选择

选择并购目标时，应考虑并购的诱因。具体来讲，选择的标准应包括以下几个方面的因素。

1. 商业因素。追求经营协同效应应关注目标公司业务的优势、劣势及其与收购公司业务的互补性；实现战略转移应寻找景气行业中的不景气公司；平抑收益波动可选择其业务与本公司业务相关系数低或为负值的公司。

除并购的诱因外，还应考虑目标公司管理层和员工的态度，对方不合作或采取反收购对策会使并购难度加大，成本上升。若强行收购，即使完成收购也未必能达到原定目标，收购公司可能受到拖累。

2. 财务因素。除并购融资安排和交易规模之外，收购公司还应使自身的财务结构得以改善。若收购公司负债率过低可以考虑并购负债率略高的公司，但负债率太高的公司不宜作为目标公司。

3. 并购目标公司的可能性。要考虑目标公司和收购公司两个方面：目标公司股权结构不合理时，并购难度较低；大股东的股权不稳定时，并购的难度较低；目标公司盈利空间巨大，会引来竞争性的收购者；股票价值低估的公司被并购的可能性较大。

收购公司发出收购要约时，收购公司可承受的收购价格上限不可过高，过高的出价会增加收购公司债务压力。

三、目标公司预审

选定目标公司后，收购公司要在投资银行帮助下去伪存真，剥去粉饰因素，审查目标公司的财务报表。预审的目的是为并购对象价值评估提供帮助，了解影响公司经营状况和公司价值的积极与消极因素。审查的重点是财务与法律方面的情况。

1. 财务审查。防止目标公司的财务报表虚假错漏，是财务审查的重心。资产审查要审查应收款与备抵坏账的状况，看过期应收款是否提供了充足的准备，存货价值是否被低估或高估，长期投资能否变现。负债审查要查明是否有未计入负债，并要求提出证明文件；或有负债应予确认。收益审查要查明收入的合理性；费用成本的列支要查明是否有违规现象。会计处理要查明采用的会计方法是否符合会计准则，有无提前认领收益和备用金不当冲销、费用大量资产化现象。

2. 法律审查。要审查公司章程、股东会、董事会记录中关于并购或资产出售须经多少股东同意才可进行的条款；购并资产时要查明股东会同意出售的条件；审查目标公司的主要财产清单，了解其所有权限制及重置成本、投资情况和财产保险状况；审查目标公司的租赁、担保、代理、授权合同，注意其有效期限；注意其债务偿还期、利率及限制；对有关契约、所有权凭证、法律文书、涉诉案件也应予以审查。

四、目标公司的估价和出价策略

确定并购双方均能接受的交易价格是一门科学，也是一种艺术。收购公司在投资银行的帮助下要确定目标公司的价格区间，设置交易价格的上限和下限。

（一）目标公司估价

1. 目标公司估价的第一步，是在财务和法律审查的基础上进一步明确公司的特征，包括经营状况及其变化、股份权益及其变更、公司组织结构、公司治理、投资状况、财务状况等；然后分析目标公司所处行业的规模及市场开拓状况、进入壁垒、客户分布等，以分析所处行业对目标公司的影响；此后分析目标公司在该行业中的地位、市场份额、优势与劣势、潜在机会、公司规模增长及投资收益率等指标，将其均值作为评估目标公司价值的依据。

2. 主要的评估方法

（1）现金流折现法，参见本书第 10 章公司价值的评估。

（2）市场法，指以公开市场上交易的有类似特征的股票的价格作为参照系，评估目标公司价值的方法。市场法又分为可比公司法、可比收购法和可比初次公募法。可比公司法以交易活跃的类似公司的财务数据和股价为依据，测算主要的财务比率，据此测算交易不活跃的上市公司的价值。可比收购法以最近发生的收购活动的财务数据为基础，得出一系列的收购价格乘数，如市盈率、市净率、市销率、总资产与 EBIT 比率等，据此评估上市或非上市公司价值。可比初次公募法以上市公司上市前后财务数据变化为依据，计算某些乘数的变化，预测即将上市的公司的股价。

（3）资产基准法，是将公司个别资产和负债作为计算其当前价值的基础的方法，常在公司账面价值与重置成本差距较大时使用，在投资公司、创业风险投资基金、矿业公司价值评估中应用广泛。运用该方法首先按公允价值分别计算公司各项资产和负债，然后分别计算调整过的总资产和总负债，最后求出总资产与总负债的差额即为净资产。公司的价值被认为等于这样计算出来的净资产。

运用不同方法所得出的结论可能不一致，应当确定哪种方法计算的结果最接近公司的真实价值。综合不同的评估结果之后，应找出公司的价值区间，这个区间可以容纳评估的误差。

（二）目标公司出价

1. 确定出价上下限。收购公司出价的上限为目标公司价值区间的上限，出价的下限为目标公司当前股票价格。并购发生的预期协同效用越明显，出价的上下限的差距就越大，收购公司出价的选择余地就越大，谈判策略可以更灵活，成功的可能性随之上升。

若采用要约收购方式，无论目标公司采取何种反收购措施，或引来竞购者，最后的要约价格都不可超过出价上限，否则会使收购公司受损。

2. 首次接洽与要约价格的确定。首次与目标公司接洽或发出收购要约时价格不宜过低，否则难以吸引目标公司股东，目标公司采用反收购策略会比较容易；竞购者会见机而入，难以软化目标公司管理层。

3. 协商和修正价格。交易价格形成是交易双方不断讨价还价的过程，利用某些因素可以强化自身在谈判中的地位。协议收购时收购方当然希望低价收购，有利的支付条件和各种保护性收购条件也是应当争取的。帮助目标公司解决员工安置、债务重整和税务问题，可以促使低价收购成功。

五、支付方式选择

（一）不同支付方式的优势和不足

1. 现金。以现金向目标公司支付对价的优势是具有突然性，目标公司管理层来不及立即以反收购措施应对，竞购者难以立即筹措大量现金，因此常用于敌意收购。不足之处是：目标公司股东无法推迟资本利得税的确认时间，难以享受税收优惠；目标公司股东也不能分享并购后设立的新公司的权益；过多的现金支付会使收购公司短期内难以恢复过来。

2. 普通股。以向目标公司股东定向增发新的普通股替换目标公司的普通股以完成收购的优势是不需要付出大量现金，收购公司的现金流因而不受影响；目标公司股东在收购完成后成为规模扩大的收购公司或新设立的公司的股东，可分享其成长收益，收购公司股东此时处于主导地位；收购公司的股权会被稀释，无须融资，可减少筹资成本；收购公司不需要为交易形成的资本利得立即纳税。以上原因使普通股支付成为善意收购的常用方法。不足之处是：此种方法费时费力，手续复杂；股票价格波动使收购方难以判定收购的成本和收益，引来风险套利者的概率上升。

3. 优先股。以向目标公司股东定向增发优先股替换其普通股的运作中使用的优先股是可转换优先股。这种支付方式的优势是收购公司营运资金不会被挤占；转换溢价在普通股当前价格的 20% 上下，使其成为低成本而高效率的支付工具；目标公司股东既可享受固定收益证券的收益，又可得到股票和期权。不足之处是股市低迷时该种支付方式易被目标公司股东接受，股市高涨时目标公司股东则不愿接受。

（二）综合证券

要约收购是以现金、股票、认股权证、可转换债券等多种支付工具共同作为对价即是综合支付方式。它可以集合不同支付工具的优势，弥补单一支付工具的不足。能否使各种支付工具组合起来以扬长补短的关键是审时度势，调整不同支付工具的比例。

专栏 12－6

东方电气集团的资本运营新模式

东方电气集团有三大核心资产，即旗下的东方电机、东方汽轮机和东方锅炉，其中东方锅炉是沪市上市公司。2008 年 1 月 28 日，东方锅炉从沪市退市，其新的控股股东东方电机改名东方电气，代替东方锅炉成为沪市上市公司，东方电气集团实现整体上市，从而开创了“股改 + 定向增发 + 换股要约收购”整体上市的资本运营模式。

东方电气集团旗下的东方电机主营业务为电机制造，东方汽轮机主营业务为汽轮机制造，东方锅炉主营业务为锅炉制造。三个公司的业务分别均处于发电设备产业链条上。由于各公司的经营孤立、分散，未能有效整合，东方电气集团的核心竞争优势难以迅速提升。为此，东方电气集团 2006 年即向国务院国资委汇报重组设想，2007 年初提出“股改 + 定向增发 + 换股要约收购”的整体上市方案。

方案实施分为三步：第一步，上市公司股改，东方锅炉向其流通股股东支付 10 股送 2 股的股改对价；第二步，东方电机以定向增发和延期支付形式收购东方电气集团手中的东方汽轮机 100% 的股权和东方锅炉 68. 05% 的股权；第三步，东方电气集团以增持的东方电机 A 股以1:1. 02 的比例向东方锅炉流通股股东发出收购要约，并对流通股股东提供每股 25. 40 元的现金选择权。但流通股股东选择现金的人数微乎其微。要约收购完成后东方电气集团直接、间接持有东方锅炉的股权已达 94%。此后东方电机更名东方电气，东方电气集团实现了整体上市。

整体上市有利于整合集团的业务和管理，东方电气集团将成为完整的机电、火电、气电、核电、风电成套设备研发和制造供应商，业务结构更加合理；可以减少关联交易；公司治理结构也趋于完善，有利于进一步开拓国内和国际市场。

资料来源：杨白露. 东方电气合并同类项——东方锅炉完美退市 [N]. 21 世纪经济报道，2008 -01 -24.

六、规划目标公司接洽和意向书签订

（一）与目标公司接洽

与目标公司接洽的具体方式和过程颇具艺术性，收购公司及投资银行对此应予妥善规划。善意收购、敌意收购和狗熊拥抱三种收购方式对目标公司的态度不同，决定了接洽方式不同，此处不再赘述。

（二）意向书签订

若并购双方初次接洽时对并购的主要内容达成共识，双方即签订意向书（Letter of Intent，LOI），此后向社会公告。意向书不是法律文书，而是一种承诺，它关系企业形象，因此对双方都有约束力。

意向书由收购方签署，是给卖方股东的一种信函，由卖方的管理层或卖方股东合签。信函中包括了交易形式、交易价格、保护性条款、特殊安排、中介费用及中断费。

七、签署并购协议

意向书签订之后双方会讨价还价，目标公司会强调自身的价值以便提高身价，收购公司则希望发现对方隐藏的信息，因此此后的尽职调查不可或缺，当发现目标公司的消极因素之后，目标公司的股价会下降。此时收购公司多数情况下会选择重新谈判收购价格，但对方要价过高时则会离场。

谈判进行到双方总体上都能接受时，双方在中介机构辅助下开始准备涉及诸种交易条件的并购协议及其附件。并购协议包括陈述和担保、保证条款、接盘条件、赔偿条件四种关键事项。

八、并购后的整合

接盘之后收购公司应采取适当措施将目标公司与并购方整合（Integration）。整合的内容包括改组董事会和管理层以改造公司治理结构，使不同企业的文化相互融合；调整员工，设计或调整激励与约束机制；调整公司的经营战略，使之适应并购后的新形势，做好公司外部公关工作。其中，人员调整是整合的关键之处。

第 4 节　管理层收购与反收购

一、杠杆收购

杠杆收购（LBO）是指借助公司的财务杠杆完成收购，其实质是举债收购，债务以目标公司资产作为担保，以目标公司未来现金流作为偿债的资金来源。

杠杆收购有以下特点：首先，因收购者只有少数法人或自然人，收购后目标公司股权过于集中，可能由上市公众公司变为私人公司；收购后目标公司负债率高企，其资本结构变化为三个层次。最上层的是优先债（Senior Debt），约占收购资金 60%。第二层是次级债（Subordinated Debt），由无担保债务、可转换债券和垃圾债券构成。第三层是收购公司的自有资金，包括优先股和普通股，约占 10%。杠杆收购能明显提高收购方的净资产收益率，杠杆收购是举债收购，债务利息具有税盾作用；杠杆收购完成后收购方会借助资产重组迅速提高销售收入、税后净利，加大公司现金流，公司升值后再次上市或出售套现。

杠杆收购通常是溢价收购。收购公司之所以愿意溢价收购是基于三个原因：一个原因是市场弱有效，目标公司管理不善或股市低迷使目标公司股价低于公司实际价值；另一个原因是公司退市降低了代理成本，提高了管理效率，加速折旧产生节税效应从而使目标公司升值；再一个原因是收购方从目标公司债权人那里获得了财富。

杠杆收购需要大量资金，为筹措资金在融资运作中出现了大量创新。其中包括：资信等级在投资级以下的垃圾债券；投资银行或并购基金为收购方提供的过桥贷款（Bridge Loan），贷款期通常为 180 天，但可展期，其利率设计为爬升式，贷款由收购后出售部分资产或公开发行债券筹资偿还；特定期限内不付现金股息，过期后才支付现金股息或同类债券的延期支付证券；设立控股公司，其股权由投资银行暂时接管，是使目标公司财务报表不与收购公司合并的表外融资工具。

二、管理层收购

（一）管理层收购的含义

管理层收购（MBO）是指管理层收购自己管理的目标公司的杠杆收购。管理层熟知自身所管理的公司的实际价值和发展前景。当收购方提出的交易价格过低时，管理层会以更高的价格向本公司股东发出收购要约，进行杠杆收购。一些大公司杠杆收购后拟将其子公司售出时，也常采用子公司管理层收购的方法。在发达国家的管理层收购中，管理层委任合格的投资银行作为自己的合作伙伴，由投资银行出面与目标公司或其母公司的董事会接洽，为使收购顺利进行，投资银行常赠予管理层一些股权以激励其在收购成功后勤勉尽职。

（二）中国管理层收购的特殊含义

由于历史背景、市场环境等方面的区别，中国的管理层收购与国际通行的管理层收购在诸多方面存在差异。

1. 历史背景不同。西方国家在收购方提出的交易价格过低，或集团公司调整经营区域，清理子公司时进行管理层收购。而中国管理层收购的背景，一是包括众多乡镇企业在内的民营企业明晰产权，实现所有权“回归”；二是国有经济战略性调整，抓大放小，地方政府将一些中小企业的国有股权让渡给企业管理层。

2. 收购主体不同。国外的收购主体是高层管理人员，国内的收购主体不仅包括高层管理人员，甚至会扩大到中层、子公司管理层、大股东乃至公司普通员工。

3. 收购后的持股比例不同。国外收购完成后通常会达到发行在外股份的 75% 以上，上市公司会退市，以获得重组的更大余地。国内完成收购后管理层持股比例高低不一，多数收购事件完成后管理层持股比例低于 50% 。

4. 激励性质不同。国内的收购激励性质明显，股东常把管理层收购与公司奖励、利润分成、延期付款等措施捆绑在一起，使其带有浓厚的股权激励色彩。

5. 资金来源不同。国外管理层收购融资主体是投资银行或并购基金，财务杠杆率很高，大量资金来自于商业银行。国内受到《贷款通则》的限制，收购的融资主体是管理者个人，银行资金不得进入。

（三）中国国有企业管理层持股的规定

国内管理层收购的程序比一般性并购简单。关键之处是资金从哪里来，价格由谁定，债务由谁担。2006 年 1 月国务院国资委《关于进一步规范国有企业改制工作的实施意见》肯定了可以通过增资扩股持有本企业股权，但也作了严格限定，规定管理层投资总量不得达到控股或相对控股数量。凡通过公开招聘、企业内部竞争上岗、竞聘或对企业发展作出重大贡献的管理层成员均可以通过增资扩股持有本企业股权。但管理层成员若经审计认定对企业经营业绩下降负有直接责任，故意转移、隐匿资产或在改制过程中通过关联交易影响企业净资产，向中介机构提供虚假资料使评估失真或与有关方面串通压低资产作价及国有产权折股价，违规参与股份改制方案、确定折股价、选择中介机构、清算核资、财务审计、离任审计、资产评估中重大事项，无法提供资金来源的合法证明，则无资格持有改制企业股权。同时规定，管理层通过增资扩股持股，不包括对管理层实施的奖励股权或股票期权。

（四）中国上市公司管理层收购的规定

我国《上市公司收购管理办法》规定，上市公司高管和员工或者其所控制或委托的法人与其他组织，拟对本公司进行管理层收购，必须符合以下条件：

1. 该上市公司具备健全且运行良好的组织机构及有效的内控制度；

2. 公司董事会成员中独立董事的比例达到或超过 1/2；

3. 公司应聘请具有证券、期货从业资格的机构提供公司资产评估报告；

4. 本次收购应当经董事会非关联董事作出决定，且取得 2/3 以上独立董事同意后，提交公司股东大会审议，经出席股东大会的非关联股东所持表决权过半数通过；

5. 独立董事发表意见前，应聘请独立财务顾问就本次收购提出意见，独立董事和财务顾问的意见应一并予以公告。

三、管理层收购的运作模式

（一）设壳收购

1. 由公司工会或职工持股会造壳收购。这是指公司工会或管理层与公司员工共同设立的职工持股会出资设立公司，以受让上市公司股权。其依据是公司财富是职工创造的，职工有权分享。但这种办法可行性越来越差。持股职工究竟谁是公司股东在法律上难以明确，职工希望福利最大化，股东追求收益最大化，二者存在冲突。实践中民政部已不再对职工持股会年检和注册。工会作为非营利性组织出面设立公司与法规不合。国内一些省份对职工持股会投资省管国企和控股问题已开始清理。

2. 管理层自然人直接造壳收购。这是指管理层作为自然人与其他自然人直接出资设立公司，受让上市公司股权。收购主体产权明晰、融资和后续运作方便是其优点。新《公司法》解除了公司对外投资不超过净资产 50% 的约束后，这种模式的自由度提高。

专栏 12 -7

双汇发展的曲线 MBO

双汇对于 MBO 的努力，早在 2003 年前后便悄然开始。

海汇投资于 2002 年 6 月 28 日在漯河成立，其 50 名自然人股东均为双汇集团高管，出资从 50 万元至 2 900 万元不等，包括了双汇发展董事长张俊杰等，职位最低的，也是双汇集团各地分公司的经理。第一大股东和法定代表人为万隆。成立海汇投资，主要目的是对中高层进行激励。

海宇投资于 2003 年 6 月 10 日，由贺圣华、郑孟印、曹俊生等 16 位自然人股东发起成立，注册资本为 72 958 万元。其中，贺圣华出资 13 500 万元，占注册资本的 18. 5038%，为第一大股东，也是公司的董事长。2003 年 6 月 13 日，双汇集团与海宇投资签署《股权转让协议书》，将其持有的 8 559. 25 万股（占总股本的 25%），以每股 4. 7 元的价格转让给海宇投资，后者成为双汇发展的第二大股东。从海宇投资成立并收购双汇集团股权开始，市场便质疑海宇投资是否是双汇集团高管 MBO 平台?

从 2002 年到 2004 年，海汇投资先后参股或控股了双汇集团旗下的 18 家企业，涉及肉制品加工的上下游产业，其投资的公司，也频频出现在双汇集团年报的关联交易中。

2006 年，双汇集团 100% 股权转让，双汇集团 MBO 进程迎来重大转机。随着地方政府的退出，财务投资者高盛、鼎晖的入围，双汇集团管理层对企业的实际控制力进一步加大。而财务投资者的退出机制，也让双汇管理层找到了更好的进入途径。仅在国有股转让一年后，2007 年，包括万隆在内的300余名双汇集团员工，就通过境外公司兴泰集团，间接持有了双汇国际31.82%的股权。其中，作为兴泰集团第一大股东的万隆，持有双汇国际14.4%的股权。

2010年11月28日双汇集团发布公告，不仅双汇管理层控制的兴泰集团，直接持有双汇国际30.23%的股份，为最大单一股东，一家新设立的“运昌公司”，还持有双汇国际6%的股权，专门用于管理层股权激励计划。一旦这6%股权最终被兴泰集团获得，管理层将拥有双汇国际36.23%的股份。更重要的是，通过一系列制度安排，双汇集团管理层拥有双汇国际股东会53.2%的表决权，成为双汇国际的实际控制人，并最终成为双汇集团发展的实际控制人。

3. 管理层自然人造壳收购实际控制人股权。这是指管理层自然人设立公司收购目标上市公司实际控制人的股权，属于对目标公司的间接收购。这样做由于比直接受让上市公司股权更为简捷，因此降低了收购成本。但控制链条变长，增加了代理成本。

4. 局部收购公司的优质资产。公司的全部资产数额巨大，但未必都具有收购价值。选择公司某一部分优良资产或公司旗下的子公司作为收购对象是这种办法的特点。

（二）借助信托公司收购

管理层收购的设壳收购受到有限责任公司股东人数不得超过50人和持续经营时间的限制。《贷款通则》限制收购主体向商业银行融资。借助于信托可以绕开以上两个方面的障碍。

1. 提供收购主体。该种办法的运作是目标公司管理层先与信托投资公司签订资金信托合同，将资金注入信托投资公司，由后者出面收购。收购完成后管理层借助资金合同中的约定条件取得对目标公司的控制权。

2. 为收购目标公司的管理层融资。该种办法的运作是信托投资公司先向社会发行资金信托计划募资，管理层以贷款方式从信托投资公司取得资金收购目标公司股权。信托投资公司往往要求目标公司管理层以受让股权作为质押物。

3. 信托投资公司募资收购股权。该种办法的运作是目标公司管理层与信托投资公司签约，商定在未来某时间管理层或第三方受让信托投资公司所持目标公司股份，受让价格有一定溢价率。信托投资公司据此发行资金信托计划，募资之后信托投资出面收购目标公司，再依约转让给目标公司管理层。

4. 引入战略投资者。该种办法的运作是目标公司管理层引入战略投资者。以上两方与信托投资公司签约，战略投资者以资金信托合同方式将收购资金注入信托投资公司，后者将其以贷款方式给予目标公司管理层，帮助其完成收购。

（三）借助并购基金

这种模式是指目标公司的管理层借助于并购基金，与并购基金联合收购目标公司的控制权，使其私有化，提升公司业绩后择机上市或出售的做法。这种模式在国外常能见到，国内则困难重重，原因是国内缺少并购基金。2007年中亚商资本开始筹划募集人民币并购基金，弘毅、鼎晖等一些操作美元的机构也在考虑成立人民币并购基金。亚商资本的规模预计在8亿~10亿元。随着并购基金的募集，借助并购基金进行管理层收购将成为现实。

四、反收购对策

面对被收购的威胁，目标公司有两种选择：当面临善意收购时可以接受对方的协议条件；当面临敌意收购时可以采取反收购对策，反收购也被称为“防鲨”（Shark Repellent），此时要请投资银行作为财务顾问。

（一）整顿和预防

1. 整顿，即调整公司的组织结构、业务领域、产品结构、资本结构，最重要的是弥补财务缺陷，不给对方以收购的可乘之机。

2. 预防，即在公司章程中预设“防鲨”条款，增加收购难度，抬高收购成本，使对方知难而退。具体包括：

（1）董事会轮选制。公司章程规定，每次董事会换届只能改选部分董事，此时收购公司难以短期取得对公司的控制权。

（2）绝对多数条款。公司章程规定，公司面临被收购时，须有2/3或3/4以上股东同意。

（3）订立公正价格。公司章程要求一旦收购行为发生，收购公司向所有股东支付相同的价格，以阻碍急于更换管理层的目标公司股东低价售股。

（4）防御性合并。公司章程规定，收购危机发生前，目标公司应先与另一家公司合并，此后收购方再发起并购会因其规模过大，可能触及《反垄断法》。

（5）鲨变观察者。公司章程要求委托第三方机构监视公司股份异动，发现可能的收购者，以未雨绸缪，采取针对性措施。

（二）保护目标公司成员利益

1. 保护董事会成员。董事会轮选制和绝对多数条款已对董事会利益有所保护。我国《公司法》中增加了累积投票法条款，对大股东在选举董事会时的表决权已有一定的限制。小股东可将持有的表决权全部投于一人，使收购公司未来即使拥有50%以上的股权，也未必拥有50%以上的表决权，收购公司有可能因此而放弃收购。

2. 金降落伞（Golden Parachute），即在目标公司控制权易手时，在并购协议中确认，对被解雇的董事、经理等高管人员以高额解职费、额外津贴或股票期权作为补偿。它是收购公司出价的一部分，但不容易对敌意收购形成障碍。

3. 对普通员工的保护

（1）锡降落伞（Tin Parachute）。这是一种对中下层管理人员的保护措施，当他们在目标公司控制权易手时被解职后，所得到的补偿低于金降落伞，但覆盖的人群较广，有时候补偿总额会超过金降落伞，因此反而能够阻止敌意收购。

（2）养老金降落伞（Pension Parachute）。它规定，当来自目标公司之外的收购者收购目标公司股权达到某一比例后，即触发目标公司立即发放养老金并扩大发放规模的机制。这一规定针对敌意收购，故而设置这一机制的公司大多规定若董事会同意收购，这一机制作废。

（3）员工持股计划（ESOP），即让员工持有本公司股票，使其分享公司成长的收益，从而提高对公司管理层的支持程度，防止收购公司敌意要约收购。

（三）资产重组

1. 出售皇冠上的明珠，即将收购公司垂涎的目标公司优质资产或子公司出售，使其对收购失去兴趣。运用这一对策应注意不可使资产交易价格低于市场价格或公允价值。

2. 焦土政策，即目标公司以大量举债购入不良资产等方式使收购行为变得毫无意义。广义的焦土政策还包括改变目标公司业务范围，使收购公司的收购行为违规；扩大目标公司的规模，使其不易吞下；提高目标公司的市盈率等对策。焦土政策损害股东和债权人的利益，故而受到各国的法规制约。

3. 公司分拆，即目标公司分拆或其子公司上市。其反收购作用反映在两个方面。其一是市场对分拆后的公司所认可的价值高于分拆之前，分拆后的公司和上市子公司股价上升，收购费用会加大；其二是分拆或上市后会筹集新的资金对抗敌意收购。

4. 调整资本结构，即提高资产负债表中的负债比重，降低资本权益比重。当目标公司产生大量现金流，但又缺少合适的投资项目时，可以通过向股东发放现金或债券的方式回购股权以减少注册资本，有利于免使自身成为被收购的对象。

（四）设置毒丸

毒丸（Poison Pills）是公司章程中反收购的内容之一。广义的毒丸内容广泛，本节只介绍狭义的毒丸。

1. 向内翻转（Flip in）毒丸，即目标公司赋予其股东在本公司遭到收购公司收购时以半价认购本公司股票的权利。它会促使收购公司与目标公司董事会积极磋商，不易发起敌意收购；也能阻止收购方在市场上不事先声张地吸筹后发动突然袭击；毒丸会使收购公司的最后出价高于最初的要约价格。

2. 向外翻转（Flip over）毒丸。与向内翻转相反，目标公司股东在本公司被收购时可半价认购收购公司的股权。它可以使收购公司的股权稀释，故而可收到与向内翻转相似的作用。

3. 票据购买权利计划（Note Purchase Rights Plans），即目标公司赋予其股东在本公司遭到收购时，可以将持有的股票售予目标公司，按规定换回一揽子证券的权利。一揽子证券中含有偿债顺序、资产变卖等众多限制，且要求公司维持一定财务比率。证券支付上的困难，有可能吓退收购公司。

（五）寻求外部力量支持

1. 寻求白衣骑士（White Knight）。白衣骑士即驱逐敌意收购者，解救目标公司的友好公司。白衣骑士参与竞购，最终也将获得目标公司控制权。白衣骑士能否成功，取决于敌意收购者的出价，其出价越低，白衣骑士越容易成功。

2. 寻找白色护卫（White Squire），即目标公司与充任白色护卫的友好公司签订不变动的协议，允许白色护卫在目标公司遭到收购时以优惠价认购目标公司股票，但白色护卫不得为目标公司管理层牟取私利。

3. 法律诉讼。目标公司在面对突然袭击式的敌意收购时，可以收购行为违法为理由提起诉讼，目的是拖延时间，以便采取其他应对措施。常见的理由有对方手续不完备、收购要约内容不全、收购公司违反《反垄断法》等。

（六）针锋相对

1. 帕克曼式反收购，即目标公司购买收购公司的股票，以达到反收购的目的。这样做需要大量的资金和可以变现的资产，可能牺牲目标公司股东的利益。但若目标公司现金流充裕，也可反制收购方。

2. 自我标购。标购即要约收购，自我标购之目标公司以高于敌意收购者的要约价格回购本公司股票。我国《公司法》规定，只有在公司减少注册资本、与持有本公司股份的其他公司合并、将股份奖励给本公司职工、股东因对公司合并或分立持异议要求公司收购其股份时才可以回购股权。因而自我标购在我国难以实施。

本章小结

1. 资产重组是公司优化资源配置，提高经营效率的过程。资产重组涉及狭义和广义两种资产。狭义的资产指公司净资产，即公司资本。广义的资产包括公司的总资产，还包括一切可以被公司支配且可为公司带来收益的资源。资产重组就是对公司广义资产即公司可支配资源的优化配置。

2. 扩张性重组指使公司规模和经营领域扩展的重组，主要包括并购和合营。收缩性重组指公司规模及经营范围收缩的重组。

3. 并购（Merger and Acquisition）是兼并与收购的简称，是公司扩张性资产重组的主要手段。兼并（Merger）是指两家或两家以上公司合并，合并后一家公司得以存续而另一家公司消失。收购（Acquisition）是指一家公司收购另一家公司的部分或全部资产所有权的行为。并购的诱因包括追求协同效应、推动公司成长和实现公司战略性目标。

4. 要约收购也称标购、公开收购。收购公司和一致行动人向某上市目标公司所有股东发出收购要约，收购其手中所持股份的收购叫作要约收购。协议收购也称作直接收购，属于非要约收购范畴，指收购活动当事人通过协商，商定收购的各种条件，使收购公司拥有目标公司权益的行为。

5. 善意收购（Friendly Acquisition），最典型的形式是协议收购。敌意收购（Hostile Acquisition），指收购公司事先不与目标公司管理层沟通，也不作警示，事先往往秘密收购目标公司一定比例的权益股份，然后在公开市场上对目标公司进行要约收购。狗熊拥抱（Bear Hug）介于善意收购与敌意收购之间。

6. 并购一般程序是聘请中介机构、物色并购目标、目标公司预审、目标公司的估价和出价确定、支付方式选择、规划目标公司接洽和意向书签订、签署并购协议和并购后的整合。

7. 杠杆收购（LBO）是指借助公司的财务杠杆完成收购，其实质是举债收购。管理层收购（MBO）是指管理层收购自己管理的目标公司的杠杆收购。

8. 反收购对策包括整顿和预防、保护目标公司成员利益、资产重组、设置毒丸、寻求外部力量支持和针锋相对。

本章思考练习题

一、单项选择题

1. 买壳上市第一步是（　　）。

A. 非上市公司收购上市公司股权，控股上市公司

B. 上市公司收购非上市公司股权

C. 非上市公司收购非上市公司股权

D. 上市公司只收购另一上市公司小部分股权后不成为大股东

2. 场外收购属于（　　）范畴。

A. 要约收购　　B. 协议收购　　C. 温和的狗熊拥抱　　D. 凶悍的狗熊拥抱

3. 资产托管属于（　　）资产重组。

A. 只有有问题的企业才进行的　　B. 直接的

C. 只暂时改变产权的　　D. 间接的

4. 股权划出后（　　）。

A. 产生新的法人实体　　B. 不产生新的法人实体

C. 母公司得不到现金　　D. 只向母公司股东出售新公司股权

5. 企业系的旗舰公司是（　　）。

A. 集团公司或大型公司　　B. 上市公司

C. 非上市公司　　D. 国有独资公司

6. 横向兼并（　　）。

A. 是生产工艺或经营上有前后承接关系的企业间的兼并

B. 与公司多元化经营战略有关

C. 是同行业企业之间的兼并

D. 不会影响市场集中度

7. 公司并购后的优势互补体现在（　　）。

A. 新公司达到适度经济规模

B. 新公司节约交易费用

C. 新公司财务指标变好

D. 新公司可以将原公司的优势引入新公司

8. 公司并购后可充分利用收购公司现金流是因为（　　）。

A. 收购公司处于成熟期时现金流超出生产经营需要

B. 收购公司希望以现金方式收购同行业公司

C. 为了平抑收购公司收益变动

D. 实现公司战略转移

9. 收购公司无论采用何种方式持有上市公司股份达到30%时，继续收购应以（　　）方式进行。

A. 协议收购　　B. 要约收购　　C. 善意收购　　D. 敌意收购

10. 要约收购期限内收购公司的董事（　　）。

A. 不得辞职

B. 可以辞职

C. 可以抛售自己持有的股票

D. 国有资产管理部门同意时，国家股股东可以辞职

11. 通过协议或其他方式持有公司股权（　　）时应编制权益变动报告书。

A. 30%　　B. 20%~30%　　C. 5%~20%　　D. 5%

12. 间接收购行为是指（　　）。

A. 购买目标公司股权

B. 通过投资协议、投资关系、其他安排持有目标公司股权

C. 要约收购

D. 敌意收购

13. 契约书是（　　）。

A. 正式合同　　B. 非正式合同

C. 只包括免责条款　　D. 包括两个层面的费用安排

14. 并购的财务风险指（　　）。

A. 未预见到的并购后经营环境变化　　B. 并购受到法律阻碍

C. 收购价格过高　　D. 举债融资超过公司偿债能力

15. 并购交易规模的上限是收购公司市值的（　　）左右。

A. 20%　　B. 10%　　C. 30%　　D. 40%

16. 目标公司财务预审中的收益审查是要看（　　）。

A. 是否有未计入负债　　B. 应收款

C. 备抵坏账　　D. 收入的合理性和费用成本列支是否违规

17. 并购支付方式中普通股支付的优点是（　　）。

A. 不需要付出大量现金　　B. 目标公司股东乐于接受

C. 省时省力　　D. 不会引来风险套利者

18. 管理层收购实质是管理层（　　）。

A. 以目标公司退市为目的的收购　　B. 举债收购

C. 设壳收购　　D. 信托收购

19. 金降落伞保护的是（　　）的利益。

A. 目标公司员工　B. 目标公司董事　C. 收购公司高管　D. 收购公司员工

20. 毒丸中的向外翻转是指，当目标公司面临被收购的威胁时，目标公司股东以半价认购（　　）的股票。

A. 目标公司　　B. 收购公司　　C. 一致行动人　　D. 目标公司实际控制人

二、多项选择题

1. 资产重组涉及的公司广义资产包括（　　）。

A. 公司生产经营的有形资产和无形资产　　B. 人力资源

C. 组织资源　　D. 商誉

2. 上市后的资产重组包括（　　）。

A. 买壳和借壳　　B. 拆分和并购　　C. 股权转让　　D. 托管

3. 合营的领域包括（　　）。

A. 销售　　B. 生产　　C. 研发　　D. 合资

4. 收缩性重组包括（　　）。

A. 资产剥离　　B. 公司分拆　　C. 股权回购　　D. 破产清算

5. 资产托管的受托方的职责是（　　）。

A. 受让委托方资产后有效经营，安排出售、转让或拍卖受托资产

B. 清偿委托方债务

C. 收回委托方债权

D. 安排委托方职工

6. 企业系的缺点是（　　）。

A. 容易受到攻击

B. 企业规模过大引来规模不经济

C. 系内成员业绩下滑使其他成员受到影响

D. 系内资产结构可能会配置不当

7. 按企业兼并后纵向一体化的水平变化，可以将兼并分为（　　）。

A. 横向兼并　　B. 纵向兼并　　C. 混合兼并　　D. 跨国兼并

8. 并购后新公司达到适度经济规模的好处是（　　）。

A. 节约固定成本　　B. 提高市场影响力

C. 密切与政府的关系　　D. 节约交易费用

9. 公司做大做强的途径有（　　）。

A. 通过自身利润积累扩大再生产　　B. 以并购方式向外扩张

C. 购买其他公司股权　　D. 调整财务结构，依法避税

10. 豁免要约收购的条件是（　　）。

A. 本次收购未改变目标公司实际控制人

B. 目标公司面临财务困境，收购方案已由目标公司股东会批准，且三年内收购方不转让所持目标公司股票

C. 目标公司非关联股东批准目标公司向收购公司增发新股，使其已拥有30%以上股权

D. 国资委批准国有资产无偿划拨、变更、合并导致持有上市公司30%以上股权

11. 契约书中投资银行的服务包括（　　）。

A. 免责事项　　B. 终结条款　　C. 服务的性质　　D. 服务的具体项目

12. 物色并购目标时进行的商业调查的内容包括（　　）。

A. 目标公司背景和所属行业状况　　B. 公司财务、市场营销

C. 公司章程对并购的限制　　D. 产品研发

13. 目标公司估价常用的方法有（　　）。

A. 现金流折现法　B. 市场法　C. 资产基准法　D. 可比公司法

14. 要约收购以综合证券支付收购对价时可选择（　）作为支付工具。

A. 现金　B. 股票　C. 认股权证　D. 可转换债券

15. 并购后整合包括（　）。

A. 调整管理层以改造公司治理结构

B. 调整员工，设计激励与约束机制

C. 调整公司战略，使之适应并购后的新形势

D. 做好外部公关工作

16. 杠杆收购完成后，目标公司资本结构分为以下层次（　）。

A. 优先债　B. 从属债　C. 自有资金　D. 普通股

17. 国内的管理层收购与国外收购不同之处是（　）。

A. 历史背景和激励性质不同　B. 资金来源不同

C. 收购文化不同　D. 收购后持股比例不同

18. 预防性反收购对策包括（　）。

A. 董事会轮选制　B. 绝对多数条款

C. 订立公正价格和防御性合并　D. 设立鲨变观察者

19. 反收购对策中保护目标公司普通员工利益的措施有（　）。

A. 金降落伞　B. 锡降落伞　C. 养老金降落伞　D. 员工持股计划

20. 我国《公司法》规定，只有在以下情形下可以回购股权（　）。

A. 减少公司注册资本　B. 将股份奖励给本公司职工

C. 与持有公司股权的其他公司合并　D. 面临要约收购威胁

三、思考题

1. 公司为什么要进行收缩性重组？
2. 公司并购的诱因有哪些？
3. 并购的主要步骤有哪些？并购过程存在什么风险？
4. 我国管理层收购中设壳收购和借助信托有什么不同？各有什么优缺点？
5. 目标公司面临并购时，有哪些反收购对策？
6. 上市公司管理层收购必须符合哪些条件？为什么要符合这些条件？
7. 对要约收购作出严格要求的目的是什么？

第13章

公司风险管理

本章知识结构

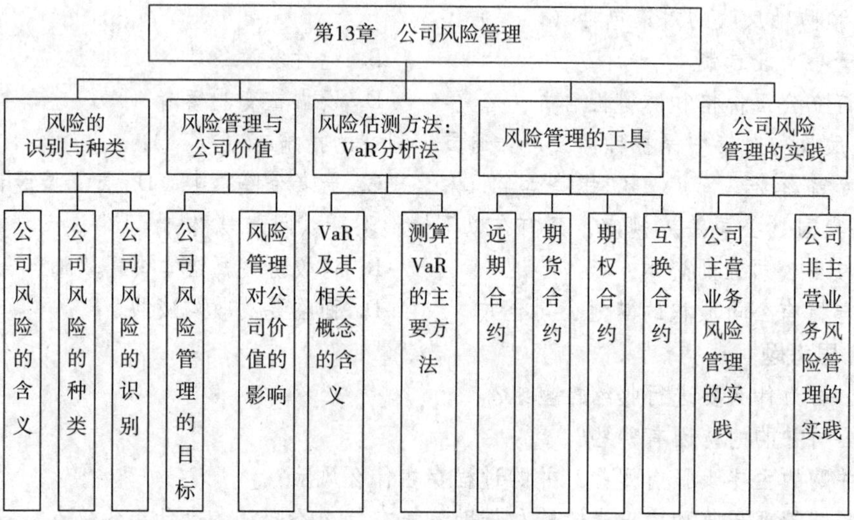

本章学习目的

1. 理解公司风险的含义及特征；
2. 熟悉公司风险的种类，了解公司风险管理的识别流程和方法；
3. 掌握公司风险管理的主流估测方法；
4. 熟悉远期、期货、期权、互换在公司风险管理中的运用。

公司是金融活动的重要参与者，在西方，金融一词通常是与公司、资本市场联系在一起的，主要是指公司金融。风险是金融活动的内在属性，它的广泛存在是现代金融市场的重要特征，涉及与金融活动有关的所有经济主体，在公司活动更多地依赖金融市场的今天，公司风险管理具有重要意义。

第 1 节 风险的识别与种类

风险识别就是指对交易主体现时所面临的或潜在的风险进行判断、确认的过程。公司风险的识别主要包括判断公司经营活动过程中面临哪些风险，这些风险之间存在哪些关系，风险产生的最终来源何在，怎样去认识这些风险以及风险可能产生的影响是什么等。

一、公司风险的含义

（一）风险的含义

要回答什么是公司风险，首先要明确的就是风险的含义。风险这一概念虽然是人们常用的，但就目前来讲，在学术界还没有达成完全统一的认识。主要的观点可以归纳为：不确定性观、危险损失观和结果差异观三种。三种观点主要的争论集中于不确定性、可能发生的危险和损失上。不确定性观认为风险即是不确定性；危险损失观认为风险是可能发生的危险和绝对的损失，倾向于将风险与损失或不利因素必然地联系起来；结果差异观则认为风险是实际结果与预计结果之间的差异或风险是实际结果之间的差异，而没有具体论述有关概率的问题。

在《新帕尔格雷夫经济学大辞典》中记录了美国著名经济学家、芝加哥学派创始人奈特（Knight，1921）给出的对风险的解释。奈特指出，"如果一个经济行为者所面临的随机性能用具体的数值概率来表达（这些概率可以像买彩票一样能客观地确定，否则就反映了个人自己的主观信念），那么，就可以说这种情况涉及'风险'。另一方面，要是说经济行为者对不同的可能事件不能（或没有）指定具体的概率值，就说这种情况涉及'不确定性'"。[①] 可见，风险不仅取决于不确定性因素的大小，还取决于收益函数的性质，是可以用具体的数值概率来表述的可能性。此外，风险是一个与收益相对的概念，对于某一项金融活动来说，只要存在着损失的可能性就表明它存在风险。但风险所对应的损失，不仅包括直接的损失、潜在的损失，还包括相对损失。当一种投资具有多种可能的收益机会时，可能取得的较低收益相对于较高收益来说就是一种相对损失，任何一个投资人都是期望能够获得最大收益的。

因此，不确定性观、危险损失观和结果差异观对风险的界定都是不足的。对风险的界定中应包括概率函数和广义的损失概念这些要素。综上所述，我们认为，风险是可以用具体的数值概率来表述的广义的损失的可能性。

（二）公司风险的含义

公司风险是指公司在经济活动中遭受的可以用具体的数值概率来表述的广义的损失的可能性。

---

① 约翰·伊特韦尔，默里·米尔盖特，彼得·纽曼．新帕尔格雷夫经济学大辞典［M］．中文版，北京：经济科学出版社，1996.

为了便于更好地理解公司风险这一概念，下面我们结合公司风险的特点进行进一步的说明。

1. 公司风险的存在具有客观性。风险的存在是不以人的意志为转移的，其独立于人的意识而客观存在。风险是金融活动的内在属性，它的广泛存在是现代金融市场的重要特征，涉及与金融活动有关的所有经济主体，公司作为现代金融活动中重要的参与者，其风险的存在更是客观的。

2. 公司风险中的损失概念具有广义性。公司风险中的损失并非仅指公司金融活动中导致的账面或实际盈利数值为负，而是一个广义的概念。广义的损失包括三层含义：一是公司金融活动给公司带来的直接损失；二是公司金融活动给公司带来的相对损失，如当一种投资具有多种可能的收益机会时，可能取得的较低收益相对于较高收益来说就是一种相对损失，任何一个投资人都是期望能够获得最大收益的；三是公司金融活动给公司带来的潜在损失，如账面浮亏等。

3. 公司风险的不确定性。虽然公司风险的成因复杂，事前很难准确预料，但公司风险中公司当事人对事件的可能结果知晓，对事件可能发生结果的概率知晓，仅对各种分布最终的实际结果不知晓。

4. 公司风险具有潜伏性。风险的爆发似乎十分突然，令公司措手不及。但实际上公司风险大都是具有潜伏性的，只是在经济繁荣、泡沫高涨时不易为人们所觉察而已。公司的经济活动受到整个经济大环境的影响，一般而言，经济环境稳定，则问题和矛盾容易被掩盖，风险潜伏期较长，反之，则风险的潜伏期较短。因此，及时正确地识别风险并对风险进行有效管理是十分重要的。

5. 公司风险具有可转化性。公司风险的可转化性是指在一定条件下风险是可以转化的。风险的转化包括风险质的变化、量的变化，新风险的产生和旧风险的化解。公司在其金融活动中所面临的风险是复杂而多样的。

二、公司风险的种类

依据分类方法的不同，公司风险可以划分为不同的种类。

（一）按公司活动的内容划分

按照公司活动的具体内容，公司风险主要由投资风险、筹资风险、资金回收风险和收益分配风险构成。

1. 投资风险。投资风险是指公司的投资项目不能达到预期收益，从而影响公司盈利水平和偿债能力的风险。公司所投资的项目可能产生不能按期投产、亏损、利润率低于预期水平的情况，这些都会导致投资风险。具体来讲，投资项目不能按期投产，不能盈利或虽已投产，但出现亏损，会导致公司盈利能力和偿债能力的降低；投资项目并无亏损，但盈利水平很低，利润率低于银行存款利率；投资项目既没有亏损，利润率也高于银行存款利率，但低于公司目前的资金利润率水平。

2. 筹资风险。筹资风险是指公司因筹资活动而引起的收益不确定以及到期不能偿付本息的风险。投资效益的不确定、资金调度的不合理甚至市场风险都是导致筹资风险的原因。

3. 资金回收风险。资金回收风险是产品资金向结算资金的转变环节和结算资金向货币资金的转变环节、转化过程在时间上和金额上的不确定性。这种不确定性一方面为企业的发展提供了机遇，另一方面也加大了企业资金回收风险，大大增加了坏账损失的可能性。

4. 收益分配风险。收益分配风险是指收益分配可能给公司今后的生产经营活动带来不利影响的可能性。主要表现在公司偿债能力的改变、对公司再生产规模的影响等。这种风险有两个来源：一方面是收益确认的风险，即由于客观环境因素的影响和会计方法的不当，有可能少计成本费用，多确认当期收益，从而虚增当期利润，使企业提前纳税，导致大量资金提前流出公司而引起公司财务风险；或者有可能多结算成本，多计有关费用，少确认当期收益，从而虚减了当期利润，影响了企业声誉。另一方面是对投资者分配收益的形式、时间和金额的把握不当而产生的风险。如果公司处于资金紧缺时期，却以货币资金的形式对外分配收益，且资金量过大，就必然大大降低企业的偿债能力，影响企业再生产规模；但如果公司投资者得不到一定的投资回报，或单纯以股票股利的形式进行收益分配，就会挫伤投资者的积极性，降低公司信誉，股票上市企业的股票价格会下跌，这些都会给公司今后的发展带来不利影响。因此，公司无论是否进行收益分配，也不论在什么时间以什么方式进行，都具有一定风险。

（二）按公司业务属主营业务与非主营业务划分

按照公司业务属主营或非主营划分，公司风险主要包括主营业务风险和非主营业务风险。

1. 公司主营业务风险。一般来说，公司的主营业务本身具有一定程度的不确定性，受公司内部与外部方面多种因素的影响。但是，也正是由于存在这种不确定性，才给予了投资人对公司未来发展丰富的想象空间。主营业务风险与非主营业务风险有所不同。某些主营业务所面临的不确定性处于公司的经营能力范围以内，利用公司的资源、经营能力和技术即可克服，而无须套期保值；而有些时候，某些主营业务风险是公司的经营能力不能完全化解的，则需运用工具进行套期保值，化解风险。而非主营业务风险一般是都需要通过套期保值化解的。

2. 公司非主营业务风险。公司非主营业务风险是指非主营业务中存在的不确定性。公司非主营业务的风险往往被视为公司的一种噪声。因为即便有时出现了有利的局面，对公司的主营业务帮助也不是很大，而一旦出现不利局面，对公司的主营业务就会造成伤害，所以在公司的经济活动进程中非主营业务的风险是需要进行套期保值的。美国的许多新兴企业，多数都把一些无关紧要的部门分包给专业公司，虽然不是直接使用金融工具，但也从实质上遵循了套期保值的思想。

（三）按公司风险的形态划分

按照公司风险的形态划分，可以分为信用风险（Credit Risk）、流动性风险（Liquidity Risk）、市场风险（Market Risk）与操作和整体风险（Operational and Non - financial Risk）四大类。

1. 信用风险。信用风险指借款人或市场交易对手违约而导致损失的可能性；更一般地，信用风险还包括借款人信用评级的变动和履约能力的变化导致其债务的市场价值变动而引起的损失可能性。信用风险包括主权风险（Sovereign Risk）、国家风险（Country Risk）、法律风险（Legal and Force Majeure Risk）、结算风险（Settlement Risk）和边际风险（Marginal Risk）。

（1）主权风险。主权风险是指一个国家政府由于政策改变而不能履行贷款合约的风险，又称政治风险。公司的闲置资金可以通过直接渠道借给政府，也可以通过间接渠道借给政府。但政府有时是具有特权废止合同的，这时公司就面临了政治风险。虽然公司还可以通过诉讼争取获赔，但能否获赔是毫无保证的。

（2）国家风险。国家风险是指国家政治、经济、社会等方面的重大变化而给经济主体造成损失的可能性。无论政府、企业还是个人都可能遭受国家风险，但是在一国范围内的经济金融活动不存在国家风险。有时政治风险也被划归到国家风险中。

（3）法律风险。法律风险是指在合同的存续期间内法律的变更或出台而给经济主体造成损失的可能性。例如，公司使用某一新型金融衍生工具进行交易，但由于衍生工具在不断创新中，国家的法律条文难以及时跟上，衍生交易的合法性难以保证，交易双方可能因找不到相应的法律保护自己而遭受损失，也可能由于新的法律出台该工具被强制取缔或定期停止而遭受损失。

（4）结算风险。结算风险又称交割风险，指在合同到期进行最终结算时，交易对手无法按时付款或交货而发生损失的可能性。这一风险在跨时区结算时更为突出。

（5）边际风险。如果资金富足方单纯在期初借出款项，期末收回款项，那么一旦出现坏账，极有可能什么都收不回来，出资方损失很多。对于这一问题，出资方与受资方往往采取互持款项的方式。这样虽然在一定程度上化解了原有风险，但新的风险也应运而生，即边际风险。当互持款项的双方的款项期限不同时，期限较短的一方到期清算，而期限较长的另一方就需要重新与其他人就剩余款项签订新的合同。这时签订合同的价格就与最初订立合同的价格存在差异，面临损失的危险。这一风险尤其体现在两公司做互换交易中。

2. 流动性风险。流动性风险是指流动性不足给经济主体造成损失的可能性。例如，公司持有金融资产，在转让时无法在市场上及时找到平仓的机会，不能按照其市场价格迅速出售而遭受损失的可能性。又如，公司由于资金不足，无法到期支付应付款项，将面对流动性危机。

3. 市场风险。市场风险是指在金融市场中由于金融资产价格波动而可能遭受的损失。市场风险包括利率风险（Interest Risk）、基差风险（Basis Risk）、收益率曲线风险（Yield Curve Risk）和汇率风险（Exchange Risk）。

（1）利率风险。利率风险是指利率变动给经济主体造成损失的可能性，包括错配和缺口问题。当公司资产和负债类型、数量、期限不一致时，利率的变化就会对其资产的收益、负债的成本等产生影响。其对公司金融活动的影响不但来自短期、中期、长期的变化，还来自固定与浮动等方面的影响。

（2）基差风险。基差是指同一时点同一品种的现货与期货价格之差。基差风险普遍存在于公司所进行的期货交易中。由于基差决定公司进行期货交易的最终利润，空头套期保值的最终利润是期末基差减期初基差，多头套期保值的最终利润是期初基差减期末基差，因此基差的变动影响十分鲜明，很有可能使原来的盈利变为亏损。

（3）收益率曲线风险。收益率曲线是指在以期限为横轴、以收益率为纵轴的坐标平面上反映在一定时点不同期限的债券的到期收益率与到期期限之间关系的曲线。它主要包括正常的、相反的、水平的、拱形的等四种类型。随着经济在整个商业周期的不断运动，收益曲线的斜率会呈现显著变化。但在商业周期的大部分过程中，收益曲线的斜率均为正数，即短期利率低于长期利率。在商业周期处于扩张阶段时，央行会提高短期利率以抑制经济过快增长，此时收益曲线的斜率将变为负数，也就是短期利率高于长期利率。收益率曲线风险指的是收益率曲线斜率的变化导致期限不同的两种债券的收益率之间的差幅发生变化而产生的风险。如图13-1所示，图中右侧坐标系内Libor（2）和Libor（3)各自3个月与6个月区间内收益率之间的差幅就发生了变化，从而产生了收益率曲线风险。再例如，若以5年期政府债券的空头头寸为10年期政府债券的多头头寸进行保值，当收益率曲线变陡的时候，虽然上述安排已经对收益率曲线的平行移动进行了保值，但该10年期债券多头头寸的经济价值还是会下降。因此，收益率曲线风险也称为利率期限结构变化风险。

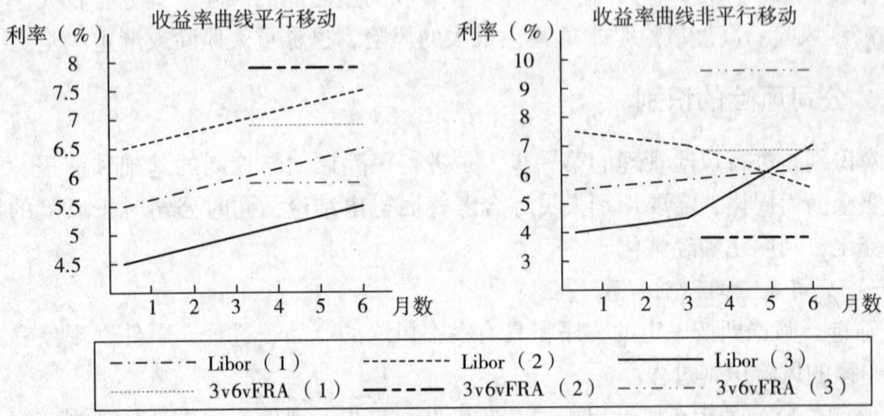

图13-1　收益率曲线风险示意图

远期利率协议（FRA，详见本章第4节、第5节）不仅能够对利率风险进行管理，而且也是商业银行预测利率的重要依据之一。如图13-1左侧坐标系所示，若设3个月利率为6%，6个月利率为6.5%，按照粗略的滚动投资策略计算，3个月对6个月的FRA［3v6vFRA（1）］价格约是6.8954%。如果整个收益率曲线上移100个基点，FRA价格将约变为7.8609%［3v6vFRA（2）］；同样如果整个收益率曲线下移100个基点，FRA价格将约变为5.9251%［3v6vFRA（3）］。但是，如果3个月利率上升100个基点而6个月利率下降100个基点，如图13-1右侧坐标系中的Libor（2）曲线所示，收益率曲线会发生反转，FRA的价格会约变为3.9305%，如图13-1右侧坐标系中的3v6vFRA（2）曲线所示。反之，则会使FRA的价格约变为9.7852%，如图13-1右侧坐标系中的3v6vFRA（3）曲线所示。3v6vFRA（2）和3v6vFRA（3）在图13-1

左右两坐标系中位置的反转，说明了选择3v6vFRA（1）保值产生的较多损失，更说明了利率期限结构变化带来的收益率曲线风险。

（4）汇率风险。汇率风险指汇率的变化可能给经济行为主体带来的不利影响。当公司的经济活动涉及进出口贸易时将面临汇率变动带来的风险。当公司进行外汇投资或购买了外汇衍生工具时也面临着汇率风险。

4. 操作和整体风险。操作风险又称运作风险，是指企业或金融机构内部控制不健全或失效、操作失误等导致的风险。如公司在进行资产交易时因交易程序或风险管理操作系统发生故障及人为因素引起的操作失误的可能性。在操作和整体风险中包括欺诈（Fraud）、交易系统/清算系统故障（System）、个人（Personal）、突发事件（Accidents）和道德规范（Ethics）风险。

（四）按公司风险的程度划分

按照风险程度的高低，风险可以分为轻度风险、中度风险和高度风险。

1. 轻度风险。轻度风险是指一种风险程度较低的风险，在一般情况下，这种程度的风险发生，其危害不大。

2. 中度风险。中度风险是指一种介于轻度和高度之间的风险，其危害较大。

3. 高度风险。高度风险是指危害性很大的风险，也称重大风险或严重风险。

三、公司风险的识别

风险识别是进行风险管理的第一步，是进行风险评估与控制的基础和前提。公司风险识别要全面而周详，需要识别人员综合考察而得出结论，同时公司对于风险的识别要实现系统化、制度化和经常化。

（一）公司风险的识别程序

1. 筛选。筛选即按一定的程序将具有潜在风险的产品、过程、事件、现象和人员进行分类选择的风险识别过程。

2. 监测。监测是指在风险出现后，对事件、过程、现象、后果进行观测、记录和分析的过程。

3. 诊断。诊断是指对风险及损失的前兆、风险后果与各种原因进行评价与判断，找出主要原因并进行仔细检查的过程。

（二）公司风险的识别方法

公司风险识别的基本方法包括失误树分析法（Fault Tree Analysis）、情境分析法（Scenarios Analysis）、资产财务状况分析法、德尔菲法和环境分析法等。

1. 失误树分析法。失误树分析是一种将各种不欲发生的故障情况，以推理、图解及逐次进行分析的方法。失误树分析法是从风险系统整体的失效现象出发，再配合系统的动作原理、操作条件和环境等因素，分析失效发生的原因、造成系统失效的可能部位及失效后的影响。在执行失误树分析时可将风险不断向下展开，直到无法继续展开为止。

2. 情境分析法。情境分析法是指通过利用数字、图表、曲线等，对公司未来的财务状况进行描绘，从而识别引起风险的关键因素及其影响程度的风险识别方法。情境分析的结果大致分为两类：一类是对未来某种状态的描述，另一类是描述一个发展过程，及未来若干年某种情况一系列的变化。它可以向决策者提供未来某种机会带来最好的，最可能发生的和最坏的前景，还可能详细给出三种不同情况下可能发生的事件和风险。情境分析法研究的重点是：当引发风险的条件和因素发生变化时，会产生什么样的风险，导致什么样的后果等。情境分析法既注意描述未来的状态，又注重描述未来某种情况发展变化的过程。

3. 资产财务状况分析法。资产财务状况分析法是依据公司的资产负债表和损益表等财务资料，对公司固定资产和流动资产进行分析，以发现其潜在的风险，如资产本身可能遇到的风险，因遭受风险引起生产或业务中断可能带来的损失，造成人身伤害和财产损毁应付的赔偿金等。

4. 德尔菲法。德尔菲法是一种集中众人智慧进行科学预测的风险分析方法。德尔菲法是由美国咨询机构兰德公司首先提出的，它主要是借助于有关专家的知识、经验和判断来对企业的潜在风险加以估计和分析。

5. 环境分析法。环境分析法是根据对公司面临的外部环境和内部环境的系统分析，推断环境可能对公司产生的风险与潜在损失的一种识别风险的方法。采用环境分析法，首先应全面系统地分析公司的外部环境和内部环境，以及环境变化对公司生产经营的影响；其次应分析公司与内部环境和外部环境的相互关系及其稳定程度。

第2节　风险管理与公司价值

如第1章第2节所述，公司金融的目标是公司价值的最大化。公司价值最大化的观点认为要充分考虑时间价值和风险报酬的关系，在保持公司长期稳定的基础上使其价值最大化。公司金融的风险管理正是针对这一目标而进行的。

一、公司风险管理的目标

公司的经营、投资和筹资活动面临着各种各样的不确定性和风险，如利率、汇率的变动，经济周期的影响等。风险管理的基本动机在于规避和转移风险，但这一动机绝对不是公司存在的目的。风险管理的目标是在保持公司收益水平既定的前提下，通过科学有效的项目评估及金融市场分析，运用各种金融工具和交易手段，来锁定公司的未来收益，将风险和不确定性降到最低。现代经济学理论指出，公司经营的最终目的是企业价值的最大化。进行风险管理效果判定的最根本标准就是它能否增加公司的价值。

二、风险管理对公司价值的影响

公司提高自身价值的手段有很多，但归纳起来无非有两类，即要么降低成本，要么提高售价。有效的风险管理能够提升公司价值，具体表现为降低公司现金流量贴现率、公司税负、公司财务危机成本，避免公司“低投资”现象。

1. 风险管理可以降低公司现金流量贴现率。公司的现金流量贴现率就是投资者对企业投资的预期回报率，它等于无风险收益率加上风险回报。在公司进行风险管理时，企业未来现金流量的波动性就会降低，这将降低投资者遭受损失的不确定性，公司投资的风险也就随之减小，根据风险与回报的关系，投资者要求的风险回报就会降低，现金流量贴现率也会同时下降。大量实证研究已经证明，采用衍生品交易进行风险管理的公司，其价值的波动性反映在公司股票的 β 值上，大都出现了下降。

专栏 13－1

玉米转换案例

某地区建设了将当地盛产的玉米分解成为酒精和饲料这两种产品的装置，总共建成和在建的类似装置有 4 套。但这种装置本身并不盈利，原因在于生产成本过高。以至于 10 000 吨玉米在加工成为高附加值的3 000 吨酒精和5 000 吨饲料之后，扣除生产成本，其项目的净现值与持有10 000吨玉米时相当。那么，为什么仍然需要这种装置呢？是否对公司的价值产生了有利的影响？

研究发现，在金融市场上，玉米的波动率较高（假设为 0.3）。那么，我们估计，农场主为了购买一项玉米卖方期权，对其生产的 10 000 吨玉米进行套期保值，就需要支付大约 25 000 美元。而将玉米转换成酒精和饲料之后，这两项最终产品的波动率分别是 0.2 和 0.25，均低于原材料玉米的价格波动率。这样一来，如果农场主拥有了这套装置，就可以显著地降低玉米的价格波动率，从而降低生产和经营的风险。他只需要支付 20 000 美元，就可以购买酒精和饲料的卖方期权。波动率降低后，公司投资的风险随之减小，现金流贴现率下降。

资料来源：周洛华．中级金融工程学［M］．上海：上海财经大学出版社，2005.

2. 风险管理可以降低公司税负。公司的实际税收曲线是一条凸形曲线，而不是一条直线。导致公司税收曲线呈下凸形状的原因在于税收政策，包括：累进税制，即随着公司税前收入的增加，公司的应纳税率也会上升；税收优先选择条款，如税收损失结转制度和投资税收信用等，即公司当年的损失可以先抵减未来年份的利润后再进行纳税。税收曲线的这种凸性导致了不同收益状况下公司税后实际收益的不均衡，从而为企业风险管理提供了动力。

延伸阅读 13－1

转让定价与公司避税

转让定价（Transfer Pricing）是指公司集团内部机构之间或关联企业之间相互提供产品、劳务或财产而进行的内部交易作价。转让定价避税的基本做法是：在经济交易活动中，当卖方处于低税负而买方处于高税负的情况下，其交易就以高于市场价格的方法进行。通过这种方法，可以以等量的利润使不同所有者使用不同的税率从而实现避税，还可以在等量利润适应等量税率的情况下，以企业之间价格转让和利润转让达到避税的目的。

例如，假定 A 和 B 是跨国关联公司，A 所在国的公司所得税税率为 30%，B 所在国的公司所得税税率为 50%。在某一纳税年度，A 生产集成电路板 10 万张，全部要出售给关联的 B 公司，再由 B 公司对外销售。如果 A 公司按照每张 15 美元的价格将这批集成电路板出售给 B 公司，B 公司然后再按每张 22 美元的市场价格出售给非关联的客户（方案 1），则 A、B 两公司的纳税总额为 42 万美元，税后利润 58 万美元。但如果 A 公司按每张 18 美元的价格向 B 公司出售这批产品，则 A 公司的销售利润就会增加 30 万美元，B 公司的销售利润则会相应下降 30 万美元。由于 A 公司处于低税国，而 B 公司位于高税国，因此 A 公司提高对 B 公司的转让价格会使两个公司的纳税额下降6［30 ×（50% -30%）］万美元，税后利润总额则从原来的58 万美元增加到64 万美元，相应也提高了 6 万美元。通过转让定价避税，A 公司轻松地把 30 万美元从 B 公司所在的高税国转移到 A 公司所在的低税国。

资料来源：叶永刚．金融工程学［M］．大连：东北财经大学出版社，2002.

3. 风险管理可以降低公司财务危机成本。当公司因不能偿还到期债务而陷入财务困境或财务危机，会给公司带来高额成本，进而引起股东价值的减少。公司财务危机成本可分为两部分：一为直接成本，即在处理违约、进入破产程序清偿时在法律、会计或其他专业服务方面所需的支出。二是间接成本，表现为当企业出现财务危机时，企业高层人员不专心经营导致管理混乱而使企业的价值下降；企业的客户或原材料供应商对企业未来持续发展前景不确定性的增加，不愿意与企业再进行交易，或改变交易信用条件加剧公司财务状况的恶化；此外，当企业财务状况恶化时，公司只能靠外部融资，从而导致企业的股东利益向债权持有人转移，影响投资决策，使企业错失许多获利机会。

利用金融衍生品交易进行套期保值可以降低企业财务危机和破产的概率，从而减少市场对企业财务危机的预期成本，提高股东未来的预期现金流量；而且，对公司发展前景不确定性的衰减也会增加企业产品、服务合约以及保证条款对客户的价值，并反映为现金流量的增加。

4. 风险管理可以避免公司“低投资”现象。公司对外投资将增加收益或未来现金净流量，然而一些因素常常阻碍公司不能或不愿采取这种行为，即所谓的“低投资”现象。在较高经营杠杆的公司中，债权持有者只能收取相对固定的收益，企业如果进行高风险项目的投资，所获得的收益可以提高股票的价值，但导致的损失则由债权持有人承担，债权人一般在借款合同中附加了限制这种投资的条款或要求更高的风险补偿。这使企业对于一些高风险、高收益项目的投资受到限制而失去新的获利机会，且更高的风险补偿意味着将增加企业的融资成本。①

第 3 节 风险估测方法：VaR 分析法

一、VaR 及其相关概念的含义

（一）VaR 的含义

VaR（Value at Risk）意为处在风险中的价值，又称风险价值或在险价值。VaR 的定

① 王重润．公司金融学［M］．南京：东南大学出版社，2005.

义为：在正常市场条件下和一定置信水平下，持有一定头寸的证券在未来一定时期内可能发生的最大损失值。或者说，在正常市场条件下和给定的时间段内，一定头寸的证券发生 VaR 值损失的概率仅为给定的近似发生概率水平，即在未来的一段时间（一天、一周或一年等）里，当基础资产价格发生不利变化时，在一定的置信度下，所持头寸可能产生的最大损失。设 R 是描述组合收益的随机变量，$f(R)$ 是其概率密度函数，置信水平是 c，那么收益小于 R^* 的概率为

$$\mathrm{Pr}ob(R < R^*) = \int_{-\infty}^{R^*} f(R)\,\mathrm{d}R = c \tag{13-1}$$

VaR 值有绝对风险值和相对风险值之分。绝对风险值是指相对于当前头寸的最大可能损失，即 $VaR = -R^* W$。相对风险值是指相对于收益期望值的最大可能损失，即 $VaR = -R^* W + \mu W$。其中，μ 是收益的期望值，W 是头寸大小。在实践中通常使用相对 VaR。以美国信孚银行（Bankers Trust）的数据为例来说明 VaR 的含义。该银行 1994 年年度报告公布了它当年每日的 VaR 值，在 99% 的置信区间内平均为 3 500 万美元，这意味着，因市场波动而每天发生超过 3 500 万美元损失的概率只有 1%，或者说每天将市场风险导致损失的数额约束在 3 500 万美元以内的概率有 99%。

一个特定的 VaR 值是相对于三个因素而言的，即持有期限、置信水平和未来资产组合价值的分布特征。

（二）置信水平

置信水平（Confidence Interval）即置信度，它表示根据某种概率测算结果的可信程度。置信水平的选择过低，损失超过 VaR 值的事件则增加，将使得 VaR 值失去意义。置信水平选择过高，损失超过 VaR 值的极端事件发生的概率会降低，但统计样本数目将减少，这又会使对 VaR 值估计的准确性降低。在现实中，置信水平一般选择在 95% ~99%。

（三）持有期限

持有期限（Target Horizon）又称目标期限，是衡量回报波动性和关联性的时间单位，即取得观察数据的频率，所观察的数据是以日、周、月或年来计的，它一般根据资产组合调整的速度来具体确定。调整速度较快的组合应选用较短的期限，调整速度较慢的组合则应选用较长的时间期限。

（四）观察期间

观察期间（Observation Period）是对给定持有期限回报的波动性和关联性考察的整个时间长度，即选取数据的时间范围。对观察期间的选择更多的是在历史数据和市场结构性变化之间权衡。

二、测算 VaR 的主要方法

测算 VaR 的传统方法主要有历史模拟法、蒙特卡罗（Monte Carlo）模拟法、方差—协方差法和德尔塔（Delta）—正态法。随着对 VaR 测算方法的不断深入探索，又提出了基于各种 GARCH 模型的 VaR 测算法、EVT 极值理论、半参数法（David Li，1999）、推广的指数加权移动平均法（Exponential Weighted Move Approach，EWMA）、基于模拟

退火算法的 VaR – GARCH 模型[①]等。不断推新的测算方法更进一步促进了 VaR 的发展。

（一）历史模拟法

历史模拟法是借助于过去一段时间内资产价格的历史数据，在不做任何分布假设的条件下，通过历史数据直接模拟未来价格，进而推算 VaR 值。

如果把资产的价格表示为市场因子的函数，则须先测算市场因子，借助资本资产定价模型，把市场因子映射为资产价格。计算时首先收集市场因子适当时期的历史数据，其次对当前资产价格进行盯市，也就是利用目前的市场因子来计算当前的资产价格，然后，预测市场因子未来的概率分布，并利用资本资产定价模型来得到所研究资产的未来的概率分布，从而得到该资产的 VaR 值。如果不借助市场因子，则可直接把资产价格作为时间序列来处理。

摩根银行 1994 年年度报告中的例子可以具体说明这一方法的基本思路。如图 13 – 2 所示，图中横轴为该银行每日收入的数量，以百万美元为单位，纵轴反映一年之内出现相应收入组的天数，从而形成过去一年内该银行资产组合收益率的频度分布。根据图 13 – 2，首先，计算平均每日收入值，约为 500 万美元，记为 $E(w)$ 。其次，依给定的置信区间寻找和确定相应的最低每日收入值，记为 w^*。例如，设置信区间为 95%，由于本例共有 254 个观测日，则可得到在 5% 概率下的 w^* 为 – 1 000 万美元。最后，综合前两步所得结果，可得 $VaR = 500 - (-1\ 000) = 1\ 500$（万美元），即该年度摩根银行的每日 VaR 值为 1 500 万美元。

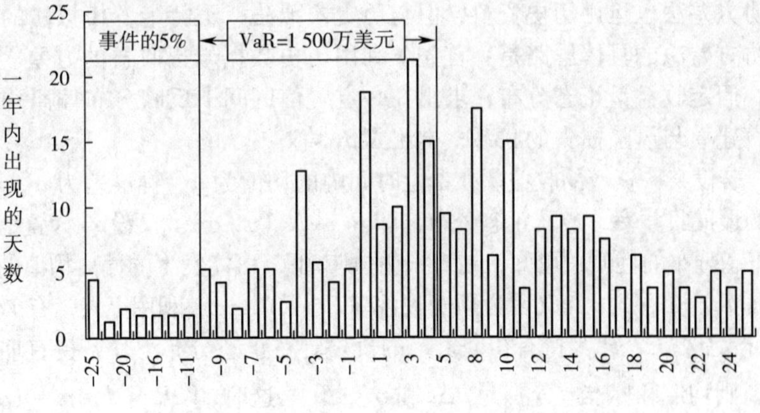

资料来源：根据摩根银行 1994 年年度报告整理。

图 13 – 2　历史模拟法计算 VaR 的示例

这一结果当然只是过去一段时间里的数值，依据过去推测未来的准确性取决于决定历史结果的各种因素、条件和形势等是否仍在发挥主要作用，否则就要作出相应调整，或寻找和参照另一段历史，或对有关历史数据加以适当修正。

历史模拟法通过收集大量历史数据，不需假定收益的统计分布，是一种非参数方法。但是，它实际上假定市场的未来状况与历史状况完全相同，收益的概率分布等统计

① 王春峰，李刚，赵欣．基于模拟退火算法的 VaR – GARCH 模型［J］．系统工程学报，2003（1）．

特性不随时间而变化。显然，这一假设与金融市场瞬息万变的真实情况不相符。而且，由于采用历史模拟法需要大量的历史数据反映市场的基本波动特性，如果数据量太小，则会导致结果不准确，因此，历史数据的充分性始终是这一方法面对的较大困难。

（二）蒙特卡罗模拟法

蒙特卡罗模拟法与历史模拟法比较类似，同样是利用历史数据来对未来情景进行模拟。但与历史模拟法不同的是，蒙特卡罗法不直接模拟市场因子或资产的未来价格，而是首先根据历史数据得到未来概率分布的参数，如正态分布中的均值和方差，然后再利用随机模拟产生未来资产价格的可能情景集，进而根据置信水平得到 VaR 值。

蒙特卡罗模拟法计算 VaR 值的主要步骤可表示为：确定市场因子或资产价格的概率分布类型，并利用历史数据计算概率分布的参数；通过产生随机数，模拟市场因子或资产价格未来的可能情景；如果模拟的是市场因子的可能情形，则通过定价公式，将其映射为资产价格的未来可能情形，如果模拟的是资产价格，则直接进入下一步；根据给定的置信水平、置信水平的水平分位数和模拟所得到的资产价格的未来情形即可得到资产的 VaR 值。

蒙特卡罗模拟法虽然通过随机数重复模拟变量的随机过程，使模拟包括了大部分可能的情况，较历史模拟法有所进步，但蒙特卡罗模拟法计算复杂，耗时长，成本高昂，往往令人难以接受。

（三）方差—协方差法

方差—协方差法也运用历史资料，但与历史模拟法、蒙特卡罗模拟法的思路截然不同。方差—协方差法的具体思路是：首先，利用历史数据求出收益的方差、标准差、协方差；其次，假定收益呈正态分布，求出在一定置信区间下反映分布偏离均值程度的临界值；最后，建立与风险损失的联系，推出 VaR 值。

具体讲，若设某一资产的收益率在单位时间内的均值为 μ，标准差为 σ，R^* 为一定置信水平 α 下的最低收益率，遵从正态分布，即 $R^* \sim N(\mu, \sigma)$。又设 Z_α 为置信水平 α 下的临界值，依正态分布的性质，可知，在 $1-c$ 的概率下，可能发生的偏离均值的最大距离为 $\mu - Z_\alpha\sigma$，亦即 $R^* = \mu - Z_\alpha\sigma$；又因为预期收益率 $E(R) = \mu$，利用上式，有 $VaR = P_0\{\mu - (\mu - Z_\alpha\sigma)\} = P_0 Z_\alpha\sigma$，$P_0$ 为持有初期资产的价格。在正态分布下，若持有期不是单位时间，设为 Δt，则均值和标准差分别为 $\mu\Delta t$ 和 $\sigma\sqrt{\Delta t}$。这时，$VaR = P_0\{\mu - (\mu - \alpha\sigma)\} = P_0\alpha\sigma$ 可转换为 $VaR = P_0\alpha\sigma\sqrt{\Delta t}$。

（四）德尔塔（Delta）—正态法

Delta—正态模型假设证券价格函数取一阶近似，且市场因子服从多元正态分布。在此假设基础上，证券的回报服从一元正态分布。用 $P(t, x)$ 表示证券的价格函数，其中 t 表示时间，x 表示 n 维市场因子向量。假设 $P(t, x)$ 对每一自变量只存在一阶偏导数，记为标量 P_t 和 $N \times 1$ 向量 g，即 $P_t = \frac{\partial P(t,x)}{\partial t}$ 和 $g = \left[\frac{\partial P(t,x)}{\partial x_1}, \frac{\partial P(t,x)}{\partial x_2}, \cdots, \frac{\partial P(t,x)}{\partial x_n}\right]$，高阶导数设为 0。又假设，经过持有期 Δt，x 产生的相对变化序列向量服从均值为 0，定常协方差矩阵 $\sum {}^{1r}(N \times N)$ 的联合正态分布为 $r \sim N_n(0, \sum {}^{1r})$。根据上述讨论的市场比率变化的

概率分布及证券价格灵敏度假设，可以计算出 VaR 值。

延伸阅读 13－2

有关测算 VaR 的方法

传统测算 VaR 的方法大多基于正态统计假设，但随着统计技术的发展，人们逐渐发现现实金融市场价格序列分布呈现尖峰厚尾的特征，有偏于正态分布，使传统方法受到了很大的冲击，相应涌现出了不少针对这一特性的新的测算方法。

使用多种 GARCH 模型针对价格收益率序列进行建模，将 GARCH 与 VaR 的测算联系起来，形成了多种基于 GARCH 模型的 VaR 测算法。如基于 EGARCH 模型（Hsieh，1993）、FIGARCH 模型（Beltratti，1999）、Fattailed－GARCH（罗付岩，2005）等的测算 VaR 的方法。这些方法的核心思想都是借助方差—协方差法的基本公式，以条件异方差 h_t 替代原式中的方差，从而计算 VaR 值。利用基于 GARCH 模型的 VaR 测算法可以得到逐日，甚至任意时点的 VaR 值。

David Li（1999）提出半参数法。这一方法的特点是不需对序列的分布作出任何假设，只需计算收益率序列的偏度、峰度、均值和方差，由此测出给定时间段内、约定置信水平下序列 VaR 值区间的上下限。具体使用半参数法的计算公式为：假设收益率序列均值为 μ，方差为 σ，偏度为 S，峰度为 K，则给定时间段内、约定置信水平下收益率序列的上限 VaR_S 和下限 VaR_i 分别为

$$VaR_S = \mu + \frac{\frac{S+2}{S}\sqrt{\left(\frac{K+2}{S}\right)^2 + 4Z_\alpha \frac{\sqrt{(K+2)(K+2-S^2)}}{|S|}}}{2}\sigma$$

$$VaR_i = \mu + \frac{\frac{K+2}{S}\sqrt{\left(\frac{K+2}{S}\right)^2 + 4\left[Z_\alpha \frac{\sqrt{(K+2)(K+2-S^2)}}{|S|} + 1\right]}}{2}\sigma$$ ①

半参数估计方法适用于求一段时期内 VaR 值所在的区间。

在基于 EWMA 测算 VaR 的方法中，最为关键的问题是选取最优的衰减因子 λ。适用于任何分布的 EWMA 测算方法在原有基础上进行了改进，筛选 λ 的准则改为：在预测检验的区间内，实际收益率超出预测的 VaR 的概率与置信水平的差的绝对值要尽可能地小，即，使 $\lambda^* = \min\limits_{\lambda}|PROB - c|$ 最小。其中，$PROB = \text{Prob}[VaR(\lambda) \leqslant R_t]$。这样就可不受收益率序列分布假设条件的限制了。具体基于 EWMA 的测算 VaR 的方法详见范英在《金融复杂系统：模型与实证》中的论述。

王春峰等②将人工智能中的模拟退火算法引入到 VaR 的测算中。使用模拟退火算法改进了 GARCH 模型的参数估计，在计算的稳健性（Robustness）、准确性方面提高了估计的准确性，且通过实证分析得出模拟退火算法计算效率高，方法灵活。

---

① 叶青．基于 GARCH 和半参数法的 VaR 模型及其在中国股市风险分析中的应用［J］．统计研究，2000（12）．

② 王春峰，李刚，赵欣．基于模拟退火算法的 VaR－GARCH 模型［J］．系统工程学报，2003（1）．

第4节 风险管理的工具

管理公司风险的方法是多样的，工具种类也是丰富的。在进行风险管理的过程中，有些借助了金融工具，有些不借助金融工具也实现了预期良好的管理效果。综合来看，大多数公司主要依靠产业链的合并、公司并购重组和买进或卖出金融合约的方法来管理风险。由于产业链合并在更大程度上属于产业经济学的内容，公司并购重组已在上一章中详细阐述，故在本节中省略。

公司通过买进或卖出金融合约方法管理风险中使用的具体工具包括保险和金融衍生工具。保险是一种重要的风险管理方法。风险是客观存在的，企业无论采取什么防范措施也不可能完全消除风险事故所带来的不利后果，特别是经济损失。因此，公司迫切需要在损失发生后得到补偿，这是保险生存并发展的最基本要素。然而，保险仅适用于管理特定类型的可保金融风险，这种风险发生的概率在很大程度上是确定的，但这些企业或个人彼此之间的风险状况不是高度相关的。对公司风险而言，只有少数的风险可以通过保险的方式进行风险转移。对于既可能带来损失又可能带来收益的动态的投机风险不属于保险理赔范畴，这种风险只能采用非保险性金融风险转移工具。依靠金融衍生工具不仅可以解决公司表内项目的风险管理，而且还可以解决表外项目的风险管理。因此，本节只介绍公司风险管理中经常使用的金融衍生工具——远期合约、期货合约、期权合约和互换合约。

一、远期合约

从人类历史的发展看，人类交易方式的演进大致经历了易货交易—现货交易—远期交易—期货交易四个阶段。资料显示，早在12世纪时，法兰德斯商人（Flemish Trader）即在市场中利用一种称为“de faire”的文件做商品的远期交易，文件中主要说明未来某特定时日买卖双方的交货内容，所以“de faire”可以说是远期合约的前身。

远期合约是商品经济发展的产物，是生产者和经营者在商品经济实践中创造出来的一种规避或减少交易风险、保护自身利益的商品交换形式。众所周知，农作物的播种与收割之间有着较大的时差，如果仅有现货交易，那么一个农场主的命运就会完全掌握在其农作物收割时农作物现货市场价格的手中，有着极大的价格风险。但如果能够在播种时就确定农作物收割时卖出的价格，那么农场主就可以安心致力于农作物的生产。因此，从根本上说，远期合约就是适应规避现货交易风险的需要而产生的。

（一）远期合约的定义及相关概念

1. 远期合约的定义。远期合约（Forward Contracts）是指交易双方约定在未来的某一确定时间，按照事先约定的价格，以预先确定的方式买卖一定数量的某种金融资产的合约。

2. 多方。多方是合约中规定在将来买入标的物的一方，也就是买方。

3. 空方。空方是合约中规定在未来卖出标的物的一方，也就是卖方。

4. 交割价格。交割价格是合约中规定的未来买卖标的物的价格。

5. 远期价格。远期价格是指远期合约中标的物的未来价格，它跟标的物的现货价格紧密相连。

6. 远期价值。远期价值是指远期合约本身的价值，由远期价格和交割价格的差距决定。

（二）远期合约的基本类别

按照标的资产的不同类别分，远期合约可分为远期利率协议、远期外汇合约和远期股票合约。远期利率协议是买卖双方同意在未来一定时间，以商定的名义本金和期限为基础，由一方将协定利率与参照利率之间差额的贴现额度付给另一方的协议。远期外汇合约是指双方约定在将来某一时间按约定的远期汇率买卖一定金额的某种外汇的合约。远期股票合约是指在将来某一特定日期按特定价格交付一定数量单只股票或一揽子股票的协议。

（三）远期利率协议的交易与功能

签署远期利率协议就是为了锁定利率，锁定借款成本，从而规避风险。在远期利率协议中有如下重要术语，需要对其作出规定：

合同金额，借贷的名义本金。

合同货币，合同金额的货币币种。

交易日，远期利率协议成交的日期。

结算日，名义借贷开始的日期，也就是交易一方向另一方支付结算金的日期。

确定日，确定参照利率的日期。

到期日，名义借贷到期的日期。

合同期，结算日至到期日的天数。

合同利率，在协议中双方商定的借贷利率。

参照利率，在确定日用于确定结算金的、在协议中指定的某种市场利率。

结算金，在结算日，根据合同利率和参照利率的差额计算出来，由交易一方付给另一方的金额。

在远期利率协议下，如果参照利率超过合同利率，那么卖方就要支付给买方一笔结算金，以补偿买方在实际借款中因利率上升而造成的损失。一般来说，实际借款利息是在贷款到期时支付的，而结算金则是在结算日支付的，因此结算金并不等于因利率上升而给买方造成的额外利息支出，而等于额外利息支出在结算日的贴现值。结算金的计算公式是

$$\text{结算金} = \frac{(r_r - r_k) \times A \times \dfrac{D}{B}}{1 + \left(r_r \times \dfrac{D}{B}\right)}$$

式中：r_r表示参照利率；r_k表示合同利率；A 表示合同金额；D 表示合同期天数；B 表示天数计算惯例（美元为 360 天，英镑为 365 天）。

在远期利率协议中，支付该协议利率的为买方，含义为买到资金的使用权；获得该协议利率的为卖方，含义为出让资金的使用权。在结算日，交易双方根据当时的市场利率与协议利率的利差，由利息金额大的一方支付一个利息差额的现值给利息金额小的一

方。这样，买方可以防范利率上涨的风险，卖方可以规避利率下跌的风险。

远期利率协议最重要的功能在于通过固定将来实际支付的利率而避免了利率变动风险。在签订远期利率协议后，不管市场利率如何波动，协议双方将来收付资金的成本或收益总是固定在合同利率水平上的。另外，由于远期利率协议交易的本金不用交付，利率是按差额结算的，因此资金流动量较小，这就使在交易过程中需要流动的资金量大大减少了。

通过远期利率协议可以使公司规避利率风险，但它在规避风险的同时又产生了新的风险。由于远期利率协议是场外交易，故存在信用风险和流动性风险，因此也需要在运用中加以注意。

（四）远期外汇合约的交易与功能

远期外汇合约可分为直接远期外汇合约和远期外汇综合协议。由于直接远期外汇合约的形式比较简单，这里我们介绍远期外汇综合协议。

远期外汇综合协议是指双方约定买方在结算日按照合同中规定的结算日直接远期汇率用第二种货币向卖方买入一定名义金额的原货币，然后在到期日再按合同中规定的到期日直接远期汇率把一定名义金额原货币出售给卖方的协议。

在交易日，交易双方就结算日和到期日将兑换的原货币的名义本金、相关的直接远期汇率和合同远期差价达成协议，据此可算出第二货币的名义金额。在确定日，双方根据市场汇率确定即期结算汇率、到期日远期结算汇率和远期差价，并通过比较直接远期汇率、合同远期差价和即期结算汇率、远期结算差价，算出结算金。

在国际贸易中，从进出口商签订贸易合同到合同的执行、结算往往有比较长的一段时间，在这段时间内如果汇率发生变动，就会给某一方造成损失。在国际借贷中，持有债权或者负有债务的一方，也会因为汇率发生对自己不利的变动而遭受损失。这些人都可以通过远期外汇交易来防范汇率变动带来的风险，锁定用本币表示的自己的成本或者收益。如果不对此进行风险防范，那么相当于在进行汇率投机，即当汇率发生有利于自己的变化时，可以获得额外的收益；但是当汇率发生不利于自己的变化时，则将遭受损失。

二、期货合约

（一）期货合约的定义及相关概念

1. 期货合约的定义。期货合约是一种承诺。最初出售期货合约的一方答应在交割月份的某一指定日期在特定场所交割特定数量的某种标准化商品，期货交易的另一方则承诺在产品交割时按预先确定的价格支付款项。期货合约可以看作是标准化的远期合约，期货合约与远期合约的异同见表 13－1。

表 13－1　　远期合约与期货合约的区别

远期合约	期货合约
场外交易	场内交易
交易主体通常为银行、机构以及大的客户	交易主体可以是大众
非标准化合约	标准化合约
通常交割日期唯一	通常有一系列交割日期
在合约期末结算	每日均可结算
交割与结算是通常的目的	在到期前往往已平仓

2. 开仓。无论投资者的初始交易是购买还是出售期货合约，我们都称这一行为是开仓。

3. 持仓。无论投资者是持有多头头寸，还是空头头寸，我们都把这一行为叫作持仓。

4. 平仓。若持仓者在到期日之前改变他已有的头寸，在市场上买卖与自己所持有的合约品种数量相同但方向相反的期货合约，就称这一交易行为是期货合约的对冲交易。期货合约的对冲是期货交易平仓方式中的一种，平仓的另一种方式是期货合约到期时进行实物的交割。

5. 期货交易。期货交易是指交易双方在集中性的市场以公开竞价的方式所进行的期货合约的交易。

（二）期货交易的种类

期货的品种一般可以分为两大类：商品期货和金融期货。

1. 商品期货。目前世界上的商品期货品种大体上可分为农产品期货、黄金期货、金属和能源期货。

（1）农产品期货。农产品期货可以分为谷物和油菜籽、牲畜和肉类、食品和纤维这主要的几类。谷物和油菜籽是最早的期货交易品种，它们在很多年中都是交易最活跃的期货。然而，现在它们的交易金额被金融期货所超过。参与此类交易的公司主要是进行投机和套期保值的农场主、食品加工厂、谷物仓储公司、出口商和外国谷物进口商等。

牲畜和肉类期货曾被认为是完美的投机工具，但是在现实中并不比其他种类更具有投机性。参与交易的主要是农场主、肉类包装厂以及猪肉和牛肉的主要使用者，如快餐连锁店等。

食品和纤维期货包括的品种比较广泛，如咖啡、可可、棉花、橙汁、白糖等。

（2）黄金期货。世界黄金市场是国际上黄金买卖的场所。纽约、伦敦、苏黎世、芝加哥和香港是世界五大黄金交易中心。2008 年 1 月我国正式在上海黄金期货交易所推出了黄金期货交易品种。

（3）金属和能源期货。金属期货除黄金外还有白银、铜、铝、铅、锌、镍、钯、铂等 8 种。能源产品有原油、取暖用油、无铅普通汽油、丙烷等 4 种。这类商品的大部分现货和期货是在纽约、伦敦、巴黎、阿姆斯特丹和苏黎世进行交易的。原油期货已于 2018 年 3 月 26 日在上海期货交易所子公司——上海国际能源交易中心挂牌交易。

2. 金融期货。金融期货主要包括外汇期货、利率期货和股票指数期货。

（1）外汇期货。外汇期货是指交易双方约定在未来特定的时期进行外汇交割，并限定了标准货币、数量、交割月份及交割地点的标准化合约。外汇期货产生于 1972 年，由芝加哥商业交易所的国际货币市场首创，最初的交易货币包括英镑、德国马克、瑞士法郎、加拿大元、日元等。此后，美国中美洲商品交易所、费城期货交易所等相继推出外汇期货交易。1984 年新加坡国际金融期货交易所也开始进行外汇期货交易。

（2）利率期货。利率期货是继外汇期货之后产生的又一个金融期货类别，它是指标的资产价格依赖于利率水平的期货合约，如长期国债期货、短期国债期货和欧洲美元期货。利率期货是有利息的有价证券期货，进行利率期货交易主要是为了固定资金的价格，即得到预先确定的利率或收益。5年期国债期货合约已于2013年9月6日在中国金融期货交易所上市交易。

（3）股票指数期货。股票指数期货指期货交易所同期货买卖者签订的、约定在将来某个特定的时期，买卖者向交易所结算公司收付等于股价指数若干倍金额的合约。股票指数期货交易于1982年2月，由美国堪萨斯期货交易所首创。沪深300股指期货合约已于2010年4月16日在中国金融期货交易所上市交易，2015年4月16日又推出上证50股指期货和中证500股指期货。

（三）期货交易

期货合约是高度标准化的，受法律保护的合约。期货合约除价格由双方在交易所公开议定外，其他所有条款都是由交易所统一规定的。期货交易的多空双方都需向结算机构交付履约保证金。结算会员公司在市场价格波动期间，按逐日盯市原则，还需交纳依据每日结算价所算得的额外履约保证金。多数期货交易者在期货交割日之前就已经平仓，据估测只有大约不到1/3的期货合约等待交割。具体期货合约交易在公司风险管理中的应用将在下一节中具体介绍。

（四）期货交易的功能

1. 风险转移功能。风险转移是期货交易最基本的经济功能。有了期货交易后，生产经营者就可利用套期保值交易把价格风险转移出去，以实现规避风险的目的。套期保值是指在现货市场某一笔交易的基础上，在期货市场上做一笔价值相当、期限相同但方向相反的交易，以期保值。这种交易利用的是实物商品或金融工具的价格在现货市场上和期货市场上的变动非常接近的原理，虽然达不到完全同步，但总是方向相同、幅度相近的。因此，同时在现货和期货市场上进行数量最接近、方向相反的交易，不论市场价格如何变化，都可以用一个市场上的盈利去弥补另一个市场上的亏损，从而达到规避风险的目的。

2. 价格发现功能。价格发现是期货交易的另一重要功能。价格发现也叫价格形成，是指大量的买方和卖方通过竞争性的叫价而后形成的市场货币价格，它反映了人们对利率、汇率和股指等变化和收益曲线的预测及对目前供求状况和价格关系的总的看法。这种竞争的价格一旦形成并被记录下来，通过现代化的通信手段迅速传到世界各地，就会形成世界性的价格。期货交易的价格发现功能有利于形成公平、合理、统一的价格，从而也有利于消除垄断，促进竞争，使各生产经营者、投资者和金融机构都根据这一价格作出合理的生产经营决策和投资决策，以实现公平合理和均等的竞争。随着国际性联网期货市场的出现，期货价格在更大范围内综合反映了潜在的供求关系及其变化趋势，期货交易的价格发现功能也就越来越完善。

3. 投机功能。期货交易具备良好的投机功能的原因在于期货交易方便灵活，保证金数额较低和信息的系统性与公开性。

三、期权合约

（一）期权及其相关概念

1. 期权的定义。期权又称选择权，实质上是一种权利的有偿使用，当期权购买者支付给期权出售者一定的期权费后，就赋予购买者在规定期限内按双方约定的价格购买或出售一定数量某种金融资产的权利的合约。

2. 期权费。期权是一种权利的交易，期权费就是这一权利的价格。期权费又称权利金、期权价格或保险费，是指期权买方为获取期权合约所赋予的权利而向期权卖方支付的费用。

3. 协定价格。协定价格也称敲定价格或执行价格，是指期权合约所规定的、期权买方在行使权利时所实际执行的价格，即在金融期权交易中，协定价格是指期权购买者买卖事先确定的标的资产的交易价格。

（二）期权的类型

按期权买方的权利划分，期权可分为看涨期权、看跌期权和双向期权。

看涨期权是指赋予期权的购买者在预先规定的时间以执行价格从期权出售者手中买入一定数量的金融工具的权利的合约。看跌期权是指赋予期权的购买者在预先规定的时间以协定价格向期权出售者卖出一定数量的金融工具的权利的合约。双向期权又称双重期权，是指期权购买者向期权出售者支付了一定的期权费之后，在期权合约有效期内，按事先的协定价格，向期权出售方既买了某种期货合约的看涨期权，又出售了该期货合约的看跌期权。

按期权买方执行期权的时限划分，期权可分为欧式期权和美式期权。欧式期权是指期权的购买者只有在期权到期日才能执行期权，既不能提前也不能推迟。美式期权的购买者既可以在期权到期日这一天行使期权，也可以在期权到期日之前的任何一个营业日执行期权。

按协定价格与标的物市场价格的关系不同，可以将期权分为实值期权、平值期权和虚值期权。

按交易场所分，期权可分为交易所交易期权和柜台式期权。

按标的物的性质分，期权可以分为现货期权和期货期权两类。

（三）期权交易的基本策略

期权交易的基本策略有买进看涨期权、卖出看涨期权、买进看跌期权和卖出看跌期权四种。

投资者买进看涨期权收益无上限而损失有下限，最多损失的是期权费［见图13－3（a）做多］。一般来说，当标的资产的市场价格上涨时，其看涨期权的期权费也将上涨。因此在标的资产的市场价格上涨后，买进看涨期权的投资者既可以通过履约而获利，也可以通过转让期权合约而获利。

投资者卖出看涨期权其收益有上限，最多获得期权费，而损失无下限［见图13－3（a）做空］。看涨期权的卖方之所以卖出，是因为他预期市场价格将下跌，当标的资产的市场价格下跌至协定价格或以下时，看涨期权的买方将自动放弃执行权利，这样卖方可以收取期权费。同理，买进看跌期权，投资者也是收益无上限，损失有下限，而卖出看跌期权则收益有上限，损失无下限。四种基本交易策略的盈亏分析如图13－3（a）和图13－3（b）所示。

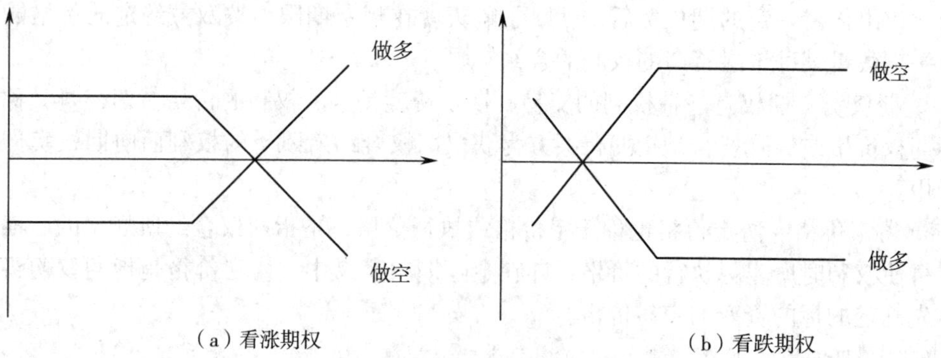

图 13－3　看涨期权和看跌期权盈亏图

四、互换合约

（一）互换合约的含义

互换是指互换双方达成协议，并在一定的期限内转换彼此的货币种类、利率基础或其他金融资产的一种交易。

互换的理论基础是经济学上的比较优势，即使一方全面优于另一方，具有绝对优势，但只要是在各方面具有的优势程度不一样，那么处于绝对劣势的一方也会具有比较优势，双方可以通过互换改善自己的处境。公司可以通过互换交易提高对利率和货币风险的管理效率，改善资本结构。

（二）互换合约的种类

互换合约主要包括利率互换、货币互换和一些其他的主要互换品种。

1. 利率互换。利率互换是指双方同意在未来的一定期限内，根据同种货币的同样的名义本金交换现金流，其中一方的现金根据浮动利率计算，而另一方的现金流根据固定利率计算。互换的期限通常在 2 年以上，有时甚至在 15 年以上。双方进行利率互换的主要原因是双方在固定利率和浮动利率市场上具有比较优势。由于利率互换只交换利息差额，因此信用风险较小。

2. 货币互换。货币互换是将一种货币的本金和固定利息与另一货币的等价本金和固定利息进行交换。货币互换的主要原因是双方在各自国家的金融市场上具有比较优势。由于货币互换涉及本金互换，因此，当汇率变动很大时，双方将面临一定的信用风险。当然这种风险比单纯的贷款风险小得多。

3. 其他互换。从普遍意义上讲，互换实际上是现金流的交换。由于计算或确定现金流的方法有很多，因此互换的种类就很多。除上述最常见的利率互换和货币互换外，其他主要的互换品种有交叉货币利率互换、增长型互换、减少型互换、滑道型互换、基础互换、议价互换、零息互换、后期确定互换、边际互换、差额互换、远期启动互换、互换期权和股票互换。

（三）互换的功能

互换交易具有降低筹资成本、提高资产收益、优化资产负债结构、转移和防范利率风险与外汇风险、空间填充等功能。

1. 降低筹资成本，提高资产收益。互换交易是基于比较优势而成立的，筹资者通过互换交易，可以充分利用双方的比较优势，大幅降低筹资成本。同理，投资者也可以通过资产互换来提高资产收益。交易双方最终分配由比较优势而产生的全部利益是互换交易的主要动机。当一家企业机构在某一市场具有筹资优势，而该市场与该企业或机构的所需不符时，通过互换可以利用具有优势的市场进行筹措而得到在另一市场上的所需。如具有信用级别差异的双方，做数额、币别、期限相同的负债互换，以伦敦同业拆放利率成本筹资，信用级别差的一方也可用低于自己单独筹资的利率成本获得资金，这样双方均可以较低的成本满足其最终的需求。

2. 优化资产负债结构，转移和防范利率风险与外汇风险。互换交易使企业和银行能够根据需要筹措到任何期限、面值、利率的资金。同时可根据市场行情的变化，灵活地调整其资产负债结构的市场结构和期限结构，以实现资产负债的最佳搭配。由于互换是以名义本金为基础进行的，利率互换在对资产和负债利率暴露头寸进行有效操作中具有比利用货币市场和资本市场进行操作的优势，它可以不经过真实资金运动而对资产负债额及其利率期限结构进行表外重组。在负债的利率互换中，付固定利率相当于借入一笔名义固定利率负债，会延长负债利率期限；付浮动利率相当于借入一笔名义浮动利率负债，会缩短负债的利率期限。而在资产利率互换中，收固定利率等于占有一笔名义浮动利率债权，会延长资产的利率期限；收浮动利率等于占有一笔名义固定利率债券，会缩短资产的利率期限。

从防范风险方面看，某种货币的币值极不稳定，而该货币又是某交易者想要的货币时，通过货币互换可以用一种货币换得币值相对稳定的想要的货币，同时避免了因币值易变风险而带来的损失。由于交易者们对币值变动预测不同，且有甘愿承担风险的投机者参与，这种为保值、规避风险而进行的互换是能够完成的。在利率互换中，为避免利率上升带来的损失，有浮动利率负债的交易者就与负债数额相同的名义本金的固定利率互换，所收的浮动利率与原负债相抵，而仅支出固定利率，从而避免利率上升的风险。

3. 空间填充功能。空间填充功能从理论上讲是指金融机构依靠衍生工具提供金融中介，以弥合总体空间中存在的缺口和消除在此范围内的不连续性，形成一个理想的各种工具的不同组合，创造一个平滑连续的融资空间。从本质上讲，互换就是对不同融资工具的各种特征进行交换，它就像融资空间中的一架梭机，有人称之为金融交易中的集成电路。货币互换把一种通货负债换为另一种通货负债，从而弥合了两种通货标值间的缺口；利率互换将浮动利率负债换为固定利率负债，等于在浮动利率债券市场上筹借资金，而得到固定利率债券市场的效益。受到进入某一特定市场限制的机构或信用级别较低的机构可以通过互换，得到与进入受限制或信用级别要求较高的市场的同样的机会，从而消除了业务限制和信用级别差异而引起的市场阻隔。互换交易具有明显的对融资工具不同特征的重新组合的特征。

第5节 公司风险管理的实践

按照MM定理的解释，公司的价值只来源于经营活动，而与公司的融资方式无关。在MM理论崇高地位的影响下，国外学术界按照该理论进行推论，得出的结果便是公司从事套期保值的活动是发生在资产负债表中负债栏目中的活动，不能给投资人创造出任何新的价值。因此，公司利用金融衍生工具进行套期保值的业务是没有意义的。而我国则主张公司通过各种形式的保值来管理风险。学术界针对这一问题进行了研究，发现这一问题需要区分公司主营业务风险和非主营业务风险两方面对待。因此，本节对公司风险管理实践的介绍按照公司业务属主营业务或非主营业务的划分方法，分公司主营业务风险和公司非主营业务风险进行。

一、公司主营业务风险管理的实践

按照本章第1节中所述，公司在经营活动中时刻都经历着各种不确定性。一定程度的不确定性是公司能够承受的，这些不确定性也构成了投资人购买公司股票的动机之一。如果公司的经营活动失去了不确定性，能带给投资人意外惊喜的可能也就随之消失，其投资价值也就大打折扣。一般来讲，如果公司的主营业务所面临的风险处于其能力范围之内，那么对于该主营业务风险就无须利用金融衍生工具进行套期保值。从实践经验来看，多数情况下，通过合理的组织资源来对主营业务风险进行管理能更有效地降低不确定性，而无须支付高昂的套期保值费用。

专栏13－2

英国石油公司案例

英国石油（BP）公司曾经为了避免石油价格的波动，每年支付4 000万英镑的代价购买各种套期保值的工具。而当公司仔细研究了自己的资源体系之后，发现现有的资源可以被视作克服风险的工具，因而无须从事套期保值业务。加油站就是一例。BP公司拥有下游加油站零售业务，也拥有中游的炼油和上游的开采业务。如果下游的加油站为了防止零售汽油的价格波动而购买汽油的期货，那么位于中游的炼油厂也必须相应地卖出汽油期货，同时买入原油的期货；而BP公司的上游开采部门也需要卖出一份原油期货合同。如果把上下游的企业全部整合起来，BP公司就无须在中间环节买入和卖出原油的期货了。

资料来源：周洛华．中级金融工程学［M］．上海：上海财经大学出版社，2005.

然而，有些时候，公司的经营能力并不能完全化解主营业务所面临的风险。以上面英国石油公司为例，虽然通过整合在一定程度上化解了风险，但是当受到类似于波斯湾局势等问题的影响时就无能为力了。因此，当主营业务出现意外波动时，仍需针对意外波动运用金融衍生工具进行套期保值。

例 13－1 若某年 2 月，小麦的市场价格为 1 600 元/吨。某农业公司预计在 6 月可以收获小麦 1 000 吨左右，为防止意外导致小麦价格下跌带来损失，可以现在卖出小麦期货进行套期保值。该农业公司必须选择现在交易的、在 6 月之后进行交割的合约，比如选 7 月或 8 月进行交割的合约比较合适。假设选择了 7 月进行交割的小麦期货合约，在数量上应与预计小麦现货数量接近。假设交易所的小麦期货合约是每手 100 吨，则可以选择卖出 10 手。假设现在 7 月交割的小麦期货价格是 1 580 元/吨。到 6 月，农业公司实际收获了小麦 1 020 吨，6 月，小麦现货价格下跌为 1 520 元/吨，7 月交割的小麦期货价格下跌为 1 508 元/吨。

分析该公司利用期货合约规避价格风险的效果，我们可以发现：如果不进行套期保值，该公司只在现货市场上出售小麦，则会损失（1 520－1 600）×1 020＝－81 600（元）；如果进行期货交易，该公司可在 6 月以 1 520 元在现货市场上出售小麦的同时，在期货市场上买入 7 月交割的小麦期货 10 手进行平仓，期货操作获得盈利（1 580－1 508）×1 000＝72 000（元）。这样，该公司实际小麦价格下跌所造成的损失为－81 600＋72 000＝－9 600（元），比不进行套期保值少损失 72 000 元。

例 13－2 8 月 5 日，某证券商买进面值总额为 1 亿美元的 3 个月期美国国库券，买进价格为 93（以 IMM 指数表示价格），并准备在 3 天后将这批国库券出售。为防止这 3 天内市场利率上升，从而国库券价格下跌而遭受损失，该证券商便在买进国库券现货的同时卖出相同面值的国库券期货，以期保值。该券商具体保值过程的实现如表 13－2 所示。

表 13－2 券商的套期保值

日期	现货市场	期货市场	保值结果
8 月 5 日	以 93 的价格买进面值总额为 1 亿美元的 3 个月期国库券，共支付价款 98 250 000 美元	以 92.6 的价格卖出 100 张 9 月到期的国库券期货合约，合约总值为 98 150 000 美元	
8 月 8 日	以 92.4 的价格卖出面值总额为 1 亿美元的 3 个月期国库券，共收取价款 98 100 000 美元	以 92 的价格买进 100 张 9 月到期的国库券期货合约，合约总值为 98 000 000 美元	
损益	－150 000 美元	＋150 000 美元	0 美元

从表 13－2 中可以看到该券商通过期货合约进行套期保值而将现货市场上的全部损失抵消了。

例 13－3 某食品批发公司在 1 月以 2 000 元/吨的价格购入白糖若干吨，欲在 5 月销售出去，同时，该公司以 2 100 元/吨的价格做空头套期保值，基差为－100。据估计，在对冲时基差至少要达到－50 才可以弥补仓储、保险等成本费用，并可保证合理利润，即根据空头套期保值者的利润＝b_2-b_1（期末基差减期初基差），该批发公司的盈利＝（－50）－（－100）＝50（元/吨）。考虑到若以后基差变弱会于己不利，该批发公司保值后便考虑是否寻求基差交易以避免基差变动造成的不利影响。

如果不进行基差交易，5 月的现货价格、期货价格分别为 2 010 元/吨和 2 080 元/吨。该批发公司在现货上的盈利为 10 元/吨，加上期货合约对冲盈利 20 元/吨，则卖出现货实际收到的有效价格为 2 030 元/吨，即根据空头套期保值资产的有效价格 = $F_1 + b_2$（初始期货价格加期末基差），则卖出白糖的有效价格 = 2 100 + （ − 70） = 2 030（元/吨）。该批发公司仍面临风险，不能达到预先制定的 50 元/吨的盈利目标。若批发公司能够找到一家食品厂进行基差交易，双方在 5 月按当时的期货价格和 − 50 的基差成交现货，即成交价格 = 2 080 + （ − 50） = 2 030（元/吨）。此时可实现既定目标。

二、公司非主营业务风险管理的实践

公司非主营业务的风险往往被视为公司的一种噪声。因为即便有时出现了有利的局面，对公司的主营业务帮助也不是很大，而一旦出现不利局面，对公司的主营业务就会造成伤害，所以在公司的经济活动进程中非主营业务的风险是需要进行套期保值的。这种套期保值的操作可以使用外包的方式，如美国的许多新兴企业，多数都把一些无关紧要的部门分包给专业公司，虽然不是直接使用金融工具，但也从实质上遵循了套期保值的思想，也可以凭借金融衍生工具来实现。

在公司运用金融衍生工具对非主营业务进行风险管理时，目前主要集中于对远期、期货、期权和互换的使用上。以下我们以例题的形式具体说明。

例 13 − 4　某公司将在 7 月 15 日借入一笔为期 3 个月，以 Libor 浮动利率支付利息的 1 000 万英镑债务，现在是 4 月 15 日，为防止利率上涨，该公司买入一笔 1 000 万英镑“3v6v10. 03”的远期利率协议。假定 7 月 15 日 3 个月英镑 Libor 上升为 10. 5%，该公司如果以此利率借入 3 个月期英镑，在 10 月 15 日须附息：10 000 000 × 10. 5% × 92/365 = 264 657. 5（英镑）。

而由于购买了远期利率协议，7 月 15 日该公司得到支付利息差额现值为

$$
\text{结算金} = \frac{10\ 000\ 000 \times (10.5\% - 10.03\%) \times 92/365}{1 + 10.5\% \times 92/365} = 11\ 541.1(\text{英镑})
$$

将这笔钱以 10. 5% 的利率存入 3 个月期，10 月 15 日得利息 302. 95 英镑，因此，10 月 15 日 1 000 万英镑债务实际利息支出为：264 657. 5 − 11 541. 1 − 302. 95 = 252 813. 45（英镑）。这样，相当于利率为 10. 03%。假如 7 月 15 日 Libor 利率降至 10. 03% 以下，该公司须支付利差，从而将借款成本提高到 10. 03%。由此可以看出，该公司通过购买远期利率协议将其借款成本锁定在 10. 03%。

例 13 − 5　德国某工业公司预计其在 2004 年 5 月到 11 月有季节性借款需求，平均金额为 500 万欧元。现在是 2003 年 11 月，此时，德国的利率较高，为了对利率结构有更准确的认识，该公司从银行取得了关于即期与远期利率协议的利率报价。即期市场上向下倾斜的收益率曲线与远期利率协议市场递减的价格都预示着德国利率在下一年度将会有大幅下跌的可能，但公司并不能肯定利率最终是否会下降，以及如果下降，是否会低得像隐含的远期利率所表示的那样。因此，公司决定在当前月，也就是 11 月，购买一个远期利率协议来锁定 6 月期的远期利率，假设条件如下：

名义本金：500 万欧元；确定日：2004 年 5 月 18 日，星期二；成交日：2003 年 11 月 18 日，星期三；清算日：2004 年 5 月 20 日，星期四；起算日：2003 年 11 月 20 日，星期

五；最后到期日：2004年11月22日，星期一；协定利率：7.23%；合同期限：186天。

在2004年5月18日，欧元的Libor为7.63%，比2003年11月时的Libor为8.6875%的拆放利率确有下降，但公司认为利率不会跌至7.23%却是正确的。在2004年5月20日支付的结算金额为

$$结算金 = \frac{(0.0763 - 0.0723) \times 5\ 000\ 000}{\frac{360}{186} \times 0.0763} = 9\ 941.43(欧元)$$

公司可以将结算金以7%的利率投资并赚取一笔额外利息为359.55欧元，因此，在最后到期日时，从远期利率协议获得的总收入为10 300.98欧元。在5月18日，该公司可借入所需的500万欧元，利率为现行利率7.63%外加正常的加息率30个基点。这项融资于5月20日提款，186天以后，即11月22日归还。在这个最终到期日，现金流量如下所示：

来自远期利率协议的总收入为10 300.98欧元。

支付的500万欧元按7.93%利率在186天内产生的利息为204 858.33欧元。

扣除远期利率协议收入后净成本为194 557.35欧元。

借款净成本为194 557.35欧元，得出实际借款利率为7.53%，即远期利率协议利率加上该公司30个基点的加息率，这正好与预期一致。于是，运用远期利率协议使得该公司将借款利率准确地锁定在进行保值时预期的水平上。

例13-6 假设在2×××年1月6日，一美国公司和交易商签订了3×9的欧元兑美元的远期外汇协议。2×××年1月8日起算，名义本金为500万欧元，这意味着该客户欲购买3个月的远期欧元和卖出9个月的远期欧元。假设有关行情如表13-3所示。

该公司在结算日为一级货币的购买方，因而为合同的买方，故结算金为正号。假设结算日行情如表13-4所示。

表13-3 EUR/USD

日期	类型	汇率
2××× - 01 - 08	即期	0.40917
2××× - 04 - 08	远期	0.40404
2××× - 10 - 08	远期	0.40016

表13-4 EUR/USD

日期	类型	汇率
2××× - 04 - 08	即期	0.37807
2××× - 10 - 08	远期	0.37258

6个月美元利率为8%。则结算金额为

$$SA = 5\ 000\ 000 \times \left[\frac{0.40016 - 0.37258}{1 + \frac{0.08 \times 183}{360}} - (0.40404 - 0.37807)\right]$$

$$= 2\ 661.2(美元)$$

因此，交易商应向客户支付结算金额2 661.2美元。

例13-7 某美国进口商向日本工厂定购手表，这家日本工厂坚持要求支付日元货款，交货的时间在7个月之后（假设现在是4月），但手表的价格已固定为￥2 850/只，总共有15 000只手表，所以，该美国进口商7个月后必须支付￥42 750 000的货款。表13-5显示

了当时的汇率报价，如果当时的期货价格可以视为未来汇率的预测量，美元似乎会对日元贬值。为避免美元下跌的风险，该美国进口商决定通过 12 月交割的外汇期货合约规避汇率风险。

表 13－5　$／¥汇率

即期	0.004173
6 月期货	0.004200
9 月期货	0.004237
12 月期货	0.004265

美国进口商进行的操作如表 13－6 所示。4 月（现在）需要 ¥42 750 000 货款，按日元兑美元的即期汇率，目前美元价值约为 $178 396，而根据 12 月期货价格估计的未来美元价值约为 $182 329。因此，该美国进口商在期货市场买进 3 张 12 月日元期货合约，价格为 0.004265 $／¥。[①] 结果，7 个月后，美国进口商在支付日元货款时，仅净损失 155 美元。

表 13－6　具体操作

4 月	进口商预计 11 月需要 ¥42 750 000，目前的美元价值为 $178 396，11 月的估计价值为 $182 329	进口商买进 3 张 12 月日元期货合约，价格 0.004265，总成本 $159 938
11 月	手表交货：在即期市场根据 0.004273 买进 ¥42 750 000，美元成本为 $182 671。现货市场的结果：预期成本－实际成本＝$182 329－$182 671＝－$342	在 0.004272 价位，卖出 3 张 12 月合约，总价值为 $160 125。期货市场的结果：获利 $187
		净损失：－$155

例 13－8　假设现在是 1 月，一家英国进口公司将在 5 月支付给一家美国出口公司 400 000 美元贷款，即期汇率为 1.4200 美元兑换 1 英镑。英国公司担心美元升值带来的风险，决定利用期权规避风险。英镑的合约单位为 31 250 英镑/份。英国公司选择购买协定价格为 1.4000 美元兑换 1 英镑，期权费为 4 美分 1 英镑的英镑看跌期权。分别计算，当 5 月即期汇率为 1.3400 美元和 1.5100 美元兑换 1 英镑时，该英国公司的收益或损失情况。

该英国公司需要购买期权合约的份数为 $\frac{400\ 000}{1.4} \div 31\ 250 \approx 9$（份），支付期权费：$0.04 \times 31\ 250 \times 9 = 11\ 250$（美元），$11\ 250/1.42 = 7\ 922.54$（英镑）。

当 5 月即期汇率为 1.3400 美元兑换 1 英镑时，该公司会选择行使以 1.4000 美元兑换 1 英镑的价格出售英镑换取美元的权利，共出售英镑数为：$31\ 250 \times 9 = 281\ 250$（英镑），换取美元数为 $1.4000 \times 31\ 250 \times 9 = 393\ 750$（美元）。公司此时仍短缺美元：$400\ 000 - 393\ 750 = 6\ 250$（美元）。这些美元需要按即期汇率购买，需要英镑：$6\ 250/1.34 = 4\ 664.18$（英镑）。这样，为筹集 400 000 美元，共耗费英镑 $7\ 922.54 + 281\ 250 + 4\ 664.18 = 293\ 836.72$（英镑）。如果不购买期权，共需耗费英镑 $400\ 000/1.34 = 298\ 507.46$（英镑），行使期权为英国公司节约了

① 叶永刚. 金融工程学［M］. 大连：东北财经大学出版社，2002.

298 507.46 – 293 836.72 = 4 670.74（英镑）。

当 5 月份即期汇率为 1.5100 美元兑换 1 英镑时，该英国公司不行使期权，而直接兑换美元，共需耗费 400 000/1.51 = 264 900.66（英镑），加上支付的期权费 7 922.54 英镑，这样，为筹集 400 000 美元，共耗费 272 823.20 英镑。尽管支付了期权费，但仍比按即期汇率 1.4200 美元兑换 1 英镑的耗费 400 000/1.42 = 281 690.14（英镑）要少。

例 13 – 9 A 公司是信用评级为 AAA 级的大型绩优公司，它的长期固定利率融资成本为年利率 7%，短期浮动利率融资成本为 Libor + 0.4%。B 公司是信用评级为 BBB 级的中小型公司，它的固定利率融资成本为年利率 8.5%，浮动利率融资成本为 Libor + 0.7%。现假设 A 公司具有与浮动利率相关的收益优势，希望以浮动利率支付其债务利息，而 B 公司则具有与固定利率相关的收益优势，希望以固定利率支付其债务利息。如果 A、B 两公司为配合其各自资产负债管理，则 A 公司应该选择以浮动利率进行融资，而 B 公司应该选择以固定利率进行融资。

比较两公司的融资成本，发现 A 公司以固定利率融资，其成本可比 B 公司节省 1.5%（8.5% – 7%），但 A 公司如果以浮动利率融资时，其成本则只比 B 公司节省 0.3% [（Libor + 0.7%） – （Libor + 0.4%）]。所以，A 公司以长期固定利率融资有比较优势。相反，B 公司的比较优势在于以浮动利率融资。利用利率互换，A 公司所需支付的融资成本为：支付固定利率融资成本 7%，支付给 B 公司 Libor – 0.4%，再收到 B 公司的固定利率 7%，这样 A 公司的总融资成本为 7% + Libor – 0.4% – 7% = Libor – 0.4%，A 公司比直接用浮动利率融资减少 0.8%。同样地，B 公司将比直接用固定利率融资减少 0.4%。这样，双方通过利率互换，都降低了各自的融资成本，减小了风险。① A、B 公司的互换总收益为 1.2%（0.8% + 0.4%）。

本章小结

1. 风险是可以用具体的数值概率来表述的广义的损失的可能性。公司风险是指公司在经济活动中遭受的可以用具体的数值概率来表述的广义的损失的可能性。

2. 公司风险中的损失概念具有广义性。公司风险中的损失并非仅指公司金融活动中导致的账面或实际盈利数值为负，而是一个广义的概念。广义的损失包括三层含义：一是公司金融活动给公司带来的直接损失；二是公司金融活动给公司带来的相对损失，如当一种投资具有多种可能的收益机会时，可能取得的较低收益相对于较高收益来说就是一种相对损失，任何一个投资人都是期望能够获得最大收益的；三是公司金融活动给公司带来的潜在损失，如账面浮亏等。

3. 按照公司业务属主营业务与非主营业务划分，公司风险可分为主营业务风险和非主营业务风险两类。按照公司金融活动的具体内容，公司风险主要由投资风险、筹资风险、资金回收风险和收益分配风险构成。按照公司风险的形态划分，可以分为信用风险（Credit Risk）、流动性风险（Liquidity Risk）、市场风险（Market Risk）与操作和整体风

① 吴冲锋，等. 金融工程学 [M]. 北京：高等教育出版社，2005.

险（Operational and Non－financial Risk）四大类。按照风险程度的高低，风险可以分为轻度风险、中度风险和高度风险。

4. 风险识别是进行风险管理的第一步，是进行风险评估与控制的基础和前提。公司风险识别的基本方法包括失误树分析法（Fault Tree Analysis）、情境分析法（Scenarios Analysis）、资产财务状况分析法、德尔菲法、环境分析法等。

5. 风险管理对公司价值的有益影响主要表现为降低公司现金流量贴现率、降低公司税负、降低公司财务危机成本，避免公司“低投资”现象。

6. 随着金融市场的迅速发展，VaR 方法成为对风险估测的流行方法。VaR（Value at Risk）意为处在风险中的价值，又称风险价值或在险价值。VaR 的定义为：在正常市场条件下和一定置信水平下，持有一定头寸的证券在未来一定时期内可能发生的最大损失值。或者说，在正常市场条件下和给定的时间段内，一定头寸的证券发生 VaR 值损失的概率仅为给定的近似发生概率水平，即在未来的一段时间（一天、一周或一年等）里，当基础资产价格发生不利变化时，在一定的置信度下，所持头寸可能产生的最大损失。

7. 管理公司风险的工具主要有保险和金融衍生工具。随着经济发展和表外业务的增多，金融衍生工具成为目前公司风险管理的主要工具，其中经常使用的金融衍生工具有远期合约、期货合约、期权合约和互换。

本章思考练习题

一、选择题

1. 风险因素与风险管理复杂程度的关系是（　　）。

A. 风险因素考虑得越充分，风险管理就越容易

B. 风险因素越多，风险管理就越复杂，难度就越大

C. 风险因素的多少同风险管理的复杂性的相关程度并不大

D. 风险管理流程越复杂，则会有效减少风险因素

2. 公司非主营业务风险一般通过（　　）方法规避较为有效。

A. 专家定性分析　　B. 不进行非主营业务

C. 套期保值　　D. 整合产业链

3. 压力测试是为了衡量（　　）。

A. 正常风险　　B. 小概率事件的风险

C. 风险价值　　D. 以上都不是

4. 以下关于相关系数的论述，正确的是（　　）。

A. 相关系数具有线性不变性

B. 相关系数用来衡量的是线性相关关系

C. 相关系数仅能用来计量线性相关

D. 以上都正确

5. 基差是指（　　）。

A. 不同时点同一品种的现货价格与期货价格之差
B. 同一时点同一品种的现货价格与期货价格之差
C. 同一时点不同品种的现货价格与期货价格之差
D. 以上都不对

6. 市场风险各种类中最主要和最常见的利率风险形式是（　　）。
A. 收益率曲线风险　　B. 期权性风险
C. 重新定价风险　　D. 基准风险

7. 如果 F 企业与 G 企业的筹资渠道及利率如下：F 企业固定利率融资成本是 10%，浮动利率融资成本是 Libor +2%；G 企业固定利率融资成本是 8%，浮动利率融资成本是 Libor +1%。如果 F 企业需要固定利率融资，G 企业需要浮动利率融资，那么如果双方为了实现一个双赢的利率互换，则各自应该（　　）。
A. F 企业进行固定利率融资，G 企业进行浮动利率融资
B. F 企业进行固定利率融资，G 企业进行固定利率融资
C. F 企业进行浮动利率融资，G 企业进行固定利率融资
D. F 企业进行浮动利率融资，G 企业进行浮动利率融资

8. 如第 7 题所述，双方进行利率互换后，总共节约（　　）融资成本。
A. 1%　　B. 2%　　C. 4%　　D. 5%

9. 如第 7 题所述，如果互换双方对获得的节约的融资成本进行平均分配，那么各自的融资成本分别为（　　）。
A. F 企业的融资成本为 9.5%，G 企业的融资成本为 Libor +0.5%
B. F 企业的融资成本为 9.5%，G 企业的融资成本为 Libor +1%
C. F 企业的融资成本为 10%，G 企业的融资成本为 Libor +0.5%
D. F 企业的融资成本为 10%，G 企业的融资成本为 Libor +1%

10. 对于不可管理的风险，公司可以采取的管理办法是（　　）。
A. 风险分散　　B. 风险对冲　　C. 风险转移
D. 风险规避　　E. 风险补偿

11. 公司风险管理流程包括（　　）。
A. 风险识别　　B. 风险计量　　C. 风险监测
D. 风险控制　　E. 风险对冲

12. 企业面临的信用风险包括（　　）。
A. 主权风险　　B. 国家风险　　C. 法律风险
D. 结算风险　　E. 股票风险

13. 期权的价值由（　　）组成。
A. 时间价值　　B. 内在价值　　C. 执行价格
D. 无风险利率　　E. 标的资产价格

14. 收益率曲线图中的横坐标和纵坐标分别表示（　　）。
A. 资产的到期期限　　B. 资产的不同市场价值

C. 资产的到期收益率　　　　　　D. 资产的现值

E. 资产的当期收益率

15. 操作风险的成因主要包括（　　）。

A. 人员因素　　B. 内部流程　　C. 系统缺陷

D. 外部因素　　E. 其他因素

16. 操作风险成因中的系统缺陷因素主要包括（　　）几个方面。

A. 数据/信息质量　　　　　　　B. 违反系统安全规定

C. 系统设计/开发的战略风险　　D. 系统的稳定性、兼容性、适宜性

E. 系统开发、维护成本过高

17. 下列说法正确的是（　　）。

A. 信用风险又被称为违约风险

B. 信用风险被认为是最复杂的风险种类

C. 违约风险只针对企业而言

D. 信用风险具有明显的系统性风险特征

18. 国家风险的基本特征有（　　）。

A. 发生在国内经济金融活动中

B. 发生在国际经济金融活动中

C. 只有政府和商业银行可能遭受国家风险带来的损失

D. 不论是政府、商业银行、企业，还是个人，都有可能遭受国家风险带来的损失

19. 根据无套利均衡原理，在第0期为了计算某货币第2期到第3期的远期利率，应当首先知道的变量是（　　）。

A. 银行间的短期利率水平　　　　B. 第0期到第1期的即期利率

C. 第1期到第2期的远期利率　　　D. 3年期的即期利率

E. 市场在3期内的平均利率水平

二、计算题

1. 假设纽约银行根据其经营计划在3个月后需向第一国民银行拆进一笔金额为2 000万英镑，期限为1个月的资金，该银行预测在短期内利率可能在目前4.2%（年利率）的基础上上升，从而将增加其利息支出，增大筹资成本。为了降低资金成本，纽约银行采取通过远期利率协议交易将其在未来的利息成本固定下来。纽约银行的具体操作是按3个月年利率4.2%的即期利率买进2 000万英镑的远期利率协议，交易期限为3个月对4个月。若3个月后，果真同预测一样，Libor利率上升为5%，请计算结算金，并说明其支付方向。

2. 9月小麦现货价格为8.2美元/蒲式耳，某储运商以该价格购进小麦，欲12月出售，同时卖出12月小麦期货进行保值。若小麦的平均月仓储费为0.025美元/蒲式耳，月保险费为0.005美元/蒲式耳，月资金占用利息为0.01美元/蒲式耳。

（1）计算9月份时12月期货的理论价格。

（2）若该储运商以该理论价格成交进行保值，则12月对冲期货头寸时，基差应为

多少才能保证 0.04 美元/蒲式耳的盈利?

三、思考题

1. 风险的含义是什么?
2. 公司风险的种类有哪些?
3. 测量风险的主要方法有哪些?
4. 公司风险管理中常用的衍生工具有哪些?
5. 公司风险管理的目标是什么?
6. VaR 的含义是什么?

参考文献

[1] 施东晖．现代金融学前沿［M］．上海：上海交通大学出版社，2006.

[2] 朱武祥，蒋殿春，张新．中国公司金融学［M］．上海：上海三联书店，2005.

[3] 黄达．金融学［M］．北京：中国人民大学出版社，2003.

[4] 刘玉平．金融学［M］．上海：复旦大学出版社，2007.

[5] 李光洲．公司金融理论与实务［M］．上海：立信会计出版社，2005.

[6] 张玉明．财务金融学［M］．上海：复旦大学出版社，2005.

[7] 刘力．公司财务［M］．北京：北京大学出版社，2007.

[8] 陈雨露．公司理财［M］．北京：高等教育出版社，2003.

[9] 吴应宇，陈良华．公司财务管理［M］．北京：石油工业出版社，2003.

[10] 李雪莲．公司财务学［M］．北京：科学出版社，2007.

[11] 栾庆伟，迟国泰．财务公司［M］．大连：大连理工大学出版社，2001.

[12] 王晋忠．公司理财［M］．武汉：武汉大学出版社，2005.

[13] 刘志远．高级财务管理［M］．上海：复旦大学出版社，2007.

[14] 刘爱东．公司理财［M］．上海：复旦大学出版社，2006.

[15] 朱叶．公司金融［M］．上海：复旦大学出版社，2006.

[16] 俞乔，杨志伟，吕春芳．企业理财［M］．上海：复旦大学出版社，2004.

[17] 薛斐．公司金融［M］．上海：立信会计出版社，2005.

[18] 张合金，等．公司金融［M］．成都：西南财经大学出版社，2007.

[19] 杨朝军，费一文．现代公司金融学［M］．上海：上海交通大学出版社，2007.

[20] 刘曼红，等．公司理财［M］．北京：中国人民大学出版社，2004.

[21] 杨淑娥，胡元木．财务管理研究［M］．北京：经济科学出版社，2002.

[22] 王超．融资与投资管理［M］．北京：中国对外经济贸易出版社，1999.

[23]［美］斯蒂芬·A. 罗斯等．公司理财［M］．中文版，北京：机械工业出版社，2007.

[24] 中国注册会计师协会．财务成本管理［M］．北京：经济科学出版社，2008.

[25] 荆新，王化成，刘俊彦．财务管理学［M］．北京：中国人民大学出版社，2006.

[26] 刘慧娟．财务管理［M］．武汉：华中科技大学出版社，2007.

[27] 李心愉，冯旭南．公司融资［M］．北京：中国发展出版社，2007.

［28］蒋屏．公司理财［M］．北京：清华大学出版社，2007.

［29］朱清贞，颜晓燕，肖小玮．财务管理案例教程［M］．北京：清华大学出版社，2006.

［30］［美］凯斯特·弗鲁汉，等．财务案例［M］．中文版，北京：北京大学出版社，1999.

［31］马忠．企业投融资财务规划运作技术［M］．北京：中国经济出版社，2003.

［32］王维才，戴淑芬，肖玉新．投资项目可行性分析与项目管理［M］．北京：冶金工业出版社，2003.

［33］［澳］戴安安大．投资预算——投资项目的财务评价［M］．中文版，天津：南开大学出版社，2005.

［34］［美］爱斯华斯·达莫德伦．公司财务——理论与实务［M］．中文版，北京：中国人民大学出版社，2001.

［35］艾洪德，魏巍．公司治理与证券市场上投融资双方信息不对称问题的解决［J］．金融研究，2004（10）．

［36］陈琦伟．公司金融（第二版）［M］．北京：中国金融出版社，2003.

［37］陈晓，江东．股权多元化、公司业绩与行业竞争性［J］．经济研究，2000（8）．

［38］陈艳．信息不对称条件下的企业融资决策［J］．会计师，2007（5）．

［39］陈雨露，汪昌云．金融文献通论（微观卷）［M］．北京：中国人民大学出版社，2006.

［40］董麓，肖红叶．上市公司股权结构与公司业绩关系的实证分析［J］．统计研究，2001（11）．

［41］高明华，杨静．中国上市公司治理绩效的影响因素分析［J］．国际金融研究，2002（11）．

［42］李心丹．行为金融理论：研究体系及展望［J］．金融研究，2005（1）．

［43］孙永祥，黄祖辉．上市公司股权结构与绩效［J］．经济研究，1999（9）．

［44］威廉·麦金森．公司财务理论［M］．中文版，大连：东北财经大学出版社，2002.

［45］吴淑琨．股权结构与公司绩效的U形关系研究——1997—2000年上市公司的实证研究［J］．中国工业经济，2002（1）．

［46］许小年．以法人机构为主体建立公司治理机制和资本市场［J］．改革，1997（5）．

［47］余杨．浅析公司财务体系中的信息不对称理论［J］．时代金融，2007（8）．

［48］俞雪花．信息不对称与上市公司融资政策选择［J］．湖北社会科学，2004（8）．

［49］张宗益，宋曾基．上市公司股权结构与公司绩效实证研究［J］．数量经济技术经济研究，2003（1）．

［50］朱武祥．行为公司金融理论及其发展［J］．经济学动态，2003（4）．

［51］朱武祥，宋勇．股权结构与企业价值——对家电行业上市公司实证分析［J］．

经济研究，2001（12）.

［52］周业安，陈彦斌．公司金融理论的新发展——契约观和行为观的竞争［J］．经济理论与经济管理，2004（8）.

［53］周业安．金融抑制对中国企业融资能力影响的实证研究［J］．经济研究，1999（2）.

［54］郑德珵，沈华珊．股权结构与公司治理——对我国上市公司的实证分析［J］．中山大学学报（社会科学版），2002（1）.

［55］常亮，连玉君．融资约束与资本结构的非对称调整——基于动态门限模型的经验证据［J］．财贸研究，2013（2）.

［56］程六兵，叶凡，刘峰．资本市场管制与企业资本结构［J］．中国工业经济，2017（11）.

［57］黄继承，阚铄，朱冰，郑志刚．经理薪酬激励与资本结构动态调整［J］．管理世界，2016（11）.

［58］黄继承，朱冰，向东．法律环境与资本结构动态调整［J］．管理世界，2014（5）.

［59］盛明泉，张春强，王烨．高管股权激励与资本结构动态调整［J］．会计研究，2016（2）.

［60］张博，庄汶资，袁红柳．新会计准则实施与资本结构优化调整［J］．会计研究，2018（11）.

［61］阎大颖．公司金融学（第 2 版）［M］．厦门：厦门大学出版社，2014.

［62］［美］赫尔弗特．财务分析技术：价值创造指南（第 11 版）［M］．刘霄仑，朱晓辉，译．北京：人民邮电出版社，2010.

［63］［英］理查德 A. 布雷利，［美］斯图尔特 C. 迈尔斯．公司金融（第 12 版）（基础篇）［M］．赵冬青，译．北京：机械工业出版社，2017.

［64］［英］理查德·A. 布雷利（Richard A. Brealey），［美］斯图尔特·C. 迈尔斯，等．公司金融（第 12 版）学习指导及习题解析［M］．赵冬青，郭战琴，译．北京：机械工业出版社，2019.

［65］［法］让·梯若尔．公司金融理论［M］．王永钦，等译．北京：中国人民大学出版社，2015.

［66］Ang J. S. and Cheng Y. M., 2003, "Direct Evidence on the Market - Driven Acquisitions Theory", Florida State University Working Paper.

［67］Bagehot W., 1971, "The Only Game in Town", *Financial Analysts Journal*, Vol. 27, pp. 12 - 14.

［68］Baker M., Stein J. and Wurgler J., 2001, "When Does the Market Matter? Stock Prices and the Investment of Equity Dependent Firms", Harvard University Working Paper.

［69］Baker M. and Wurgler J., 2002, "Market Timing and Capital Structure", *Journal of Finance*, Vol. 57, pp. 1 - 32.

[70] Baker M. and Wurgler J., 2003, "Appearing and Disappearing Dividends: The Link to Catering Incentives", Harvard University Working Paper.

[71] Baker M., Foley C. and Wurgler J., 2004, "The Stock Market and Investment: Evidence from FDI Flows", Harvard University Working Paper.

[72] Berle A. and Means G., 1932, "The Modern Corporation and Private Property", MacMillan, New York.

[73] Black F., 1976, "The Dividend Puzzle", *Journal of Portfolio Management*, Vol. 2, pp. 5 – 8.

[74] Claessens S., 1997, "Ownership and Corporate Governance: Evidence from the Czech Republic", World Bank Working Paper, pp. 302 – 322.

[75] Claessens S. and Simeon D., 1999, "Who Controls East Asian Corporations?", Working Paper, University of Chicago.

[76] Demsetz H., 1983, "The Structure of Equity Ownership and the Theory of the Firm", *Journal of Law and Economics*, Vol. 26, pp. 375 – 390.

[77] Demsetz H. and Lehn K., 1985, "The Structure of Corporate Ownership: Cause and Consequences", *Journal of Political Economy*, pp. 1155 – 1177.

[78] Demsetz H. and Villalinga B., 2001, "Ownership Structure and Corporate Performance", Working Paper at UCLA.

[79] Fama E., 1965, "Agency Problem and the Theory of the Firm", *Journal of Political Economy*, Vol. 73, pp. 110 – 120.

[80] Fama E. and French K., 2002, "The Capital Asset Pricing Model: Theory and Evidence", Chicago University Working Paper.

[81] Fama E. and French K., 1992, "The Cross – section of Expected Stock Returns", *Journal of Finance*, Vol. 47, pp. 427 – 465.

[82] Fama E. and Jensen M., 1983, "Separation of Ownership and Control", *Journal of Law and Economics* XXVI, pp. 301 – 325.

[83] Fuerst O. and Kang, 2000, "Corporate Governance, Expected Operating Performance, and Pricing", Working Paper, SSRN.

[84] Graham B. and Dodd D., 1934, "Security Analysis", McGraw – Hill, New York.

[85] Graham J. and Harvey C., 2001, "The Theory and Practice of Corporate Finance: Evidence from the Field", *Journal of Financial Economics*, Vol. 60, pp. 187 – 243.

[86] Grossman S. and Hart O., 1982, "Corporate Financial Structure and Managerial Incentives", Mccall J., *The Economics of Information and Uncertainly* [C]. Chicago: University of Chicago Press.

[87] Grossman S. and Hart O., 1980, "Takeover Bids, the Free – Rider Problem, and the Theory of the Corporation", *Bell Journal of Economics*, 11, pp. 42 – 46.

[88] Hart O., 1983, "The Market Mechanism as An Incentive Scheme", *Bell Journal of*

Economics, 14（Autumn 1983）, pp. 366 – 382.

[89] Heinkel R. , 1982, "A Theory of Capital Structure Relevance under Imperfect Information", *Journal of Finance*, Vol. 37, pp. 1141 – 1150.

[90] Hermalin B. and Weisbach M. , 1988, "The Determinants of Board Composition", *Rand Journal of Economics*, 19, pp. 589 – 606.

[91] Ikenberry D. , Lakonishok J. and Vermaelen T. , 1995, "Market Underreaction to Open Market Share Repurchases", *Journal of Financial Economics*, Vol. 39, pp. 181 – 208.

[92] Jensen M. and Meckling W. , 1976, "Theory of the Firm: Managerial Behavior, Agency Costs and Capital Structure", *Journal of Financial Economics*, Vol. 3, pp. 305 – 360.

[93] Jensen M. and Rubáck R. , 1983, "The Market for Corporate Control", *Journal of Financial Economics*, pp. 5 – 50.

[94] Jensen M. and Meckling W. , 1976, "Theory of the Firm: Managerial Behavior, Agency Costs and Ownership Structure", *Journal of Financial Economics*, Vol. 3.

[95] Lintner J. , 1956, "Distribution of Incomes of Corporations among Dividends, Retained Earnings, and Taxes", *American Economics Review*, Vol. 46, pp. 92 – 113.

[96] Loughran T. and Ritter J. , 1998, "The Operation Performance of Firms Conducting Seasoned Equity Offerings", *Journal of Finance*, Vol. 52, pp. 1823 – 1850.

[97] Leland H. and Pyle D. , 1977, "Information Asymmetries, Financial Structure, and Financial Intermediation", *Journal of Finance*, 32, pp. 370 – 387.

[98] Loderer C. and Martin K. , 1997, "Executive Stock Ownership and Performance: Tracking Faint Traces", *Journal of Financial Economics*, 45, pp. 223 – 255.

[99] McConell J. and Servaes, 1990, "Additional Evidence on Equity Ownership and Corporate Value", *Journal of Financial Economics*, pp. 595 – 612.

[100] Miller M. and Modigliani F. , 1961, "Dividend Policy, Growth and Valuation of Shares", *Journal of Business*, Vol. 34.

[101] Morck R. , Shleifer A. and Vishny R. , 1988, "Management Ownership and Market Valuation: An Empirical Analysis", *Journal of Financial Economics*, 20, pp. 293 – 315.

[102] Modigliani F. and Miller M. , 1958, "The Costs of Capital, Corporate Finance, and the Theory of Investment", *American Economics Review*, Vol. 48, pp. 261 – 297.

[103] Modigliani F. and Miller M. , 1963, "Corporate Income Taxes and the Cost of Capital : A Correction", *American Economics Review*, pp. 433 – 443.

[104] Myers S. and Majluf N. , 1984, "Corporate Financing and Investment Decisions When the Firm Has Information That Investors Do Not Have", *Journal of Financial Economics*, Vol. 13, pp. 187 – 221.

[105] Polk C. and Sapienza P. , 2004, "The Real Effects of Investor Sentiment", North Western University Working Paper.

[106] Pound J., 1988, "Proxy Contest and the Efficiency of Shareholder Oversight", *Journal of Financial Economic*, pp. 237 - 265.

[107] Roll R., 1986, "The Hubris Hypothesis of Corporate Takeovers", *Journal of Business*, Vol. 59, pp. 197 - 216.

[108] Ross S. A., 1977, "The Determination of Financial Structure: The Incentive Signaling Approach", *Bell Journal of Economics*, Vol. 8, pp. 23 - 40.

[109] Shefrin H. and Statman M., 1984, "Explaining Investor Preference for Cash Dividends", *Journal of Financial Economics*, Vol. 13, pp. 253 - 282.

[110] Shleifer A. and Vishny R., 1986, "Large Shareholders and Corporate Control", *Journal of Financial Economics*, pp. 461 - 488.

[111] Stein J., 1996, "Rational Capital Budgeting in an Irrational World", *Journal of Business*, Vol. 69, pp. 429 - 455.

[112] Talmon H. N., 1988, "Capital Structure and Signaling Game Equilibria", *Review of Financial Studies*, Vol. 1, pp. 331 - 355.

[113] Thomsen S. and Pedersen T., 1998, "Industry and Ownership Structure", *International Review of Law and Economics*, 18, pp. 385 - 402.

[114] Myron J. Gordon, 1963, " Optimal Investment & Financial Policy", *Journal of Finance*, 5.

[115] John L., 1962, " Dividend, Earnings, Leverage, Stock Prices, & Supply of Capital to Corporations", *Review of Economics & Statistics*, 8.

[116] Robert L. and Krishna R., 1979, "The Effects of Personal Taxes and Dividend on Capital Asset Prices", *Journal of Financial Economics*, 6.

[117] Jianan Liu, Robert F. Stambaugh, Yu Yuanb, "Size and Value in China?" *Journal of Financial Economics*, Dec 11, 2018.

[118] Chen T, Harford J, Lin C. "Do Analysts Matter for Governance? Evidence from Natural Experiments", *Journal of Financial Economics*, 2015, 115 (2), 383 - 410.

[119] De Angelis D, Grullon G, Michenaud, Sébastien. "The Effects of Short - Selling Threats on Incentive Contracts: Evidence from an Experiment", *Review of Financial Studies*, 2017, 30 (7 - 8), 262 - 263.

[120] Grullon G, Michenaud S, Weston J P. "The Real Effects of Short - Selling Constraints", *Review of Financial Studies*, 2015, 28 (6), 1737 - 1767.

[121] Massa M, Zhang B, Zhang H. The Invisible Hand of Short Selling: Does Short Selling Discipline Earnings Management? [J]. *Review of Financial Studies*, 2015, 28 (6), 1701 - 1736.

21 世纪高等学校金融学系列教材

一、货币银行学子系列

★货币金融学（第五版）　朱新蓉　主编　69.00 元　2021.05 出版
（普通高等教育“十一五”国家级规划教材/国家精品课程教材·2008）
货币金融学　张　强　乔海曙　主编　32.00 元　2007.05 出版
（国家精品课程教材·2006）
货币金融学（附课件）　吴少新　主编　43.00 元　2011.08 出版
货币金融学（第二版）　殷孟波　主编　48.00 元　2014.07 出版
（普通高等教育“十五”国家级规划教材）
现代金融学　张成思　编著　58.00 元　2019.10 出版
——货币银行、金融市场与金融定价
货币银行学（第二版）　夏德仁　李念斋　主编　27.50 元　2005.05 出版
货币银行学（第三版）　周　骏　王学青　主编　42.00 元　2011.02 出版
（普通高等教育“十一五”国家级规划教材）
货币银行学原理（第六版）　郑道平　张贵乐　主编　39.00 元　2009.07 出版
金融理论教程　孔祥毅　主编　39.00 元　2003.02 出版
西方货币金融理论　伍海华　编著　38.80 元　2002.06 出版
现代货币金融学　汪祖杰　主编　30.00 元　2003.08 出版
行为金融学教程　苏同华　主编　25.50 元　2006.06 出版
中央银行通论（第三版）　孔祥毅　主编　40.00 元　2009.02 出版
中央银行通论学习指导（修订版）　孔祥毅　主编　38.00 元　2009.02 出版
商业银行经营管理（第二版修订版）　宋清华　主编　50.00 元　2021.08 出版
商业银行管理学（第五版）　彭建刚　主编　53.00 元　2019.04 出版
（普通高等教育“十一五”国家级规划教材/国家精品课程教材·2007/国家精品资源共享课配套教材）
商业银行管理学（第三版）　李志辉　主编　48.00 元　2015.10 出版
（普通高等教育“十一五”国家级规划教材/国家精品课程教材·2009）
商业银行管理学习题集　李志辉　主编　20.00 元　2006.12 出版
（普通高等教育“十一五”国家级规划教材辅助教材）
商业银行管理　刘惠好　主编　27.00 元　2009.10 出版
现代商业银行管理学基础　王先玉　主编　41.00 元　2006.07 出版
金融市场学（第三版）　杜金富　主编　55.00 元　2018.07 出版
现代金融市场学（第四版）　张亦春　主编　50.00 元　2019.02 出版
中国金融简史（第二版）　袁远福　主编　25.00 元　2005.09 出版
（普通高等教育“十一五”国家级规划教材）
货币与金融统计学（第四版）　杜金富　主编　48.00 元　2018.07 出版
（普通高等教育“十一五”国家级规划教材/国家统计局优秀教材）
金融信托与租赁（第五版）　王淑敏　齐佩金　主编　45.00 元　2020.06 出版
（普通高等教育“十一五”国家级规划教材）

金融信托与租赁案例与习题	王淑敏　齐佩金	主编	25.00 元	2006.09 出版
（普通高等教育“十一五”国家级规划教材辅助教材）				
金融营销学	万后芬	主编	31.00 元	2003.03 出版
金融风险管理	宋清华　李志辉	主编	33.50 元	2003.01 出版
网络银行（第二版）	孙　森	主编	36.00 元	2010.02 出版
（普通高等教育“十一五”国家级规划教材）				
银行会计学	于希文　王允平	主编	30.00 元	2003.04 出版

二、国际金融子系列

国际金融学	潘英丽　马君潞	主编	31.50 元	2002.05 出版
★国际金融概论（第五版）	孟　昊　王爱俭	主编	45.00 元	2020.01 出版
（普通高等教育“十二五”国家级规划教材/国家精品课程教材·2009）				
国际金融（第三版）	刘惠好	主编	48.00 元	2017.10 出版
国际金融概论（第三版）（附课件）	徐荣贞	主编	40.00 元	2016.08 出版
★国际结算（第七版）（附课件）	苏宗祥　徐　捷	著	70.00 元	2020.08 出版
（普通高等教育“十二五”国家级规划教材/2012—2013 年度全行业优秀畅销书）				
各国金融体制比较（第三版）	白钦先	等编著	43.00 元	2013.08 出版

三、投资学子系列

投资学（第三版）	张元萍	主编	56.00 元	2018.02 出版
证券投资学	吴晓求　季冬生	主编	24.00 元	2004.03 出版
证券投资学（第二版）	金　丹	主编	49.50 元	2016.09 出版
现代证券投资学	李国义	主编	39.00 元	2009.03 出版
证券投资分析（第二版）	赵锡军　李向科	主编	35.00 元	2015.08 出版
组合投资与投资基金管理	陈伟忠	主编	15.50 元	2004.07 出版
投资项目评估（第三版）	李桂君　宋砚秋 王瑶琪	主编	60.00 元	2021.06 出版
项目融资（第三版）	蒋先玲	编著	36.00 元	2008.10 出版

四、金融工程子系列

金融经济学教程（第二版）	陈伟忠　陆珩瑱	主编	46.00 元	2016.09 出版
衍生金融工具（第二版）	叶永刚　张　培	主编	37.00 元	2014.08 出版
现代公司金融学（第三版）	马亚明	主编	59.00 元	2021.08 出版
金融计量学	张宗新	主编	42.50 元	2008.09 出版
数理金融	张元萍	编著	29.80 元	2004.08 出版
金融工程学	沈沛龙	主编	46.00 元	2017.08 出版

五、金融英语子系列

金融英语阅读教程（第四版）	沈素萍	主编	48.00 元	2015.12 出版
（北京高等教育精品教材）				
金融英语阅读教程导读（第四版）	沈素萍	主编	23.00 元	2016.01 出版
（北京高等学校市级精品课程辅助教材）				
保险专业英语	张栓林	编著	22.00 元	2004.02 出版
保险应用口语	张栓林	编著	25.00 元	2008.04 出版

注：加★的书为“十二五”普通高等教育本科国家级规划教材。

21 世纪高等学校保险学系列教材

保险学概论	许飞琼	主编	49.80 元	2019.01 出版
保险学（第二版）	胡炳志　何小伟	主编	29.00 元	2013.05 出版
保险精算（第三版）	李秀芳　曾庆五	主编	36.00 元	2011.06 出版
（普通高等教育“十一五”国家级规划教材）				
人身保险（第二版）	陈朝先　陶存文	主编	20.00 元	2002.09 出版
财产保险（第六版）	许飞琼　郑功成	主编	56.00 元	2020.12 出版
（普通高等教育“十一五”国家级规划教材/普通高等教育精品教材奖）				
财产保险案例分析	许飞琼	编著	32.50 元	2004.08 出版
海上保险学	郭颂平　袁建华	编著	34.00 元	2009.10 出版
责任保险	许飞琼	编著	40.00 元	2007.11 出版
再保险（第二版）	胡炳志　陈之楚	主编	30.50 元	2006.02 出版
（普通高等教育“十一五”国家级规划教材）				
保险经营管理学（第二版）	邓大松　向运华	主编	42.00 元	2011.08 出版
（普通高等教育“十一五”国家级规划教材）				
保险营销学（第四版）	郭颂平　赵春梅	主编	42.00 元	2018.08 出版
（教育部经济类专业主干课程推荐教材）				
保险营销学（第二版）	刘子操　郭颂平	主编	25.00 元	2003.01 出版
★风险管理（第五版）	许谨良	主编	36.00 元	2015.08 出版
（普通高等教育“十一五”国家级规划教材）				
保险产品设计原理与实务	石　兴	著	24.50 元	2006.09 出版
社会保险（第四版）	林　义	主编	39.00 元	2016.07 出版
（普通高等教育“十一五”国家级规划教材）				
保险学教程（第二版）	张　虹　陈迪红	主编	36.00 元	2012.07 出版
利息理论与应用（第二版）	刘明亮	主编	32.00 元	2014.04 出版
保险法学	李玉泉	主编	53.50 元	2020.08 出版

注：加★的书为“十二五”普通高等教育本科国家级规划教材。